한 번에 합격, 자격증은 이기적

이렇게 기막힌 적중률

함께 공부하고 특별한 혜택까지!
이기적 스터디 카페 🔍

구독자 13만 명, 전강 무료!
이기적 유튜브 🔍

KB191931

자격증 독학, 어렵지 않다!
수험생 합격 전담마크

이기적 스터디 카페

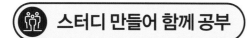 스터디 만들어 함께 공부

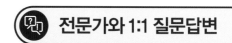 전문가와 1:1 질문답변

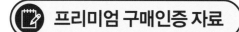 프리미엄 구매인증 자료

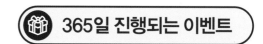 365일 진행되는 이벤트

이기적 스터디 카페

인증만 하면, 고퀄리티 강의가 무료!

100% 무료 강의

1년 365일 이기적이 쏜다!

365일 진행되는 이벤트에 참여하고 다양한 혜택을 누리세요.

EVENT ❶
기출문제 복원

- 이기적 독자 수험생 대상
- 응시일로부터 7일 이내 시험만 가능
- 스터디 카페의 링크 클릭하여 제보

이벤트 자세히 보기 ▶

EVENT ❷
합격 후기 작성

- 이기적 스터디 카페의 가이드 준수
- 네이버 카페 또는 개인 SNS에 등록 후
  이기적 스터디 카페에 인증

이벤트 자세히 보기 ▶

EVENT ❸
온라인 서점 리뷰

- 온라인 서점 구매자 대상
- 한줄평 또는 텍스트 & 포토리뷰 작성 후
  이기적 스터디 카페에 인증

이벤트 자세히 보기 ▶

EVENT ❹
정오표 제보

- 이름, 연락처 필수 기재
- 도서명, 페이지, 수정사항 작성
- book2@youngjin.com으로 제보

이벤트 자세히 보기 ▶

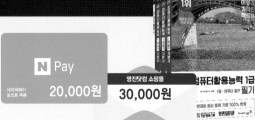

N Pay
네이버페이
포인트 쿠폰
20,000원

영진닷컴 쇼핑몰
30,000원

- N페이 포인트 5,000~20,000원 지급
- 영진닷컴 쇼핑몰 30,000원 적립
- 30,000원 미만의 영진닷컴 도서 증정

※이벤트별 혜택은 변경될 수 있으므로 자세한 내용은 해당 QR을 참고하세요.

이렇게
기막힌
적중률

컴퓨터활용능력 1급
실기 기출문제집

"이" 한 권으로 합격의 "기적"을 경험하세요!

YoungJin.com Y.
영진닷컴

차례

스프레드시트 기출문제 따라하기

스프레드시트 실전 모의고사

※ 해당 모의고사 문제는 출제된 기출문제를 바탕으로 저자가 재구성하였습니다.

구매 인증 PDF

 시험대비 모의고사
01~03회 추가 제공

 시험장까지 함께 가는
핵심 요약

※ 참여 방법 : '이기적 스터디 카페' 검색 → 이기적 스터디 카페(cafe.naver.com/yj-books) 접속 → '구매 인증 PDF 증정' 게시판 → 구매 인증 → 메일로 자료 받기

시험의 모든 것

Step 1 | **실기 응시 자격 조건**

필기 합격자 응시 가능

Step 2 | **시험 원서 접수하기**

• 대한상공회의소 자격평가사업단 접속
• 시험 기간 조회 후 원하는 날짜와 시간에 응시

Step 3 | **시험 응시하기**

수험표, 신분증을 지참하고 고사장 입실

Step 4 | **합격 여부 확인하기**

상시 검정 다음 날 인터넷으로 합격 여부 확인

Step 5 | **자격증 발급하기**

[마이페이지]-[자격증신청] 페이지에서 신청

1. 응시 자격
수검자격(제한 없음)

2. 원서 접수
필기 : 20,500원, 실기 : 25,000원

3. 합격 기준

필기 시험	매 과목 100점 만점에 과목당 40점 이상, 평균 60점 이상
실기 시험	100점 만점에 70점 이상(1급은 두 과목 모두 70점 이상)

4. 합격자 발표
대한상공회의소 홈페이지(license.korcham.net)에서 발표

5. 자격증 수령
• 휴대할 수 있는 카드 형태의 자격증 발급
• 취득(합격)확인서를 필요로 하는 경우 취득(합격)확인서 발급

형태	• 휴대하기 편한 카드 형태의 자격증 • 신청자에 한해 자격증 발급
신청 절차	인터넷(license.korcham.net)을 통해 자격증 발급 신청
수수료	• 인터넷 접수 수수료 : 3,100원 • 우편 발송 요금 : 3,000원
우편 수령	방문 수령은 진행하지 않으며, 우편 등기배송으로만 수령할 수 있음
신청 접수 기간	자격증 신청 기간은 따로 없으며 신청 후 10~15일 후 수령 가능

6. 공식 버전
• 컴퓨터활용능력 시험 공식 버전 : Windows 10, MS Office LTSC 2021
• Office Professional 2021 : 가정이나 직장에서 사용하기 위해 한 대의 PC에 기본 Office 앱과 전자 메일을 설치하려는 가족 및 소규모 기업용을 위한 제품입니다.
• Office LTSC : 상용 및 공공기관 고객을 위한 Microsoft 365의 최신 영구 버전으로, 두 플랫폼(Windows 및 Mac)에서 모두 이용 가능한 일회성 "영구" 구매로 사용할 수 있는 디바이스 기반 라이선스입니다.
• MS Office Professional 2021 프로그램의 업데이트 버전을 사용하는 경우, LTSC 버전과 일부 명칭 및 메뉴가 다를 수 있습니다. 본 도서는 시험장에서 사용하는 LTSC 버전으로 작성되었으며, 일반 사용자 프로그램인 MS Office Professional 2021의 업데이트 버전을 사용하고 계신 독자분들을 위해 본문에 Tip으로 두 프로그램의 차이점을 알려드리고 있습니다. 또한, 업데이트는 계속될 수 있으며, 이후 추가되는 업데이트로 인해 내용이 달라질 수 있음을 알려드립니다.

※ 더욱 자세한 사항은 대한상공회의소 자격평가사업단 홈페이지 (license.korcham.net)를 참고하시기 바랍니다.

실습 파일 사용 방법

1. 이기적 영진닷컴 홈페이지(license.youngjin.com)에 접속하세요.

2. [자료실]-[컴퓨터활용능력] 게시판으로 들어가세요.

3. '[7592] 2025년 컴퓨터활용능력 1급 실기 기출문제집_부록 자료' 게시글을 클릭하여 첨부파일을 다운로드하세요.

02 실습 파일 사용하기

1. 다운로드받은 '7592' 압축 파일에서 마우스 오른쪽 버튼을 눌러 '7592'에 압축풀기를 눌러 압축을 풀어주세요.

2. 압축이 완전히 풀린 후에 '7592' 폴더를 더블 클릭하세요.

3. 압축이 제대로 풀렸는지 확인하세요. 아래의 그림대로 파일이 들어있어야 합니다. 그림의 파일과 다르다면 압축 프로그램이 제대로 설치되어 있는지 확인해 주세요.

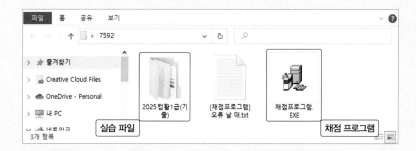

자동 채점 서비스

01	PC 설치용

1. 다운로드받은 '채점프로그램.exe' 파일에서 마우스 오른쪽 버튼을 클릭한 후 [관리자 권한으로 실행]을 선택합니다.

2. 설치 대화상자에서 [다음], [설치시작]을 클릭하여 설치를 완료합니다.

3. [시작]-[모든 프로그램]-[영진닷컴]-[2025컴활1급(기출) 채점프로그램]을 선택합니다.

4. '정답파일선택'에서 회차를 선택, '작성파일선택'에서 [찾기]를 클릭하여 사용자가 작성한 파일을 가져옵니다. [채점시작]을 클릭하여 채점합니다.

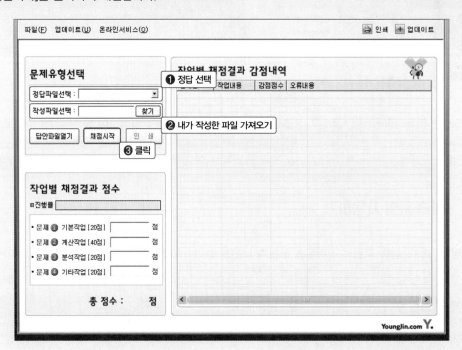

> **※ PC 버전 채점 프로그램 주의사항**
> • 컴퓨터 환경에 따라 채점 프로그램 아이콘을 더블클릭했을 때 설치 및 실행이 안 될 수도 있습니다. 이런 경우 채점 프로그램 아이콘에서 마우스 오른쪽 버튼을 클릭하여 [관리자 권한으로 실행]을 클릭하세요.
> • 자동 채점 프로그램을 사용하려면 windows 프로그램 및 MS Office 정품이 설치되어 있어야 합니다. 정품이 아닐 경우 설치 및 실행 시 에러가 발생할 수 있습니다.
> • 업데이트가 있을 경우, 인터넷이 연결되어 있지 않은 컴퓨터는 채점 프로그램이 업데이트되지 않습니다.

1. 인터넷 검색 창에 http://www.comlicense.co.kr/ 또는 **이기적컴활.com**을 입력하여 사이트에 접속합니다.

2. '년도선택: 2025', '교재선택: 이기적 컴퓨터활용능력 1급 기출문제집'을 선택한 후 [교재 선택 완료] 버튼을 클릭합니다.

3. '회차선택'에서 정답 파일을 선택, '작성파일선택'에서 [찾아보기] 버튼을 클릭하여 수험자가 작성한 파일을 가져온 후, [채점시작]을 버튼을 클릭합니다.

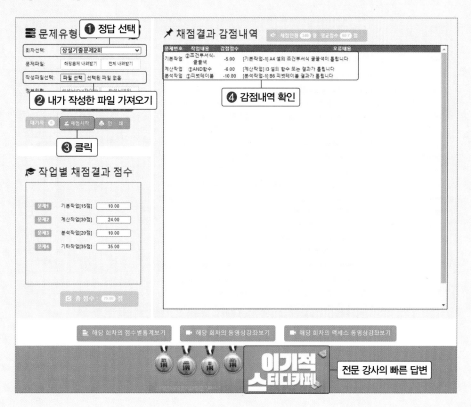

┌───┐
│ ※ 웹 사이트 채점 프로그램 주의사항   │
│ • 인터넷이 연결되어 있지 않은 컴퓨터는 웹 사이트 채점을 이용할 수 없습니다. │
│ • 개인 인터넷 속도, 수험생의 접속자 수에 따라 채점 속도가 다를 수 있습니다. │
│ • 본 도서에서 제공하는 웹 채점 서비스는 1판 1쇄 기준 2년간 유효합니다.   │
└───┘

회별 숨은 기능 찾기

▶ 스프레드시트 기출문제 따라하기　　　　　　　　　　　　　　　　　　　※ (배) → 배열수식

	기본작업	계산작업	분석작업	기타작업
기출문제 따라하기	1번: 고급 필터(AND, AVERAGE, LEFT) 2번: 조건부 서식(AND, FIND, SMALL) 3번: 페이지 레이아웃	1번: CONCAT/SUM/IF 2번: VLOOKUP/MATCH/RIGHT/LEN/FIND 3번: AVERAGE/IFERROR/XLOOKUP(배), 4번: REPLACE/IF/COUNTIF/& 5번: 사용자	1번: 피벗 테이블(accdb, 부분합, 값 필드 설정, 피벗 스타일) 2번: 데이터 도구(데이터 유효성, 데이터 정렬)	1번: 매크로(사용자 지정 서식, 백분율) 2번: 차트(차트 종류, 차트 제목, 눈금선, 축 서식, 차트 영역 서식) 3번: VBA(폼 보이기/폼 초기화, 등록, 종료)

▶ 스프레드시트 실전 모의고사

	기본작업	계산작업	분석작업	기타작업
1회	1번: 고급 필터 2번: 조건부 서식(AND, FIND, LEFT) 3번: 시트 보호	1번: IF/VLOOKUP/LEFT 2번: REPLACE/FIND/LEN/& 3번: SUM/LEFT/COUNTA(배) 4번: SUM/IF/IFERR/FIND/RIGHT(배) 5번: 사용자	1번: 피벗 테이블(accdb, 정렬, 값 필드 설정, 옵션, 피벗 스타일) 2번: 데이터 도구(통합, 목표값 찾기)	1번: 차트(차트 종류, 차트 제목, 축 서식, 범례 서식, 차트 영역 서식) 2번: 매크로(사용자 지정 서식, 조건부 서식) 3번: VBA(폼 보이기/폼 초기화, 등록, 종료)
2회	1번: 고급 필터(LEFT, AVERAGE, AND, OR) 2번: 조건부 서식(OR, LARGE, SMALL) 3번: 시트 보호	1번: EDATE/TEXT/& 2번: HLOOKUP/MATCH 3번: 사용자 정의 4번: SUM/LEFT(배) 5번: MAX/INDEX/MATCH(배)	1번: 피벗 테이블(accdb, 계산 필드 추가, 값 필드 설정, 피벗 스타일) 2번: 데이터 도구(데이터 유효성 검사, 자동 필터)	1번: 차트(차트 종류/보조 축, 차트 제목/축 제목, 축 서식, 범례, 차트 영역 서식) 2번: 매크로(사용자 지정 서식, 조건부 서식) 3번: VBA(폼 보이기/폼 초기화 등록 프로시저, 종료 프로시저)
3회	1번: 고급 필터(LEFT, AVERAGE) 2번: 조건부 서식(AND, ISODD, RIGHT) 3번: 페이지 레이아웃	1번: IF/VLOOKUP/& 2번: INDEX/MATCH/MAX(배) 3번: SUMIF/SUM/TEXT 4번: 사용자 5번: IF/AVERAGE/LEN(배)	1번: 피벗 테이블(accdb, 계산 필드, 셀서식, 피벗 스타일) 2번: 데이터 도구(중복 데이터 제거, 조건부 서식, 자동 필터)	1번: 차트(차트 종류 변경/보조 축, 차트 제목, 범례 서식, 값 표시, 차트 영역 서식) 2번: 매크로(서식, 단추) 3번: VBA(폼 보이기/ 폼 초기화, 조회, 폼 종료)
4회	1번: 고급 필터(AND, DAYS) 2번: 조건부 서식(AND, MID) 3번: 페이지 레이아웃	1번: IF/TEXT/YEAR/& 2번: IFERROR/VLOOKUP/MATCH 3번: 사용자 4번: REPT/COUNT/IF(배) 5번: SUM/IF/MONTH(배)	1번: 피벗 테이블(accdb, 계산 필드, 필드 표시 형식, 그룹, 부분합 표시) 2번: 데이터 도구(중복 데이터 제거, 조건부 서식, 자동필터)	1번: 차트(차트 종류 변경/보조 축, 차트 제목, 축 서식, 범례, 차트 영역 서식) 2번: 매크로(서식, 단추) 3번: VBA(폼 보이기, 등록, 종료)
5회	1번: 고급 필터(AND, LARGE, YEAR) 2번: 조건부 서식(AND, AVERAGE), 3번: 페이지 레이아웃	1번: CONCAT/MID/SUBSTITUTE 2번: IF/VLOOKUP/RIGHT 3번: 사용자 4번: TEXT/SUM(배) 5번: IF/AVERAGE/PERCENTILE.INC(배)	1번: 피벗 테이블(csv, 그룹, 필드 표시 형식, 피벗 스타일) 2번: 데이터 도구(중복 데이터 제거, 조건부 서식, 자동 필터)	1번: 차트(차트 종류 변경/보조 축, 차트 제목, 데이터 레이블, 보조 세로 축, 차트 영역 서식) 2번: 매크로(서식, 단추) 3번: VBA(폼 보이기, 폼 초기화, 입력)
6회	1번: 고급필터(AND, OR, RANK. EQ) 2번: 조건부서식(OR, MAX, MIN) 3번: 시트 보호	1번: IF/MOD/ROUND/TEXT/& 2번: IF/MONTH/AVERAGE/IFERROR(배) 3번: LOOKUP/RIGHT 4번: MAX/IF(배) 5번: 사용자	1번: 피벗 테이블(xlsx, 계산 필드, 셀 서식, 시트 추출) 2번: 데이터 도구(텍스트 나누기, 통합)	1번: 차트(내용 추가, 도형 스타일, 데이터 표) 2번: 매크로(서식, 단추) 3번: VBA(폼 보이기, 폼 초기화, 등록, 종료)
7회	1번: 고급필터(OR, LEFT, LEN) 2번: 조건부서식(AND, AVERAGE) 3번: 시트 보호	1번: CONCAT/ROW/VLOOKUP 2번: INDEX/MATCH 3번: REPT/IF/AVERAGE(배) 4번: FREQUENCY/COUNT(배) 5번: 사용자	1번: 피벗 테이블(accdb, 정렬) 2번: 데이터 도구(중복 데이터 제거, 조건부 서식, 자동 필터)	1번: 차트(도형 스타일, 표식, 완만한 선, 축 교차) 2번: 매크로(데이터 표, 단추) 3번: VBA(폼 보이기, 폼 초기화, 등록, 종료)
8회	1번: 고급 필터(AND, OR, AVERAGE) 2번: 조건부 서식(AND, YEAR, TODAY) 3번: 시트 보호	1번: HLOOKUP/SUMPRODUCT/OFFSET/MATCH 2번: AVERAGE/LARGE(배) 3번: 사용자 4번: REPT/INT/SUMPRODUCT/TRANSPSE(배) 5번: MAX/IFERROR/FIND/DAY(배)	1번: 피벗 테이블(accdb, 그룹, 셀 서식) 2번: 데이터 도구(데이터 유효성 – 텍스트 길이, 자동 필터)	1번: 차트(텍스트 회전, 차트 효과, 데이터 설명선 레이블) 2번: 매크로(서식, 조건부 서식, 단추) 3번: VBA(폼 보이기, 폼 초기화, 등록)
9회	1번: 고급 필터(AND, PERCENTILE.INC) 2번: 조건부 서식(VALUE, MID, YEAR, &) 3번: 페이지 레이아웃	1번: REPLACE/RIGHT/YEAR/& 2번: HLOOKUP/MATCH 3번: REPT/TEXT/IFERROR/& 4번: 사용자 5번: INDEX/MATCH/LARGE(배)	1번: 피벗 테이블(accdb, 그룹, 셀 서식) 2번: 데이터 도구(중복 데이터 제거, 부분합)	1번: 차트(레이아웃, 도형 스타일, 클립아트) 2번: 매크로(서식, 단추) 3번: VBA(폼 보이기, 폼 초기화, 등록, 종료)
10회	1번: 고급 필터(AND, WEEKDAY) 2번: 조건부 서식(AND, MEDIAN, SEARCH, LARGE) 3번: 페이지 레이아웃	1번: VLOOKUP/EDATE/QUOTIENT 2번: SUMIFS 3번: INDEX/MATCH/MAX(배) 4번: SUM/MID/COUNTA(배) 5번: 사용자	1번: 피벗 테이블(accdb, 그룹, 정렬, 부분합 표시) 2번: 데이터 도구(데이터 유효성 – AND, MOD, 자동 필터)	1번: 차트(레이아웃, 데이터 레이블, 축 서식) 2번: 매크로(서식, 단추) 3번: VBA(폼 보이기, 폼 초기화, 등록, 종료)

▶ 데이터베이스 기출문제 따라하기

	DB 구축	입력 및 수정 기능 구현	조회 및 출력 기능 구현	처리 기능 구현
기출 문제 따라 하기	1번: 테이블 완성 2번: 조회 속성 3번: 관계 설정	1번: 폼 완성 2번: 컨트롤 원본 3번: 매크로	1번: 보고서 완성 2번: 이벤트 프로시저	1번: 쿼리(String, Count) 2번: 쿼리(하위 쿼리) 3번: 크로스탭 쿼리 4번: 업데이트 쿼리 5번: 테이블 생성 쿼리

▶ 데이터베이스 실전 모의고사

	DB 구축	입력 및 수정 기능 구현	조회 및 출력 기능 구현	처리 기능 구현
1회	1번: 테이블 완성 2번: 추가 쿼리(Not In) 3번: 조회 속성	1번: 폼 완성 2번: 이벤트 프로시저 3번: 하위 폼	1번: 보고서 완성 2번: 이벤트 프로시저(OpenForm)	1번: 쿼리(Iif, Right) 2번: 쿼리(Is Not Null) 3번: 매개 변수 쿼리 4번: 테이블 생성 쿼리 5번: 크로스탭 쿼리
2회	1번: 테이블 완성 2번: 관계 설정 3번: 외부 데이터 가져오기	1번: 폼 완성 2번: 콤보 상자 변환 3번: 하위 폼	1번: 보고서 완성 2번: 이벤트 프로시저(OpenReport)	1번: 쿼리(하위 쿼리) 2번: 크로스탭 쿼리 3번: 쿼리(Weekday) 4번: 테이블 생성 쿼리 5번: 업데이트 쿼리
3회	1번: 테이블 완성 2번: 관계 설정 3번: 조회 속성	1번: 폼 완성 2번: 컨트롤 원본 3번: 하위 폼	1번: 보고서 완성 2번: 이벤트 프로시저(OpenReport, Month)	1번: 크로스탭 쿼리 2번: 쿼리(매개변수) 3번: 쿼리 4번: 쿼리(요약) 5번: 테이블 생성 쿼리
4회	1번: 테이블 완성 2번: 관계 설정 3번: 조회 속성	1번: 폼 완성 2번: 조건부 서식 3번: 매크로(GoToRecord)	1번: 보고서 완성 2번: 이벤트 프로시저(OpenReport)	1번: 업데이트 쿼리 2번: 쿼리(Is Null) 3번: 크로스탭 쿼리 4번: 테이블 생성 쿼리 5번: 업데이트 쿼리
5회	1번: 테이블 완성 2번: 조회 속성 3번: 관계 설정	1번: 폼 완성 2번: Dlookup 3번: 매크로(OpenForm)	1번: 보고서 완성 2번: 이벤트 프로시저(Record-Source)	1번: 쿼리(매개변수) 2번: 크로스탭 쿼리 3번: 쿼리 4번: 쿼리(요약) 5번: 업데이트 쿼리
6회	1번: 테이블 완성 2번: 조회 속성 3번: 관계 설정	1번: 폼 완성 2번: 이벤트 프로시저(RunSQL) 3번: 이벤트 프로시저	1번: 보고서 완성 2번: 이벤트 프로시저(OpenReport)	1번: 쿼리(요약, 조건 >=) 2번: 쿼리(Not In,) 3번: 매개변수 쿼리(And) 4번: 매개변수 쿼리(Like) 5번: 크로스탭 쿼리
7회	1번: 테이블 완성 2번: 조회 속성 3번: 관계 설정	1번: 폼 완성 2번: 이벤트 프로시저 3번: 이벤트 프로시저	1번: 보고서 완성 2번: 이벤트 프로시저(ApplyFilter)	1번: 쿼리(요약, 조건 >=) 2번: 쿼리(Like) 3번: 쿼리(DateAdd) 4번: 크로스탭 쿼리 5번: 업데이트 쿼리
8회	1번: 테이블 완성 2번: 관계 설정 3번: 외부 데이터 가져오기	1번: 폼 완성 2번: 조회 속성 3번: 명령 단추	1번: 보고서 완성 2번: 매크로(OpenReport)	1번: 매개변수 쿼리 2번: 쿼리(요약) 3번: 테이블 생성 쿼리 4번: 크로스탭 쿼리 5번: 하위 쿼리
9회	1번: 테이블 완성 2번: 관계 설정 3번: 조회 속성	1번: 폼 완성 2번: 조건부 서식 3번: 이벤트 프로시저(Filter, FilterOn)	1번: 보고서 완성 2번: 이벤트 프로시저	1번: 쿼리(요약) 2번: 쿼리 3번: 매개변수 쿼리 4번: 크로스탭 쿼리 5번: 업데이트 쿼리
10회	1번: 테이블 완성 2번: 관계 설정 3번: 조회 속성	1번: 폼 완성 2번: 조건부 서식 3번: 이벤트 프로시저	1번: 폼 완성 2번: 이벤트 프로시저(Filter, Filter On)	1번: 쿼리(요약) 2번: 매개변수 쿼리 3번: 크로스탭 쿼리 4번: 테이블 생성 쿼리 5번: 업데이트 쿼리

Q&A

Q MS Office 업데이트로 인해 [데이터] 탭의 [데이터 가져오기]–[기타 원본에서]–[Microsoft Query에서] 메뉴가 보이지 않을 때 어떻게 해야 하나요?

A
① [파일]–[옵션]을 클릭하여 [데이터]의 'Microsoft Query에서(레거시)'를 체크하고 [확인]을 클릭합니다. ② [데이터]–[데이터 가져오기 및 변환] 그룹에서 [데이터 가져오기]–[레거시 마법사]–[Microsoft Query에서(레거시)] 메뉴를 이용하세요.

Q 매크로가 실행되지 않는데 어떻게 해야 하나요?

A
[파일] 탭의 [옵션]을 선택합니다. [Excel 옵션]에서 [보안센터]–[보안센터 설정]을 클릭하여 '매크로 설정'에서 'VBA 매크로 사용(권장 안 함, 위험한 코드가 시행될 수 있음)'에 체크해주세요.

Q 컴퓨터활용능력 실기시험의 과목과 합격하기 위해 필요한 점수는 몇 점인가요?

A
컴퓨터활용능력 2급 실기 시험의 경우에는 '스프레드시트 실무' 한 과목이며 70점 이상 득점하면 합격입니다. 1급 실기 시험은 '스프레드시트 실무'와 '데이터베이스 실무'의 두 과목으로 구성되어 있으며 각 과목당 70점 이상 득점해야 합격할 수 있습니다.

Q 색상이나 차트 등에 마우스를 올렸을 때 이름이나 설명이 표시되지 않는 경우는 어떻게 해야 하나요?

A
[Excel 옵션]–[일반] 탭에서 '실시간 미리보기 사용'에 체크, 화면 설명 스타일을 '화면 설명에 기능 설명 표시'를 선택하세요.

Q 함수 입력 시 도움을 주는 스크린 팁이 보이게 하려면 어떻게 하나요?

A
[파일]–[옵션]–[고급]–[표시]에 '함수 화면 설명 표시'에 체크해주세요

Q 셀에 서식을 지정하거나 함수를 입력하고 나니 값이 '####'으로 되었습니다. 어떻게 하나요?

A
문제에서 별도의 지시사항이 없으면 그대로 두거나, 해당 열의 너비를 조정하여 데이터가 보이게 해도 됩니다.

Q 컴퓨터활용능력 실기시험에서 사용하는 프로그램의 버전은 어떻게 되나요?

A
2024년 1월부터 시행되는 시험은 Microsoft Office LTSC Professional Plus 2021으로 응시할 수 있습니다.

스프레드시트
기출문제 따라하기

스프레드시트 기출문제 따라하기

프로그램명	소요시간	합격 점수
EXCEL 2021	45분	70점

수험번호 :

성   명 :

·········· **유의사항** ··········

■ 인적 사항 누락 및 잘못 작성으로 인한 불이익은 수험자 책임으로 합니다.

■ 화면에 암호 입력창이 나타나면 아래의 암호를 입력하여야 합니다.
   ○ 암호: 6845%3

■ 작성된 답안은 주어진 경로 및 파일명을 변경하지 마시고 그대로 저장해야 합니다. 이를 준수하지 않으면 실격 처리됩니다.
   ○ 답안 파일명의 예: C:₩OA₩수험번호8자리.xlsm

■ 외부데이터 위치: C:₩OA₩파일명

■ 별도의 지시사항이 없는 경우, 다음과 같이 처리 시 실격 처리됩니다.
   ○ 제시된 시트 및 개체의 순서나 이름을 임의로 변경한 경우
   ○ 제시된 시트 및 개체를 임의로 추가 또는 삭제한 경우
   ○ 외부데이터를 시험 시작 전에 열어본 경우

■ 답안은 반드시 문제에서 지시 또는 요구한 셀에 입력하여야 하며 다음과 같이 처리 시 채점 대상에서 제외됩니다.
   ○ 제시된 함수가 있을 경우 제시된 함수만을 사용하여야 하며 그 외 함수사용시 채점대상에서 제외
   ○ 수험자가 임의로 지시하지 않은 셀의 이동, 수정, 삭제, 변경 등으로 인해 셀의 위치 및 내용이 변경된 경우 해당 작업에 영향을 미치는 관련문제 모두 채점 대상에서 제외
   ○ 도형 및 차트의 개체가 중첩되어 있거나 동일한 계산결과 시트가 복수로 존재할 경우 해당 개체나 시트는 채점 대상에서 제외

■ 수식 작성 시 제시된 문제 파일의 데이터는 변경 가능한(가변적) 데이터임을 감안하여 문제 풀이를 하시오.

■ 별도의 지시사항이 없는 경우, 주어진 각 시트 및 개체의 설정값 또는 기본 설정값 (Default)으로 처리하시오.

■ 저장 시간은 별도로 주어지지 않으므로 제한된 시간 내에 저장을 완료해야 하며, 제한 시간 내에 저장이 되지 않은 경우에는 실격 처리됩니다.

■ 출제된 문제의 용어는 MS Office LTSC Professional Plus 2021 기준으로 작성되어 있습니다.

대 한 상 공 회 의 소

기본작업(15점) 주어진 시트에서 다음 과정을 수행하고 저장하시오.

01 '기본작업' 시트에서 다음과 같이 고급 필터를 수행하시오. (5점)

▶ [A2:L46] 영역에서 내국인 합계가 내국인 합계 평균 이상이고, 구가 '영통'으로 시작하는 데이터의 '구', '동', '세대수', '내국인 합계' 필드만 순서대로 표시하시오.
▶ 조건은 [N2:N3] 영역 내에 알맞게 입력하시오. (AND, AVERAGE, LEFT 함수 사용)
▶ 결과는 [N5] 셀부터 표시하시오.

02 '기본작업' 시트에서 다음과 같이 조건부 서식을 설정하시오. (5점)

▶ [A3:L46] 영역에서 동에 '매'가 포함되면서, 총합계가 하위 10위보다 적은 행 전체에 대하여 글꼴 색은 '흰색, 배경1', 채우기 색은 '표준 색 – 자주'로 적용하시오.
▶ 단, 규칙 유형은 '수식을 사용하여 서식을 지정할 셀 결정'을 사용하고, 한 개의 규칙으로만 작성하시오.
▶ AND, FIND, SMALL 함수 사용

03 '기본작업' 시트에서 다음과 같이 페이지 레이아웃을 설정하시오. (5점)

▶ [A2:L46] 영역을 인쇄 영역으로 설정하고, 2행은 반복해서 인쇄될 수 있도록 설정하시오.
▶ '행/열 머리글'이 인쇄될 수 있도록 설정하고, 페이지 여백은 '좁게'로 설정하고, 한 페이지에 모든 열을 맞추어 설정하시오.
▶ 모든 페이지에 머리글을 작성하되 첫 페이지의 머리글에는 '수원시' 제목을 가운데에 표시하고, 다음 페이지부터는 오른쪽에 전체 페이지 / 현재 페이지가 표시되도록 바닥글을 설정하시오.

문제2 **계산작업(30점)** '계산작업' 시트에서 다음 과정을 수행하고 저장하시오.

01 [표1]의 A조, B조의 세트별 경기를 비교하여 스코어를 [F4:F13] 영역에 표시하시오. (6점)

▶ 세트승은 2점, 무승부 1점씩, 세트 폐는 0점으로 계산하여 표시 [표시 예: 5:1]
▶ CONCAT, SUM, IF 함수 사용

02 [표3]의 순위표를 이용하여 [표2]의 [C17:E25] 영역에 순위별 추가 포인트, 추가 점수, 추가 포상금을 표시하시오. (6점)

▶ 찾는 열의 위치는 '추가 포인트', '추가 점수', '추가 포상금'의 공백 다음 필드명을 이용
▶ RIGHT 함수의 추출하는 글자수는 [표2]의 [C16:E16] 영역의 전체 글자수에서 공백까지의 글자 수를 뺀 값을 이용
▶ VLOOKUP, MATCH, RIGHT, LEN, FIND 함수 사용

03 [표1]의 선수별 세트 점수를 이용하여 [표2]의 평균[F17:F25] 영역에 계산하여 표시하시오. (6점)

▶ [표2]의 선수명을 [표1]에서 찾아 1세트, 2세트, 3세트 점수의 평균을 구함
▶ 선수명이 A조에 없으면 B조 세트를 참조함
▶ AVERAGE, IFERROR, XLOOKUP 함수를 이용한 배열 수식

04 [표1]를 참조하여 [표2]의 선수명과 순위를 이용하여 [표시 예]와 같이 조별등수[G17:G25] 영역에 표시하시오. (6점)

- ▶ 선수명의 두 번째 글자는 '★'로 바꾸어 표시
- ▶ 선수명을 이용하여 [표1]의 A조 선수명이 존재하면 A조, 그 외는 B조로 표시
- ▶ 순위는 합계에 '등'을 붙여서 표시 [표시 예 : 선수명(배윤서), 합계(1) → 배★서(A조-1등)]
- ▶ REPLACE, IF, COUNTIF 함수와 & 연산자 사용

05 [표1]의 선수명, 합계를 이용하여 진출[L4:L13] 영역에 합계가 더 높은 선수명을 [표시 예]와 같이 표시하시오. (6점)

- ▶ 'fn진출'은 각 선수명과 합계를 인수로 받아 값을 되돌려 줌 [표시 예 : A조(김영수)]
- ▶ IF문과 & 연산자 사용

```
Public Function fn진출(A선수명, A합계, B선수명, B합계)
End Function
```

문제3 분석작업(20점) 주어진 시트에서 다음 과정을 수행하고 저장하시오.

01 '분석작업-1' 시트에서 다음의 지시사항에 따라 피벗 테이블 보고서를 작성하시오. (10점)

- ▶ 외부 데이터 가져오기 기능을 이용하여 〈사고통계.accdb〉에서 〈청소년사고〉 테이블의 '학교급', '연도', '머리', '구강', '팔', '다리' 열을 사용하고 연도는 2020년도 이후의 데이터를 이용하시오.
- ▶ 피벗 테이블 보고서의 레이아웃과 위치는 〈그림〉을 참조하여 설정하고, 보고서 레이아웃을 개요 형식으로 표시하시오.
- ▶ 그룹 하단에 학교급별로 각 필드의 평균과 최대값의 부분합을 설정하시오.
- ▶ '학교급' 순서는 〈그림〉을 참조하여 설정하고, 각 필드의 표시 형식을 값 필드 설정의 셀 서식에서 '숫자' 범주를 이용하여 1000 단위 구분 기호와 소수 자릿수를 0으로 설정하시오.
- ▶ '중', '고', '특수'의 하위 데이터만 표시하시오.
- ▶ 피벗 테이블 스타일은 '연한 녹색, 피벗 스타일 보통 14', 피벗 테이블 스타일 옵션은 '행 머리글', '열 머리글', '줄무늬 열'을 설정하시오.

	A	B	C	D	E	F	G	H
1								
2		학교급 ▼	연도 ▼	합계 : 머리	합계 : 구강	합계 : 팔	합계 : 다리	
3		⊞유		9,631	2,567	1,886	583	
4		⊞초		16,032	4,163	5,929	6,119	
5		⊟중						
6			2020	1,104	251	840	1,401	
7			2021	3,352	426	1,837	2,803	
8			2022	6,718	910	2,976	5,014	
9		중 평균		3,725	529	1,884	3,073	
10		중 최대		6,718	910	2,976	5,014	
11		⊟고						
12			2020	1,020	216	631	1,526	
13			2021	1,709	321	903	2,121	
14			2022	2,820	410	1,416	3,438	
15		고 평균		1,850	316	983	2,362	
16		고 최대		2,820	410	1,416	3,438	
17		⊟특수						
18			2020	60	24	13	23	
19			2021	78	25	35	28	
20			2022	97	39	28	36	
21		특수 평균		78	29	25	29	
22		특수 최대		97	39	35	36	
23		⊞기타		106	17	56	111	
24		총합계		42,727	9,369	16,550	23,203	
25								

02 '분석작업-2' 시트에 대하여 다음의 지시사항을 처리하시오. (10점)

- ▶ [I4:J14] 영역에는 데이터 유효성 검사 도구를 이용하여 남자, 여자의 합이 100%가 입력되도록 제한 대상을 설정하시오. (SUM 함수 이용)

- ▶ [I4:J14] 영역의 셀을 클릭한 경우 〈그림〉과 같은 설명 메시지(제목 : 남녀의 합, 설명 메시지 : 남자와 여자의 합이 100% 되어야 합니다.)를 표시하고, 유효하지 않은 데이터를 입력한 경우 〈그림〉과 같은 오류 메시지가 표시되도록 설정하시오.

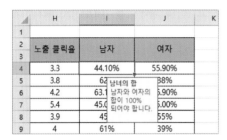 

- ▶ [B4:J14] 영역에 대해서 '조회수' 필드의 셀 색이 노란색:RGB(255,255,0)를 위에 표시하고, 동일한 색일 경우 '구독자(누적)' 수가 많은 것부터 데이터 정렬을 하시오.

문제4　**기타작업(35점)**　**주어진 시트에서 다음 과정을 수행하고 저장하시오.**

---

01 '기타작업-1' 시트에서 다음과 같은 기능을 수행하는 매크로를 현재 통합문서에 작성하시오. (각 5점)

① [F6:F31] 영역에 사용자 지정 표시 형식을 설정하는 '서식적용' 매크로를 생성하시오.
- ▶ '전월대비 증감률'의 숫자는 소수 이하 2자리 백분율로 표시하고, 양수이면 빨강색으로 왼쪽에 '▲'를 붙여서 표시하고, 오른쪽에 숫자를 표시하고, '음수'이면 파랑색으로 왼쪽에 '▼'를 붙여서 표시하고, 오른쪽에 숫자를 표시하고, '0'이면 '–'으로 [표시 예]와 같이 표시하시오.
  [표시 예 : '양수'이면 5.73%일 경우 →▲　5.73%, '음수'이면 →▼　5.73%, '0'이면 → –]
- ▶ [개발 도구]-[삽입]-[양식 컨트롤]의 '단추(▭)'를 동일 시트의 [C2:D3] 영역에 생성한 후 텍스트를 "서식적용"으로 입력하고, 단추를 클릭하면 "서식적용" 매크로가 실행되도록 설정하시오.

② [F6:F31] 영역에 표시 형식을 '백분율', 소수 이하 2자리로 표시하는 '서식해제' 매크로를 생성하시오.
- ▶ [개발 도구]-[삽입]-[양식 컨트롤]의 '단추(▭)'를 동일 시트의 [E2:F3] 영역에 생성한 후 텍스트를 "서식해제"로 입력하고, 단추를 클릭하면 "서식해제" 매크로가 실행되도록 설정하시오.
  [표시 예 : '양수'이면 5.73%일 경우 → 5.73%, '음수'이면 → –5.73%, '0'이면 → 0.00%]

※ 셀 포인터의 위치에 관계없이 매크로가 실행되어야 정답으로 인정됨

02 '기타작업-2' 시트에서 다음의 지시사항에 따라 차트를 수정하시오. (각 2점)

※ 차트는 반드시 문제에서 제공한 차트를 사용하여야 하며, 신규로 차트작성 시 0점 처리 됨

① '당연퇴직'은 차트에 표시되지 않도록 하고, '사망'과 '기타'는 표시되도록 원본 데이터를 수정하고, 차트 종류를 '표식이 있는 방사형'으로 변경하시오.

② 차트 제목은 [B2] 셀과 연동하여 표시되도록 설정하고, 범례를 오른쪽으로 표시하시오.

③ 기본 보조 가로 눈금선을 추가하고, 기본 주 가로 눈금선 색은 '진한 파랑'으로 표시하시오.

④ 방사형(값) 축은 표시 형식은 숫자의 '1000 단위 구분 기호 사용'로 표시하고, 축의 최대값을 7000으로 표시하시오.

⑤ 차트 영역은 모서리를 둥글게 표시하고, '오프셋: 오른쪽 아래' 그림자를 표시하시오.

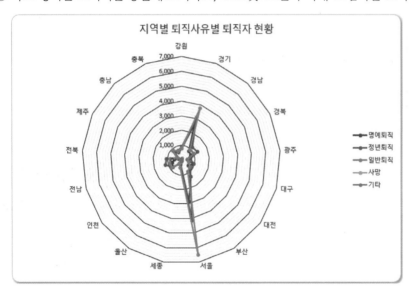

03 '기타작업-3' 시트에서 다음과 같은 작업을 수행하도록 프로시저를 작성하시오. (각 5점)

① '프로그램 등록' 단추를 클릭하면 〈프로그램등록화면〉 폼이 나타나고, 폼이 초기화(Initialize)되면 '프로그램명(cmb프로그램명)' 목록에는 [I7:J9] 영역이 표시하고, 접수일(cmb접수일)에 현재 시스템의 날짜를 포함하여 7일전 날짜까지 표시하고, 포커스가 '이름(txt이름)'에 위치하고, 남(opt남)이 선택되도록 프로시저를 작성하시오.

② 〈프로그램등록화면〉 폼의 '등록(cmd등록)' 단추를 클릭하면 폼에 입력된 데이터가 [표1]에 입력되어 있는 마지막 행 다음에 연속하여 추가되도록 프로시저를 작성하시오.

▶ 프로그램명과 금액은 List, ListIndex 이용

▶ 남(opt남)을 선택하면 '남', 여(opt여)를 선택하면 '여' 로 표시

▶ 워크샵(chk워크샵)이 체크되면 'Y', 체크 해제시 'N'으로 표시

▶ 폼의 (txt금액) 텍스트 상자는 워크샵(chk워크샵)에 체크 시 '프로그램 금액' + 15000', 체크가 해제된 상태는 '프로그램 금액'을 1000 단위 구분기호와 함께 표시(Format 사용)

▶ txt금액에 표시된 값을 엑셀 시트 금액 필드에 입력

▶ If문 사용

③ 〈종료〉 단추를 클릭하면 현재 시각을 〈그림〉과 같은 메시지 박스를 표시하고, [A1]셀에 "수고하셨습니다."를 입력한 후 글꼴은 '궁서', 글꼴색은 RGB(0,0,255)로 표시하고, 현재 입력된 개수를 표시한 후 폼을 종료하는 프로시저를 작성하시오.

정답 & 해설 스프레드시트 기출문제 따라하기

문제1 기본작업

01 고급 필터

정답

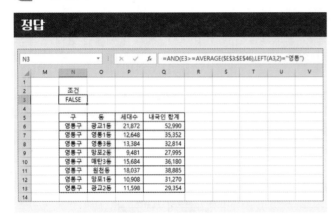

① 다음 그림과 같이 [N2:N3] 영역에 '조건'을 입력하고, [N5:Q5] 영역에 추출할 필드명을 작성한다

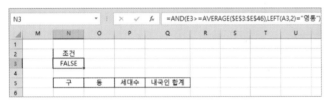

[N3] : =AND(E3>=AVERAGE($E$3:$E$46),LEFT(A3,2)="영통")

② [데이터]–[정렬 및 필터] 그룹의 [고급]을 클릭한다.

③ [고급 필터]에서 다음 그림과 같이 지정한 후 [확인]을 클릭한다.

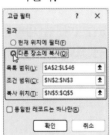

- 결과 : '다른 장소에 복사'
- 목록 범위 : [A2:L46]
- 조건 범위 : [N2:N3]
- 복사 위치 : [N5:Q5]

02 조건부 서식

정답

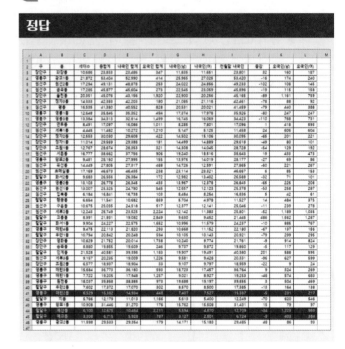

① [A3:L46] 영역을 범위 지정한 후 [홈]–[스타일] 탭의 [조건부 서식]–[새 규칙]을 클릭한다.

② [새 서식 규칙]에서 '규칙 유형 선택'에 '▶ 수식을 사용하여 서식을 지정할 셀 결정'을 선택하고, =AND(FIND("매",$B3)>0,$D3<=SMALL($D$3:$D$46,10))을 입력한 후 [서식]을 클릭한다.

③ [셀 서식]의 [글꼴] 탭에서 글꼴 색은 '흰색, 배경1', [채우기] 탭에서 '표준 색 – 자주'를 선택한 후 [확인]을 클릭한다.

④ [새 서식 규칙]에서 다시 [확인]을 클릭한다.

18 스프레드시트 기출문제 따라하기

03 페이지 레이아웃

정답

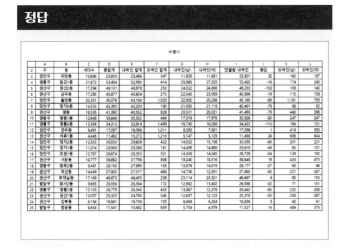

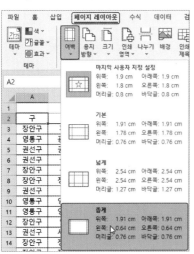

③ [페이지 레이아웃]–[페이지 설정] 그룹에서 [인쇄 제목]
   을 클릭한다.

④ [시트] 탭에서 반복할 행을 '2행'으로 지정하고, '행/열 머
   리글'을 체크한다.

⑤ [페이지] 탭에서 '자동 맞춤'을 용지 너비 1을 입력한다.

① [A2:L46] 영역을 범위 지정한 후 [페이지 레이아웃]–[페
   이지 설정] 그룹에서 [인쇄 영역]–[인쇄 영역 설정](⬚)을
   클릭한다.
② [페이지 레이아웃]–[페이지 설정] 그룹에서 [여백]–[좁
   게]를 클릭한다.

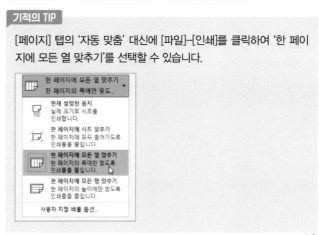

⑥ [머리글/바닥글] 탭에서 '첫 페이지에 다르게 지정'을 체
크하고 [머리글 편집]을 클릭한다.

⑦ [첫 페이지 머리글] 탭에서 '가운데 구역'에 **수원시**를 입력
한다.

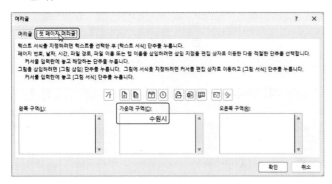

⑧ [머리글] 탭의 오른쪽 구역에 커서를 두고 [전체 페이지
수 삽입]( ) 도구와 [페이지 번호 삽입]( ) 도구를 클릭
하여 다음과 같이 [확인]을 클릭한다.

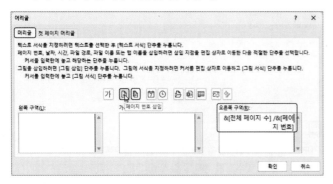

⑨ [페이지 설정]에서 [확인]을 클릭한다.

정답

	A	B	C	D	E	F	G	H	I	J	K	L	M
1	[표1]												
2			A조(70m)							B조(70m)			
3	선수명	1세트	2세트	3세트	합계	스코어	선수명	1세트	2세트	3세트	합계	진출	
4	김영수	10	9	10	29	5:1	홍길동	9	8	10	27	A조(김영수)	
5	최성민	7	9	7	23	2:4	김철수	8	9	7	24	B조(김철수)	
6	이준호	8	9	7	24	4:2	이민수	7	10	6	23	A조(이준호)	
7	김태민	10	10	7	27	3:3	정태일	10	6	9	25	A조(김태민)	
8	박승현	7	9	10	26	4:2	박주영	8	7	9	24	A조(박승현)	
9	이영호	10	7	6	23	2:4	김민호	9	10	9	28	B조(김민호)	
10	김성민	7	7	8	22	2:4	박수남	8	6	10	24	B조(박수남)	
11	이지훈	7	8	10	25	4:2	임은서	7	8	6	21	A조(이지훈)	
12	정민우	9	8	9	26	5:1	김하철	8	7	9	24	A조(정민우)	
13	배윤서	10	10	10	30	5:1	이서군	9	7	10	26	A조(배윤서)	
14													
15	[표2]							[표3]					
16	선수명	순위	추가 포인트	추가 점수	추가 포상금	평균	조별등수	순위	포인트	점수	포상금		
17	배윤서	1	20	10	2,000,000	10.00	배★서(A조-1등)	1	20	10	2,000,000		
18	김영수	2	15	9	1,500,000	9.67	김★수(A조-2등)	2	15	9	1,500,000		
19	김민호	1	20	10	2,000,000	9.33	김★호(B조-1등)	3	10	8	1,000,000		
20	김태민	3	10	8	1,000,000	9.00	김★민(A조-3등)	4	5	7	500,000		
21	홍길동	2	15	9	1,500,000	9.00	홍★동(B조-2등)	5~	3	2	-		
22	박승현	4	5	7	500,000	8.67	박★현(A조-4등)						
23	정민우	4	5	7	500,000	8.67	정★우(A조-4등)						
24	이서군	3	10	8	1,000,000	8.67	이★군(B조-3등)						
25	이지훈	7	3	2	-	8.33	이★훈(A조-7등)						
26													

01 스코어[F4:F13]

[F4] 셀에 =CONCAT(SUM(IF(B4:D4>H4:J4,2,IF(B4:D4
=H4:J4,1,0))),":",SUM(IF(B4:D4<H4:J4,2,IF(B4:D4=
H4:J4,1,0))))를 입력하고 [F13] 셀까지 수식을 복사한다.

02 추가 포인트, 점수, 포상금[C17:E25]

[C17] 셀에 =VLOOKUP($B17,$I$17:$L$21,MATCH
(RIGHT(C$16,LEN(C$16)-FIND(" ",C$16)),$J$16:$L
$16,0)+1)를 입력하고 [E25] 셀까지 수식을 복사한다.

03 평균[F17:F25]

[F17] 셀에 =AVERAGE(IFERROR(XLOOKUP(A17,$A
$4:$A$13,$B$4:$D$13),XLOOKUP(A17,$G$4:$G$13,
$H$4:$J$13)))를 입력하고 [F25] 셀까지 수식을 복사한다.

04 조별등수[G17:G25]

[G17] 셀에 =REPLACE(A17,2,1,"★")&IF(COUNTIF($A
$4:$A$13,A17)>=1,"(A조-","(B조-")&B17&"등)"를 입력
하고 [G25] 셀까지 수식을 복사한다.

05 진출[L4:L13]

① [개발 도구]-[코드] 그룹의 [Visual Basic](📋)을 클릭한다.
② [삽입]-[모듈]을 클릭한다.

③ Module 창에 다음과 같이 입력한다.

```
Public Function fn진출(A선수명, A합계, B선수명, B합계)
    If A합계 > B합계 Then
        fn진출 = "A조(" & A선수명 & ")"
    Else
        fn진출 = "B조(" & B선수명 & ")"
    End If
End Function
```

④ [파일]-[닫고 Microsoft Excel(으)로 돌아가기]를 클릭
하여 [Visual Basic Editor]를 닫는다.
⑤ [L4] 셀을 클릭한 후 [함수 삽입](𝑓ₓ)을 클릭한다.
⑥ '범주 선택'에서 '사용자 정의', '함수 선택'에서 'fn진출'을
선택한 후 [확인]을 클릭한다.
⑦ 그림과 같이 셀을 지정한 후 [확인]을 클릭한다.

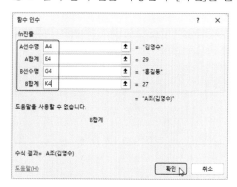

⑧ [L4] 셀을 선택한 후 [L13] 셀까지 수식을 복사한다.

01 피벗 테이블

정답

	A	B	C	D	E	F	G	H
1								
2		학교급 ▼	연도 ▼	합계 : 머리	합계 : 구강	합계 : 팔	합계 : 다리	
3		⊞ 유		9,631	2,567	1,886	583	
4		⊞ 초		16,032	4,163	5,929	6,119	
5		⊟ 중						
6			2020	1,104	251	840	1,401	
7			2021	3,352	426	1,837	2,803	
8			2022	6,718	910	2,976	5,014	
9		중 평균		3,725	529	1,884	3,073	
10		중 최대		6,718	910	2,976	5,014	
11		⊟ 고						
12			2020	1,020	216	631	1,526	
13			2021	1,709	321	903	2,121	
14			2022	2,820	410	1,416	3,438	
15		고 평균		1,850	316	983	2,362	
16		고 최대		2,820	410	1,416	3,438	
17		⊟ 특수						
18			2020	60	24	13	23	
19			2021	78	25	35	28	
20			2022	97	39	28	36	
21		특수 평균		78	29	25	29	
22		특수 최대		97	39	35	36	
23		⊞ 기타		106	17	56	111	
24		총합계		42,727	9,369	16,550	23,203	
25								

① [B2] 셀을 선택한 후 [데이터]-[데이터 가져오기 및 변환] 그룹의 [데이터 가져오기]-[기타 원본에서]-[Microsoft Query에서]를 클릭한다.

② [데이터베이스] 탭에서 'MS Access Database *'를 선택하고 [확인]을 클릭한다.

③ '사고통계.accdb'를 선택하고 [확인]을 클릭한다.

④ [열 선택]에서 '청소년사고' 테이블을 더블클릭하여 다음 그림과 같이 지정하고 [다음]을 클릭한다.

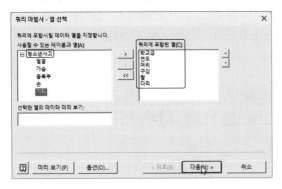

⑤ [데이터 필터]에서 '연도'를 선택하고 '>='를 선택하고 2020을 입력하고 [다음]을 클릭한다.

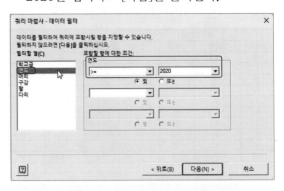

⑥ [정렬 순서]에서는 설정 없이 [다음]을 클릭한다.

⑦ [마침]에서 'Microsoft Excel(으)로 데이터 되돌리기'를 선택하고 [마침]을 클릭한다.

⑧ [데이터 가져오기]에서 '피벗 테이블 보고서'를 선택한 다음, '기존 워크시트'는 [B2] 셀을 지정하고 [확인]을 클릭한다.

⑨ 다음과 같이 보고서 레이아웃을 지정한다.

⑩ [피벗 테이블 도구]-[디자인] 그룹에서 [레이아웃]-[보고서 레이아웃]-[개요 형식으로 표시]를 클릭한다.

⑪ [B2] 셀에서 마우스 오른쪽 버튼을 클릭하여 [필드 설정] 메뉴를 클릭한 후 사용자 지정에 '평균', '최대'를 선택하고 [확인]을 클릭한다.

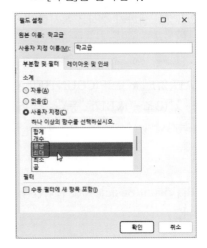

⑫ '기타'[B3] 셀을 클릭한 후 경계라인에서 드래그하여 가장 밑으로 이동하고, '초', '중' 셀을 클릭하여 순서대로 배치한다.

⑬ '합계 : 머리'[D2] 셀을 더블클릭한 후 [값 필드 설정]에서 [표시 형식]을 클릭한 후 '숫자', '1000 단위 구분 기호 사용', 소수 자릿수는 0으로 선택하고 [확인]을 클릭한다.

⑭ 같은 방법으로 '합계 : 구강', '합계 : 팔', '합계 : 다리'도 표시 형식을 설정한다.

⑮ '유', '초', '기타'는 [- 단추](□)를 클릭하여 숨기기한다.

⑯ [디자인] 탭의 [피벗 테이블 스타일] 그룹에서 '연한 녹색, 피벗 스타일 보통 14'를 선택하고, '줄무늬 열'을 체크한다.

02 데이터 도구

정답

분석기간	구독자수(누적)	동영상수(누적)	조회수	시청시간	노출수	노출 클릭율	남자	여자
2022-07-01~2022-12-31	18,372	517	7,586,361	101,896	1,341,508	3.3	44.10%	55.90%
2021-07-01~2021-12-31	11,373	429	9,828,029	154,588	1,550,331	3.4		38%
2020-07-01~2020-12-31	8,435	362	9,120,685	228,159	1,118,747	4.2	63.1	5.90%
2023-07-01~2023-12-31	31,516	560	2,836,352	51,879	786,920	5.4	45.0	00%
2023-01-01~2023-06-30	21,060	545	147,096	4,136	1,079,685	3.9	45	55%
2022-01-01~2022-06-30	14,988	459	241,167	10,111	852,768	4	61%	39%
2021-01-01~2021-06-30	9,072	388	1,204,681	33,866	812,260	5.1	58.90%	41.10%
2020-01-01~2020-06-30	4,695	262	2,501,031	120,178	802,879	4	70.60%	29.40%
2019-07-01~2019-12-31	3,932	202	3,050,039	76,141	846,984	3.1	67.50%	32.50%
2019-01-01~2019-06-30	1,194	93	24,803	1,085	133,859	5.2	68.80%	31.20%
2018-07-01~2018-12-31	840	67	1,864,945	133,379	192,618	5.8	66.70%	33.30%

① [I4:J14] 영역을 범위 지정한 후 [데이터]-[데이터 도구] 그룹의 [데이터 유효성 검사]를 클릭하여 [설정] 탭의 '사용자 지정'을 선택하고, 수식에 =SUM($I4:$J4)=100%를 입력한다.

② [설명 메시지] 탭을 선택하고 제목은 **남녀의 합**, 설명 메시지는 **남자와 여자의 합이 100% 되어야 합니다.**를 입력한다.

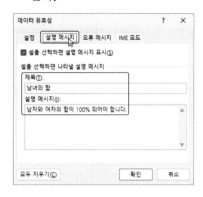

③ [오류 메시지] 탭에서 '중지'를 선택하고, 제목은 **입력오류**, 오류 메시지는 **입력한 값이 맞는지 확인하세요.**를 입력하고 [확인]을 클릭한다.

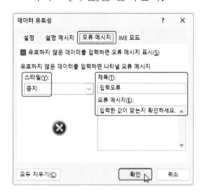

④ [B4:J14] 영역을 범위 지정한 후 [데이터]-[정렬 및 필터] 그룹의 [정렬](□)을 클릭한다.

⑤ '내 데이터에 머리글 표시' 체크를 해제하고 정렬 기준은 '열 E', '셀 색', '노란색', '위에 표시'를 선택한다.

⑥ [기준 추가]를 클릭하여 '열 C', '셀 값', '내림차순'을 선택하고 [확인]을 클릭한다.

01 매크로

정답

산업단지	당월 (백만달러)	전월 (백만달러)	2024누계	전월대비 증감률
서울	263.62	279.63	263.62	▼ 5.73%
녹산	382.81	367.65	382.81	▲ 4.12%
대구	396.54	397.29	396.54	▼ 0.19%
남동	316.26	328.06	316.26	▼ 3.60%
온산	1,543.38	1,748.38	1,543.38	▼ 11.72%
반월	447.10	466.96	447.10	▼ 4.25%
시화	499.07	407.58	499.07	▲ 22.44%
시화MTV	104.72	98.34	104.72	▲ 6.48%
동두천				
오송생명과학	50.94	62.50	50.94	▼ 18.50%
석문	8.98	31.89	8.98	▼ 71.84%
아산	310.41	291.60	310.41	▲ 6.45%
장항생태	0.12	0.12	0.12	
국가식품클러스터	1.96	2.75	1.96	▼ 28.66%
국가식품클러스터(외)				
군산	73.22	67.53	73.22	▲ 8.42%
익산	18.29	17.72	18.29	▲ 3.21%
광양	689.36	711.15	689.36	▼ 3.06%
대불	14.55	13.24	14.55	▲ 9.89%
대불(외)				
여수	2,773.16	2,647.25	2,773.16	▲ 4.76%
구미	1,589.09	1,401.69	1,589.09	▲ 13.37%
포항	460.68	434.41	460.68	▲ 6.05%
포항블루밸리				
밀양나노				
창원	1,536	1,606	1,536	▼ 4.37%

① [개발 도구]-[컨트롤] 그룹의 [삽입]-[단추(양식 컨트롤)]
(□)을 클릭한다.
② 마우스 포인트가 '+'로 바뀌면 [C2:D3] 영역에 드래그한다.
③ [매크로 지정]의 '매크로 이름'에 **서식적용**을 입력하고 [기록]을 클릭한다.
④ [매크로 기록]에 자동으로 '서식적용'으로 매크로 이름이 표시되면 [확인]을 클릭한다.
⑤ [F6:F31] 영역을 범위 지정한 후 Ctrl+1를 눌러 [표시형식] 탭의 '사용자 지정'에 **[빨강]**"▲"* 0.00%;**[파랑]**"▼" * 0.00%;"–"를 입력하고 [확인]을 클릭한다.

⑥ 임의의 셀을 클릭한 후 매크로 기록을 종료하기 위해 [개발 도구]-[코드] 탭의 [기록 중지](□)를 클릭한다.
⑦ 단추에 텍스트를 수정하기 위해서 단추에서 마우스 오른쪽 버튼을 클릭하여 [텍스트 편집]을 선택한다.
⑧ 단추에 입력된 '단추 1'을 지우고 **서식적용**을 입력한다.
⑨ [개발 도구]-[컨트롤] 그룹의 [삽입]-[단추(양식 컨트롤)]
(□)을 클릭한다.
⑩ 마우스 포인트가 '+'로 바뀌면 [E2:F3] 영역에 드래그한다.
⑪ [매크로 지정]의 '매크로 이름'에 **서식해제**를 입력하고 [기록]을 클릭한다.
⑫ [매크로 기록]에 자동으로 '서식해제'로 매크로 이름이 표시되면 [확인]을 클릭한다.
⑬ [F6:F31] 영역을 범위 지정한 후 Ctrl+1를 눌러 [표시형식] 탭의 '백분율', 소수 자릿수는 '2'를 선택하고 [확인]을 클릭한다.

⑭ 임의의 셀을 클릭한 후 매크로 기록을 종료하기 위해 [개발 도구]-[코드] 탭의 [기록 중지](□)를 클릭한다.
⑮ 단추에 텍스트를 수정하기 위해서 단추에서 마우스 오른쪽 버튼을 클릭하여 [텍스트 편집]을 선택한다.
⑯ 단추에 입력된 '단추 2'를 지우고 **서식해제**를 입력한다.

02 차트

정답

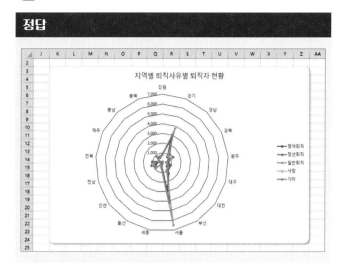

① 차트 안에서 마우스 오른쪽 버튼을 클릭하여 [데이터 선택]을 클릭한다.

② '차트 데이터 범위'는 기존 범위를 지우고 [B4:E21], [H4:I21] 영역으로 수정하고 [확인]을 클릭한다.

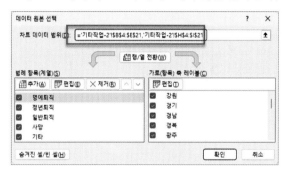

③ 차트를 선택한 후 마우스 오른쪽 버튼을 클릭하여 [차트 종류 변경] 메뉴를 클릭하여 '방사형'의 '표식이 있는 방사형'을 선택하고 [확인]을 클릭한다.

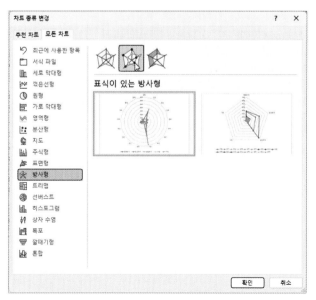

④ 차트를 선택한 후 [차트 요소](⊞)-[차트 제목]을 클릭한 후 '차트 제목'을 선택한 후 수식 입력줄에 =를 입력하고 [B2] 셀을 클릭하고 Enter를 누른다.

⑤ [차트 디자인] 탭의 [차트 레이아웃]-[차트 요소 추가]-[범례]-[오른쪽]을 클릭한다.

⑥ [차트 디자인] 탭의 [차트 레이아웃]-[차트 요소 추가]-[눈금선]-[기본 보조 가로]를 클릭한다.

⑦ 차트의 눈금선을 선택하고 마우스 오른쪽 버튼을 클릭하여 [눈금선 서식]을 선택한 후 주 눈금선 서식의 색을 '진한 파랑'을 선택한다.

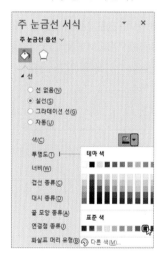

⑧ 방사형 (값) 축을 선택한 후 [축 서식]에서 '축 옵션'의 표시 형식에서 '숫자', '1000단위 구분 기호 사용'을 체크한다.

⑨ 방사형 (값) 축을 선택한 후 [축 서식]에서 '축 옵션'의 최대값은 7000을 입력한다.

⑩ 차트 영역을 선택한 후 [채우기 및 선]에서 '둥근 모서리', [효과]에서 '그림자' 미리 설정에서 '오프셋: 오른쪽 아래'를 선택한다.

03 VBA 프로그래밍('기타작업-3' 시트)

(1) 폼 보이기

① [개발 도구]-[컨트롤] 그룹의 [디자인 모드](🖹)를 클릭하여 〈프로그램 등록〉 버튼을 편집 상태로 만든다.

② 〈프로그램 등록〉 버튼을 더블클릭한 후 코드 창에 다음과 같이 입력한다.

```
Private Sub 프로그램폼_Click()
    프로그램등록화면.Show
End Sub
```

(2) 폼 초기화

① Alt + F11을 눌러 [프로젝트-VBAProject] 탐색기에서 '폼'을 더블 클릭하고 〈프로그램등록화면〉을 선택한다.

② [프로젝트-VBAProject] 탐색기의 [코드 보기](📖)를 클릭한다.

③ '개체 목록'은 'UserForm', '프로시저 목록'은 'Initialize'를 선택한다.

④ 코드 창에 다음과 같이 입력한다.

```
Private Sub UserForm_Initialize()
    cmb프로그램명.RowSource = "I7:J9"

    For k = 1 To 7
        cmb접수일.AddItem Date - k
    Next k

    txt이름.SetFocus
    opt남.Value = True
End Sub
```

(3) 등록 프로시저

① '개체 목록'에서 'cmd등록', '프로시저 목록'은 'Click'을 선택한다.

② 코드 창에 다음과 같이 입력한다.

```
Private Sub cmd등록_Click()
    i = Range("B5").CurrentRegion.Rows.Count + 4

    Cells(i, 2) = txt이름
    Cells(i, 3) = cmb접수일
    Cells(i, 4) = cmb프로그램명.List(cmb프로그램명.ListIndex, 0)
    If opt남.Value = True Then
        Cells(i, 5) = "남"
    Else
        Cells(i, 5) = "여"
    End If

    If chk워크샵.Value = True Then
        Cells(i, 6) = "Y"
        txt금액 = Format(cmb프로그램명.List(cmb프로그램명.ListIndex, 1) + 15000, "#,##0")
        Cells(i, 7) = txt금액.Value
    Else
        Cells(i, 6) = "N"
        txt금액 = Format(cmb프로그램명.List(cmb프로그램명.ListIndex, 1), "#,##0")
        Cells(i, 7) = txt금액.Value
    End If
End Sub
```

(4) 종료 프로시저

① '개체 목록'에서 'cmd종료', '프로시저 목록'은 'Click'을 선택한다.

② 코드 창에 다음과 같이 입력한다.

```
Private Sub cmd종료_Click()
    MsgBox "현재시각 " & Time & " 종료합니다."
    [A1] = "수고하셨습니다."
    [A1].Font.Name = "궁서"
    [A1].Font.Color = RGB(0, 0, 255)
    MsgBox "현재 입력한 개수는 " & Range("B5").CurrentRegion.Rows.Count - 2 & "건입니다."
    Unload Me
End Sub
```

스프레드시트
실전 모의고사

스프레드시트 실전 모의고사 01회

프로그램명	소요시간	합격 점수
EXCEL 2021	45분	70점

수험번호 :

성   명 :

유의사항

■ 인적 사항 누락 및 잘못 작성으로 인한 불이익은 수험자 책임으로 합니다.

■ 화면에 암호 입력창이 나타나면 아래의 암호를 입력하여야 합니다.
  ○ 암호: 6845%3

■ 작성된 답안은 주어진 경로 및 파일명을 변경하지 마시고 그대로 저장해야 합니다. 이를 준수하지 않으면 실격 처리됩니다.
  ○ 답안 파일명의 예: C:₩OA₩수험번호8자리.xlsm

■ 외부데이터 위치: C:₩OA₩파일명

■ 별도의 지시사항이 없는 경우, 다음과 같이 처리 시 실격 처리됩니다.
  ○ 제시된 시트 및 개체의 순서나 이름을 임의로 변경한 경우
  ○ 제시된 시트 및 개체를 임의로 추가 또는 삭제한 경우
  ○ 외부데이터를 시험 시작 전에 열어본 경우

■ 답안은 반드시 문제에서 지시 또는 요구한 셀에 입력하여야 하며 다음과 같이 처리 시 채점 대상에서 제외됩니다.
  ○ 제시된 함수가 있을 경우 제시된 함수만을 사용하여야 하며 그 외 함수사용시 채점대상에서 제외
  ○ 수험자가 임의로 지시하지 않은 셀의 이동, 수정, 삭제, 변경 등으로 인해 셀의 위치 및 내용이 변경된 경우 해당 작업에 영향을 미치는 관련문제 모두 채점 대상에서 제외
  ○ 도형 및 차트의 개체가 중첩되어 있거나 동일한 계산결과 시트가 복수로 존재할 경우 해당 개체나 시트는 채점 대상에서 제외

■ 수식 작성 시 제시된 문제 파일의 데이터는 변경 가능한(가변적) 데이터임을 감안하여 문제 풀이를 하시오.

■ 별도의 지시사항이 없는 경우, 주어진 각 시트 및 개체의 설정값 또는 기본 설정값 (Default)으로 처리하시오.

■ 저장 시간은 별도로 주어지지 않으므로 제한된 시간 내에 저장을 완료해야 하며, 제한 시간 내에 저장이 되지 않은 경우에는 실격 처리됩니다.

■ 출제된 문제의 용어는 MS Office LTSC Professional Plus 2021 기준으로 작성되어 있습니다.

대 한 상 공 회 의 소

기본작업(15점) 주어진 시트에서 다음 과정을 수행하고 저장하시오.

01 '기본작업-1' 시트에서 다음과 같이 고급 필터를 수행하시오. (5점)

▶ [A2:I16] 영역에서 제품모델명에 'E'가 포함되어 있고, 제품사가 '캐'로 시작하는 데이터의 제품모델명, 제품사, 출시년도, 가격, 판매량을 표시하시오.

▶ 조건은 [A18:A19] 영역 내에 알맞게 입력하시오. (AND, FIND, LEFT 함수 사용)

▶ 결과는 [A22] 셀부터 표시하시오.

02 '기본작업-1' 시트의 [A3:I16] 영역에 대해 다음과 같이 조건부 서식을 설정하시오. (5점)

▶ 제품모델명에 'E'가 포함되어 있고, 출시년도가 2023이 아닌 데이터의 행 전체에 대해서 글꼴 스타일은 '굵게', 글꼴 색은 '표준 색 – 빨강'으로 적용하는 조건부 서식을 작성하시오.

▶ 단, 규칙 유형은 '수식을 사용하여 서식을 지정할 셀 결정'을 사용하고, 한 개의 규칙으로만 작성하시오.

▶ AND, SEARCH 함수 사용

03 '기본작업-2' 시트에서 다음과 같이 시트 보호와 통합 문서 보기를 설정하시오. (5점)

▶ '기본작업-2' 시트를 페이지 나누기 보기로 표시하고, [B2:J17] 영역만 1페이지로 인쇄되도록 페이지 나누기 구분선을 조정하시오.

▶ [I4:I17] 영역에 셀 잠금과 수식 숨기기를 적용한 후 잠긴 셀의 내용과 워크시트를 보호하시오.

▶ 잠긴 셀의 선택과 잠기지 않은 셀의 선택은 허용하고, 시트 보호 해제 암호는 지정하지 마시오.

문제2 **계산작업(30점)** '계산작업' 시트에서 다음 과정을 수행하고 저장하시오.

01 [표1]의 회원코드, 개강, 환불신청일, 개강일과 [표2]를 참조하여 환불금액[F4:F19]을 표시하시오. (6점)

▶ 코드번호는 회원코드의 왼쪽의 3글자를 의미

▶ 개강이 '전'이면 환불금액은 0으로 표시하고, '후'이면 환불금액은 계산

▶ 환불금액 = 금액 – (금액/30 × (환불신청일 – 개강일))

▶ IF, VLOOKUP, LEFT 함수 이용

02 [표1]의 회원코드, 환불유형, 환불코드를 이용하여 환불상황을 [H4:H19] 영역에 표시하시오. (6점)

▶ 회원코드에서 환불코드와 일치하는 값이 있으면 환불코드를 환불유형으로 변경하고, 일치하는 값이 없으면 공백으로 변경하시오. (단, 환불유형의 양 옆에 공백을 추가)

▶ [표시 예 : SWACA008 → SWA 보류 008]

▶ IFERROR, REPLACE, FIND, LEN 함수와 & 연산자 사용

03 [표1]의 회원코드를 이용하여 코드번호별 취소율을 [표2]의 [L4:L6] 영역에 표시하시오. (6점)

▶ 코드번호는 회원코드의 왼쪽의 3글자를 의미

▶ 취소율 = 코드번호별 건수/전체 건수

▶ SUM, LEFT, COUNTA 함수를 이용한 배열 수식

04 [표1]의 회원코드와 개강을 이용하여 코드번호별 개강전과 개강후의 개수를 구하여 [표3]의 [K10:L12] 영역에 표시하시오. (6점)

▶ 코드번호는 회원코드의 왼쪽의 3글자를 의미
▶ SUM, IF, ISERR, FIND, RIGHT 함수를 이용한 배열 수식

05 사용자 정의 함수 'fn비고'를 작성하여 [표1]의 비고[B4:B19]를 표시하시오. (6점)

▶ fn비고는 회원코드를 인수로 받아 값을 되돌려줌
▶ 회원코드가 SSW로 시작하면 '수영', SSA로 시작하면 '바둑', SWA로 시작하면 '탁구'로 표시
▶ SELECT CASE문 사용

```
Public Function fn비고(회원코드)
End Function
```

문제3 분석작업(20점) 주어진 시트에서 다음 과정을 수행하고 저장하시오.

01 '분석작업-1' 시트에서 다음과 같은 피벗 테이블을 작성하시오. (10점)

▶ 외부 데이터 가져오기 기능을 사용하여 〈판매현황.accdb〉의 〈카메라〉 테이블을 이용하시오.
▶ 피벗 테이블 보고서의 레이아웃과 위치는 〈그림〉을 참조하여 설정하고, 보고서 레이아웃을 개요 형식으로 표시하시오.
▶ 〈그림〉과 같이 '제품사'를 기준으로 정렬하시오.
▶ '가격' 필드는 표시 형식을 값 필드 설정의 셀 서식에서 '사용자 지정'을 이용하여 〈그림〉과 같이 지정하시오.
▶ 피벗 테이블 옵션을 이용하여 '레이블이 있는 셀 병합 및 가운데 맞춤'으로 지정하고, 피벗 테이블 스타일은 '연한 노랑, 피벗 스타일 보통 12'로 설정하시오.

	A	B	C	D	E	F	G
1							
2		ISO 감도	(모두)				
3							
4		합계 : 가격	출시년도				
5		제품사	2014	2015	2016	총합계	
6		펜탁스		636천원	690천원	1,326천원	
7		캐논	520천원	2,606천원	610천원	3,736천원	
8		올림푸스		1,012천원		1,012천원	
9		소니	990천원	930천원	598천원	2,518천원	
10		니콘	3,563천원	2,050천원	1,200천원	6,813천원	
11		총합계	5,073천원	7,234천원	3,098천원	15,405천원	
12							

※ 작업 완성된 그림이며 부분 점수 없음

02 '분석작업-2' 시트에 대하여 다음의 지시사항을 처리하시오. (10점)

▶ 제품사가 3글자이고, 탁스로 끝나는 제품사의 판매량과 가격의 평균 통합을 [표5]에 계산하시오.
▶ [표4] 4분기의 합계[I21]가 15,000,000이 되기 위해서 캐논 EOS-6D 모델명의 판매량[H14]을 구하는 목표값 찾기를 설정하시오.

01 '기타작업-1' 시트에서 다음의 지시사항에 따라 차트를 수정하시오. (각 2점)

※ 차트는 반드시 문제에서 제공한 차트를 사용하여야 하며, 신규로 차트 작성시 0점 처리됨

① '판매금액' 데이터 계열의 차트 종류를 '묶은 세로 막대형'으로 변경한 후 보조 축으로 지정하시오.

② 차트 제목을 '제품모델별 판매현황'으로 지정하고, 도형 스타일을 '보통 효과 - 황금색, 강조 4'로 지정하시오.

③ 보조 축의 표시 단위를 10000으로 지정하고, 단위 레이블을 표시하시오.

④ 차트 영역에 '안쪽 : 가운데' 그림자를 지정하시오.

⑤ '가격' 데이터 계열의 가장 큰 값에 〈그림〉과 같이 레이블을 지정하시오.

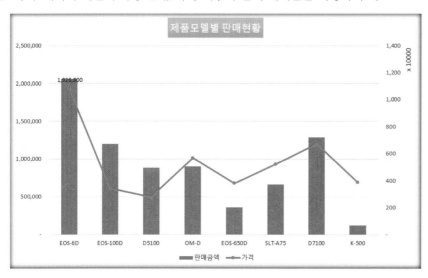

02 '기타작업-2' 시트에서 다음과 같은 기능을 수행하는 매크로를 현재 통합문서에 작성하시오. (각 5점)

① [I5:I18] 영역에 대하여 사용자 지정 표시 형식을 설정하는 '서식' 매크로를 생성하시오.

▶ 무게가 600 이상이면 빨강색으로 숫자 서식, 무게가 500 이하이면 파랑색으로 숫자 서식, 나머지는 검정색으로 숫자 서식으로 표시

▶ [개발 도구]-[삽입]-[양식 컨트롤]의 '단추'(□)를 동일 시트의 [B1:D2] 영역에 생성한 후 텍스트를 '서식'으로 입력하고, 단추를 클릭하면 '서식' 매크로가 실행되도록 설정하시오.

② [G5:G18] 영역에 대하여 조건부 서식을 적용하는 '그래프' 매크로를 생성하시오.

▶ 규칙 유형은 '셀 값을 기준으로 모든 셀의 서식 지정'으로 선택하고, 서식 스타일 '데이터 막대', 최소값은 백분위수 20, 최대값은 백분위수 80으로 설정하시오.

▶ 막대 모양은 채우기를 '그라데이션 채우기', 색을 '표준 색-파랑'으로 설정하시오.

▶ [개발 도구]-[삽입]-[양식 컨트롤]의 '단추'(□)를 동일 시트의 [F1:H2] 영역에 생성한 후 텍스트를 '그래프'로 입력하고, 단추를 클릭하면 '그래프' 매크로가 실행되도록 설정하시오.

※ 셀 포인터의 위치에 관계없이 매크로가 실행되어야 정답으로 인정됨

03 '기타작업-3' 시트에서 다음과 같은 작업을 수행하고 저장하시오. (각 5점)

① 〈제품검색〉 버튼을 클릭하면 〈제품검색〉 폼이 나타나고, 폼이 초기화 되면 '제품모델명(cmb제품모델)' 콤보 상자의 목록에 [B5:B18] 영역의 값이 설정되도록 프로시저를 작성하시오.

② 〈제품검색폼〉의 '제품모델명(cmb제품모델)' 콤보 상자에서 조회할 '제품모델명'을 선택하고 〈검색(cmd검색)〉 버튼을 클릭하면 워크시트의 [표1]에서 해당 데이터를 찾아 폼에 표시하는 프로시저를 작성하시오.

▶ ListIndex 속성 사용

▶ 가격은 Format 함수를 사용하여 〈그림〉과 같이 표시되도록 설정하시오.

③ 〈종료(cmd종료)〉 버튼을 클릭하면 〈그림〉과 같은 메시지 박스를 표시한 후 폼을 종료하는 프로시저를 작성하시오.

▶ 현재 날짜와 시간 표시

정답 & 해설 | 스프레드시트 실전 모의고사 01회

문제1 | 기본작업

01 고급 필터

정답

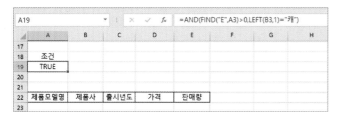

① [A18:A19] 영역에 '조건'을 입력하고, [A22: E22] 영역에 추출할 필드명을 입력한다.

A19		▼	: × ✓ fx	=AND(FIND("E",A3)>0,LEFT(B3,1)="캐")			
	A	B	C	D	E	F	G	H
17								
18	조건							
19	TRUE							
20								
21								
22	제품모델명	제품사	출시년도	가격	판매량			
23								

[A19] : =AND(FIND("E",A3)>0,LEFT(B3,1)="캐")

함수 설명 =AND(FIND("E",A3)>0,LEFT(B3,1)="캐")

❶ FIND("E",A3)>0 : [A3] 셀에 "E"(대문자)의 시작 위치 값이 0보다 크면 TRUE 값을 반환
❷ LEFT(B3,1)="캐" : [B3] 셀에서 왼쪽 한 글자를 추출한 값이 '캐'이면 TRUE 값을 반환

=AND(❶,❷) : ❶과 ❷ 모두 TRUE일 때 추출

② [데이터]-[정렬 및 필터] 탭의 [고급](🔽)을 클릭한다.
③ [고급 필터]에서 다음과 같이 지정한 후 [확인]을 클릭한다.

- 결과 : '다른 장소에 복사'
- 목록 범위 : [A2:I16]
- 조건 범위 : [A18:A19]
- 복사 위치 : [A22:E22]

02 조건부 서식

정답

⊿	A	B	C	D	E	F	G	H	I	J
1	[표1]									
2	제품모델명	제품사	화소	ISO 감도	출시년도	가격	판매량	판매금액	무게	
3	EOS-R50	캐논	2,420	32,000	2023	1,199,000	6	7,194,000	755	
4	EOS-R10	캐논	2,420	32,000	2022	1,129,000	11	12,419,000	370	
5	Z8	니콘	4,571	25,600	2023	5,298,000	10	52,980,000	510	
6	터프 TG-6	올림푸스	1,200	12,800	2020	990,000	5	4,950,000	425	
7	EOS-R3	캐논	2,670	102,400	2022	679,000	3	2,037,000	575	
8	A6400	소니	2,420	32,000	2019	1,098,000	4	4,392,000	539	
9	D7100	니콘	2,410	6,400	2016	1,200,000	6	7,200,000	675	
10	K-500	펜탁스	1,630	51,200	2016	690,000	1	690,000	589.7	
11	Z5	니콘	2,432	51,200	2022	1,328,620	3	3,985,860	760	
12	D850	니콘	4,575	25,600	2020	3,068,000	2	6,136,000	900	
13	A58	소니	2,010	16,000	2016	598,000	10	5,980,000	492	
14	K-30	펜탁스	1,628	12,800	2015	636,000	2	1,272,000	650	
15	EOS-R7	캐논	3,250	32,000	2022	1,740,000	4	6,960,000	515	
16	ILCE-7SM3	소니	1,210	102,400	2020	990,000	3	2,970,000	680	
17										

① [A3:I16] 영역을 범위 지정한 후 [홈]-[스타일] 그룹의 [조건부 서식]-[새 규칙]을 클릭한다.
② [새 서식 규칙]에서 '규칙 유형 선택'에 '▶ 수식을 사용하여 서식을 지정할 셀 결정'을 선택하고, =AND(SEARCH("E", $A3)>0,$E3<>2023)를 입력한 후 [서식]을 클릭한다.

함수 설명 =AND(SEARCH("E",$A3)>0,$E3<>2023)

❶ SEARCH("E",$A3)>0 : [A3] 셀에 "E" 또는 "e"의 시작 위치 값이 0보다 크면 TRUE 값을 반환
❷ $E3<>2023 : [E3] 셀의 값이 2023과 같지 않으면 TRUE 값을 반환

=AND(❶,❷) : ❶과 ❷ 모두 TRUE일 때 서식을 지정

③ [셀 서식]의 [글꼴] 탭에서 글꼴 스타일은 '굵게'를 선택하고, 색은 '표준 색 – 빨강'을 선택한 후 [확인]을 클릭한다.

④ [새 서식 규칙]에서 다시 [확인]을 클릭한다.

03 시트 보호와 통합 문서 보기

정답

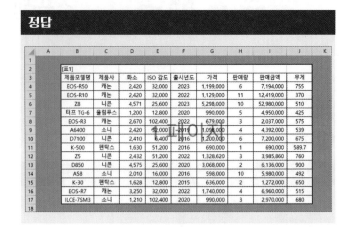

	B	C	D	E	F	G	H	I	J	K
	[표1]									
	제품모델명	제품사	화소	ISO 감도	출시년도	가격	판매량	판매금액	무게	
	EOS-R50	캐논	2,420	32,000	2023	1,199,000	6	7,194,000	755	
	EOS-R10	캐논	2,420	32,000	2022	1,129,000	11	12,419,000	370	
	Z8	니콘	4,571	25,600	2023	5,298,000	10	52,980,000	510	
	터프 TG-6	올림푸스	1,200	12,800	2020	990,000	5	4,950,000	425	
	EOS-R3	캐논	2,670	102,400	2022	679,000	3	2,037,000	575	
	A6400	소니	2,420	32,000	2019	1,098,000	4	4,392,000	539	
	D7100	니콘	2,410	6,400	2016	1,200,000	6	7,200,000	675	
	K-500	펜탁스	1,630	51,200	2016	690,000	1	690,000	589.7	
	Z5	니콘	2,432	51,200	2022	1,328,620	3	3,985,860	760	
	D850	니콘	4,575	25,600	2022	3,068,000	2	6,136,000	900	
	A58	소니	2,010	16,000	2016	598,000	10	5,980,000	492	
	K-30	펜탁스	1,628	12,800	2015	636,000	2	1,272,000	650	
	EOS-R7	캐논	3,250	32,000	2022	1,740,000	4	6,960,000	515	
	ILCE-7SM3	소니	1,210	102,400	2020	990,000	3	2,970,000	680	

① [B2:J17] 영역을 범위 지정한 후 [보기]–[통합 문서 보기] 그룹에서 [페이지 나누기 미리 보기]를 클릭한 후 [확대/축소] 그룹에서 [100%]()를 클릭한다.
② 페이지 나누기 경계선을 드래그하여 2행, B열로 이동한다.
③ H와 I열 사이의 페이지 경계라인을 드래그하여 J열 뒤로 드래그한다.
④ [I4:I17] 영역을 범위 지정한 후 마우스 오른쪽 버튼을 눌러 [셀 서식] 메뉴를 클릭한다.
⑤ [보호] 탭에서 '잠금', '숨김'을 체크한 후 [확인]을 클릭한다.

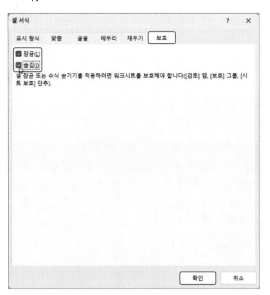

⑥ [검토] 탭의 [보호] 그룹에서 [시트 보호]를 클릭하여 '잠긴 셀 선택'과 '잠기지 않은 셀 선택'을 체크한 후 [확인]을 클릭한다.

정답

	A	B	C	D	E	F	G	H	I	J	K	L	M
1	[표1]												
2					개강일	2024-10-01	환불코드	CA		[표2]			
3	회원코드	비고	취소사유	개강	환불신청일	환불금액	환불유형	환불상황		코드번호	금액	취소율	
4	SSWCN001	수영	질병	전	09월 30일	-	보류			SSW	150,000	38%	
5	SSACA002	바둑	이사	후	10월 10일	84,000	취소	SSA 취소 002		SSA	120,000	31%	
6	SWACA003	탁구	이직	전	09월 25일	-	환불	SWA 환불 003		SWA	90,000	31%	
7	SSWCA002	수영	질병	전	09월 20일	-	보류	SSW 보류 002					
8	SSWCA004	수영	이사	후	10월 20일	55,000	환불	SSW 환불 004		[표3]			
9	SSACA005	바둑	이직	후	10월 15일	64,000	환불	SSA 환불 005		코드번호	개강전	개강후	
10	SWACN008	탁구	질병	전	09월 28일	-	보류			SSW	3	3	
11	SSWCA009	수영	이사	전	09월 24일	-	환불	SSW 환불 009		SSA	1	4	
12	SSACA010	바둑	질병	전	09월 26일	-	보류	SSA 보류 010		SWA	4	1	
13	SWACA011	탁구	이직	후	10월 02일	87,000	환불	SWA 환불 011					
14	SSWCA012	수영	이사	후	10월 03일	140,000	환불	SSW 환불 012					
15	SSACN013	바둑	질병	후	10월 09일	88,000	보류						
16	SWACA015	탁구	이사	전	09월 29일	-	환불	SWA 환불 015					
17	SSWCA014	수영	질병	후	10월 12일	95,000	보류	SSW 보류 014					
18	SSACA016	바둑	이사	후	10월 14일	68,000	환불	SSA 환불 016					
19	SWACA017	탁구	이직	전	09월 27일	-	보류	SWA 보류 017					
20													

01 환불금액[F4:F19]

[F4] 셀에 =IF(D4="전",0,VLOOKUP(LEFT(A4,3),$J$3:$K$6,2,0)-(VLOOKUP(LEFT(A4,3),$J$3:$K$6,2,0)/30*(E4-$F$2)))를 입력하고 [F19] 셀까지 수식을 복사한다.

02 환불상황[H4:H19]

[H4] 셀에 =IFERROR(REPLACE(A4,FIND($H$2,A4),LEN($H$2)," "& G4 & " "),"")를 입력하고 [H19] 셀까지 수식을 복사한다.

> **함수 설명** =IFERROR(REPLACE(A4,FIND($H$2,A4),LEN($H$2)," "& G4 & " "),"")

❶ FIND($H$2,A4) : [H2] 셀의 값에 있는 텍스트를 [A4] 셀에 찾아 시작 위치를 구함
❷ LEN($H$2) : [H2] 셀의 글자를 구함
❸ " "& G4 & " " : [G4] 셀의 앞 뒤에 한 칸의 스페이스를 표시
❹ REPLACE(A4,❶,❷,❸) : [A4] 셀에 있는 텍스트에서 ❶의 위치에서 시작하여 ❷의 글자 수의 위치 만큼에 ❸의 텍스트를 넣어서 표시

=IFERROR(❹,"") : ❹의 값에 오류가 있다면 공백으로 표시

03 취소율[L4:L6]

[L4] 셀에 =SUM((LEFT($A$4:$A$19,3)=$J4)*1)/COUNTA($A$4:$A$19)를 입력하고 [Ctrl]+[Shift]+[Enter]를 누른 후 [L6] 셀까지 수식을 복사한다.

> **함수 설명** =SUM((LEFT($A$4:$A$19,3)=$J4)*1)/COUNTA($A$4:$A$19)

❶ LEFT($A$4:$A$19,3) : [A4:A19] 영역에서 왼쪽의 3글자를 추출함
❷ COUNTA($A$4:$A$19) : [A4:A19] 영역의 개수를 구함

=SUM((❶=$J4)*1)/❷ : ❶의 값이 [J4] 셀과 같은 데이터의 1의 합계를 ❷의 값을 나눈 값을 표시

04 개강전/후[K10:L12]

[K10] 셀에 =SUM(IF(ISERR(FIND($J10,$A$4:$A$19)), 0,1)*(RIGHT(K$9,1)=$D$4:$D$19))를 입력하고 Ctrl + Shift + Enter 를 누른 후 [L12] 셀까지 수식을 복사한다.

> **함수 설명**) =SUM(IF(ISERR(FIND($J10,$A$4:$A$19)),0,1)*(RIGHT (K$9,1)=$D$4:$D$19))
>
> ❶ FIND($J10,$A$4:$A$19) : [J10] 셀의 텍스트를 [A4:A19] 영역에서 찾아 시작 위치를 구함
> ❷ ISERR(❶) : ❶의 값에 에러(일치하는 데이터가 없을 때)가 있으면 TRUE 값을 반환
> ❸ IF(❷,0,1) : ❷의 값이 TRUE이면 0, 그 외는 1로 반환
> ❹ RIGHT(K$9,1)=$D$4:$D$19) : [K9] 셀에서 오른쪽 1글자를 추출한 값이 [D4:D19]와 일치하면 TRUE 값을 반환
>
> =SUM(❸*❹) : ❸과 ❹ 모두 TRUE에 해당하면 1의 값이 계산되고, 반환된 1의 합계를 구함

05 사용자 정의 함수(fn비고)[B4:B19]

① [개발 도구]–[코드] 그룹의 [Visual Basic](圖)을 클릭한다.
② [삽입]–[모듈]을 클릭한다.
③ Module 창에 다음과 같이 입력한다.

```
Public Function fn비고(회원코드)
    Select Case Left(회원코드, 3)
        Case "SSW"
            fn비고 = "수영"
        Case "SSA"
            fn비고 = "바둑"
        Case "SWA"
            fn비고 = "탁구"
    End Select
End Function
```

④ [파일]–[닫고 Microsoft Excel(으)로 돌아가기]를 클릭하여 [Visual Basic Editor]를 닫는다.
⑤ [B4] 셀을 클릭한 후 [함수 삽입](𝑓ₓ)을 클릭한다.

⑥ '범주 선택'에서 '사용자 정의', '함수 선택'에서 'fn비고'를 선택한 후 [확인]을 클릭한다.

⑦ 그림과 같이 셀을 지정한 후 [확인]을 클릭한다.

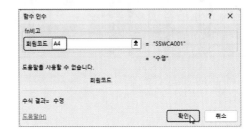

⑧ [B4] 셀을 선택한 후 [B19] 셀까지 수식을 복사한다.

01 피벗 테이블

정답

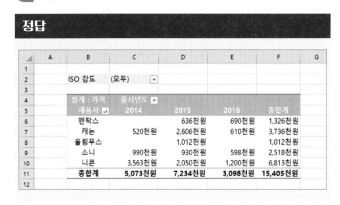

① [B4] 셀을 선택한 후 [데이터]–[데이터 가져오기 및 변환] 그룹의 [데이터 가져오기]–[기타 원본에서]–[Microsoft Query에서]를 클릭한다.

② [데이터 원본 선택]의 [데이터베이스] 탭에서 'MS Access Database *'를 선택하고 [확인]을 클릭한다.

③ '2025컴활1급(기출)₩스프레드시트₩실전모의고사' 폴더에서 '판매현황.accdb'를 선택하고 [확인]을 클릭한다.

④ [열 선택]에서 '카메라' 테이블을 더블클릭하여 다음 그림과 같이 지정하고 [다음]을 클릭한다.

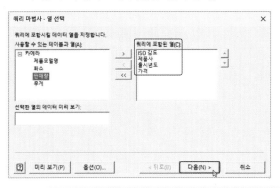

ISO 감도, 제품사, 출시년도, 가격

⑤ [데이터 필터]와 [정렬 순서]에서는 설정 없이 [다음]을 클릭한다.

⑥ [마침]에서 'Microsoft Excel(으)로 데이터 되돌리기'를 선택하고 [마침]을 클릭한다.

⑦ [데이터 가져오기]에서 '피벗 테이블 보고서'를 선택한 다음, '기존 워크시트'는 [B4] 셀을 지정하고 [확인]을 클릭한다.

⑧ [피벗 테이블 필드]에서 다음과 같이 지정한다.

⑨ [디자인] 탭에서 [레이아웃]–[보고서 레이아웃]–[개요 형식으로 표시]를 클릭한다.

⑩ 제품사[B5] 셀에서 목록 단추를 클릭하여 [텍스트 내림차순 정렬]을 클릭한다.

⑪ 합계 : 가격[B4]에서 마우스 오른쪽 버튼을 눌러 [값 필드 설정]을 클릭한 후 [표시 형식]을 클릭한다.

⑫ '사용자 지정'에 #,###,"천원"를 입력하고 [확인]을 클릭한다.

⑬ [피벗 테이블 분석] 탭에서 [옵션]을 클릭하여 '레이블이 있는 셀 병합 및 가운데 맞춤'을 체크하고 [확인]을 클릭한다.

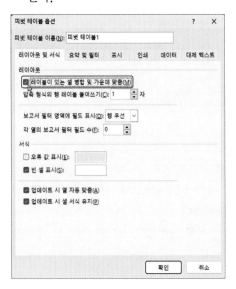

⑭ [디자인]-[피벗 테이블 스타일] 그룹에서 '연한 노랑, 피벗 스타일 보통 12'를 선택한다.

02 데이터 도구('분석작업-2' 시트)

정답

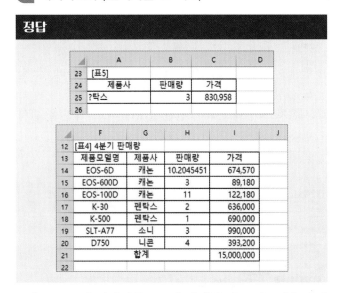

	A	B	C	D
23	[표5]			
24	제품사	판매량	가격	
25	?탁스	3	830,958	
26				

	F	G	H	I	J
12	[표4] 4분기 판매량				
13	제품모델명	제품사	판매량	가격	
14	EOS-6D	캐논	10.2045451	674,570	
15	EOS-600D	캐논	3	89,180	
16	EOS-100D	캐논	11	122,180	
17	K-30	펜탁스	2	636,000	
18	K-500	펜탁스	1	690,000	
19	SLT-A77	소니	3	990,000	
20	D750	니콘	4	393,200	
21		합계		15,000,000	
22					

① [A24:C24] 영역에 [B2:D2] 영역에 있는 필드명을 복사하여 붙여넣기를 한 후 [A25] 셀에 **?탁**스를 입력한다.

② [A24:C25] 영역을 범위 지정한 후 [데이터]-[데이터 도구] 그룹에서 [통합](📋)을 클릭한다.

③ [통합]에서 함수는 '평균', 모든 참조 영역에 [B2:D9], [G2:I9], [B13:D20], [G13:I20] 영역을 추가하고 '첫 행', '왼쪽 열'을 체크하고 [확인]을 클릭한다.

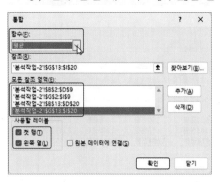

④ [I21] 셀을 선택하고 [데이터]-[예측] 그룹의 [가상 분석]-[목표값 찾기]를 클릭한다.

⑤ [목표값 찾기]에서 수식 셀[I21], 찾는 값 15000000을 입력하고, 값을 바꿀 셀[H14]로 지정하고 [확인]을 클릭한다.

01 차트

정답

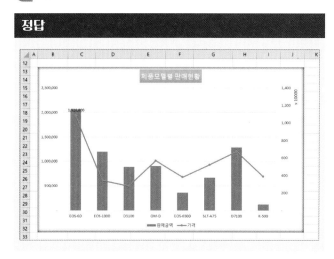

① '판매금액' 계열에서 마우스 오른쪽 버튼을 눌러 [계열 차트 종류 변경]을 클릭한다.

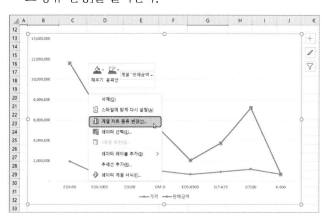

② [차트 종류 변경]에서 '혼합'을 선택한 후 '판매금액' 계열은 '묶은 세로 막대형'을 선택하고 '보조 축'을 체크하고 [확인]을 클릭한다.

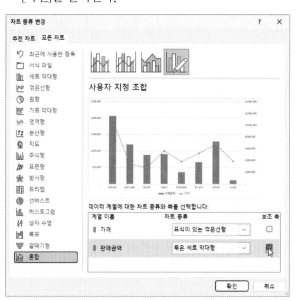

③ 차트를 선택한 후 [차트 요소](⊞)–[차트 제목]을 클릭한 후 **제품모델별 판매현황**을 입력한다.

④ 차트 제목을 선택한 후 [서식]–[도형 스타일]에서 '보통 효과 – 황금색, 강조 4'를 선택한다.

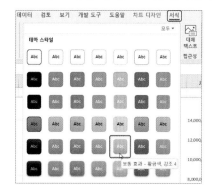

⑤ 보조 세로(값) 축을 선택한 후 마우스 오른쪽 버튼을 눌러 [축 서식]을 선택한다.
⑥ [축 서식]의 '축 옵션'을 선택한 후 '표시 단위'는 '10000'을 선택하고, '차트에 단위 레이블 표시'를 체크한다.
⑦ 차트 영역을 선택한 후 [차트 영역 서식]의 [효과]에서 '그림자'에서 '미리 설정'을 클릭하여 '안쪽'의 '안쪽 : 가운데'를 선택한다.
⑧ '가격' 계열의 'EOS-6D'를 천천히 두 번을 선택한 후 [차트 요소](⊞)–[데이터 레이블]–[위쪽]을 클릭한다.

02 매크로

정답

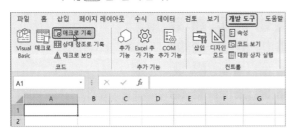

① 비어 있는 셀을 클릭한 후 [개발 도구]-[코드] 그룹의 [매크로 기록](📷)을 클릭한다.

② [매크로 기록]에 **서식**을 입력하고 [확인]을 클릭한다.

③ [I5:I18] 영역을 범위 지정한 후 [Ctrl]+[1]을 눌러 [표시 형식] 탭의 '사용자 지정'을 선택한 후 **[빨강][>=600]#;[파랑][<=500]#;#**을 입력하고 [확인]을 클릭한다.

④ [개발 도구]-[코드] 그룹의 [기록 중지](⬜)를 클릭한다.

⑤ [개발 도구]-[컨트롤] 그룹의 [삽입]-[단추(양식 컨트롤)](⬜)을 클릭한다.

⑥ 마우스 포인터가 '+'로 바뀌면 [B1:D2] 영역에 Alt 를 누른 상태에서 드래그하면 [매크로 지정] 대화상자가 나타난다.

⑦ [매크로 지정]에 '서식'을 선택하고 [확인]을 클릭한다.

⑧ 단추에 입력된 '단추 1'을 지우고 **서식**을 입력한다.

⑨ 비어 있는 셀을 클릭한 후 [개발 도구]–[코드] 그룹의 [매크로 기록]( )을 클릭한다.

⑩ [매크로 기록]에 **그래프**를 입력하고 [확인]을 클릭한다.

⑪ [G5:G18] 영역을 범위 지정한 후 [홈]–[스타일] 그룹의 [조건부 서식]–[새 규칙]을 클릭한다.

⑫ [새 서식 규칙]에서 다음과 같이 지정하고 [확인]을 클릭한 후 [개발 도구]–[코드] 그룹의 [기록 중지]( )를 클릭한다.

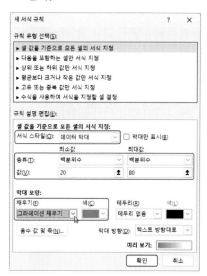

- **서식 스타일** : 데이터 막대
- **최소값** : 백분위수(20)
- **최대값** : 백분위수(80)
- **채우기** : 그라데이션 채우기
- **색** : 표준색 – 파랑

⑬ [개발 도구]–[컨트롤] 그룹의 [삽입]–[단추(양식 컨트롤)]( )을 클릭한다.

⑭ 마우스 포인터가 '+'로 바뀌면 [F1:H2] 영역에 Alt 를 누른 상태에서 드래그하면 [매크로 지정] 대화상자가 나타난다.

⑮ [매크로 지정]에 '그래프'를 선택하고 [확인]을 클릭한다.

⑯ 단추에 입력된 '단추 2'를 지우고 **그래프**를 입력한다.

03 VBA 프로그래밍

(1) 폼 보이기

① [개발 도구]–[컨트롤]–[디자인 모드]( )를 클릭하여 〈제품검색〉 버튼을 편집 상태로 만든다.

② 〈제품검색〉 버튼을 더블클릭한 후 코드 창에 다음과 같이 입력한다.

```
Private Sub cmd제품검색_Click()
    제품검색폼.Show
End Sub
```

(2) 폼 초기화

① [프로젝트–VBAProject] 탐색기에서 '폼'을 더블 클릭하고 〈제품검색폼〉을 선택한다.

② [프로젝트–VBAProject] 탐색기의 [코드 보기]( ) 도구를 클릭한다.

③ '개체 목록'은 'UserForm', '프로시저 목록'은 'Initialize'를 선택한다.

④ 코드 창에 다음과 같이 입력한다.

```
Private Sub UserForm_Initialize()
    cmb제품모델.RowSource = "B5:B18"
End Sub
```

(3) 조회 프로시저

① '개체 목록'에서 'cmd검색', '프로시저 목록'은 'Click'을 선택한다.

② 코드 창에 다음과 같이 입력한다.

```
Private Sub cmd검색_Click()
    iRow = cmb제품모델.ListIndex + 5
    txt제품사 = Cells(iRow, 3)
    txt화소 = Cells(iRow, 4)
    txt감도 = Cells(iRow, 5)
    txt출시년도 = Cells(iRow, 6)
    txt가격 = Format(Cells(iRow, 7), "#,##0원")
    txt재고 = Cells(iRow, 8)
End Sub
```

(4) 종료 프로시저

① '개체 목록'에서 'cmd종료', '프로시저 목록'은 'Click'을 선택한다.

② 코드 창에 다음과 같이 입력한다.

```
Private Sub cmd종료_Click()
    MsgBox Now(), , "제품검색을 마칩니다"
    Unload Me
End Sub
```

스프레드시트 실전 모의고사 **02회**

프로그램명	소요시간	합격 점수
EXCEL 2021	45분	70점

수험번호 :

성   명 :

⋯⋯⋯⋯⋯⋯⋯⋯⋯ 유의사항 ⋯⋯⋯⋯⋯⋯⋯⋯⋯

- 인적 사항 누락 및 잘못 작성으로 인한 불이익은 수험자 책임으로 합니다.

- 화면에 암호 입력창이 나타나면 아래의 암호를 입력하여야 합니다.
  - ○ 암호: 6845%3

- 작성된 답안은 주어진 경로 및 파일명을 변경하지 마시고 그대로 저장해야 합니다. 이를 준수하지 않으면 실격 처리됩니다.
  - ○ 답안 파일명의 예: C:\OA\수험번호8자리.xlsm

- 외부데이터 위치: C:\OA\파일명

- 별도의 지시사항이 없는 경우, 다음과 같이 처리 시 실격 처리됩니다.
  - ○ 제시된 시트 및 개체의 순서나 이름을 임의로 변경한 경우
  - ○ 제시된 시트 및 개체를 임의로 추가 또는 삭제한 경우
  - ○ 외부데이터를 시험 시작 전에 열어본 경우

- 답안은 반드시 문제에서 지시 또는 요구한 셀에 입력하여야 하며 다음과 같이 처리 시 채점 대상에서 제외됩니다.
  - ○ 제시된 함수가 있을 경우 제시된 함수만을 사용하여야 하며 그 외 함수사용시 채점대상에서 제외
  - ○ 수험자가 임의로 지시하지 않은 셀의 이동, 수정, 삭제, 변경 등으로 인해 셀의 위치 및 내용이 변경된 경우 해당 작업에 영향을 미치는 관련문제 모두 채점 대상에서 제외
  - ○ 도형 및 차트의 개체가 중첩되어 있거나 동일한 계산결과 시트가 복수로 존재할 경우 해당 개체나 시트는 채점 대상에서 제외

- 수식 작성 시 제시된 문제 파일의 데이터는 변경 가능한(가변적) 데이터임을 감안하여 문제 풀이를 하시오.

- 별도의 지시사항이 없는 경우, 주어진 각 시트 및 개체의 설정값 또는 기본 설정값 (Default)으로 처리하시오.

- 저장 시간은 별도로 주어지지 않으므로 제한된 시간 내에 저장을 완료해야 하며, 제한 시간 내에 저장이 되지 않은 경우에는 실격 처리됩니다.

- 출제된 문제의 용어는 MS Office LTSC Professional Plus 2021 기준으로 작성되어 있습니다.

대 한 상 공 회 의 소

01 '기본작업-1' 시트에서 다음과 같이 고급 필터를 수행하시오. (5점)

- ▶ [A2:J21] 영역에서 고객번호 앞의 4자리가 '3001'이거나 사용량과 전월사용량의 평균이 150 이상 250 미만인 행만을 표시하시오(LEFT, AVERAGE, AND, OR 함수 이용).
- ▶ 조건은 [A24:A25] 영역 내에 알맞게 입력하시오.
- ▶ 결과는 [A27] 셀부터 표시하시오.

02 '기본작업-1' 시트의 [A3:J21] 영역에 대해 다음과 같이 조건부 서식을 설정하시오. (5점)

- ▶ '사용량'의 상위 네 번째까지와 하위 네 번째까지인 행 전체에 대해서 글꼴 스타일은 '굵게', 글꼴 색은 '표준 색 – 파랑'으로 적용하는 조건부 서식을 작성하시오.
- ▶ 단, 규칙 유형은 '수식을 사용하여 서식을 지정할 셀 결정'을 사용하고, 한 개의 규칙으로만 작성하시오.
- ▶ OR, LARGE, SMALL 함수 사용

03 '기본작업-2' 시트에서 다음과 같이 시트 보호와 통합 문서 보기를 설정하시오. (5점)

- ▶ [E22], [G22:H22] 영역에 셀 잠금과 수식 숨기기를 적용한 후 잠긴 셀의 내용과 워크시트를 보호하시오.
- ▶ 잠긴 셀의 선택과 잠기지 않은 셀의 선택은 허용하고, 시트 보호 해제 암호는 지정하지 마시오.
- ▶ '기본작업-2' 시트를 페이지 나누기 보기로 표시하고, [B2:K22] 영역만 1페이지로 인쇄되도록 페이지 나누기 구분선을 조정하시오.

01 [표1]의 검침일을 이용하여 [F3:F21] 영역에 사용기간을 계산하여 표시하시오. (6점)

- ▶ 사용기간은 검침일의 한 달전 다음 날에서 검침일까지로 계산
  [표시 예 : 검침일이 03-05이면 사용기간은 02/06~03/05로 표시]
- ▶ EDATE, TEXT 함수와 & 연산자 이용

02 [표1]의 업종과 사용량, [표3]의 단가표를 이용하여 [H3:H21] 영역에 사용금액을 계산하여 표시하시오. (6점)

- ▶ 사용금액은 사용량 × 단가로 계산
- ▶ 단가는 [표3]을 참조하여 계산
- ▶ HLOOKUP, MATCH 함수 이용

03 사용자 정의 함수 'fn비고'를 작성하여 [K3:K21] 영역에 비고를 계산하여 표시하시오. (6점)

▶ 'fn비고'는 청구방법을 인수로 받아 비고를 계산하는 함수이다.

▶ 비고는 청구방법이 'E-mail'이면 "4% 할인", '핸드폰'이면 "2% 할인", 그 외는 빈칸을 표시하시오.

```
Public Function fn비고(청구방법)
End Function
```

04 [표1]의 업종, 관할사업소, 전월사용금액을 이용하여 [표2]의 [B25:D27] 영역에 업종별 관할사업소별 전월사용금액의 합계를 계산하여 표시하시오. (6점)

▶ SUM, LEFT 함수를 이용한 배열 수식 사용

05 [표1]의 검침일, 사용량, 고객번호를 이용하여 [표4]의 [B31:B34] 영역에 검침일별 사용량이 가장 많은 고객의 고객번호를 계산하여 표시하시오. (6점)

▶ MAX, INDEX, MATCH 함수를 이용한 배열 수식 사용

문제3 **분석작업(20점) 주어진 시트에서 다음 과정을 수행하고 저장하시오.**

01 '분석작업-1' 시트에서 다음과 같은 피벗 테이블을 작성하시오. (10점)

▶ 외부 데이터 가져오기 기능을 사용하여 〈도시가스.accdb〉의 〈5월도시가스요금〉 테이블을 이용하시오.

▶ 피벗 테이블 보고서의 레이아웃과 위치는 〈그림〉을 참조하여 설정하고, 보고서 레이아웃을 개요 형식으로 표시하시오.

▶ '사용금액'의 '열 합계 비율'을 표시하는 계산 필드를 추가한 후 필드명을 〈그림〉과 같이 변경하시오.

▶ '사용량', '사용금액' 필드는 표시 형식을 값 필드 설정의 셀 서식에서 '숫자' 범주를 이용하여 〈그림〉과 같이 지정하시오.

▶ 피벗 테이블 스타일은 '연한 주황, 피벗 스타일 보통 10'으로 설정하시오.

	A	B	C	D	E	F	G
1							
2		검침일	(모두)				
3							
4		업종	관할사업소	합계 : 사용량	합계 : 사용금액	사용금액비율	
5		⊟가정용		1,168	1,898,015	34.45%	
6			서해도시가스	173	236,740	4.30%	
7			인천도시가스	241	512,800	9.31%	
8			해양도시가스	754	1,148,475	20.85%	
9		⊟공업용		1,119	2,067,685	37.53%	
10			서해도시가스	240	467,850	8.49%	
11			인천도시가스	366	726,800	13.19%	
12			해양도시가스	513	873,035	15.85%	
13		⊟상업용		1,332	1,543,700	28.02%	
14			서해도시가스	444	819,200	14.87%	
15			인천도시가스	314	135,250	2.45%	
16			해양도시가스	574	589,250	10.70%	
17		총합계		3,619	5,509,400	100.00%	
18							

※ 작업 완성된 그림이며 부분점수 없음

02 '분석작업-2' 시트에 대하여 다음의 지시사항을 처리하시오. (10점)

▶ [J4:J22] 영역에는 데이터 유효성 검사 도구를 이용하여 E-mail, 우편물, 핸드폰만 입력되도록 제한 대상을 설정하시오.
▶ [J4:J22] 영역의 셀을 클릭한 경우 〈그림〉과 같은 설명 메시지를 표시하고, 유효하지 않은 데이터를 입력한 경우 〈그림〉과 같은 오류 메시지가 표시되도록 설정하시오.

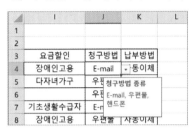
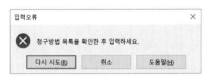

▶ 자동 필터를 이용하여 '사용금액'이 600,000 이상이거나 100,000 이하인 데이터 행만 표시되도록 필터를 설정하시오.

문제4 **기타작업(35점)** **주어진 시트에서 다음 과정을 수행하고 저장하시오.**

01 '기타작업-1' 시트에서 다음의 지시사항에 따라 차트를 수정하시오. (각 2점)

※ 차트는 반드시 문제에서 제공한 차트를 사용하여야 하며, 신규로 차트 작성시 0점 처리됨
① '비율' 데이터 계열의 차트 종류를 '표식이 있는 꺾은선형'으로 변경한 후 보조 축으로 지정하시오.
② 차트 제목과 축 제목을 〈그림〉과 같이 지정하시오.
③ 세로 축과 보조 세로 축의 최대값과 기본 단위를 〈그림〉과 같이 지정하시오.
④ 범례 영역에 '색 윤곽선 – 주황, 강조 2' 도형 스타일을 지정하시오.
⑤ 차트 영역에 '둥근 모서리'와 '안쪽 : 가운데' 그림자를 지정하시오.

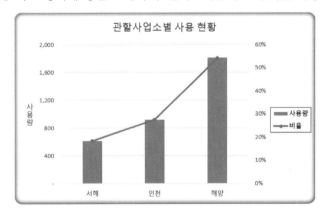

02 '기타작업-2' 시트에서 다음과 같은 기능을 수행하는 매크로를 현재 통합문서에 작성하시오. (각 5점)

① [E6:E24] 영역에 대하여 사용자 지정 표시 형식을 설정하는 '서식적용' 매크로를 생성하시오.
  ▶ 사용량이 200 이상이면 빨강색으로 숫자 서식, 사용량이 100 이하이면 파랑색으로 숫자 서식, 나머지는 검정색으로로 숫자 서식으로 표시
  ▶ [개발 도구]-[삽입]-[양식 컨트롤]의 '단추'(□)를 동일 시트의 [B2:D3] 영역에 생성한 후 텍스트를 '서식적용'으로 입력하고, 단추를 클릭하면 '서식적용' 매크로가 실행되도록 설정하시오.

② [H6:H24] 영역에 대하여 조건부 서식을 적용하는 '그래프보기' 매크로를 생성하시오.
  ▶ 규칙 유형은 '셀 값을 기준으로 모든 셀의 서식 지정'으로 선택하고, 서식 스타일 '데이터 막대', 최소값은 백분위수 20, 최대값은 백분위수 80로 설정하시오.
  ▶ 막대 모양은 채우기를 '그라데이션 채우기', 색을 '표준 색-노랑'으로 설정하시오.
  ▶ [개발 도구]-[삽입]-[양식 컨트롤]의 '단추'(□)를 동일 시트의 [F2:H3] 영역에 생성한 후 텍스트를 '그래프보기'로 입력하고, 단추를 클릭하면 '그래프보기' 매크로가 실행되도록 설정하시오.
  ※ 셀 포인터의 위치에 관계없이 매크로가 실행되어야 정답으로 인정됨

03 '기타작업-3' 시트에서 다음과 같은 작업을 수행하고 저장하시오. (각 5점)

① 〈등록〉 버튼을 클릭하면 '가스누출' 폼이 나타나고, 폼이 초기화 되면 '제조회사(cmb제조회사)' 콤보상자의 목록에 [H7:H12] 영역의 값이 설정되고, '구분(cmb구분)' 콤보 상자의 목록에 'LPG-20A', 'LNG-20A', 'LPG-25A', 'LNG-25A'가 표시되도록 프로시저를 작성하시오.

② '가스누출' 폼의 〈입력〉 버튼(cmd입력)을 클릭하면 폼에 입력된 데이터가 [표1]에 입력되어 있는 마지막 행 다음에 연속하여 추가 입력되도록 프로시저를 작성하시오.

③ 〈종료〉 버튼(cmd종료)을 클릭하면 폼을 종료하는 프로시저를 작성하시오.

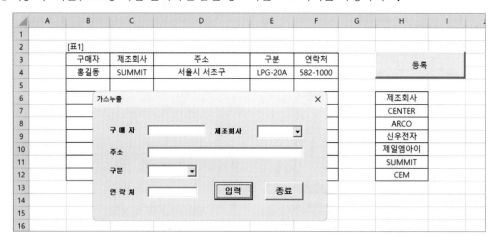

문제1 기본작업

01 고급 필터

정답

A25			=OR(LEFT(A3,4)="3001",AND(AVERAGE(D3,F3)>=150,AVERAGE(D3,F3)<250))						
	A	B	C	D	E	F	G	H	I	J	K
23										
24	조건									
25	FALSE									
26										
27	고객번호	업종	관할사업소	사용량	검침일	전월사용량	사용금액	요금할인	청구방법	납부방법
28	3001055210	가정용	해양도시가스	71	05월 20일	73	99,185			다자녀가구	신용카드
29	3001055321	가정용	인천도시가스	111	05월 20일	121	166,900		우편물	신용카드
30	3003055328	공업용	해양도시가스	194	05월 05일	204	174,510		장애인고용	우편물	자동이체
31	3001055109	가정용	서해도시가스	97	05월 20일	84	125,585	차상위계층	핸드폰	자동이체
32	3003055139	공업용	인천도시가스	246	05월 05일	241	482,350		우편물	신용카드
33	3001055523	가정용	해양도시가스	224	05월 20일	219	176,785	다자녀가구	E-mail	자동이체
34	3001055359	가정용	서해도시가스	76	05월 20일	71	111,155	장애인	우편물	자동이체
35	3002055213	상업용	서해도시가스	154	05월 10일	164	335,950		우편물	가상계좌
36	3003055207	상업용	서해도시가스	213	05월 10일	223	136,550	장애인고용	핸드폰	자동이체
37	3001055326	가정용	해양도시가스	69	05월 20일	64	90,335	E-mail	신용카드
38	3001055174	가정용	해양도시가스	96	05월 20일	121	124,015	다자녀가구	우편물	신용카드
39										

① [A24:A25] 영역에 '조건'을 입력한다.

A25			=OR(LEFT(A3,4)="3001",AND(AVERAGE(D3,F3)>=150,AVERAGE(D3,F3)<250))
	A	B	C	D	E	F	G	H
23								
24	조건							
25	FALSE							
26								

> [A25] : =OR(LEFT(A3,4)="3001",AND(AVERAGE (D3,F3))=150,AVERAGE(D3,F3)<250))

② [데이터]-[정렬 및 필터] 그룹의 [고급]( )을 클릭한다.
③ [고급 필터]에서 다음과 같이 지정한 후 [확인]을 클릭한다.

고급 필터	설정
결과	○ 현재 위치에 필터(F) ● 다른 장소에 복사(O)
목록 범위(L)	$A$2:$J$21
조건 범위(C)	$A$24:$A$25
복사 위치(T)	$A$27
□ 동일한 레코드는 하나만(R)	

- 결과 : '다른 장소에 복사'
- 목록 범위 : [A2:J21]
- 조건 범위 : [A24:A25]
- 복사 위치 : [A27]

02 조건부 서식

정답

	A	B	C	D	E	F	G	H	I	J	K
1	[표1]										
2	고객번호	업종	관할사업소	사용량	검침일	전월사용량	사용금액	요금할인	청구방법	납부방법
3	3003055198	공업용	인천도시가스	120	05월 05일	145	244,450	장애인고용	E-mail	자동이체
4	3001055210	가정용	해양도시가스	71	05월 20일	73	99,185		다자녀가구	우편물	신용카드
5	3001055321	가정용	인천도시가스	111	05월 20일	121	166,900		우편물	신용카드
6	3004055125	가정용	인천도시가스	130	05월 15일	140	345,900	기초생활수급자	E-mail	자동이체
7	3003055328	공업용	해양도시가스	194	05월 05일	204	174,510	장애인고용	우편물	자동이체
8	3002055241	상업용	해양도시가스	247	05월 10일	272	166,250		우편물	가상계좌
9	3001055109	가정용	서해도시가스	97	05월 20일	84	125,585	차상위계층	핸드폰	자동이체
10	3003055139	공업용	인천도시가스	246	05월 05일	241	482,350		우편물	신용카드
11	3001055523	가정용	해양도시가스	224	05월 20일	219	176,785	다자녀가구	E-mail	자동이체
12	3001055359	가정용	서해도시가스	76	05월 20일	71	111,155	장애인	우편물	자동이체
13	3002055213	상업용	서해도시가스	154	05월 10일	164	335,950		우편물	가상계좌
14	3004055253	공업용	해양도시가스	319	05월 15일	316	698,525		우편물	신용카드
15	3003055207	상업용	서해도시가스	213	05월 10일	223	136,550	장애인고용	핸드폰	자동이체
16	3002055122	상업용	해양도시가스	114	05월 10일	119	286,450		E-mail	자동이체
17	3001055326	가정용	해양도시가스	69	05월 20일	64	90,335	다자녀가구	E-mail	자동이체
18	3002055154	상업용	서해도시가스	290	05월 10일	300	483,250		우편물	가상계좌
19	3004055111	가정용	해양도시가스	294	05월 15일	296	658,155	기초생활수급자	핸드폰	E-mail	자동이체
20	3002055227	상업용	인천도시가스	314	05월 10일	324	135,250		E-mail	자동이체
21	3001055174	가정용	해양도시가스	96	05월 20일	121	124,015	다자녀가구	우편물	신용카드
22											

① [A3:J21] 영역을 범위 지정한 후 [홈]-[스타일] 그룹의 [조건부 서식]-[새 규칙]을 클릭한다.
② [새 서식 규칙]에서 '규칙 유형 선택'에 '▶ 수식을 사용하여 서식을 지정할 셀 결정'을 선택하고, =OR(LARGE ($D$3:$D$21,4)<=$D3,SMALL ($D$3:$D$21,4)>= $D3)를 입력한 후 [서식]을 클릭한다.

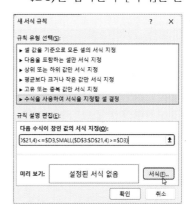

새 서식 규칙	? ×
규칙 유형 선택(S):	
▶ 셀 값을 기준으로 모든 셀의 서식 지정	
▶ 다음을 포함하는 셀만 서식 지정	
▶ 상위 또는 하위 값만 서식 지정	
▶ 평균보다 크거나 작은 값만 서식 지정	
▶ 고유 또는 중복 값만 서식 지정	
▶ 수식을 사용하여 서식을 지정할 셀 결정	
규칙 설명 편집(E):	
다음 수식이 참인 값의 서식 지정(O):	
)$21,4)<=$D3,SMALL($D$3:$D$21,4)>=$D3)	↑
미리 보기: 설정된 서식 없음	서식(F)...
	확인 취소

> 함수 설명 =OR(LARGE($D$3:$D$21,4)<$D3,SMALL($D$3:$D$21,4)>=$D3)
>
> ❶ LARGE($D$3:$D$21,4) : [D3:D21] 영역에서 4번째로 큰 값을 구함
>
> ❷ SMALL($D$3:$D$21,4) : [D3:D21] 영역에서 4번째로 작은 값을 구함
>
> =OR(❶<=$D3,❷>=$D3) : ❶의 값이 [D3] 셀보다 작거나 같거나 ❷의 값이 [D3] 셀보다 크거나 같으면 서식을 지정

③ [셀 서식]의 [글꼴] 탭에서 글꼴 스타일은 '굵게'를 선택하고, 색은 '표준 색 – 파랑'을 선택한 후 [확인]을 클릭한다.

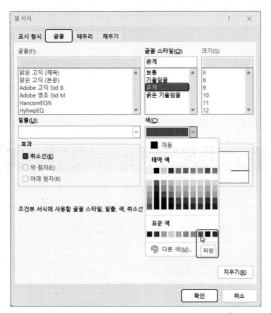

④ [새 서식 규칙]에서 다시 [확인]을 클릭한다.

03 시트 보호와 통합 문서 보기

정답

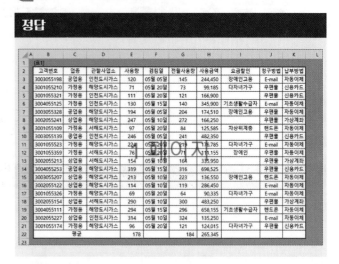

[표1]										
고객번호	업종	관할사업소	사용량	검침일	전월사용량	사용금액	요금할인	청구방법	납부방법	
3003055198	공업용	인천도시가스	120	05월 05일	145	244,450	장애인고용	E-mail	자동이체	
3001055210	가정용	해양도시가스	71	05월 20일	73	99,185	다자녀가구	우편물	신용카드	
3001055321	가정용	인천도시가스	111	05월 20일	121	166,900		우편물	신용카드	
3004055125	가정용	인천도시가스	130	05월 15일	140	345,900	기초생활수급자	E-mail	자동이체	
3003055303	공업용	해양도시가스	194	05월 05일	204	174,510	장애인고용	우편물	자동이체	
3002055241	상업용	해양도시가스	247	05월 10일	272	166,250		우편물	가상계좌	
3003055109	가정용	서해도시가스	97	05월 20일	84	125,585	차상위계층	우편물	자동이체	
3003055139	공업용	인천도시가스	246	05월 05일	241	482,350		우편물	신용카드	
3001055523	공업용	해양도시가스	224	05월 24일	219	176,785	다자녀가구	E-mail	자동이체	
3001055359	가정용	서해도시가스	76	05월 20일	71	111,155	장애인	우편물	자동이체	
3002055213	상업용	서해도시가스	154	05월 10일	164	335,950		우편물	가상계좌	
3004055253	공업용	해양도시가스	319	05월 15일	316	698,525		우편물	신용카드	
3003055207	상업용	해양도시가스	213	05월 10일	223	136,550	장애인고용	핸드폰	자동이체	
3003055122	상업용	해양도시가스	114	05월 10일	119	286,450		E-mail	자동이체	
3001055326	가정용	해양도시가스	69	05월 20일	64	90,335	다자녀가구	우편물	자동이체	
3002055154	상업용	서해도시가스	290	05월 10일	300	483,250		우편물	가상계좌	
3004055111	상업용	인천도시가스	294	05월 15일	296	658,155	기초생활수급자	핸드폰	자동이체	
3002055227	상업용	인천도시가스	314	05월 10일	324	135,250		E-mail	자동이체	
3001055174	가정용	해양도시가스	96	05월 20일	121	124,015	다자녀가구	우편물	신용카드	
평균			178		184	265,345				

① [E22], [G22:H22] 영역을 범위 지정한 후 마우스 오른쪽 버튼을 눌러 [셀 서식]을 클릭한다.

② [보호] 탭에서 '잠금', '숨김'을 체크한 후 [확인]을 클릭한다.

③ [검토] 탭의 [보호] 그룹에서 [시트 보호]를 클릭하여 '잠긴 셀 선택'과 '잠기지 않은 셀 선택'을 체크한 후 [확인]을 클릭한다.

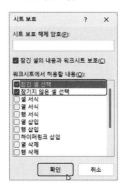

④ [B2:K22] 영역을 범위 지정한 후 [보기]–[통합 문서 보기] 그룹에서 [페이지 나누기 미리 보기]를 클릭한 후 [확대/축소] 그룹에서 [100%]([])를 클릭한다.

⑤ 페이지 나누기 경계선을 드래그하여 2행, B열로 이동한다.

⑥ H와 I열 사이의 페이지 경계라인을 드래그하여 K열 뒤로 드래그한다.

정답

	A	B	C	D	E	F	G	H	I	J	K	L
1	[표1]											
2	고객번호	업종	관할사업소	사용량	검침일	사용기간	전월사용금액	사용금액	청구방법	납부방법	비고	
3	3003055198	공업용	인천도시가스	120	05월 05일	04/06~05/05	289,000	144,000	E-mail	자동이체	4% 할인	
4	3001055210	가정용	해양도시가스	71	05월 20일	04/21~05/20	15,700	78,100	우편물	신용카드		
5	3001055321	가정용	인천도시가스	111	05월 20일	04/21~05/20	192,000	166,500	우편물	신용카드		
6	3004055125	가정용	인천도시가스	130	05월 15일	04/16~05/15	198,000	195,000	E-mail	자동이체	4% 할인	
7	3003055328	공업용	해양도시가스	194	05월 05일	04/06~05/05	175,200	232,800	우편물	자동이체		
8	3002055241	상업용	해양도시가스	247	05월 10일	04/11~05/10	165,000	345,800	우편물	가상계좌		
9	3001055109	가정용	서해도시가스	97	05월 20일	04/21~05/20	159,700	106,700	핸드폰	자동이체	2% 할인	
10	3003055139	공업용	인천도시가스	246	05월 05일	04/06~05/05	365,000	319,800	우편물	신용카드		
11	3001055523	가정용	해양도시가스	224	05월 20일	04/21~05/20	25,700	425,600	E-mail	자동이체	4% 할인	
12	3001055359	가정용	서해도시가스	76	05월 20일	04/21~05/20	135,100	83,600	우편물	자동이체		
13	3002055213	상업용	서해도시가스	154	05월 10일	04/11~05/10	359,000	200,200	우편물	가상계좌		
14	3004055253	공업용	해양도시가스	319	05월 15일	04/16~05/15	498,500	446,600	우편물	신용카드		
15	3003055207	상업용	해양도시가스	213	05월 10일	04/11~05/10	251,000	298,200	핸드폰	자동이체	2% 할인	
16	3002055122	상업용	해양도시가스	114	05월 10일	04/11~05/10	329,000	148,200	E-mail	자동이체	4% 할인	
17	3001055326	가정용	해양도시가스	69	05월 20일	04/21~05/20	102,700	75,900	E-mail	자동이체	4% 할인	
18	3002055154	상업용	서해도시가스	290	05월 10일	04/11~05/10	365,000	406,000	우편물	가상계좌		
19	3004055111	가정용	해양도시가스	294	05월 15일	04/16~05/15	523,100	558,600	핸드폰	자동이체	2% 할인	
20	3002055227	상업용	인천도시가스	314	05월 10일	04/11~05/10	205,000	471,000	E-mail	자동이체	4% 할인	
21	3001055174	가정용	해양도시가스	96	05월 20일	04/21~05/20	152,300	105,600	우편물	신용카드		
22												

	A	B	C	D	E
23	[표2] 전월사용금액의 합계				
24	업종	인천	해양	서해	
25	가정용	390,000	819,500	294,800	
26	상업용	205,000	745,000	724,000	
27	공업용	654,000	673,700	-	
28					
29	[표4] 사용량이 가장 많은 고객				
30	검침일	고객번호			
31	05-05	3003055139			
32	05-10	3002055227			
33	05-15	3004055253			
34	05-20	3001055523			
35					

01 사용기간[F3:F21]

[F3] 셀에 =TEXT(EDATE(E3,−1)+1,"mm/dd")&"~"&
TEXT(E3,"mm/dd")를 입력하고 [F21] 셀까지 수식을 복
사한다.

02 사용금액[H3:H21]

[H3] 셀에 =D3*HLOOKUP(D3,$I$24:$L$28,MATCH
(B3,$H$26:$H$28,0)+2)를 입력하고 [H21] 셀까지 수식
을 복사한다.

03 사용자 정의 함수(fn비고)[K3:K21]

① [개발 도구]−[코드] 그룹의 [Visual Basic](📷)을 클릭한
다.
② [삽입]−[모듈]을 클릭한다.
③ Module 창에 다음과 같이 입력한다.

```
Public Function fn비고(청구방법)
    If 청구방법 = "E-mail" Then
        fn비고 = "4% 할인"
    ElseIf 청구방법 = "핸드폰" Then
        fn비고 = "2% 할인"
    Else
        fn비고 = ""
    End If
End Function
```

④ [파일]-[닫고 Microsoft Excel(으)로 돌아가기]를 클릭
   하여 [Visual Basic Editor]를 닫는다.
⑤ [K3] 셀을 클릭한 후 [함수 삽입]([ƒx])을 클릭한다.
⑥ '범주 선택'에서 '사용자 정의', '함수 선택'에서 'fn비고'를
   선택한 후 [확인]을 클릭한다.

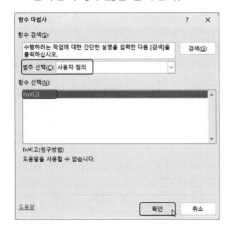

⑦ 그림과 같이 셀을 지정한 후 [확인]을 클릭한다.

⑧ [K3] 셀을 선택한 후 [K21] 셀까지 수식을 복사한다.

04 합계[B25:D27]

[B25] 셀에 =SUM(($B$3:$B$21=$A25)*(LEFT($C$3:$C
$21,2)=B$24)*$G$3:$G$21)를 입력하고 [Ctrl]+[Shift]+
[Enter]를 누른 후 [D27] 셀까지 수식을 복사한다.

05 고객번호[B31:B34]

[B31] 셀에 =INDEX($A$3:$A$21,MATCH(MAX(($D$3:
$D$21)*($E$3:$E$21=A31)),($D$3:$D$21)*($E$3:$E
$21=A31),0))를 입력하고 [Ctrl]+[Shift]+[Enter]를 누른 후
[B34] 셀까지 수식을 복사한다.

01 피벗 테이블

정답

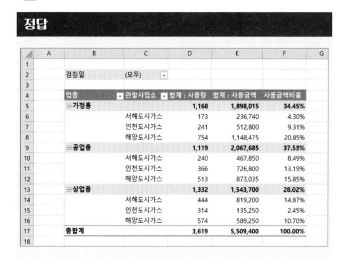

① [B4] 셀을 선택한 후 [데이터]-[데이터 가져오기 및 변환] 그룹의 [데이터 가져오기]-[기타 원본에서]-[Microsoft Query에서]를 클릭한다.
② [데이터 원본 선택]의 [데이터베이스] 탭에서 'MS Access Database *'를 선택하고 [확인]을 클릭한다.
③ '2025컴활1급(기출)₩스프레드시트₩실전모의고사' 폴더에서 '도시가스.accdb'를 선택하고 [확인]을 클릭한다.
④ [열 선택]에서 '5월도시가스요금' 테이블을 더블클릭하여 다음 그림과 같이 지정하고 [다음]을 클릭한다.

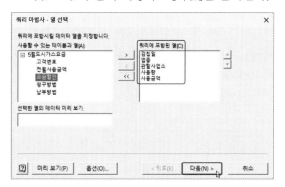

검침일, 업종, 관할사업소, 사용량, 사용금액

⑤ [데이터 필터]와 [정렬 순서]에서는 설정 없이 [다음]을 클릭한다.
⑥ [마침]에서 'Microsoft Office Excel(으)로 데이터 되돌리기'를 선택하고 [마침]을 클릭한다.

⑦ [데이터 가져오기]에서 '피벗 테이블 보고서'를 선택한 다음, '기존 워크시트'는 [B4] 셀을 지정하고 [확인]을 클릭한다.

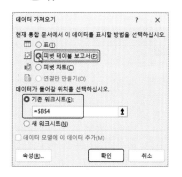

⑧ [피벗 테이블 필드]에서 다음과 같이 지정한다.

⑨ [디자인] 탭에서 [레이아웃]-[보고서 레이아웃]-[개요 형식으로 표시]를 클릭한다.
⑩ [피벗 테이블 필드 목록]에 '사용금액' 필드를 드래그하여 추가한다.

⑪ [F4] 셀에서 마우스 오른쪽 버튼을 눌러 [값 필드 설정]을 클릭한다.

⑫ '사용자 지정 이름'에 **사용금액비율**을 입력하고, '열 합계 비율'을 선택하고 [확인]을 클릭한다.

⑬ 합계 : 사용량[D4]에서 마우스 오른쪽 버튼을 눌러 [값 필드 설정]을 클릭한 후, [표시 형식]을 클릭한 후 '숫자'를 선택하고 '1000 단위 구분 기호 사용'을 체크하고 [확인]을 클릭한다.

⑭ 합계 : 사용금액[E4]에서 마우스 오른쪽 버튼을 눌러 [값 필드 설정]을 클릭한 후 [표시 형식]을 클릭한 후 '숫자'를 선택하고 '1000 단위 구분 기호 사용'을 체크하고 [확인]을 클릭한다.

⑮ [디자인]-[피벗 테이블 스타일] 그룹에서 '연한 주황, 피벗 스타일 보통 10'을 선택한다.

02 데이터 도구

정답

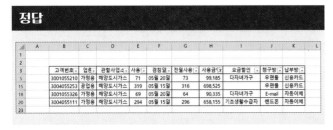

① [J4:J22] 영역을 범위 지정한 후 [데이터]-[데이터 도구] 그룹의 [데이터 유효성 검사](📋)를 클릭한다.

② [데이터 유효성]의 [설정] 탭에서 제한 대상은 '목록', 원본 **E-mail, 우편물, 핸드폰**을 입력한다.

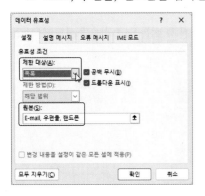

③ [설명 메시지] 탭에서 제목 **청구방법 종류**, 설명 메시지 **E-mail, 우편물, 핸드폰**을 입력한다.

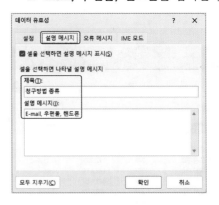

④ [오류 메시지] 탭에서 스타일 '중지', 제목 **입력오류**, 오류 메시지 **청구방법 목록을 확인한 후 입력하세요.**를 입력하고 [확인]을 클릭한다.

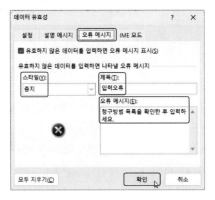

⑤ [데이터]-[정렬 및 필터] 그룹에서 [필터](▽)를 클릭한다.

⑥ 사용금액[H3] 셀의 목록 단추(▽)를 클릭하여 [숫자 필터]-[사용자 지정 필터]를 클릭한 후 '>=', 600000, '또는', '<=', 100000을 입력하고 [확인]을 클릭한다.

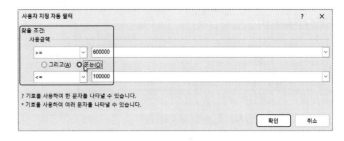

01 차트

정답

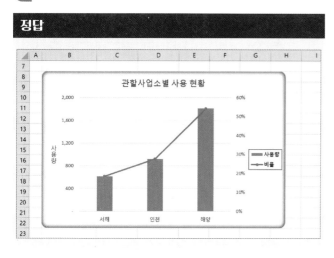

① 차트에서 마우스 오른쪽 버튼을 눌러 [차트 종류 변경]을 클릭한다.

② [차트 종류 변경]에서 '혼합'을 선택한 후 '비율' 계열은 '표식이 있는 꺾은선형'을 선택한다.

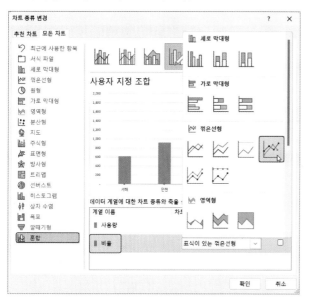

③ '비율' 계열에서 '보조 축'을 체크한 후 [확인]을 클릭한다.

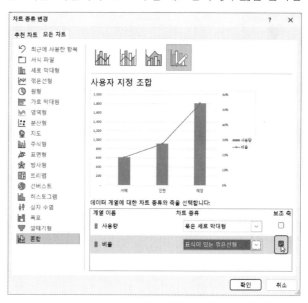

④ 차트를 선택한 후 [차트 요소]([+])-[차트 제목]을 클릭한 후 **관할사업소별 사용 현황**을 입력한다.

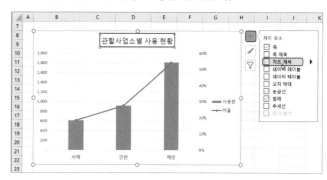

⑤ [차트 요소]([+])-[축 제목]-[기본 세로]를 클릭한 후 **사용량**을 입력한다.

⑥ 축 제목 '사용량'에서 마우스 오른쪽 버튼을 눌러 [축 제목 서식]을 클릭한다.

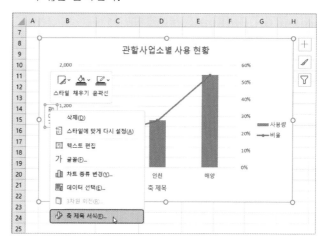

⑦ [축 제목 서식]의 [크기 및 속성]에서 텍스트 방향을 '세로'를 선택한다.

⑧ 세로(값) 축을 선택한 후 [축 서식]의 '축 옵션'에서 최대값은 2000, 단위의 기본은 400을 입력한다.

⑨ 보조 세로(값) 축을 선택한 후 [축 서식]의 '축 옵션'에서 최대값은 0.6, 단위의 기본은 0.1을 입력한다.

⑩ 범례를 선택한 후 [서식]-[도형 스타일] 그룹에서 '색 윤곽선 - 주황, 강조2'를 선택한다.

⑪ 차트 영역을 선택한 후 [차트 영역 서식]의 [채우기 및 선]에서 '테두리'의 '둥근 모서리'를 체크한다.

⑫ [차트 영역 서식]의 [효과]에서 '그림자'에서 '미리 설정'을 클릭하여 '안쪽'의 '안쪽 : 가운데'를 선택한다.

02 매크로

정답

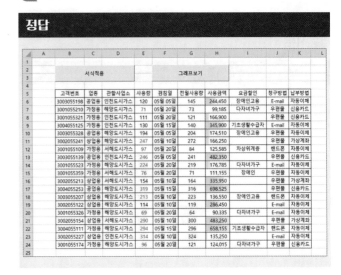

① 비어 있는 셀을 클릭한 후 [개발 도구]-[코드] 그룹의 [매크로 기록](圖)을 클릭한다.

② [매크로 기록]에 **서식적용**을 입력하고 [확인]을 클릭한다.

③ [E6:E24] 영역을 범위 지정한 후 Ctrl + 1 을 눌러 [표시 형식] 탭의 '사용자 지정'을 선택한 후 **[빨강][>=200]#;[파랑][<=100]#;#**을 입력하고 [확인]을 클릭한다.

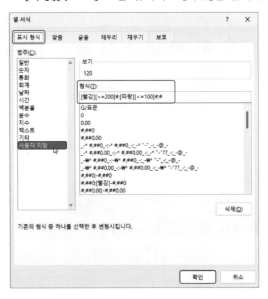

④ [개발 도구]-[코드] 그룹의 [기록 중지](□)를 클릭한다.

⑤ [개발 도구]-[컨트롤] 그룹의 [삽입]-[단추(양식 컨트롤)](□)을 클릭한다.

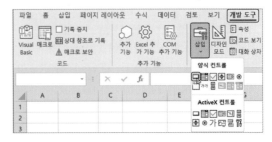

⑥ 마우스 포인터가 '+'로 바뀌면 [B2:D3] 영역에 Alt를 누른 상태에서 드래그하면 [매크로 지정] 대화상자가 나타난다.

⑦ [매크로 지정]에 **서식적용**을 선택하고 [확인]을 클릭한다.

⑧ 단추에 입력된 '단추 1'을 지우고 **서식적용**을 입력한다.

⑨ 비어 있는 셀을 클릭한 후 [개발 도구]-[코드] 그룹의 [매크로 기록](🖳)을 클릭한다.

⑩ [매크로 기록]에 [그래프보기]를 입력하고 [확인]을 클릭한다.

⑪ [H6:H24] 영역을 범위 지정한 후 [홈]-[스타일] 그룹의 [조건부 서식]-[새 규칙]을 클릭한다.

⑫ [새 서식 규칙]에서 다음과 같이 지정하고 [확인]을 클릭한 후 [개발 도구]-[코드] 그룹의 [기록 중지](⬜)를 클릭한다.

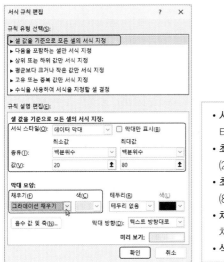

- 서식 스타일 : 데이터 막대
- 최소값 : 백분위수 (20)
- 최대값 : 백분위수 (80)
- 채우기 : 그라데이션 채우기
- 색 : 표준색 – 노랑

⑬ [개발 도구]-[컨트롤] 그룹의 [삽입]-[단추(양식 컨트롤)] (⬜)을 클릭한다.

⑭ 마우스 포인터가 '+'로 바뀌면 [F2:H3] 영역에 Alt를 누른 상태에서 드래그하면 [매크로 지정] 대화상자가 나타난다.

⑮ [매크로 지정]에 **그래프보기**를 선택하고 [확인]을 클릭한다.

⑯ 단추에 입력된 '단추 2'를 지우고 **그래프보기**를 입력한다.

03 VBA 프로그래밍

(1) 폼 보이기

① [개발 도구]-[컨트롤]-[디자인 모드](🔲)를 클릭하여 〈등록〉 버튼을 편집 상태로 만든다.

② 〈등록〉 버튼을 더블클릭한 후 코드 창에 다음과 같이 입력한다.

```
Private Sub cmd등록_Click()
    가스누출.Show
End Sub
```

(2) 폼 초기화

① [프로젝트-VBAProject] 탐색기에서 '폼'을 더블 클릭하고 〈가스누출〉을 선택한다.

② [프로젝트-VBAProject] 탐색기의 [코드 보기](🔲)를 클릭한다.

③ '개체 목록'은 'UserForm', '프로시저 목록'은 'Initialize'를 선택한다.

④ 코드 창에 다음과 같이 입력한다.

```
Private Sub UserForm_Initialize()
    cmb제조회사.RowSource = "H7:H12"
    With cmb구분
        .AddItem "LPG–20A"
        .AddItem "LNG–20A"
        .AddItem "LPG–25A"
        .AddItem "LNG–25A"
    End With
End Sub
```

(3) 등록 프로시저

① '개체 목록'에서 'cmd입력', '프로시저 목록'은 'Click'을 선택한다.

② 코드 창에 다음과 같이 입력한다.

```
Private Sub cmd입력_Click()
    i = Range("B3").CurrentRegion.Rows.Count + 2
    Cells(i, 2) = txt구매자
    Cells(i, 3) = cmb제조회사
    Cells(i, 4) = txt주소
    Cells(i, 5) = cmb구분
    Cells(i, 6) = txt연락처
End Sub
```

(4) 종료 프로시저

① '개체 목록'에서 'cmd종료', '프로시저 목록'은 'Click'을 선택한다.

② 코드 창에 다음과 같이 입력한다.

```
Private Sub cmd종료_Click()
    Unload Me
End Sub
```

스프레드시트 실전 모의고사 03회

프로그램명	소요시간	합격 점수
EXCEL 2021	45분	70점

수험번호 :

성　명 :

······················· **유의사항** ·······················

■ 인적 사항 누락 및 잘못 작성으로 인한 불이익은 수험자 책임으로 합니다.

■ 화면에 암호 입력창이 나타나면 아래의 암호를 입력하여야 합니다.
　○ 암호: 6845%3

■ 작성된 답안은 주어진 경로 및 파일명을 변경하지 마시고 그대로 저장해야 합니다. 이를 준수하지 않으면 실격 처리됩니다.
　○ 답안 파일명의 예: C:₩OA₩수험번호8자리.xlsm

■ 외부데이터 위치: C:₩OA₩파일명

■ 별도의 지시사항이 없는 경우, 다음과 같이 처리 시 실격 처리됩니다.
　○ 제시된 시트 및 개체의 순서나 이름을 임의로 변경한 경우
　○ 제시된 시트 및 개체를 임의로 추가 또는 삭제한 경우
　○ 외부데이터를 시험 시작 전에 열어본 경우

■ 답안은 반드시 문제에서 지시 또는 요구한 셀에 입력하여야 하며 다음과 같이 처리 시 채점 대상에서 제외됩니다.
　○ 제시된 함수가 있을 경우 제시된 함수만을 사용하여야 하며 그 외 함수사용시 채점대상에서 제외
　○ 수험자가 임의로 지시하지 않은 셀의 이동, 수정, 삭제, 변경 등으로 인해 셀의 위치 및 내용이 변경된 경우 해당 작업에 영향을 미치는 관련문제 모두 채점 대상에서 제외
　○ 도형 및 차트의 개체가 중첩되어 있거나 동일한 계산결과 시트가 복수로 존재할 경우 해당 개체나 시트는 채점 대상에서 제외

■ 수식 작성 시 제시된 문제 파일의 데이터는 변경 가능한(가변적) 데이터임을 감안하여 문제 풀이를 하시오.

■ 별도의 지시사항이 없는 경우, 주어진 각 시트 및 개체의 설정값 또는 기본 설정값 (Default)으로 처리하시오.

■ 저장 시간은 별도로 주어지지 않으므로 제한된 시간 내에 저장을 완료해야 하며, 제한 시간 내에 저장이 되지 않은 경우에는 실격 처리됩니다.

■ 출제된 문제의 용어는 MS Office LTSC Professional Plus 2021 기준으로 작성되어 있습니다.

대 한 상 공 회 의 소

01 '기본작업-1' 시트에서 다음과 같이 고급 필터를 수행하시오. (5점)

▶ [A2:I24] 영역에서 제품코드의 첫 번째 글자가 'B'로 시작하지 않고 각 사용체중이 전체 사용체중의 평균 미만인 데이터의 '제품코드', '브랜드', '가격', '제조년도', '판매량' 필드를 표시하시오(LEFT, AVERAGE 함수 이용).

▶ 조건은 [A26:B27] 영역에 알맞게 입력하시오.

▶ 결과는 [A30] 셀부터 표시하시오.

02 '기본작업-1' 시트의 [A3:I24] 영역에 대해 다음과 같이 조건부 서식을 설정하시오. (5점)

▶ '제품코드'의 오른쪽 끝에 자리가 홀수이고 제조년도가 2024인 행 전체에 대하여 글꼴 스타일은 '굵게', 글꼴 색은 '표준색 – 파랑'으로 적용하는 조건부 서식을 작성하시오.

▶ 단, 규칙 유형은 '수식을 사용하여 서식을 지정할 셀 결정'을 사용하고, 한 개의 규칙으로만 작성하시오.

▶ AND, ISODD, RIGHT 함수 사용

03 '기본작업-2' 시트에서 다음과 같이 페이지 레이아웃을 설정하시오. (5점)

▶ 인쇄될 내용이 페이지의 가로만 정 가운데에 인쇄되도록 페이지 가운데 맞춤을 설정하시오.

▶ 배율을 이용하여 '한 페이지에 모든 열 맞추기'로 설정하시오.

▶ [A2:I24] 영역을 인쇄 영역으로 설정하고, 용지 여백을 '좁게(위쪽, 아래쪽 : 1.91cm, 왼쪽, 오른쪽 : 0.64cm, 머리글, 바닥글 : 0.76 cm)로 설정하시오.

01 [표1]의 가격, 판매량과 [표2]를 이용하여 [I4:I25] 영역에 판매금액을 계산하여 표시하시오. (6점)

▶ 판매금액은 가격 × (1 – 할인율) × 판매량으로 계산

▶ 할인율은 [표2]를 참조하여 계산

▶ 계산한 판매금액이 10,000,000 이상이면 판매금액에 '-우수상품'을 표시하고, 그렇지 않으면 판매금액만 표시(판매금액이 10,000,000인 경우의 예 : 10000000-우수상품)

▶ IF, VLOOKUP 함수와 & 연산자 이용

02 [표1]의 분류, 제품코드, 가격을 이용하여 [표3]의 [E29:E31] 영역에 분류별 최고가 제품의 제품코드를 계산하여 표시하시오. (6점)

▶ INDEX, MATCH, MAX 함수를 이용한 배열 수식 사용

03 [표1]의 브랜드와 판매량을 이용하여 [표4]의 [H29:H32] 영역에 판매비율을 계산하여 표시하시오. (6점)

- ▶ 판매비율은 브랜드별 판매량 합계 / 총 판매량으로 계산
- ▶ 백분율로 소수점 첫째 자리까지 표시(예 : 31.1%)
- ▶ SUMIF, SUM, TEXT 함수 이용

04 사용자 정의 함수 'fn추천'을 작성하여 추천[J4:J25]을 계산하여 표시하시오. (6점)

- ▶ 'fn추천'은 가격과 제조년도를 인수로 받아 추천을 계산하는 함수이다.
- ▶ 추천은 가격이 1,000,000 미만이고 제조년도가 2025이면 '◈', 가격이 800,000 미만이고 제조년도가 2024면 '◇', 그 외는 빈칸을 표시하시오.

```
Public Function fn추천(가격, 제조년도)
End Function
```

05 [표1]의 분류, 판매량, 만족도를 이용하여 [표5]의 [K29] 영역에 분류가 '디럭스'가 아니고 만족도의 글자 수가 5 이상인 제품의 판매량 평균을 계산하여 표시하시오. (6점)

- ▶ IF, AVERAGE, LEN 함수를 이용한 배열 수식 사용

문제3 **분석작업(20점)** **주어진 시트에서 다음 과정을 수행하고 저장하시오.**

01 '분석작업-1' 시트에서 다음과 같은 피벗 테이블을 작성하시오. (10점)

- ▶ 외부 데이터 가져오기 기능을 사용하여 〈판매. accdb〉의 〈유모차〉 테이블을 이용하시오.
- ▶ 피벗 테이블 보고서의 레이아웃과 위치는 〈그림〉을 참조하여 설정하고, 보고서 레이아웃을 테이블 형식으로 표시하시오.
- ▶ '가격'의 '열 합계 비율'을 표시하는 계산 필드를 추가한 후 필드명을 〈그림〉과 같이 변경하시오.
- ▶ '가격' 필드는 표시 형식을 값 필드 설정의 셀 서식에서 '숫자' 범주를 이용하여 〈그림〉과 같이 지정하시오.
- ▶ 피벗 테이블 스타일은 '흰색, 피벗 스타일 밝게 22', 피벗 테이블 스타일 옵션은 '행 머리글', '열 머리글', '줄무늬 열'을 설정하시오.

	A	B	C	D	E	F	G
1							
2		분류	(모두) ▼				
3							
4		안전벨트유형 ▼	브랜드 ▼	합계 : 판매량	합계 : 가격	가격비율	
5		⊟2점식	웅글레시나	27	3,504,000	16.58%	
6			퀴디	29	3,489,000	16.51%	
7		2점식 요약		56	6,993,000	33.08%	
8		⊟3점식	맥클라라	23	1,478,000	6.99%	
9			스토키	5	1,649,000	7.80%	
10			웅글레시나	26	687,000	3.25%	
11			퀴디	32	3,565,000	16.86%	
12		3점식 요약		86	7,379,000	34.91%	
13		⊟5점식	맥클라라	18	845,800	4.00%	
14			스토키	43	4,060,000	19.21%	
15			웅글레시나	12	1,008,000	4.77%	
16			퀴디	4	853,000	4.04%	
17		5점식 요약		77	6,766,800	32.01%	
18		총합계		219	21,138,800	100.00%	
19							

※ 작업 완성된 그림이며 부분 점수 없음

02 '분석작업-2' 시트에 대하여 다음의 지시사항을 처리하시오. (10점)

▶ 데이터 도구를 이용하여 [표1]에서 '분류', '브랜드', '사용체중', '제조년도'만 열을 기준으로 중복된 값이 입력된 셀을 포함하는 행을 삭제하시오.

▶ 조건부 서식의 셀 강조 규칙을 [D3:D25] 영역에 1,000,000 보다 큰 데이터에 '진한 노랑 텍스트가 있는 노랑 채우기' 서식이 적용되도록 설정하시오.

▶ 필터 도구를 이용하여 [표1]의 '가격' 필드에서 '노랑 채우기' 색을 기준으로 필터링 하시오.

문제4 **기타작업(35점)** **주어진 시트에서 다음 과정을 수행하고 저장하시오.**

01 '기타작업-1' 시트에서 다음의 지시사항에 따라 차트를 수정하시오. (각 2점)

※ 차트는 반드시 문제에서 제공한 차트를 사용하여야 하며, 신규로 차트 작성 시 0점 처리됨

① '판매량' 데이터 계열의 차트 종류를 '표식이 있는 꺾은선형'으로 변경한 후 보조 축으로 지정하시오.

② 차트 제목은 시트의 [C2] 셀과 연결하여 표시하고, 나머지 축의 제목은 〈그림〉과 같이 지정하시오.

③ 범례는 아래쪽에 표시한 후 글꼴 크기를 9로 지정하시오.

④ 가로 눈금선을 삭제한 후 '판매량' 계열의 '디럭스' 데이터 요소에 '값'을 〈그림〉과 같이 표시하시오.

⑤ 차트 영역에 '둥근 모서리'와 '안쪽 : 가운데' 그림자를 지정하시오.

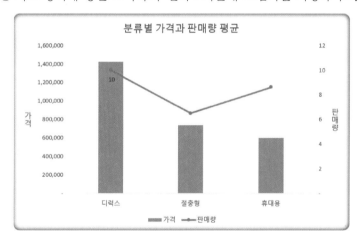

02 '기타작업-2' 시트에서 다음과 같은 기능을 수행하는 매크로를 현재 통합문서에 작성하시오. (각 5점)

① [F6:F27] 영역에 대하여 사용자 지정 표시 형식을 설정하는 '상하서식' 매크로를 생성하시오.

▶ 셀 값이 30이면 빨강색 ▲으로 표시, 셀 값이 10 이면 파랑색 ▼으로 표시, 나머지는 숫자 서식(0)으로 표시

▶ [개발 도구]-[삽입]-[양식 컨트롤]의 '단추'(□)를 동일 시트의 [C2:D3] 영역에 생성한 후 텍스트를 '상하서식'으로 입력하고, 단추를 클릭하면 '상하서식' 매크로가 실행되도록 설정하시오.

② [F6:F27] 영역에 대하여 표시 형식을 '일반'으로 적용하는 '일반서식' 매크로를 생성하시오.

▶ [개발 도구]-[삽입]-[양식 컨트롤]의 '단추'(□)를 동일 시트의 [H2:I3] 영역에 생성한 후 텍스트를 '일반서식'으로 입력하고, 단추를 클릭하면 '일반서식' 매크로가 실행되도록 설정하시오.

※ 셀 포인터의 위치에 관계없이 매크로가 실행되어야 정답으로 인정됨

03 '기타작업-3' 시트에서 다음과 같은 작업을 수행하고 저장하시오. (각 5점)

① 〈제품검색〉 버튼을 클릭하면 〈제품검색화면〉 폼이 나타나고, 폼이 초기화(Initialize)되면 '제품코드(cmb제품코드)' 콤보 상자의 목록에 [B4:B25] 영역의 값이 설정되도록 프로시저를 작성하시오.

② 〈제품검색화면〉 폼의 '제품코드(cmb제품코드)'에 조회할 제품코드를 선택하고 〈검색〉 버튼(cmd검색)을 클릭하면 워크시트의 [표1]에서 해당 데이터를 찾아 각각의 컨트롤에 표시하고, 사용체중이 10 이하일 경우에는 〈그림〉과 같은 메시지 박스가 표시되도록 프로시저를 작성하시오.

③ 〈종료〉 버튼(cmd종료)을 클릭하면 폼을 종료하는 프로시저를 작성하시오.

정답 & 해설 — 스프레드시트 실전 모의고사 03회

문제1 기본작업

01 고급 필터

정답

A27		=LEFT(A3,1)<>"B"			

	A	B	C	D	E	F
25						
26	코드	평균				
27	TRUE	TRUE				
28						
29						
30	제품코드	브랜드	가격	제조년도	판매량	
31	A1993-329	퀴디	1,545,000	2025	11	
32	C1333-326	옹글레시나	499,000	2025	8	
33	D1993-325	퀴디	853,000	2025	4	
34	E1333-324	옹글레시나	397,000	2025	8	
35	E1333-320	옹글레시나	290,000	2024	18	
36	C1333-317	스토키	890,000	2025	1	
37	D1993-316	퀴디	956,000	2024	14	
38	A1993-313	퀴디	1,595,000	2025	11	
39	D1333-311	옹글레시나	567,000	2024	4	
40	D1333-339	스토키	835,000	2025	18	
41						

① [A26:B27] 영역에 '조건'을 입력하고, [A30:E30] 영역에 '추출할 필드명'을 입력한다.

A27		=LEFT(A3,1)<>"B"			

	A	B	C	D	E	F
25						
26	코드	평균				
27	TRUE	TRUE				
28						
29						
30	제품코드	브랜드	가격	제조년도	판매량	
31						

[A27] : =LEFT(A3,1)<>"B"
[B27] : =E3<AVERAGE($E$3:$E$24)

② [데이터]-[정렬 및 필터] 그룹에서 [고급](아이콘)을 클릭한다.
③ [고급 필터]에서 다음과 같이 지정한 후 [확인]을 클릭한다.

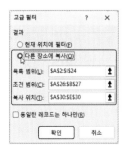

- 결과 : '다른 장소에 복사'
- 목록 범위 : [A2:I24]
- 조건 범위 : [A26:B27]
- 복사 위치 : [A30:E30]

02 조건부 서식

정답

	A	B	C	D	E	F	G	H	I	J
1	[표1]									
2	제품코드	분류	브랜드	가격	사용체중	제조년도	각도조절	판매량	안전벨트유형	
3	A1993-329	디럭스	퀴디	1,545,000	10	2025	3	11	3점식	
4	B1333-328	절충형	옹글레시나	509,000	20	2024	3	4	5점식	
5	B1393-327	절충형	맥콜라라	480,000	20	2025	4	8	5점식	
6	C1333-326	휴대용	옹글레시나	499,000	15	2025	3	8	5점식	
7	D1993-325	절충형	퀴디	853,000	15	2025	5	4	5점식	
8	E1333-324	휴대용	옹글레시나	397,000	15	2025	4	8	3점식	
9	D1333-323	절충형	스토키	995,000	20	2025	3	4	3점식	
10	C1993-322	휴대용	퀴디	587,000	30	2024	3	11	3점식	
11	C1333-321	휴대용	스토키	654,000	20	2025	4	1	3점식	
12	E1333-320	휴대용	옹글레시나	290,000	15	2024	2	18	3점식	
13	B1333-319	휴대용	스토키	750,000	15	2025	3	8	5점식	
14	D1993-318	절충형	퀴디	938,000	30	2024	1	4	2점식	
15	C1333-317	휴대용	스토키	890,000	15	2025	1	1	5점식	
16	D1993-316	절충형	퀴디	956,000	10	2024	5	14	2점식	
17	C1993-315	휴대용	맥콜라라	365,800	21	2023	3	10	5점식	
18	E1333-314	휴대용	스토키	890,000	20	2025	2	8	5점식	
19	A1993-313	디럭스	퀴디	1,595,000	10	2025	3	11	2점식	
20	B1993-312	절충형	맥콜라라	599,000	20	2025	3	10	3점식	
21	D1333-311	절충형	옹글레시나	567,000	15	2024	2	4	2점식	
22	A1333-330	디럭스	옹글레시나	1,135,000	20	2024	3	4	3점식	
23	D1333-339	휴대용	스토키	835,000	15	2025	5	18	5점식	
24	C1393-338	휴대용	맥콜라라	440,000	20	2025	4	4	3점식	
25										

① [A3:I24] 영역을 범위 지정한 후 [홈]-[스타일] 그룹의 [조건부 서식]-[새 규칙]을 클릭한다.
② [새 서식 규칙]에서 '규칙 유형 선택'에 '▶ 수식을 사용하여 서식을 지정할 셀 결정'을 선택하고, =AND(ISODD(RIGHT($A3,1)),$F3=2024)를 입력한 후 [서식]을 클릭한다.

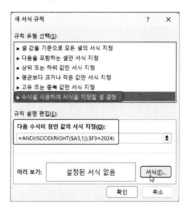

함수 설명 =AND(ISODD(RIGHT($A3,1)),$F3=2024)
❶ RIGHT($A3,1) : [A3] 셀에서 오른쪽 한 글자를 추출함
❷ ISODD(❶) : ❶의 값이 홀수이면 true, 짝수이면 false의 결과 값이 반환됨
❸ $F3=2024 : [F] 셀의 값이 2024와 같은지 비교

=AND(❷, ❸) : ❷와 ❸ 모두 만족하면 서식을 지정

③ [셀 서식]의 [글꼴] 탭에서 글꼴 스타일은 '굵게'를 선택하고, 색은 '표준 색 – 파랑'을 선택한 후 [확인]을 클릭한다.
④ [새 서식 규칙]에서 다시 [확인]을 클릭한다.

03 페이지 레이아웃

정답

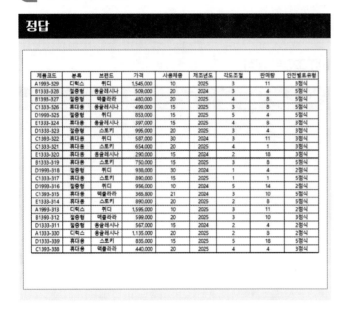

제품코드	분류	브랜드	가격	사용처중	제조년도	각도조절	판매량	안전벨트유형
A1993-329	디럭스	퀴디	1,545,000	10	2025	3	11	3점식
B1333-328	절충형	용클레시나	509,000	20	2024	3	4	5점식
B1393-327	절충형	맥폴라라	480,000	20	2025	4	8	5점식
C1333-326	휴대용	용클레시나	499,000	15	2025	3	8	5점식
D1993-325	절충형	퀴디	853,000	15	2025	5	4	5점식
E1333-324	휴대용	용클레시나	397,000	15	2025	4	8	3점식
D1333-323	절충형	스토키	995,000	20	2025	3	4	3점식
C1393-322	휴대용	퀴디	587,000	30	2024	3	11	3점식
C1333-321	절충형	스토키	654,000	20	2025	4	1	3점식
E1333-320	휴대용	용클레시나	290,000	15	2025	2	18	3점식
B1333-319	휴대용	스토키	750,000	15	2025	3	8	5점식
D1993-318	절충형	퀴디	938,000	30	2024	1	4	2점식
C1333-317	휴대용	스토키	890,000	15	2025	1	1	5점식
D1993-316	절충형	퀴디	956,000	10	2025	5	14	2점식
C1393-315	휴대용	맥폴라라	365,800	21	2024	3	10	5점식
E1333-314	휴대용	스토키	890,000	20	2025	2	8	5점식
A1993-313	디럭스	퀴디	1,595,000	10	2025	3	11	2점식
B1393-312	절충형	맥폴라라	599,000	20	2025	3	10	3점식
D1333-311	절충형	용클레시나	567,000	15	2024	2	4	2점식
A1333-330	디럭스	용클레시나	1,135,000	20	2025	2	8	2점식
D1333-339	휴대용	스토키	835,000	15	2025	5	18	5점식
C1393-338	휴대용	맥폴라라	440,000	20	2025	4	4	3점식

① [A2:I24] 영역을 범위 지정한 후 [페이지 레이아웃] 탭의 [페이지 설정]–[인쇄 영역]–[인쇄 영역 설정]을 클릭한다.
② [페이지 레이아웃] 탭의 [페이지 설정]–[여백]–[좁게]를 클릭한다.
③ [페이지 레이아웃] 탭의 [페이지 설정]에서 [옵션]([↘])을 클릭한다.

④ [여백] 탭에서 페이지 가운데 맞춤 '가로'만을 체크한 후 [확인]을 클릭한다.

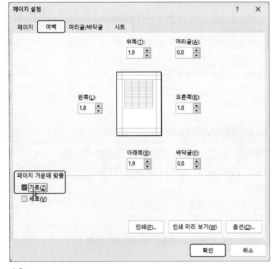

⑤ [파일] 탭의 [인쇄]를 클릭하여 '한 페이지에 모든 열 맞추기'를 클릭한다.

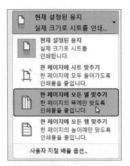

기적의 TIP

'한 페이지에 모든 열 맞추기' 대신 [페이지 설정]의 [페이지] 탭에서 '자동 맞춤'의 용지 너비를 '1'로 지정해도 가능한다.

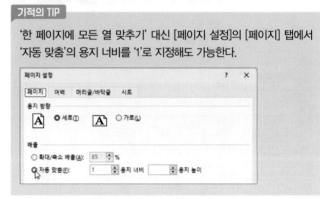

정답

	A	B	C	D	E	F	G	H	I	J	K	L
1												
2	[표1]											
3	제품코드	분류	브랜드	가격	사용체중	제조년도	각도조절	판매량	판매금액	추천	만족도	
4	A1993-329	디럭스	퀴디	1,545,000	10	2025	3	11	15295500-우수상품		★★★★★★	
5	B1333-328	절충형	웅글레시나	509,000	20	2024	3	4	1730600	◇	★★★★	
6	B1393-327	절충형	맥클라라	480,000	20	2023	4	8	2880000		★★★★★★	
7	C1333-326	휴대용	웅글레시나	499,000	15	2025	3	8	3592800	◆	★★★	
8	D1993-325	절충형	퀴디	853,000	15	2025	5	4	3070800	◆	★★★★	
9	E1333-324	휴대용	웅글레시나	397,000	15	2025	4	8	2858400	◆	★★★★	
10	D1333-323	절충형	스토키	995,000	20	2023	3	4	2985000		★★★★★★	
11	C1393-322	휴대용	퀴디	587,000	30	2024	3	11	5488450	◇	★★★★★	
12	C1333-321	휴대용	스토키	654,000	20	2025	4	1	588600	◆	★★★	
13	E1333-320	휴대용	웅글레시나	290,000	15	2024	2	18	4437000	◇	★★★★	
14	B1333-319	휴대용	스토키	750,000	15	2025	3	8	5400000	◆	★★★★	
15	D1993-318	절충형	퀴디	938,000	30	2024	1	4	3189200		★★★	
16	C1333-317	휴대용	스토키	890,000	15	2025	1	1	801000	◆	★★★★	
17	D1993-316	절충형	퀴디	956,000	10	2024	5	14	11376400-우수상품		★★★★★	
18	C1393-315	휴대용	맥클라라	365,800	21	2024	3	10	3109300	◇	★★★★★	
19	E1333-314	휴대용	스토키	890,000	20	2023	2	8	5340000		★★★★	
20	A1993-313	디럭스	퀴디	1,595,000	10	2023	3	11	13158750-우수상품		★★★★★★	
21	B1393-312	절충형	맥클라라	599,000	20	2023	3	10	4492500		★★★★	
22	D1333-311	절충형	웅글레시나	567,000	15	2024	2	4	1927800	◇	★★★★★	
23	A1333-330	디럭스	웅글레시나	1,135,000	20	2023	2	8	6810000		★★★★★	
24	D1333-339	휴대용	스토키	835,000	15	2023	5	18	11272500-우수상품		★★★★★★	
25	C1393-338	휴대용	맥클라라	440,000	20	2025	4	4	1584000	◆	★★★	
26												

	D	E	F	G	H	I	J	K	L
27	[표3]			[표4]			[표5]		
28	분류	제품코드		브랜드	판매비율		분류가 디럭스가 아니고	판매량 평균	
29	디럭스	A1993-313		퀴디	31.1%		만족도 길이가 5 이상	9.9	
30	절충형	D1333-323		맥클라라	18.1%				
31	휴대용	C1333-317		웅글레시나	28.2%				
32				스토키	22.6%				
33									

01 판매금액[I4:I25]

[I4] 셀에 =IF(D4*(1-VLOOKUP(F4,$A$28:$B$31,2,0))*H4>=10000000,D4*(1-VLOOKUP(F4,$A$28:$B$31,2,0))*H4&"-우수상품",D4*(1-VLOOKUP(F4,$A$28:$B$31,2,0))*H4)를 입력하고 [I25] 셀까지 수식을 복사한다.

02 제품코드[E29:E31]

[E29] 셀에 =INDEX($A$4:$A$25,MATCH(MAX(($D$4:$D$25)*($B$4:$B$25=D29)),($D$4:$D$25)*($B$4:$B$25=D29),0))를 입력하고 Ctrl+Shift+Enter 를 누른 후 [E31] 셀까지 수식을 복사한다.

03 판매비율[H29:H32]

[H29] 셀에 =TEXT(SUMIF($C$4:$C$25,G29,$H$4:$H$25)/SUM($H$4:$H$25),"0.0%")를 입력하고 [H32] 셀까지 수식을 복사한다.

04 사용자 정의 함수(fn추천)[J4:J25]

① [개발 도구]-[코드] 그룹의 [Visual Basic](圖)을 클릭한다.
② [삽입]-[모듈]을 클릭한다.
③ Module 창에 다음과 같이 입력한다.

```
Public Function fn추천(가격, 제조년도)
    If 가격 < 1000000 And 제조년도 = 2025 Then
        fn추천 = "◆"
    ElseIf 가격 < 800000 And 제조년도 = 2024 Then
        fn추천 = "◇"
    Else
        fn추천 = ""
    End If
End Function
```

④ [파일]-[닫고 Microsoft Excel(으)로 돌아가기]를 클릭하여 [Visual Basic Editor]를 닫는다.
⑤ [J4] 셀을 클릭한 후 [함수 삽입](fx)을 클릭한다.

⑥ '범주 선택'에서 '사용자 정의', '함수 선택'에서 'fn추천'을
   선택한 후 [확인]을 클릭한다.

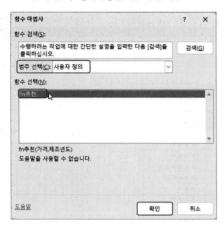

⑦ 그림과 같이 셀을 지정한 후 [확인]을 클릭한다.

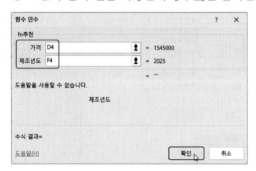

⑧ [J4] 셀을 선택한 후 [J25] 셀까지 수식을 복사한다.

05 판매량 평균[K29]

[K29] 셀에 =AVERAGE(IF(($B$4:$B$25<>"디럭스")*
(LEN($K$4:$K$25)>=5),$H$4:$H$25))를 입력하고 Ctrl +
Shift + Enter 를 누른다.

01 피벗 테이블

정답

	A	B	C	D	E	F	G
1							
2		분류	(모두) ▾				
3							
4		안전벨트유형 ▾	브랜드 ▾	합계 : 판매량	합계 : 가격	가격비율	
5		⊟2점식	응글레시나	27	3,504,000	16.58%	
6			퀴디	29	3,489,000	16.51%	
7		2점식 요약		56	6,993,000	33.08%	
8		⊟3점식	맥롤라라	23	1,478,000	6.99%	
9			스토키	5	1,649,000	7.80%	
10			응글레시나	26	687,000	3.25%	
11			퀴디	32	3,565,000	16.86%	
12		3점식 요약		86	7,379,000	34.91%	
13		⊟5점식	맥롤라라	18	845,800	4.00%	
14			스토키	43	4,060,000	19.21%	
15			응글레시나	12	1,008,000	4.77%	
16			퀴디	4	853,000	4.04%	
17		5점식 요약		77	6,766,800	32.01%	
18		총합계		219	21,138,800	100.00%	
19							

① [B4] 셀을 선택한 후 [데이터]-[데이터 가져오기 및 변환] 그룹의 [데이터 가져오기]-[기타 원본에서]-[Microsoft Query에서]를 클릭한다.

② [데이터 원본 선택]의 [데이터베이스] 탭에서 'MS Access Database *'를 선택하고 [확인]을 클릭한다.

③ '2025컴활1급(기출)₩스프레드시트₩실전모의고사' 폴더에서 '판매.accdb'를 선택하고 [확인]을 클릭한다.

④ [열 선택]에서 '유모차' 테이블을 더블클릭하여 다음 그림과 같이 지정하고 [다음]을 클릭한다.

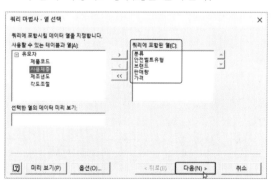

분류, 안전벨트유형, 브랜드, 판매량, 가격

⑤ [데이터 필터]와 [정렬 순서]에서는 설정 없이 [다음]을 클릭한다.

⑥ [마침]에서 'Microsoft Excel(으)로 데이터 되돌리기'를 선택하고 [마침]을 클릭한다.

⑦ [데이터 가져오기]에서 '피벗 테이블 보고서'를 선택한 다음, '기존 워크시트'는 [B4] 셀을 지정하고 [확인]을 클릭한다.

⑧ 오른쪽의 [피벗 테이블 필드]에서 다음과 같이 지정한다.

⑨ [디자인] 탭에서 [레이아웃]-[보고서 레이아웃]-[테이블 형식으로 표시](🔳)를 클릭한다.

⑩ 오른쪽의 [피벗 테이블 필드 목록]에 '가격' 필드를 드래그하여 추가한다.

⑪ [F4] 셀에서 마우스 오른쪽 버튼을 눌러 [값 필드 설정]을 클릭한다.

⑫ '사용자 지정 이름'에 가격비율을 입력하고, [값 표시 형식] 탭에서 '열 합계 비율'을 선택하고 [확인]을 클릭한다.

⑬ [E4] 셀을 더블클릭한 후 [표시 형식]을 클릭하여 '숫자'를 선택하고 '1000 단위 구분 기호 사용'을 체크하고 [확인]을 클릭한다.

⑭ [디자인]-[피벗 테이블 스타일] 그룹에서 '흰색, 피벗 스타일 밝게 22'를 선택하고 '줄무늬 열'의 옵션을 선택한다.

02 데이터 도구

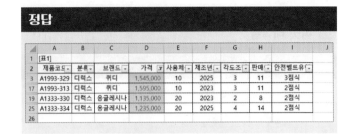

① [A2] 셀을 클릭한 후 [데이터]-[데이터 도구] 그룹의 [중복된 항목 제거](📇)를 클릭하여 [모두 선택 취소]를 클릭한 후 '분류', '브랜드', '사용체중', '제조년도'만 선택하고 [확인]을 클릭한다.

② 메시지가 표시되면 [확인]을 클릭한다.

③ [D3:D25] 영역을 범위 지정한 후 [홈]-[스타일] 그룹의 [조건부 서식]-[셀 강조 규칙]-[보다 큼]을 클릭한다.

④ 다음과 같이 지정하고 [확인]을 클릭한다.

⑤ [데이터]-[정렬 및 필터] 그룹에서 [필터](▽)를 클릭한다.

⑥ 가격[D2] 셀의 목록 단추(▼)를 클릭하여 [색 기준 필터]를 클릭하여 [셀 색 기준 필터]를 클릭한다.

01 차트

정답

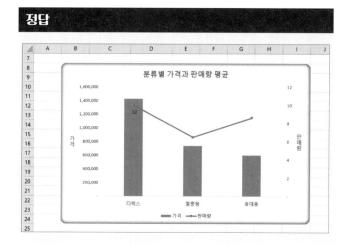

① 차트에서 마우스 오른쪽 버튼을 눌러 [차트 종류 변경]을 클릭한다.
② [차트 종류 변경]에서 '혼합'을 선택한 후 '판매량' 계열은 '꺾은선형'의 '표식이 있는 꺾은선형'과 '보조 축'을 선택하고 [확인]을 클릭한다.

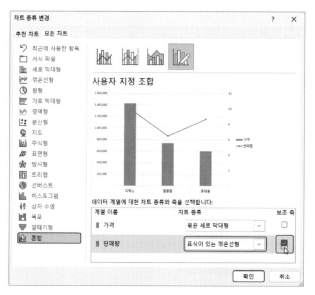

③ 차트를 선택하고, [차트 요소](⊞)-[차트 제목]을 클릭한다.
④ '차트 제목'을 선택한 후 수식 입력줄에 =을 입력하고 [C2] 셀을 클릭한 후 **Enter** 를 누른다.

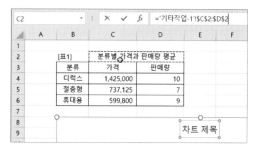

⑤ [차트 요소](⊞)-[축 제목]-[기본 세로]를 클릭하여 **가격**을 입력한다.
⑥ 세로 축 제목에서 마우스 오른쪽 버튼을 눌러 [축 제목 서식]을 클릭하여 [크기 및 속성]에서 '텍스트 방향'을 '세로'를 선택한다.
⑦ 같은 방법으로 [차트 요소](⊞)-[축 제목]-[보조 세로]를 클릭하여 **판매량**을 클릭한다.
⑧ '판매량'의 축 제목을 선택한 후 텍스트 방향을 '세로'로 지정한다.
⑨ [차트 요소](⊞)-[범례]-[아래쪽]을 클릭한다.
⑩ 범례를 선택한 후 [홈]-[글꼴] 그룹에서 글꼴 크기는 '9'를 선택한다.

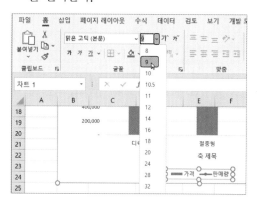

⑪ 가로 눈금선을 선택한 후 마우스 오른쪽 버튼을 눌러 [삭제]를 클릭한다.

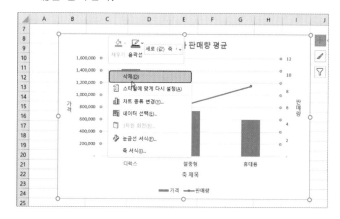

⑫ '판매량' 계열의 '디럭스' 요소를 천천히 두 번 클릭한 후 [차트 요소](⊞)-[데이터 레이블]-[아래쪽]을 클릭한다.
⑬ 차트 영역을 선택한 후 [채우기 및 선]에서 '테두리'의 '둥근 모서리'를 체크하고, [효과]에서 [그림자]를 클릭한다.
⑭ '그림자'에서 '미리 설정'을 클릭하여 '안쪽'의 안쪽 : 가운데를 선택하고 [닫기]를 클릭한다.

❷ 매크로

정답

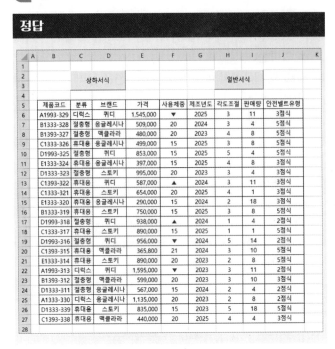

① 비어 있는 셀을 클릭한 후 [개발 도구]-[코드] 그룹의 [매크로 기록](🖾)을 클릭한다.

② [매크로 기록]에 **상하서식**을 입력하고 [확인]을 클릭한다.

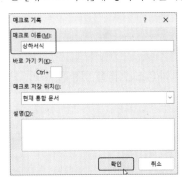

③ [F6:F27] 영역을 범위 지정한 후 Ctrl+1을 눌러 [표시형식] 탭의 '사용자 지정'을 선택한 후 **[빨강][=30]**"▲"; **[파랑][=10]**"▼";0을 입력하고 [확인]을 클릭한다.

④ [개발 도구]-[코드] 그룹의 [기록 중지](◻)를 클릭한다.

⑤ [개발 도구]-[컨트롤] 그룹의 [삽입]-[단추(양식 컨트롤)](◻)을 클릭한다.

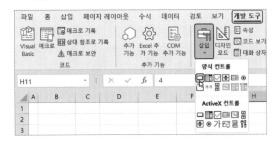

⑥ 마우스 포인터가 '+'로 바뀌면 [C2:D3] 영역에 Alt를 누른 상태에서 드래그하면 [매크로 지정] 대화상자가 나타난다.

⑦ [매크로 지정]에 **상하서식**을 선택하고 [확인]을 클릭한다.

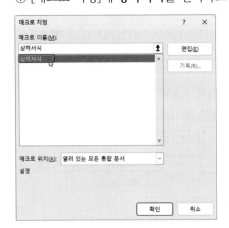

⑧ 단추에 입력된 '단추 1'을 지우고 **상하서식**을 입력한다.

	A	B	C	D	E	F	G	H	I	J	K
1											
2				상하서식							
3											
4											
5		제품코드	분류	브랜드	가격	사용체중	제조년도	각도조절	판매량	안전벨트유형	
6		A1993-329	디럭스	퀴디	1,545,000	▼	2025	3	11	3점식	
7		B1333-328	절충형	웅글레시나	509,000	20	2024	3	4	5점식	
8		B1393-327	절충형	맥클라라	480,000	20	2023	4	8	5점식	
9		C1333-326	휴대용	웅글레시나	499,000	15	2025	3	8	5점식	
10		D1993-325	절충형	퀴디	853,000	15	2025	5	4	5점식	
11		E1333-324	휴대용	웅글레시나	397,000	15	2025	4	8	3점식	
12		D1333-323	절충형	스토키	995,000	20	2023	3	4	3점식	
13		C1393-322	휴대용	퀴디	587,000	▲	2024	3	11	3점식	
14		C1333-321	휴대용	스토키	654,000	20	2025	4	1	3점식	
15		E1333-320	휴대용	웅글레시나	290,000	15	2024	2	18	3점식	
16		B1333-319	휴대용	스토키	750,000	15	2025	3	8	5점식	
17		D1993-318	절충형	퀴디	938,000	▲	2024	1	4	2점식	
18		C1333-317	휴대용	스토키	890,000	15	2024	1	1	5점식	
19		D1993-316	절충형	퀴디	956,000	▼	2024	5	14	2점식	
20		C1393-315	휴대용	맥클라라	365,800	21	2024	3	10	5점식	
21		E1333-314	휴대용	스토키	890,000	20	2023	2	8	5점식	
22		A1993-313	디럭스	퀴디	1,595,000	▼	2023	3	11	2점식	
23		B1393-312	절충형	맥클라라	599,000	20	2023	3	10	3점식	
24		B1393-311	절충형	맥클라라	567,000	15	2024	2	4	2점식	
25		A1333-330	디럭스	웅글레시나	1,135,000	20	2023	2	8	2점식	
26		D1333-339	휴대용	스토키	835,000	15	2023	5	18	5점식	
27		C1393-338	휴대용	맥클라라	440,000	20	2025	4	4	3점식	
28											

⑨ 비어 있는 셀을 클릭한 후 [개발 도구]−[코드] 그룹의 [매크로 기록](📃)을 클릭한다.

⑩ [매크로 기록]에 **일반서식**을 입력하고 [확인]을 클릭한다.

⑪ [F6:F27] 영역을 범위 지정한 후 `Ctrl`+`1`을 눌러 [표시 형식] 탭의 '일반'을 선택하고 [확인]을 클릭한다.

⑫ [개발 도구]−[코드] 그룹의 [기록 중지](□)를 클릭한다.

⑬ [개발 도구]−[컨트롤] 그룹의 [삽입]−[단추(양식 컨트롤)] (□)을 클릭한다.

⑭ 마우스 포인터가 '+'로 바뀌면 [H2:I3] 영역에 `Alt`를 누른 상태에서 드래그한다.

⑮ [매크로 지정]에 **일반서식**을 선택하고 [확인]을 클릭한다.

⑯ 단추에 입력된 '단추 2'를 지우고 **일반서식**을 입력한다.

03 VBA 프로그래밍

(1) 폼 보이기

① [개발 도구]−[컨트롤] 그룹에서 [디자인 모드](🏗)를 클릭하여 〈제품검색〉 버튼을 편집 상태로 만든다.

② 〈제품검색〉 버튼을 더블클릭한 후 코드 창에 다음과 같이 입력한다.

```
Private Sub cmd제품검색_Click()
    제품검색화면.Show
End Sub
```

(2) 폼 초기화

① [프로젝트−VBAProject] 탐색기에서 '폼'을 더블 클릭하고 〈제품검색화면〉을 선택한다.

② [프로젝트−VBAProject] 탐색기의 [코드 보기](📃)를 클릭한다.

③ '개체 목록'은 'UserForm', '프로시저 목록'은 'Initialize'를 선택한다.

④ 코드 창에 다음과 같이 입력한다.

```
Private Sub UserForm_Initialize()
    cmb제품코드.RowSource = "B4:B25"
End Sub
```

(3) 조회 프로시저

① '개체 목록'에서 'cmd검색', '프로시저 목록'은 'Click'을 선택한다.

② 코드 창에 다음과 같이 입력한다.

```
Private Sub cmd검색_Click()
    iRow = cmb제품코드.ListIndex + 4
    txt분류 = Cells(iRow, 3)
    txt브랜드 = Cells(iRow, 4)
    txt체중 = Cells(iRow, 6)
    txt제조년도 = Cells(iRow, 7)
    txt각도조절 = Cells(iRow, 8)
    txt안전벨트 = Cells(iRow, 10)
    txt가격 = Cells(iRow, 5)
    txt판매량 = Cells(iRow, 9)
    If Cells(iRow, 6) <= 10 Then
        MsgBox cmb제품코드 & "는 신생아용입니다."
    End If
```

(4) 종료 프로시저

① '개체 목록'에서 'cmd종료', '프로시저 목록'은 'Click'을 선택한다.

② 코드 창에 다음과 같이 입력한다.

```
Private Sub cmd종료_Click()
    Unload Me
End Sub
```

▶ 합격 강의

스프레드시트 실전 모의고사 04회

프로그램명	소요시간	합격 점수
EXCEL 2021	45분	70점

수험번호 :

성   명 :

························· **유의사항** ·························

■ 인적 사항 누락 및 잘못 작성으로 인한 불이익은 수험자 책임으로 합니다.

■ 화면에 암호 입력창이 나타나면 아래의 암호를 입력하여야 합니다.
  ○ 암호: 6845%3

■ 작성된 답안은 주어진 경로 및 파일명을 변경하지 마시고 그대로 저장해야 합니다. 이를 준수하지 않으면 실격 처리됩니다.
  ○ 답안 파일명의 예: C:₩OA₩수험번호8자리.xlsm

■ 외부데이터 위치: C:₩OA₩파일명

■ 별도의 지시사항이 없는 경우, 다음과 같이 처리 시 실격 처리됩니다.
  ○ 제시된 시트 및 개체의 순서나 이름을 임의로 변경한 경우
  ○ 제시된 시트 및 개체를 임의로 추가 또는 삭제한 경우
  ○ 외부데이터를 시험 시작 전에 열어본 경우

■ 답안은 반드시 문제에서 지시 또는 요구한 셀에 입력하여야 하며 다음과 같이 처리 시 채점 대상에서 제외됩니다.
  ○ 제시된 함수가 있을 경우 제시된 함수만을 사용하여야 하며 그 외 함수사용시 채점대상에서 제외
  ○ 수험자가 임의로 지시하지 않은 셀의 이동, 수정, 삭제, 변경 등으로 인해 셀의 위치 및 내용이 변경된 경우 해당 작업에 영향을 미치는 관련문제 모두 채점 대상에서 제외
  ○ 도형 및 차트의 개체가 중첩되어 있거나 동일한 계산결과 시트가 복수로 존재할 경우 해당 개체나 시트는 채점 대상에서 제외

■ 수식 작성 시 제시된 문제 파일의 데이터는 변경 가능한(가변적) 데이터임을 감안하여 문제 풀이를 하시오.

■ 별도의 지시사항이 없는 경우, 주어진 각 시트 및 개체의 설정값 또는 기본 설정값 (Default)으로 처리하시오.

■ 저장 시간은 별도로 주어지지 않으므로 제한된 시간 내에 저장을 완료해야 하며, 제한 시간 내에 저장이 되지 않은 경우에는 실격 처리됩니다.

■ 출제된 문제의 용어는 MS Office LTSC Professional Plus 2021 기준으로 작성되어 있습니다.

대 한 상 공 회 의 소

문제1 기본작업(15점) **주어진 시트에서 다음 과정을 수행하고 저장하시오.**

01 '기본작업-1' 시트에서 다음과 같이 고급 필터를 수행하시오. (5점)

▶ [A2:L24] 영역에서 '환자구분'이 "건강보험"이고, '진료일자'와 '조제일자'가 같거나 '조제일자'가 1일이 많은 행만을 표시하시오.

▶ 조건은 [A26:A27] 영역에 AND, DAYS 함수를 이용하여 알맞게 입력하시오.

▶ 결과는 [A30] 셀부터 표시하시오.

02 '기본작업-1' 시트의 [A3:L24] 영역에 대해 다음과 같이 조건부 서식을 설정하시오. (5점)

▶ 교부번호의 세 번째 숫자가 1이고, 총투약일수가 3 이상인 전체 행에 대해서 글꼴 스타일은 '굵게', 글꼴 색은 '표준 색 – 파랑'으로 적용하는 조건부 서식을 작성하시오.

▶ 단, 규칙 유형은 '수식을 사용하여 서식을 지정할 셀 결정'을 사용하고, 한 개의 규칙으로만 작성하시오.

▶ AND, MID 함수 사용

03 '기본작업-2' 시트에서 다음과 같이 페이지 레이아웃을 설정하시오. (5점)

▶ 인쇄될 내용이 페이지의 정 가운데에 인쇄되도록 페이지 가운데 맞춤을 설정하시오.

▶ 매 페이지 하단의 가운데 구역에는 페이지 번호가 [표시 예]와 같이 표시되도록 바닥글을 설정하시오.
  [표시 예 : 현재 페이지 번호가 1이고, 전체 페이지 번호가 3인 경우 → 총 3 페이지 중 1페이지]

▶ [A2:L24] 영역을 인쇄 영역으로 설정하고, G열의 환자구분부터 페이지 나누기 삽입하고, 성명(D열)을 매 페이지마다 반복하여 인쇄되도록 인쇄 제목을 설정하시오.

문제2 계산작업(30점) **'계산작업' 시트에서 다음 과정을 수행하고 저장하시오.**

01 [표1]의 생년월일과 성별을 이용하여 [F3:F24] 영역에 주민번호를 계산하여 표시하시오. (6점)

▶ 생년월일을 이용하여 주민번호의 앞에 6자리를 계산하고, 주민번호 8번째 자리는 성별이 "남"이면 1, "여"이면 2로 표시한 다음 뒤에 "******"를 표시하시오.

▶ 출생년도가 2000년 이상일 때에는 성별이 "남"이면 3, "여"이면 4로 표시하시오.

▶ 생년월일이 2008-11-29, 성별이 "여"일 경우 표시 예 : 081129-4******

▶ IF, TEXT, YEAR 함수와 & 연산자 이용

02 [표1]의 총투약일수, 1일투여횟수와 [표4]를 이용하여 [K3:K24] 영역에 약품부담금을 계산하여 표시하시오. (6점)

▶ 부담금이 텍스트면 텍스트를 그대로 표시하고, 그렇지 않으면 약제비총액 × 부담금으로 계산

▶ IFERROR, VLOOKUP, MATCH 함수 이용

03 사용자 정의 함수 'fn본인부담금'을 작성하여 [표1]의 [L3:L24] 영역에 본인부담금을 계산하여 표시하시오. (6점)

▶ 'fn본인부담금'은 환자구분과 약제비총액을 인수로 받아 본인부담금을 계산하는 함수이다.

▶ 본인부담금은 약제비총액이 15,000원 이상이면서 환자구분이 '건강보험'이면 약제비총액에서 30%를 할인하고, 환자구분이 '건강보험'이면 약제비총액에서 10%를 할인하고, 약제비총액이 10,000원 이상이면 약제비총액의 5%를 할인하고, 그 외의 경우는 약제비총액을 그대로 표시하시오.

```
Public Function fn본인부담금(환자구분, 약제비총액)
End Function
```

04 [표1]의 환자구분을 이용하여 [표2]의 [B28:B30] 영역에 환자분류별 진료건수만큼 "★"를 표시하시오. (6점)

▶ REPT, COUNT, IF 함수를 사용한 배열 수식으로 작성

05 [표1]의 조제일자, 환자구분, 약제비총액을 이용하여 [표3]의 [G28:I32] 영역에 조제월 별 환자구분별 약제비총액의 합계를 계산하여 표시하시오. (6점)

▶ SUM, IF, MONTH 함수를 사용한 배열 수식으로 작성

문제3 **분석작업(20점) 주어진 시트에서 다음 과정을 수행하고 저장하시오.**

01 '분석작업-1' 시트에서 다음과 같은 피벗 테이블을 작성하시오. (10점)

▶ 외부 데이터 가져오기 기능을 사용하여 〈건강보조식품.accdb〉의 〈주문〉 테이블을 이용하시오.

▶ 피벗 테이블 보고서의 레이아웃과 위치는 〈그림〉을 참조하여 설정하고, 보고서 레이아웃을 개요 형식으로 표시하시오.

▶ (주문량-판매량)/판매량'으로 '재고율' 계산 필드를 추가하고 필드 표시 형식은 값 필드 설정의 셀 서식을 이용하여 '백분율'로 〈그림〉과 같이 지정하시오.

▶ '주문량' 필드는 필드 표시 형식은 값 필드 설정의 셀 서식을 이용하여 숫자 뒤에 '박스'를 붙여서 표시하시오.

▶ '판매분기'를 〈그림〉과 같이 그룹을 설정하고, 그룹 상단에 모든 부분합이 표시되도록 설정하시오.

	A	B	C	D	E	F	G
1							
2		상품명	(모두)				
3							
4		판매분기2	판매분기	합계 : 주문량	합계 : 판매량	합계 : 재고율	
5		2021~2022년		949박스	731	30%	
6			2021년1분기	180박스	142	27%	
7			2021년2분기	150박스	126	19%	
8			2021년3분기	120박스	60	100%	
9			2021년4분기	110박스	91	21%	
10			2022년1분기	100박스	72	39%	
11			2022년2분기	90박스	75	20%	
12			2022년3분기	85박스	79	8%	
13			2022년4분기	114박스	86	33%	
14		2023~2025년		1190박스	903	32%	
15			2023년1분기	80박스	72	11%	
16			2023년2분기	120박스	85	41%	
17			2023년3분기	195박스	152	28%	
18			2023년4분기	130박스	78	67%	
19			2024년1분기	110박스	97	13%	
20			2024년2분기	75박스	51	47%	
21			2024년3분기	90박스	84	7%	
22			2024년4분기	150박스	130	15%	
23			2025년1분기	100박스	76	32%	
24			2025년2분기	140박스	78	79%	
25		총합계		2139박스	1634	31%	
26							

※ 작업 완성된 그림이며 부분 점수 없음

02 '분석작업-2' 시트에 대하여 다음의 지시사항을 처리하시오. (10점)

▶ 데이터 도구를 이용하여 [표1]에서 '진료일자', '조제일자'만 열을 기준으로 중복된 값이 입력된 셀을 포함하는 행을 삭제하시오.
▶ 조건부 서식의 상위/하위 규칙을 [K3:K15] 영역의 평균 미만에 대해 '연한 빨강 채우기' 서식이 적용되도록 설정하시오.
▶ 필터 도구를 이용하여 [표1]의 '약제비총액' 필드에서 '연한 빨강 채우기' 색을 기준으로 필터링 하시오.

문제4 **기타작업(35점)** **주어진 시트에서 다음 과정을 수행하고 저장하시오.**

01 '기타작업-1' 시트에서 다음의 지시사항에 따라 차트를 수정하시오. (각 2점)

※ 차트는 반드시 문제에서 제공한 차트를 사용하여야 하며, 신규로 차트 작성 시 0점 처리됨

① '평균 입원비총액'과 '평균 보험적용금액' 계열의 차트 종류를 '표식이 있는 꺾은선형'으로 변경한 후 보조 축으로 지정하시오.
② 차트 제목과 각 축 제목을 〈그림〉과 같이 설정하시오.
③ 세로(값) 축과 보조 세로(값) 축의 기본 단위를 〈그림〉과 같이 설정하시오.
④ 범례 위치를 위쪽으로 지정하시오.
⑤ 차트 영역의 테두리 스타일은 '둥근 모서리', 그림자는 '오프셋 : 오른쪽 아래'로 표시하시오.

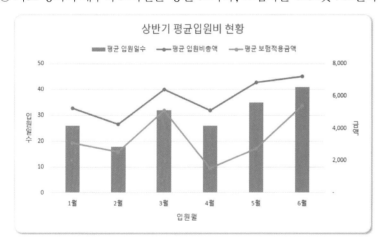

02 '기타작업-2' 시트에서 다음과 같은 기능을 수행하는 매크로를 현재 통합문서에 작성하시오. (각 5점)

① [D6:E26] 영역에 대하여 사용자 지정 표시 형식을 설정하는 '숫자서식' 매크로를 생성하시오.
▶ 셀 값이 120 이상이면 파랑색으로 숫자 서식(0)으로 표시, 셀 값이 60 미만이면 빨강색으로 숫자 서식(0)으로 표시, 나머지는 숫자 서식(0)으로 표시
▶ [개발 도구]-[삽입]-[양식 컨트롤]의 '단추'(□)를 동일 시트의 [B2:C3] 영역에 생성한 후 텍스트를 '숫자서식'으로 입력하고, 단추를 클릭하면 '숫자서식' 매크로가 실행되도록 설정하시오.
② [D6:E26] 영역에 대하여 표시 형식을 '일반'으로 적용하는 '일반' 매크로를 생성하시오.
▶ [개발 도구]-[삽입]-[양식 컨트롤]의 '단추'(□)를 동일 시트의 [D2:E3] 영역에 생성한 후 텍스트를 '일반'으로 입력하고, 단추를 클릭하면 '일반' 매크로가 실행되도록 설정하시오.

※ 셀 포인터의 위치에 관계없이 매크로가 실행되어야 정답으로 인정됨

03 '기타작업-3' 시트에서 다음과 같은 작업을 수행하고 저장하시오. (각 5점)

① 〈환자등록〉 버튼을 클릭하면 〈환자등록〉 폼이 나타나고, 폼이 초기화되면 [H6:H13] 영역의 내용이 '의료기간(lst의료기관)' 목록 상자의 목록에 표시되고, 환자구분(일반, 보험, 건강보험) 중 '건강보험(opt건강보험)'이 선택되도록 프로시저를 작성하시오.

② 〈환자등록〉 폼의 〈등록(cmd등록)〉 버튼을 클릭하면 폼에 입력된 데이터가 시트의 표에 입력되도록 프로시저를 작성하시오.
  ▶ ListIndex와 List 속성을 이용하시오.
  ▶ 환자구분에는 '일반(opt일반)'을 선택하면 "일반", '보험(opt보험)'을 선택하면 "보험", '건강보험(opt건강보험)'을 선택하면 '건강보험'을 입력하시오.

③ 〈종료(cmd종료)〉 버튼을 클릭하면 워크시트의 [H5] 셀에 "의료기관"을 입력한 후 폼을 종료하는 프로시저를 작성하시오.

---

01 고급 필터

정답

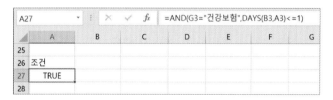

① [A26:A27] 영역에 '조건'을 입력한다.

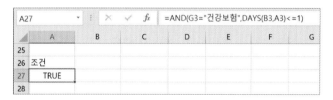

	A	B	C	D	E	F	G
25							
26	조건						
27	TRUE						
28							

[A27] : =AND(G3="건강보험",DAYS(B3,A3)<=1)

함수 설명 DAYS(B3,A3)<=1

진료일자와 조제일자가 같은 경우에 DAYS함수의 결과는 0입니다. 조제일자가 1일이 많은 경우는 결과값이 1입니다. 따라서 <=1로 조건을 작성하면 0과 1에 해당한 값을 찾아서 추출할 수 있습니다. 참고로, 진료일자보다 조제일자가 더 빠를 수 없기에 − 결과값이 나올 수는 없습니다. 때문에 <=1로 작성합니다.

② [데이터]−[정렬 및 필터] 그룹에서 [고급](🔽)을 클릭한다.
③ [고급 필터]에서 다음과 같이 지정한 후 [확인]을 클릭한다.

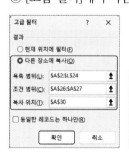

- 결과 : '다른 장소에 복사'
- 목록 범위 : [A2:L24]
- 조건 범위 : [A26:A27]
- 복사 위치 : [A30]

02 조건부 서식

정답

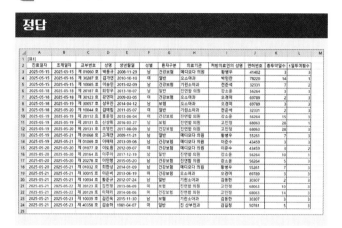

① [A3:L24] 영역을 범위 지정한 후 [홈]−[스타일] 그룹의 [조건부 서식]−[새 규칙]을 클릭한다.
② [새 서식 규칙]에서 '규칙 유형 선택'에 '▶ 수식을 사용하여 서식을 지정할 셀 결정'을 선택하고, =AND(MID($C3, 3,1)="1",$K3>=3)를 입력한 후 [서식]을 클릭한다.

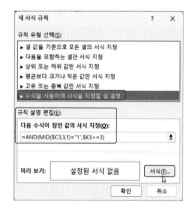

③ [셀 서식]의 [글꼴] 탭에서 글꼴 스타일은 '굵게'를 선택하고, 색은 '표준 색 − 파랑'을 선택한 후 [확인]을 클릭한다.
④ [새 서식 규칙]에서 다시 [확인]을 클릭한다.

정답

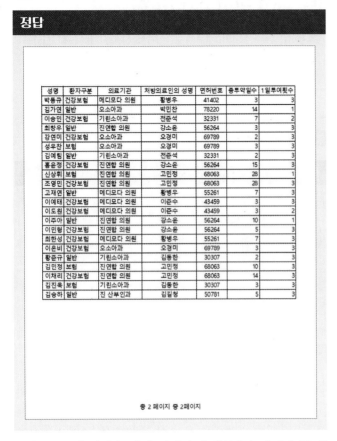

성명	환자구분	의료기관	처방의료인의 성명	면허번호	총투약일수	1일투여횟수
박동규	건강보험	메디모다 의원	황병우	41402	3	3
김가연	일반	오소아과	박민찬	78220	14	1
이승민	건강보험	기린소아과	전준석	32331	7	3
최창우	일반	진연합 의원	강소윤	56264	3	3
강연미	건강보험	오소아과	오경미	69789	2	3
성우찬	보험	오소아과	오경미	69789	3	3
김예림	일반	기린소아과	전준석	32331	2	3
홍윤정	건강보험	진연합 의원	강소윤	56264	15	3
신상휘	보험	진연합 의원	고민정	68063	28	1
조영민	건강보험	진연합 의원	고민정	68063	28	3
고재연	일반	메디모다 의원	황병우	55261	7	3
이예태	건강보험	메디모다 의원	이준수	43459	3	3
이도원	건강보험	메디모다 의원	이준수	43459	3	2
이주아	일반	진연합 의원	강소윤	56264	10	1
이민형	건강보험	진연합 의원	강소윤	56264	5	3
최한성	건강보험	메디모다 의원	황병우	55261	7	3
이은비	건강보험	오소아과	오경미	69789	3	3
황준규	일반	기린소아과	김동한	30307	2	3
김민정	보험	진연합 의원	고민정	68063	10	3
이채리	건강보험	진연합 의원	고민정	68063	14	3
김진욱	보험	기린소아과	김동한	30307	3	3
김승하	일반	진 산부인과	김길청	50781	5	3

총 2 페이지 중 2페이지

① [A2:L24] 영역을 범위 지정한 후 [페이지 레이아웃] 탭의 [페이지 설정]-[인쇄 영역]-[인쇄 영역 설정](🗐)을 클릭한다.

② [G2] 셀을 클릭한 후 [페이지 레이아웃] 탭의 [페이지 설정]-[나누기]-[페이지 나누기 삽입]을 클릭한다.

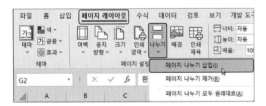

③ [페이지 레이아웃] 탭의 [페이지 설정]-[인쇄 제목]을 클릭한다.

④ [시트] 탭에서 '반복할 열'을 선택한 후 열 머리글 D열을 클릭한다.

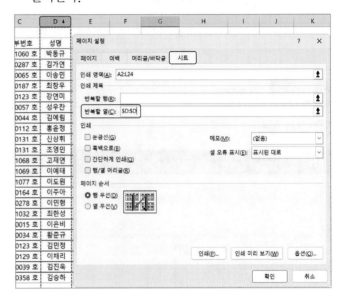

⑤ [여백] 탭에서 페이지 가운데 맞춤 '가로', '세로'를 체크한다.

⑥ [머리글/바닥글] 탭을 클릭하여 [바닥글 편집]을 클릭한다.

⑦ 가운데 구역에 커서를 두고 **총**을 입력하고 [전체 페이지 수 삽입](🗐)를 클릭하고 **페이지 중**을 입력하고 [페이지 번호 삽입](🗐)를 클릭하고 **페이지**를 입력하고 [확인]을 클릭하고, [페이지 설정]에서 [확인]을 클릭한다.

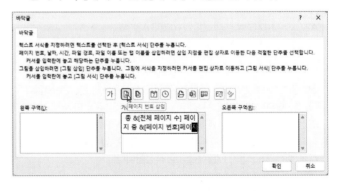

정답

	A	B	C	D	E	F	G	H	I	J	K	L	M
1	[표1]												
2	조제일자	교부번호	성명	생년월일	성별	주민번호	환자구분	총투약일수	1일투여횟수	약제비총액	약품부담금	본인부담금	
3	2025-01-15	제 01060 호	박동규	2008-11-29	남	081129-3******	건강보험	3	3	2,500	1,200원	2,250	
4	2025-01-15	제 30287 호	김가연	2010-10-10	여	101010-4******	일반	14	1	15,000	1,800원	14,250	
5	2025-01-15	제 10065 호	이송민	2015-02-09	남	150209-3******	보험	7	2	5,800	986원	5,800	
6	2025-01-15	제 20187 호	최창우	2013-10-07	남	131007-3******	일반	3	3	2,800	1,200원	2,800	
7	2025-01-16	제 30123 호	강연미	2009-03-05	여	090305-4******	건강보험	2	3	1,800	700원	1,620	
8	2025-02-16	제 30057 호	성우찬	2014-04-12	남	140412-3******	보험	3	3	3,200	1,200원	3,200	
9	2025-02-16	제 10044 호	김예림	2011-05-07	여	110507-4******	일반	2	3	1,900	700원	1,900	
10	2025-02-18	제 20112 호	홍윤정	2013-06-04	여	130604-4******	건강보험	15	3	20,000	4,000원	14,000	
11	2025-02-18	제 20131 호	신상휘	2016-03-27	남	160327-3******	보험	28	1	35,000	4,200원	33,250	
12	2025-02-18	제 20131 호	조영민	2017-08-09	남	170809-3******	건강보험	28	3	48,000	9,600원	33,600	
13	2025-03-18	제 01068 호	고재연	2009-11-21	남	091121-3******	일반	7	3	6,900	1,380원	6,900	
14	2025-03-18	제 01069 호	이예태	2013-09-06	남	130906-3******	건강보험	3	3	2,800	1,200원	2,520	
15	2025-03-19	제 01077 호	이도원	2012-09-07	여	120907-4******	건강보험	3	2	2,500	1,100원	2,250	
16	2025-03-19	제 20164 호	이주아	2017-12-19	남	171219-3******	일반	10	1	12,000	1,440원	11,400	
17	2025-04-19	제 20278 호	이민형	2015-05-20	남	150520-3******	건강보험	5	3	5,800	1,160원	5,220	
18	2025-04-19	제 01032 호	최한성	2014-01-09	남	140109-3******	보험	7	3	8,700	1,740원	8,700	
19	2025-04-19	제 30015 호	이은비	2013-06-19	여	130619-4******	건강보험	3	3	2,900	1,200원	2,610	
20	2025-04-20	제 10034 호	황준규	2012-07-24	남	120724-3******	일반	2	3	2,100	700원	2,100	
21	2025-05-20	제 20123 호	김민정	2013-06-09	여	130609-4******	보험	10	3	12,000	2,400원	11,400	
22	2025-05-20	제 20129 호	이채리	2014-08-06	여	140806-4******	건강보험	14	3	18,000	3,600원	12,600	
23	2025-05-20	제 10039 호	김진욱	2015-11-30	남	151130-3******	보험	3	3	3,200	1,200원	3,200	
24	2025-05-20	제 40358 호	김승하	1981-04-07	여	810407-2******	일반	5	3	7,100	1,420원	7,100	
25													

	A	B	C	D	E	F	G	H	I	J
26	[표2] 환자구분별 이용현황					[표3] 조제월별 환자구분별 약제비총액 합계				
27	환자분류	이용현황				조제월	일반	보험	건강보험	
28	일반	★★★★★★★				1월	17,800	5,800	4,300	
29	보험	★★★★★★				2월	1,900	38,200	68,000	
30	건강보험	★★★★★★★★★				3월	18,900	0	5,300	
31						4월	2,100	8,700	8,700	
32						5월	7,100	15,200	18,000	
33										

01 주민번호[F3:F24]

[F3] 셀에 =TEXT(D3,"YYMMDD-")&IF(E3="남",IF
(YEAR(D3)>=2000,3,1),IF(YEAR(D3)>=2000,4,2))&
"******"를 입력하고 [F24] 셀까지 수식을 복사한다.

02 약품부담금[K3:K24]

[K3] 셀에 =IFERROR(J3*VLOOKUP(H3,$K$27:$N
$32,MATCH(I3,$L$27:$N$27,1)+1),VLOOKUP(H3,$K
$27:$N$32,MATCH(I3,$L$27:$N$27,1)+1))를 입력하고
[K24] 셀까지 수식을 복사한다.

03 사용자 정의 함수(fn본인부담금)[L3:L24]

① [개발 도구]-[코드] 그룹의 [Visual Basic](📇)을 클릭한
다.
② [삽입]-[모듈]을 클릭한다.

③ Module 창에 다음과 같이 입력한다.

```
Public Function fn본인부담금(환자구분, 약제비총액)
    If 약제비총액 >= 15000 And 환자구분 = "건강보험" Then
        fn본인부담금 = 약제비총액 – 약제비총액 * 0.3
    ElseIf 환자구분 = "건강보험" Then
        fn본인부담금 = 약제비총액 – 약제비총액 * 0.1
    ElseIf 약제비총액 >= 10000 Then
        fn본인부담금 = 약제비총액 – 약제비총액 * 0.05
    Else
        fn본인부담금 = 약제비총액
    End If
End Function
```

④ [파일]-[닫고 Microsoft Excel(으)로 돌아가기]를 클릭
하여 [Visual Basic Editor]를 닫는다.
⑤ [L3] 셀을 클릭한 후 [함수 삽입](fx)을 클릭한다.
⑥ '범주 선택'에서 '사용자 정의', '함수 선택'에서 'fn본인부
담금'을 선택한 후 [확인]을 클릭한다.

⑦ 그림과 같이 셀을 지정한 후 [확인]을 클릭한다.

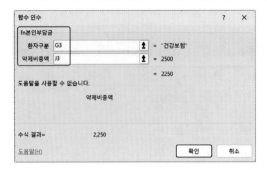

⑧ [L3] 셀을 선택한 후 [L24] 셀까지 수식을 복사한다.

04 이용현황[B28:B30]

[B28] 셀에 =REPT("★",COUNT(IF($G$3:$G$24=A28, 1)))를 입력하고 Ctrl+Shift+Enter를 누른 후에 [B30] 셀까지 수식을 복사한다.

05 조제월별 환자구분별 합계[G28:I32]

[G28] 셀에 =SUM(IF((MONTH($A$3:$A$24)=$F28)* ($G$3:$G$24=G$27),$J$3:$J$24))를 입력하고 Ctrl+ Shift+Enter를 누른 후에 [I32] 셀까지 수식을 복사한다.

01 피벗 테이블

정답

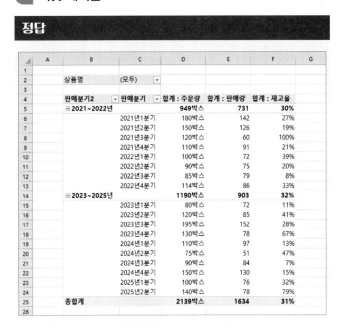

① [B4] 셀을 선택한 후 [데이터]-[데이터 가져오기 및 변환] 그룹의 [데이터 가져오기]-[기타 원본에서]-[Microsoft Query에서]를 클릭한다.

② [데이터 원본 선택]의 [데이터베이스] 탭에서 'MS Access Database *'를 선택하고 [확인]을 클릭한다.

③ '2025컴활1급(기출)\스프레드시트\실전모의고사' 폴더에서 '건강보조식품.accdb'를 선택하고 [확인]을 클릭한다.

④ [열 선택]에서 '주문' 테이블을 더블클릭하여 다음 그림과 같이 지정하고 [다음]을 클릭한다.

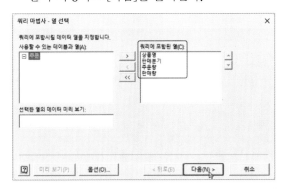

상품명, 판매분기, 주문량, 판매량

⑤ [데이터 필터]와 [정렬 순서]에서는 설정 없이 [다음]을 클릭한다.

⑥ [마침]에서 'Microsoft Excel(으)로 데이터 되돌리기'를 선택하고 [마침]을 클릭한다.

⑦ [데이터 가져오기]에서 '피벗 테이블 보고서'를 선택한 다음, '기존 워크시트'는 [B4] 셀을 지정하고 [확인]을 클릭한다.

⑧ 오른쪽의 [피벗 테이블 필드]에서 다음과 같이 지정한다.

⑨ [디자인] 탭에서 [레이아웃]-[보고서 레이아웃]-[개요 형식으로 표시]를 클릭한다.

⑩ [피벗 테이블 분석] 탭에서 [계산]-[필드, 항목 및 집합]-[계산 필드]를 클릭한다.

⑪ [계산 필드 삽입]에서 '이름'에 **재고율**, '수식'에 =**(주문량-판매량)/판매량**을 입력하고 [추가]를 클릭하고 [확인]을 클릭한다.

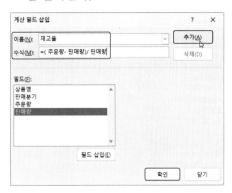

⑫ 합계 : 재고율[E4]에서 마우스 오른쪽 버튼을 눌러 [값 필드 설정]을 클릭한 후 [표시 형식]을 클릭한다.

⑬ [표시 형식]에서 '백분율'을 선택하고 [확인]을 클릭하고 [값 필드 설정]에서 [확인]을 클릭한다.

⑭ 합계 : 주문량[C4]에서 마우스 오른쪽 버튼을 눌러 [값 필드 설정]을 클릭한 후 [표시 형식]을 클릭한 후 '사용자 지정'을 선택하고 #"박스"를 입력한 후 [확인]을 클릭하고 [값 필드 설정]에서 [확인]을 클릭한다.

⑮ [B5:B12] 영역을 범위 지정한 후 마우스 오른쪽 버튼을 눌러 [그룹]을 클릭한다.

⑯ [B14:B33] 영역을 범위 지정한 후 마우스 오른쪽 버튼을 눌러 [그룹]을 클릭한다.

⑰ [B5] 셀에 **2021~2022년**, [B14] 셀에 **2023~2025년**을 입력한다.

⑱ [디자인] 탭에서 [레이아웃]-[부분합]-[그룹 상단에 모든 부분합 표시]를 클릭한다.

02 데이터 도구

정답

① [B2] 셀을 클릭한 후 [데이터]-[데이터 도구] 그룹의 [중복된 항목 제거](🔲)를 클릭하여 [모두 선택 취소]를 클릭한 후 '진료일자', '조제일자'만 선택하고 [확인]을 클릭한다.

② 메시지가 표시되면 [확인]을 클릭한다.

③ [K3:K15] 영역을 범위 지정한 후 [홈]-[스타일] 그룹의 [조건부 서식]-[상위/하위 규칙]-[평균 미만]을 클릭한다.

④ 다음과 같이 지정하고 [확인]을 클릭한다.

⑤ [데이터]-[정렬 및 필터] 그룹에서 [필터](▽)를 클릭한다.

⑥ 약제비총액[K2] 셀의 목록 단추(▼)를 클릭하여 [색 기준 필터]를 클릭하여 [셀 색 기준 필터]를 클릭한다.

01 차트

정답

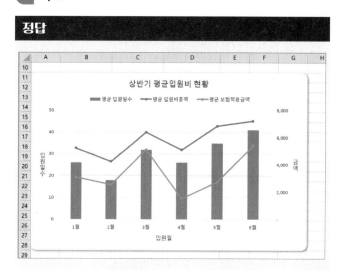

① '평균 입원비총액' 계열에서 마우스 오른쪽 버튼을 클릭한 후 [계열 차트 종류 변경]을 클릭한다.

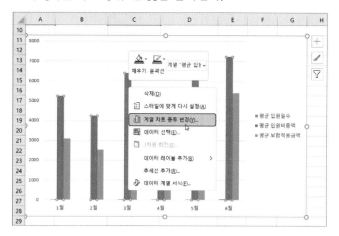

② [차트 종류 변경]에서 '평균 입원비총액' 계열을 선택한 후 '꺾은선형'의 '표식이 있는 꺾은선형'을 선택한다.

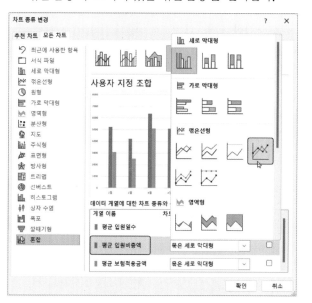

③ '평균 입원비총액' 계열에 '보조 축'을 선택한다.

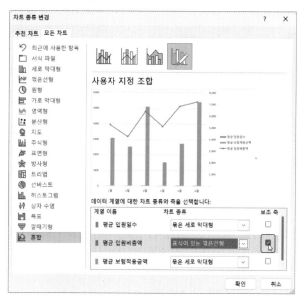

④ 같은 방법으로 '평균 보험적용금액' 계열도 '표식이 있는 꺾은선형'으로 바꾼 후 '보조 축'으로 지정한다.

⑤ 차트를 선택하고, [차트 요소](⊞)-[차트 제목]을 클릭하여 **상반기 평균입원비 현황**을 입력한다.

⑥ [차트 요소](⊞)-[축 제목]-[기본 세로]를 클릭하여 **입원일수**를 클릭한다.

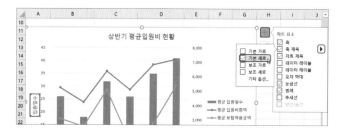

⑦ 세로 (값) 축 제목을 선택한 후 [축 제목 서식] 메뉴를 클릭한 후 [크기 및 속성]의 '맞춤'에서 텍스트 방향 '세로'로 선택한다.

⑧ [차트 요소](⊞)-[축 제목]-[보조 세로]를 클릭하여 **금액**을 입력한다.

⑨ 보조 세로 (값) 축 제목을 선택한 후 [크기 및 속성]의 '맞춤'에서 텍스트 방향 '세로'로 선택한다.

⑩ [차트 요소](⊞)-[축 제목]-[기본 가로]를 클릭하여 **입원월**을 입력한다.

⑪ 세로 (값) 축을 선택한 후 '축 옵션'에서 단위의 기본은 10을 입력한다.

⑫ 보조 세로 (값) 축을 선택한 후 '축 옵션'에서 단위의 기본은 2000을 입력한다.

⑬ [차트 요소](⊞)–[범례]–[위쪽]을 클릭한다.

⑭ 차트 영역을 선택한 후 [채우기 및 선]에서 '테두리'의 '둥근 모서리'를 체크하고, [효과]에서 '그림자'에서 '오프셋 : 오른쪽 아래'를 선택하고 [닫기]를 클릭한다.

02 매크로('기타작업–2' 시트)

정답

	A	B	C	D	E	F
1						
2			숫자서식		일반	
3						
4						
5		상품명	판매분기	주문량	판매량	
6		아연	2021년1분기	80	51	
7		비타민D	2021년1분기	100	91	
8		아연	2021년2분기	60	59	
9		아연	2022년1분기	100	72	
10		아연	2022년2분기	90	75	
11		아연	2023년1분기	80	72	
12		아연	2023년2분기	120	85	
13		아연	2024년1분기	110	97	
14		아연	2024년2분기	75	51	
15		아연	2025년1분기	100	76	
16		비타민D	2021년2분기	90	67	
17		비타민D	2021년3분기	120	60	
18		비타민D	2021년4분기	110	91	
19		비타민D	2023년3분기	100	88	
20		비타민D	2024년4분기	150	130	
21		칼슘	2022년3분기	85	79	
22		칼슘	2022년4분기	114	86	
23		칼슘	2023년3분기	95	64	
24		칼슘	2023년4분기	130	78	
25		칼슘	2024년2분기	90	84	
26		칼슘	2025년2분기	140	78	
27						

① 비어 있는 셀을 클릭한 후 [개발 도구]–[코드] 그룹의 [매크로 기록](📹)을 클릭한다.

② [매크로 기록]에 **숫자서식**을 입력하고 [확인]을 클릭한다.

③ [D6:E26] 영역을 범위 지정한 후 [Ctrl]+[1]을 눌러 [표시 형식] 탭의 '사용자 지정'을 선택한 후 **[파랑][>=120]0;[빨강][<60]0;0**을 입력하고 [확인]을 클릭한다.

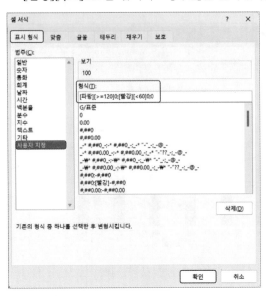

④ [개발 도구]–[코드] 그룹의 [기록 중지](□)를 클릭한다.

⑤ [개발 도구]–[컨트롤] 그룹의 [삽입]–[단추(양식 컨트롤)](□)을 클릭한다.

⑥ 마우스 포인터가 '+'로 바뀌면 [B2:C3] 영역에 [Alt]를 누른 상태에서 드래그하면 [매크로 지정] 대화상자가 나타난다.

⑦ [매크로 지정]에 **숫자서식**을 선택하고 [확인]을 클릭한다.

⑧ 단추에 입력된 '단추 1'을 지우고 **숫자서식**을 입력한다.

⑨ 비어 있는 셀을 클릭한 후 [개발 도구]–[코드] 그룹의 [매크로 기록](📹)을 클릭한다.

⑩ [매크로 기록]에 **일반**을 입력하고 [확인]을 클릭한다.

⑪ [D6:E26] 영역을 범위 지정한 후 [Ctrl]+[1]을 눌러 [표시 형식] 탭의 '일반'을 선택하고 [확인]을 클릭한다.

⑫ [개발 도구]–[코드] 그룹의 [기록 중지](□)를 클릭한다.

⑬ [개발 도구]–[컨트롤] 그룹의 [삽입]–[단추(양식 컨트롤)](□)을 클릭한다.

⑭ 마우스 포인터가 '+'로 바뀌면 [D2:E3] 영역에 [Alt]를 누른 상태에서 드래그한다.

⑮ [매크로 지정]에 **일반**을 선택하고 [확인]을 클릭한다.

⑯ 단추에 입력된 '단추 2'를 지우고 **일반**을 입력한다.

03 VBA 프로그래밍('기타작업-3' 시트)

(1) 폼 보이기

① [개발 도구]−[컨트롤] 그룹에서 [디자인 모드](⬛)를 클릭하여 〈환자등록〉 버튼을 편집 상태로 만든다.

② 〈환자등록〉 버튼을 더블클릭한 후 코드 창에 다음과 같이 입력한다.

```
Private Sub cmd환자등록_Click()
    환자등록.Show
End Sub
```

(2) 폼 초기화

① [프로젝트−VBAProject] 탐색기에서 '폼'을 더블 클릭하고 〈환자등록〉을 선택한다.

② [프로젝트−VBAProject] 탐색기의 [코드 보기](▣)를 클릭한다.

③ '개체 목록'은 'UserForm', '프로시저 목록'은 'Initialize'를 선택한다.

④ 코드 창에 다음과 같이 입력한다.

```
Private Sub UserForm_Initialize()
    lst의료기관.RowSource = "H6:H13"
    opt건강보험 = True
End Sub
```

(3) 등록 프로시저

① '개체 목록'에서 'cmd등록', '프로시저 목록'은 'Click'을 선택한다.

② 코드 창에 다음과 같이 입력한다.

```
Private Sub cmd등록_Click()
    i = Range("B3").CurrentRegion.Rows.Count + 2
    iRow = lst의료기관.ListIndex
    Cells(i, 2) = lst의료기관.List(iRow, 0)
    Cells(i, 3) = txt환자명
    Cells(i, 4) = txt연락처
    If opt일반 = True Then
        Cells(i, 5) = "일반"
    ElseIf opt보험 = True Then
        Cells(i, 5) = "보험"
    Else
        Cells(i, 5) = "건강보험"
    End If
End Sub
```

(4) 종료 프로시저

① '개체 목록'에서 'cmd종료', '프로시저 목록'은 'Click'을 선택한다.

② 코드 창에 다음과 같이 입력한다.

```
Private Sub cmd종료_Click()
    [H5] = "의료기관"
    Unload Me
End Sub
```

스프레드시트 실전 모의고사 05회

프로그램명	소요시간	합격 점수
EXCEL 2021	45분	70점

수험번호 :

성   명 :

·· **유의사항** ··

■ 인적 사항 누락 및 잘못 작성으로 인한 불이익은 수험자 책임으로 합니다.

■ 화면에 암호 입력창이 나타나면 아래의 암호를 입력하여야 합니다.
  ○ 암호: 6845%3

■ 작성된 답안은 주어진 경로 및 파일명을 변경하지 마시고 그대로 저장해야 합니다. 이를 준수하지 않으면 실격 처리됩니다.
  ○ 답안 파일명의 예: C:₩OA₩수험번호8자리.xlsm

■ 외부데이터 위치: C:₩OA₩파일명

■ 별도의 지시사항이 없는 경우, 다음과 같이 처리 시 실격 처리됩니다.
  ○ 제시된 시트 및 개체의 순서나 이름을 임의로 변경한 경우
  ○ 제시된 시트 및 개체를 임의로 추가 또는 삭제한 경우
  ○ 외부데이터를 시험 시작 전에 열어본 경우

■ 답안은 반드시 문제에서 지시 또는 요구한 셀에 입력하여야 하며 다음과 같이 처리 시 채점 대상에서 제외됩니다.
  ○ 제시된 함수가 있을 경우 제시된 함수만을 사용하여야 하며 그 외 함수사용시 채점대상에서 제외
  ○ 수험자가 임의로 지시하지 않은 셀의 이동, 수정, 삭제, 변경 등으로 인해 셀의 위치 및 내용이 변경된 경우 해당 작업에 영향을 미치는 관련문제 모두 채점 대상에서 제외
  ○ 도형 및 차트의 개체가 중첩되어 있거나 동일한 계산결과 시트가 복수로 존재할 경우 해당 개체나 시트는 채점 대상에서 제외

■ 수식 작성 시 제시된 문제 파일의 데이터는 변경 가능한(가변적) 데이터임을 감안하여 문제 풀이를 하시오.

■ 별도의 지시사항이 없는 경우, 주어진 각 시트 및 개체의 설정값 또는 기본 설정값 (Default)으로 처리하시오.

■ 저장 시간은 별도로 주어지지 않으므로 제한된 시간 내에 저장을 완료해야 하며, 제한 시간 내에 저장이 되지 않은 경우에는 실격 처리됩니다.

■ 출제된 문제의 용어는 MS Office LTSC Professional Plus 2021 기준으로 작성되어 있습니다.

대 한 상 공 회 의 소

01 '기본작업-1' 시트에서 다음과 같이 고급 필터를 수행하시오. (5점)

▶ [A2:I22] 영역에서 '계약일'의 연도가 2010 이후이고, '병원비'가 '병원비'의 상위 10위보다 큰 행만을 표시하시오.
▶ 조건은 [A24:A25] 영역에 알맞게 입력하시오(AND, LARGE, YEAR 함수 사용).
▶ 결과는 [A27] 셀부터 표시하시오.

02 '기본작업-1' 시트의 [A3:I22] 영역에 대해 다음과 같이 조건부 서식을 설정하시오. (5점)

▶ '관계'가 "본인"이 아니고, '병원비'가 '병원비'의 평균을 초과하는 전체 행에 대해서 글꼴 스타일은 '굵은 기울임꼴', 글꼴 색은 '표준 색 – 파랑'으로 적용하는 조건부 서식을 작성하시오.
▶ 단, 규칙 유형은 '수식을 사용하여 서식을 지정할 셀 결정'을 사용하고, 한 개의 규칙으로만 작성하시오.
▶ AND, AVERAGE 함수 사용

03 '기본작업-2' 시트에서 다음과 같이 페이지 레이아웃을 설정하시오. (5점)

▶ 인쇄될 내용이 페이지의 정 가운데에 인쇄되도록 페이지 가운데 맞춤을 설정하시오.
▶ 매 페이지 상단의 왼쪽 구역에는 인쇄 시간이 [표시 예]와 같이 표시되도록 머리글을 설정하시오.
　[표시 예 : 인쇄 시간이 오후 3:30 이면 → 출력 시간 : 3:30 PM]
▶ [A2:I22] 영역을 인쇄 영역으로 설정하고, 용지 방향을 '가로'로 설정하고, 용지 여백을 '좁게(위쪽, 아래쪽 : 1.91cm, 왼쪽, 오른쪽 : 0.64cm, 머리글, 바닥글 : 0.76cm)로 설정하시오.

01 [표1]의 피보험자를 이용하여 [B3:B22] 영역에 계약자를 계산하여 표시하시오. (6점)

▶ 피보험자의 가운데 글자를 "＊"로 변경하고 뒤에 "가족"을 표시
▶ 피보험자가 "이도원"일 경우 표시 예 : 이＊원 가족
▶ CONCAT, MID, SUBSTITUTE 함수 사용

02 [표1]의 보험명, 병원구분, 병원비, 입원일과 [표2]를 이용하여 [J3:J22] 영역에 보험금지급을 계산하여 표시하시오. (6점)

▶ 보험금지급 = (입원일 −3) × 입원비특약 + 추가지급액
▶ 추가지급액은 보험명[D3:D22]이 '(실비)'로 끝나면 병원비를 병원구분[F3:F22]과 [표2]의 공제액표를 참조하여 금액을 추출한 병원비[G3:G22]에서 금액을 뺀 금액
▶ IF, VLOOKUP, RIGHT 함수 이용

03 사용자 정의 함수 'fn보상금'을 작성하여 [표1]의 [K3:K22] 영역에 보상금을 계산하여 표시하시오. (6점)

▶ 'fn보상금'은 관계와 병원비를 인수로 받아 보상금을 계산하는 함수이다.
▶ 보상금은 관계가 '본인' 또는 '배우자'이면 병원비의 90%, 그 외는 병원비의 50%로 계산하시오.

```
Public Function fn보상금(관계, 병원비)

End Function
```

04 [표1]의 관계와 병원 구분을 이용하여 [표3]의 [B26:E30] 영역에 관계별 병원 구분별 보험건수를 계산하여 표시하시오. (6점)

  ▶ 보험건수 뒤에 "건"을 표시하되, 값이 0일 때 0 표시[표시 예 : 0 건]
  ▶ TEXT, SUM 함수를 사용한 배열 수식으로 작성

05 [표1]의 병원비를 이용하여 [표4]의 [G26] 셀에 병원비가 병원비의 30번째 백분위수보다 큰 값들의 평균을 계산하여 표시하시오. (6점)

  ▶ IF, AVERAGE, PERCENTILE.INC 함수를 사용한 배열 수식으로 작성

문제3 | **분석작업(20점) 주어진 시트에서 다음 과정을 수행하고 저장하시오.**

01 '분석작업-1' 시트에서 다음의 지시사항에 따라 피벗 테이블 보고서를 작성하시오. (10점)

  ▶ 외부 데이터 원본으로 〈보험료청구.csv〉의 데이터를 사용하시오.
    – 원본 데이터는 구분 기호 쉼표(,)로 분리되어 있으며, 내 데이터에 머리글을 표시하시오.
    – '병원비', '계약일', '병원구분' 열만 가져와 데이터 모델에 이 데이터를 추가하시오.
  ▶ 피벗 테이블 보고서의 레이아웃과 위치는 〈그림〉을 참조하여 설정하고, 보고서 레이아웃을 개요 형식으로 표시하시오.
  ▶ '계약일'을 기준으로 〈그림〉과 같이 그룹을 설정하시오.
  ▶ '병원비' 필드 표시 형식은 값 필드 설정의 셀 서식에서 '숫자' 범주를 이용하여 '천 단위 콤마(,)'를 지정하시오.
  ▶ 피벗 테이블 스타일은 '흰색, 피벗 스타일 밝게 23', 피벗 테이블 스타일 옵션은 '행 머리글', '열 머리글', '줄무늬 행'을 설정하시오.
  ▶ 빈 셀은 '*'로 표시하고, 레이블이 있는 셀은 병합하고 가운데 맞춤되도록 설정하시오.

	A	B	C	D	E	F	G	H	I
1									
2									
3									
4		합계: 병원비		병원 구분 ▼					
5		계약일(연도) ▼	계약일 ▼	병원	의원	종합병원	종합전문요양기관	총합계	
6		⊞1996		*	*	*	2,540,000	2,540,000	
7		⊞1999	65,000	*	*	*		65,000	
8		⊞2000		*	48,000	*	*	48,000	
9		⊞2003		*	*	985,700	*	985,700	
10		⊞2005		*	*	1,697,000	*	1,697,000	
11		⊞2007	89,000	*	*		3,390,000	3,479,000	
12		⊞2009	108,000	*	*		*	108,000	
13		⊞2012	78,000	55,000	*		*	133,000	
14		⊞2013	98,000	*	2,078,000		*	2,176,000	
15		⊞2014		*	73,500	190,000	1,989,400	2,252,900	
16		⊞2015		*	*	289,700	*	289,700	
17		총합계		438,000	176,500	5,240,400	7,919,400	13,774,300	
18									

  ※ 작업 완성된 그림이며 부분 점수 없음

02 '분석작업-2' 시트에 대하여 다음의 지시사항을 처리하시오. (10점)

  ▶ 데이터 도구를 이용하여 [표1]에서 '관계', '병원 구분' 열을 기준으로 중복된 값이 입력된 셀을 포함하는 행을 삭제하시오.
  ▶ 조건부 서식의 셀 강조 규칙을 이용하여 [H3:H16] 영역의 중복 값에 대해 '진한 노랑 텍스트가 있는 노랑 채우기' 서식이 적용되도록 설정하시오.
  ▶ 필터 도구를 이용하여 [표1]의 '입원일' 필드에서 '진한 노랑 텍스트가 있는 노랑 채우기' 색을 기준으로 필터링 하시오.

01 '기타작업-1' 시트에서 다음의 지시사항에 따라 차트를 수정하시오. (각 2점)

※ 차트는 반드시 문제에서 제공한 차트를 사용하여야 하며, 신규로 차트 작성 시 0점 처리됨

① 차트 종류를 '누적 세로 막대형'으로 변경한 후 '신경외과' 계열의 차트 종류를 '표식이 있는 꺾은선형'으로 변경하고 보조 축으로 지정하시오.

② 차트 제목을 〈그림〉과 같이 설정하고, 범례 위치를 '위쪽'으로 지정하시오.

③ 데이터 레이블을 〈그림〉 과 같이 설정하시오.

④ 보조 세로(값) 축을 최소값 10, 최대값 60, 기본 단위 10으로 설정하시오.

⑤ 차트 영역의 테두리 스타일은 '둥근 모서리', 그림자는 '오프셋 : 가운데'로 표시하시오.

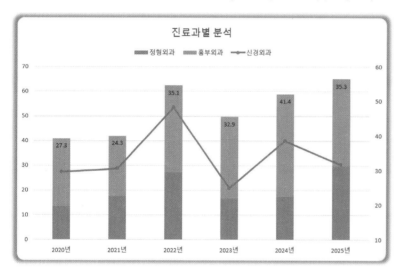

02 '기타작업-2' 시트에서 다음과 같은 기능을 수행하는 매크로를 현재 통합문서에 작성하시오. (각 5점)

① [G6:G11] 영역에 대하여 사용자 지정 표시 형식을 설정하는 '서식' 매크로를 생성하시오.

▶ 양수일 때 파랑색으로 기호 없이 소수점 이하 첫째 자리까지 표시, 음수일 때 빨강색으로 기호 없이 소수점 이하 첫째 자리까지 표시, 0일 때 검정색으로 "◆" 기호만 표시

▶ [개발 도구]-[삽입]-[양식 컨트롤]의 '단추'(⬜)를 동일 시트의 [B2:C3] 영역에 생성한 후 텍스트를 '서식'으로 입력하고, 단추를 클릭하면 '서식' 매크로가 실행되도록 설정하시오.

② [D6:F11] 영역에 대하여 조건부 서식을 적용하는 '그래프보기' 매크로를 생성하시오.

▶ 규칙 유형은 '셀 값을 기준으로 모든 셀의 서식 지정'으로 선택하고, 서식 스타일 '데이터 막대', 최소값은 백분위수 10, 최대값은 백분위수 90으로 설정하시오.

▶ 막대 모양은 채우기를 '그라데이션 채우기', 색을 '표준 색 – 녹색'으로 설정하시오.

▶ [개발 도구]-[삽입]-[양식 컨트롤]의 '단추'(⬜)를 동일 시트의 [E2:F3] 영역에 생성한 후 텍스트를 '그래프보기'로 입력하고, 단추를 클릭하면 '그래프보기' 매크로가 실행되도록 설정하시오.

※ 셀 포인터의 위치에 관계없이 매크로가 실행되어야 정답으로 인정됨

03 '기타작업-3' 시트에서 다음과 같은 작업을 수행하고 저장하시오. (각 5점)

① 〈보험입력〉 버튼을 클릭하면 〈보험입력〉 폼이 나타나도록 설정하시오.

② 폼이 초기화되면 [I6:I15] 영역의 내용이 '보험분류(cmb보험분류)' 콤보 상자의 목록에 표시되고, [J5:K9] 영역의 내용이 '구분/공제액(lst공제액)' 목록 상자의 목록에 표시되도록 프로시저를 작성하시오.

▶ 각 목록의 첫 번째 항목이 선택되도록 지정하시오.

③ 〈보험입력〉 폼의 〈입력(cmd입력)〉 버튼을 클릭하면 폼에 입력된 데이터가 시트의 표에 입력되도록 프로시저를 작성하시오.

▶ ListIndex와 List 속성을 이용하시오.

▶ '병원비(txt병원비)'를 입력하지 않았거나 입력한 값이 0이면 메시지 박스를 표시하시오.

▶ 청구금액은 병원비에서 공제액을 뺀 금액이 0 보다 작을 때 '0'을 표시하고, 0 이상일 때에는 '병원비 − 공제액'으로 계산하여 표시하시오.

▶ '입력일' 필드에는 오늘의 날짜를 입력하시오.

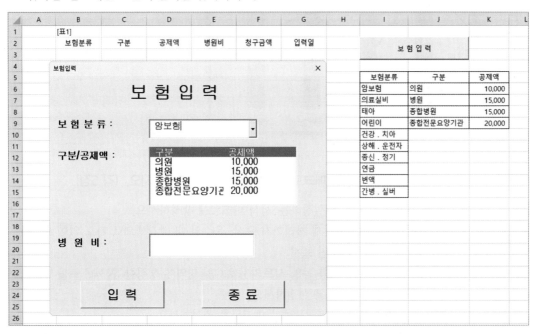

문제1　기본작업

---

01 고급 필터

정답

A25			=AND(YEAR(E3)>=2010,G3>LARGE($G$3:$G$22,10))					
	A	B	C	D	E	F	G	H	I	J
24	조건								
25	FALSE								
27	계약자	피보험자	관계	보험명	계약일	병원 구분	병원비	입원일	입원비특약
28	김종호	최수정	배우자	행복을 다루는 가족사랑보험	2013-01-02	종합병원	2,078,000	18	20,000
29	전용기	전용기	본인	퍼펙트 통합 정기보험	2014-09-03	종합전문요양기관	789,400	7	10,000
30	강현경	강준수	누나	(무)JMG힘더블 통합보험	2015-02-03	종합병원	230,000	6	20,000
31	윤현덕	윤미연	오빠	(무)행복을 다루는 행복통합보험	2014-11-11	종합전문요양기관	1,200,000	7	30,000

① [A24:A25] 영역에 '조건'을 입력한다.

A25			=AND(YEAR(E3)>=2010,G3>LARGE($G$3:$G$22,10))			
	A	B	C	D	E	F
24	조건					
25	FALSE					

[A25] : =AND(YEAR(E3)>=2010,G3>LARGE($G$3:$G$22,10))

② [데이터]-[정렬 및 필터] 그룹에서 [고급](📋)을 클릭한다.

③ [고급 필터]에서 다음 그림과 같이 지정한 후 [확인]을 클릭한다.

고급 필터

결과
- 현재 위치에 필터(F)
- ● 다른 장소에 복사(O)

목록 범위(L): $A$2:$I$22
조건 범위(C): $A$24:$A$25
복사 위치(T): $A$27

□ 동일한 레코드는 하나만(R)

[확인] [취소]

- 결과 : '다른 장소에 복사'
- 목록 범위 : [A2:I22]
- 조건 범위 : [A24:A25]
- 복사 위치 : [A27]

02 조건부 서식

정답

	A	B	C	D	E	F	G	H	I	J
2	계약자	피보험자	관계	보험명	계약일	병원 구분	병원비	입원일	입원비특약	
3	이민형	이도원	부	LIG희망플러스자녀보험	2012-04-20	병원	78,000	5	20,000	
4	박윤정	이주아	모	행복을 요주는 가족사랑보험	2007-10-19	종합전문요양기관	1,410,000	10	10,000	
5	김수영	전정아	모	무배당 신한아이사랑보험者	2012-05-29	의원	55,000	6	50,000	
6	최미정	김헌성	모	무배당 굿앤굿 어린이 디보험	2007-02-22	병원	89,000	7	20,000	
7	최영국	최윤서	부	골나무 보장 보험1형	2007-04-24	종합전문요양기관	1,980,000	15	30,000	
8	황재현	황재현	본인	슈퍼라이프 연금보험	1996-03-06	종합전문요양기관	2,540,000	28	20,000	
9	한수진	한수진	본인	무배당 굿라이프 암치료보험	2000-10-26	의원	48,000	4	40,000	
10	김예나	김예나	본인	뉴-생생 여성건강보험	1999-12-10	병원	65,000	5	10,000	
11	강수지	강수지	본인	프로미라이프 브라보라이프보험	2009-07-14	병원	108,000	8	20,000	
12	김미자	이성근	배우자	무배당 콘신스페셜보험	2003-04-07	종합병원	985,700	9	30,000	
13	유전희	이진호	배우자	마음든든 럭키 가족사랑보험	2005-10-13	종합병원	1,697,000	11	50,000	
14	김종호	최수정	배우자	행복을 다루는 가족사랑보험	2013-01-02	종합병원	2,078,000	18	20,000	
15	이승하	이승주	형	알파Plus 보장보험	2014-10-19	의원	5,500	0	-	
16	오연미	오연명	언니	닥터 플러스 건강보험	2015-01-10	종합병원	59,700	5	30,000	
17	최용남	최용연	부	내Mom 같은 어린이보험	2015-05-06	의원	68,000	4	20,000	
18	전용기	전용기	본인	퍼펙트 통합 정기보험	2014-09-03	종합전문요양기관	789,400	7	10,000	
19	김준근	김준근	본인	프로미라이프 내생애 든든 종합 보험	2013-05-09	병원	98,000	4	100,000	
20	나영규	이미자	배우자	무배당 마이라이프 한아름 종합보험	2014-12-31	종합병원	190,000	5	30,000	
21	강현경	강준수	누나	(무)JMG힘더블 통합보험	2015-02-03	종합병원	230,000	6	20,000	
22	윤현덕	윤미연	오빠	(무)행복을 다루는 행복통합보험	2014-11-11	종합전문요양기관	1,200,000	7	30,000	

① [A3:I22] 영역을 범위 지정한 후 [홈]-[스타일] 그룹의 [조건부 서식]-[새 규칙]을 클릭한다.

② [새 서식 규칙]에서 '규칙 유형 선택'에 '▶ 수식을 사용하여 서식을 지정할 셀 결정'을 선택하고, =AND($C3◇"본인", $G3>AVERAGE($G$3:$G$22))를 입력한 후 [서식]을 클릭한다.

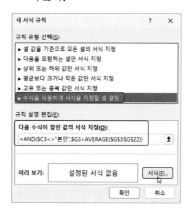

새 서식 규칙 ? ✕

규칙 유형 선택(S):
- ▶ 셀 값을 기준으로 모든 셀의 서식 지정
- ▶ 다음을 포함하는 셀만 서식 지정
- ▶ 상위 또는 하위 값만 서식 지정
- ▶ 평균보다 크거나 작은 값만 서식 지정
- ▶ 고유 또는 중복 값만 서식 지정
- ▶ 수식을 사용하여 서식을 지정할 셀 결정

규칙 설명 편집(E):

다음 수식이 참인 값의 서식 지정(O):
=AND($C3<>"본인",$G3>AVERAGE($G$3:$G$22))

미리 보기:　설정된 서식 없음　[서식(F)...]

[확인] [취소]

③ [셀 서식]의 [글꼴] 탭에서 글꼴 스타일은 '굵은 기울임꼴'을 선택하고, 색은 '표준 색 – 파랑'을 선택한 후 [확인]을 클릭한다.

④ [새 서식 규칙]에서 다시 [확인]을 클릭한다.

03 페이지 레이아웃

정답

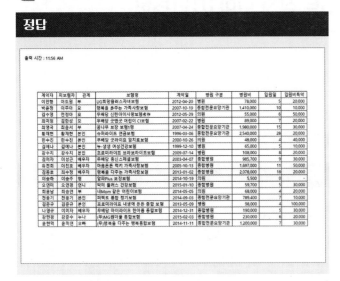

① [A2:I22] 영역을 범위 지정한 후 [페이지 레이아웃] 탭의 [페이지 설정]–[인쇄 영역]–[인쇄 영역 설정](📄)을 클릭한다.

② [페이지 레이아웃] 탭의 [페이지 설정]–[여백]–[좁게]를 클릭한다.

③ [페이지 레이아웃] 탭의 [페이지 설정]–[용지 방향]–[가로]를 클릭한다.

④ [페이지 레이아웃] 탭의 [페이지 설정]에서 [옵션](⬇)을 클릭한다.

⑤ [여백] 탭에서 페이지 가운데 맞춤 '가로', '세로'를 체크한다.

⑥ [머리글/바닥글] 탭을 클릭하여 [머리글 편집]을 클릭한다.

⑦ 왼쪽 구역에 커서를 두고 **출력 시간 :** 을 입력하고 [시간 삽입](🕐)을 클릭한 후 [확인]을 클릭하고 [페이지 설정]에서 [확인]을 클릭한다.

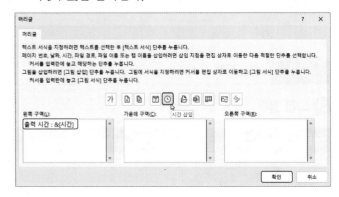

정답

[표1]

피보험자	계약자	관계	보험명	계약일	병원구분	병원비	입원일	입원비특약	보험금지급	보상금
이도원	이*원 가족	부	LIG회망플러스자녀보험(실비)	2012-04-20	병원	78,000	5	20,000	103,000	39,000
이주아	이*아 가족	모	행복울 多주는 가족사랑보험(실비)	2007-10-19	종합전문요양기관	1,410,000	10	10,000	1,460,000	705,000
전정아	전*아 가족	모	무배당 신한아이사랑보험So作	2012-05-29	의원	55,000	6	50,000	150,000	27,500
김한성	김*성 가족	모	무배당 굿앤굿 어린이 CI보험(실비)	2007-02-22	병원	89,000	7	20,000	154,000	44,500
최윤서	최*서 가족	부	꿈나무 보장 보험1형	2007-04-24	종합전문요양기관	1,980,000	15	30,000	360,000	990,000
황재현	황*현 가족	본인	슈퍼라이프 연금보험	1996-03-06	종합전문요양기관	2,540,000	28	20,000	500,000	2,286,000
한수진	한*진 가족	본인	무배당 굿라이프 암치료보험	2000-10-26	의원	48,000	4	40,000	40,000	43,200
김예나	김*나 가족	본인	뉴-생생 여성건강보험	1999-12-10	병원	65,000	5	10,000	20,000	58,500
강수지	강*지 가족	본인	프로미라이프 브라너보라라이프보험(실비)	2009-07-14	병원	108,000	8	20,000	193,000	97,200
이성근	이*근 가족	배우자	무배당 홍신스페셜보험	2003-04-07	종합병원	985,700	9	30,000	180,000	887,130
이진호	이*호 가족	배우자	마음든든 럭키 가족사랑보험	2005-10-13	종합병원	1,697,000	11	50,000	400,000	1,527,300
최수정	최*정 가족	배우자	행복울 多주는 가족사랑보험(실비)	2013-01-02	종합병원	2,078,000	18	20,000	2,363,000	1,870,200
이승주	이*주 가족	가족	알파Plus보장보험(실비)	2014-10-19	의원	12,000	0		2,000	6,000
오연경	오*경 가족	가족	닥터 플러스 건강보험(실비)	2015-01-10	종합병원	59,700	5	30,000	104,700	29,850
최승연	최*연 가족	부	내Mom 같은 어린이보험	2014-05-05	의원	68,000	4	20,000	20,000	34,000
전웅기	전*기 가족	본인	퍼펙트 통합 정기보험	2009-09-03	종합전문요양기관	789,400	7	10,000	40,000	710,460
김준규	김*규 가족	본인	프로미라이프 내생애 든든 종합 보험(실비)	2013-05-09	병원	98,000	4	100,000	183,000	88,200
이미자	이*자 가족	배우자	무배당 마이라이프 한아름 종합보험(실비)	2014-12-31	종합병원	190,000	5	30,000	235,000	171,000
강준수	강*수 가족	가족	(무)MG원더플 통합보험	2015-02-03	종합병원	230,000	6	20,000	60,000	115,000
윤미연	윤*연 가족	가족	(무)행복울 多주는 행복통합보험	2014-11-11	종합전문요양기관	1,200,000	7	30,000	120,000	600,000

[표3]

관계	의원	병원	종합전문요양기관	종합병원
부	1 건	1 건	1 건	0 건
모	1 건	1 건	1 건	0 건
본인	1 건	3 건	2 건	0 건
배우자	0 건	0 건	0 건	4 건
가족	1 건	0 건	1 건	2 건

[표4]

병원비가 30번째 백분위수보다 큰 평균
962,364

01 계약자[B3:B22]

[B3] 셀에 =CONCAT(SUBSTITUTE(A3,MID(A3,2,1), "*"), " 가족")를 입력하고 [B22] 셀까지 수식을 복사한다.

02 보험금지급[J3:J22]

[J3] 셀에 =(H3-3)*I3+IF(RIGHT(D3,4)="(실비)",G3-VLOOKUP (F3,$M$4:$N$7,2,0))를 입력하고 [J22] 셀까지 수식을 복사한다.

03 사용자 정의 함수(fn보상금)[K3:K22]

① [개발 도구]-[코드] 그룹의 [Visual Basic](圖)을 클릭한다.
② [삽입]-[모듈]을 클릭한다.
③ Module 창에 다음과 같이 입력한다.

```
Public Function fn보상금(관계, 병원비)
    If 관계 = "본인" Or 관계 = "배우자" Then
        fn보상금 = 병원비 * 0.9
    Else
        fn보상금 = 병원비 * 0.5
    End If
End Function
```

④ [파일]-[닫고 Microsoft Excel(으)로 돌아가기]를 클릭하여 [Visual Basic Editor]를 닫는다.
⑤ [K3] 셀을 클릭한 후 [함수 삽입](fx)을 클릭한다.
⑥ '범주 선택'에서 '사용자 정의', '함수 선택'에서 'fn보상금'을 선택한 후 [확인]을 클릭한다.

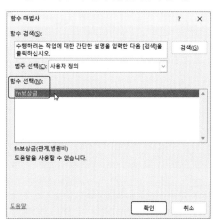

⑦ 그림과 같이 셀을 지정한 후 [확인]을 클릭한다.

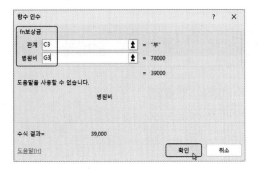

⑧ [K3] 셀을 선택한 후 [K22] 셀까지 수식을 복사한다.

04 관계별 병원 구분별 보험건수[B26:E30]

[B26] 셀에 =TEXT(SUM(($C$3:$C$22=$A26)*($F$3: $F$22=B$25)),"0 건")를 입력하고 Ctrl + Shift + Enter 를 누른 후에 [E30] 셀까지 수식을 복사한다.

05 병원비의 30번째 백분위수보다 큰 값들의 평균[G26]

[G26] 셀에 =AVERAGE(IF(G3:G22>PERCENTILE.INC(G3: G22,0.3),G3:G22))를 입력하고 Ctrl + Shift + Enter 를 누른다.

01 피벗 테이블

정답

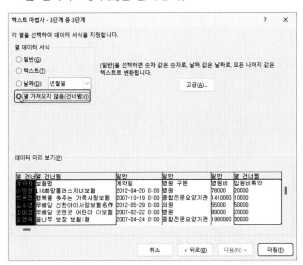

합계: 병원비		병원 구분				
계약일(연도)	계약일	병원	의원	종합병원	종합전문요양기관	총합계
⊞1996	*	*	*	*	2,540,000	2,540,000
⊞1999	*	65,000	*	*	*	65,000
⊞2000	*	*	48,000	*	*	48,000
⊞2003	*	*	*	985,700	*	985,700
⊞2005	*	*	*	1,697,000	*	1,697,000
⊞2007	*	89,000	*	*	3,390,000	3,479,000
⊞2009	*	108,000	*	*	*	108,000
⊞2012	*	78,000	55,000	*	*	133,000
⊞2013	*	98,000	*	2,078,000	*	2,176,000
⊞2014	*	*	73,500	190,000	1,989,400	2,252,900
⊞2015	*	*	*	289,700	*	289,700
총합계		438,000	176,500	5,240,400	7,919,400	13,774,300

① [B4] 셀을 선택한 후 [삽입]-[표] 그룹의 [피벗 테이블] (📊)을 클릭한다.

② [피벗 테이블 만들기]에서 '데이터 모델에 이 데이터 추가'를 체크하고, '외부 데이터 원본 사용'에서 [연결 선택]을 클릭한다.

③ [기존 연결]에서 [더 찾아보기]를 클릭한 후 '2025컴활1급(기출)₩스프레드시트₩실전모의고사' 폴더에서 '보험료청구.csv'를 선택하고 [열기]를 클릭한다.

④ [1단계]에서 '내 데이터에 머리글 표시'를 체크하고, '구분 기호로 분리됨'을 선택하고 [다음]을 클릭한다.

⑤ [2단계]에서 구분 기호 '쉼표'만 체크하고 [다음]을 클릭한다.

⑥ [3단계]에서 '계약일', '병원 구분', '병원비' 필드를 제외한 나머지 필드는 각각 클릭하여 '열 가져오지 않음(건너뜀)'을 선택하고 [마침]을 클릭한다.

텍스트 마법사 - 3단계 중 3단계

각 열을 선택하여 데이터 서식을 지정합니다.

열 데이터 서식
○ 일반(G)
○ 텍스트(T)
○ 날짜(D): 년월일
⊙ 열 가져오지 않음(건너뜀)(I)

[일반]을 선택하면 숫자 값은 숫자로, 날짜 값은 날짜로, 모든 나머지 값은 텍스트로 변환됩니다.

고급(A)...

데이터 미리 보기(P)

열 건너뜀	열 건너뜀	일반	일반	일반	열 건너뜀
피보험자	보험명	계약일	병원 구분	병원비	입원비특약
이민아	LG화재플러스자녀보험	2012-04-20 0:00	병원	78000	20000
김동철	행복을 주는 가족사랑보험	2007-10-19 0:00	종합전문요양기관	141000	10000
김수연	무배당 신한아이사랑보험84주	2012-05-29 0:00	의원	55000	50000
이미정	굿앤굿 어린이 CI보험	2007-02-22 0:00	병원	99000	20000
신영국	소나무 보장 보험1형	2007-04-24 0:00	종합전문요양기관	1980000	30000

취소   < 뒤로(B)   다음(N) >   마침(F)

⑦ [피벗 테이블 만들기]에서 [확인]을 클릭한다.

⑧ 다음과 같이 보고서 레이아웃을 지정한다.

▽ 필터	III 열
	병원 구분 ▼

☰ 행	Σ 값
계약일(연도) ▼	합계: 병원비 ▼
계약일(분기) ▼	
계약일(월) ▼	
계약일 ▼	

⑨ [디자인] 탭에서 [레이아웃]-[보고서 레이아웃]-[개요 형식으로 표시]를 클릭한다.

⑩ [B6] 셀에서 마우스 오른쪽 버튼을 눌러 [그룹]을 클릭한다.

⑪ [그룹화]에서 '월', '분기'를 다시 한 번 클릭하여 해제하고 '연'만 선택된 상태에서 [확인]을 클릭한다.

그룹화

자동
☐ 시작(S): 12:00:00 AM
☐ 끝(E): 12:00:00 AM

단위(B)
초
분
시
일
월
분기
연

날짜 수(N): 1

확인   취소

⑫ [B4] 셀에서 마우스 오른쪽 버튼을 눌러 [값 필드 설정]을 클릭한 후 [표시 형식]을 클릭한다.

⑬ [표시 형식] 탭에서 '숫자'를 선택하고, '1000 단위 구분 기호(,) 사용'을 체크하고 [확인]을 클릭한다.

⑭ [디자인] 탭의 [피벗 테이블 스타일] 그룹에서 '흰색, 피벗 스타일 밝게 23'을 선택하고, [피벗 테이블 스타일 옵션]에서 '줄무늬 행'을 체크한다.

기적의 TIP

'줄무늬 행'을 체크하면 '흰색, 피벗 스타일 밝게 23'은 '연한 파랑, 피벗 스타일 밝게 23'으로 표시됩니다.

⑮ [피벗 테이블 분석] 탭의 [피벗 테이블]-[옵션]을 클릭하여 [레이아웃 및 서식] 탭에서 '레이블이 있는 셀 병합 및 가운데 맞춤'을 체크하고, '빈 셀 표시'에 *를 입력하고 [확인]을 클릭한다.

정답

① [B2] 셀을 클릭한 후 [데이터]–[데이터 도구] 그룹의 [중
복된 항목 제거](📋)를 클릭하여 [모두 선택 취소]를 클릭
한 후, '관계', '병원 구분'만 선택하고 [확인]을 클릭한다.

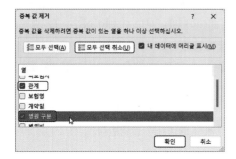

② 메시지가 표시되면 [확인]을 클릭한다.

③ [H3:H16] 영역을 범위 지정한 후 [홈]–[스타일] 그룹의
[조건부 서식]–[셀 강조 규칙]–[중복 값](📋)을 클릭한다.

④ 다음과 같이 지정하고 [확인]을 클릭한다.

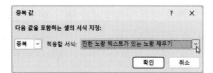

⑤ [데이터]–[정렬 및 필터] 그룹에서 [필터]를 클릭한다.

⑥ 입원일[H2] 셀의 목록 단추(▼)를 클릭하여 [색 기준 필
터]를 클릭하여 [셀 색 기준 필터]를 클릭한다.

01 차트

정답

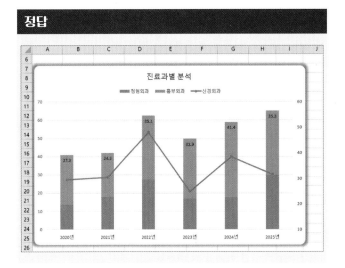

① 차트에서 마우스 오른쪽 버튼을 눌러 [차트 종류 변경]을 클릭한다.

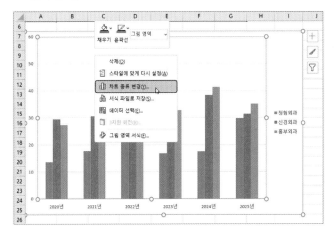

② [차트 종류 변경]에서 '세로 막대형'의 '누적 세로 막대형'을 선택하고 [확인]을 클릭한다.

③ '신경외과' 계열에서 마우스 오른쪽 버튼을 클릭한 후 [계열 차트 종류 변경]을 클릭한다.

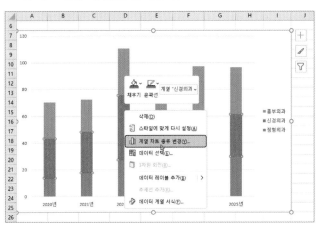

④ [차트 종류 변경]에서 '신경외과' 계열은 '꺾은선형'의 '표식이 있는 꺾은선형'을 선택한 후 '보조 축'을 선택하고 [확인]을 클릭한다.

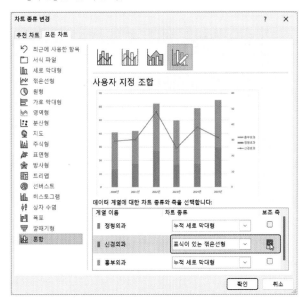

⑤ [차트 요소](⊞)–[차트 제목]을 클릭하여 **진료과별 분석**을 입력한다.

⑥ [차트 요소](⊞)–[범례]–[위쪽]을 클릭한다.

⑦ '흉부외과'를 선택하고, [차트 요소]–[데이터 레이블]–[안쪽 끝에]를 클릭한다.

⑧ 보조 세로(값) 축에서 마우스 오른쪽 버튼을 눌러 [축 서식]을 클릭한다.

⑨ '축 옵션'에서 '최소값'은 10, '최대값'은 60, 단위의 '기본'은 10을 입력한다.

⑩ 차트 영역은 선택한 후 [채우기 및 선]에서 '테두리'의 '둥근 모서리'를 체크하고, [효과]에서 '그림자'에서 '오프셋 : 가운데'를 선택하고 [닫기]를 클릭한다.

02 매크로

정답

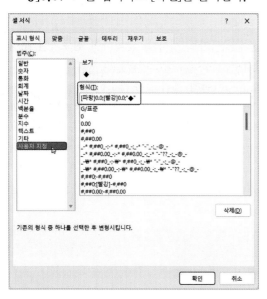

① 비어 있는 셀을 클릭한 후 [개발 도구]-[코드] 그룹의 [매크로 기록](📷)을 클릭한다.

② [매크로 기록]에 **서식**을 입력하고 [확인]을 클릭한다.

③ [G6:G11] 영역을 범위 지정한 후 **Ctrl**+**1**을 눌러 [표시 형식] 탭의 '사용자 지정'을 선택한 후 **[파랑]0.0;[빨강]0.0;"◆"**을 입력하고 [확인]을 클릭한다.

④ [개발 도구]-[코드] 그룹의 [기록 중지](□)를 클릭한다.

⑤ [개발 도구]-[컨트롤] 그룹의 [삽입]-[단추(양식 컨트롤)](□)을 클릭한다.

⑥ 마우스 포인터가 '+'로 바뀌면 [B2:C3] 영역에 드래그하면 [매크로 지정] 대화상자가 나타난다.

⑦ [매크로 지정]에 **서식**을 선택하고 [확인]을 클릭한다.

⑧ 단추에 입력된 '단추 1'을 지우고 **서식**을 입력한다.

⑨ 비어 있는 셀을 클릭한 후 [개발 도구]-[코드] 그룹의 [매크로 기록](📷)을 클릭한다.

⑩ [매크로 기록]에 **그래프보기**를 입력하고 [확인]을 클릭한다.

⑪ [D6:F11] 영역을 범위 지정한 후 [홈]-[스타일] 그룹의 [조건부 서식]-[새 규칙](🔲)을 클릭한다.

⑫ [새 서식 규칙]에서 다음과 같이 지정하고 [확인]을 클릭한 후 [개발 도구] 탭의 [코드] 그룹의 [기록 중지](□)를 클릭한다.

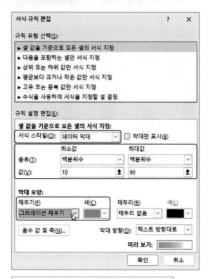

- **서식 스타일** : 데이터 막대
- **최소값** : 백분위수(10)
- **최대값** : 백분위수(90)
- **채우기** : 그라데이션 채우기
- **색** : 표준 색 – 녹색

⑬ [개발 도구]-[컨트롤] 그룹의 [삽입]-[단추(양식 컨트롤)](□)을 클릭한다.

⑭ 마우스 포인터가 '+'로 바뀌면 [E2:F3] 영역에 드래그한다.

⑮ [매크로 지정]에 '그래프보기'를 선택하고 [확인]을 클릭한다.

⑯ 단추에 입력된 '단추 2'를 지우고 **그래프보기**를 입력한다.

03 VBA 프로그래밍

(1) 폼 보이기

① [개발 도구]-[컨트롤] 그룹에서 [디자인 모드](🗒)를 클릭하여 〈보험입력〉 버튼을 편집 상태로 만든다.

② 〈보험입력〉 버튼을 더블클릭한 후 코드 창에 다음과 같이 입력한다.

```
Private Sub cmd보험입력_Click()
    보험입력.Show
End Sub
```

(2) 폼 초기화

① [프로젝트-VBAProject] 탐색기에서 '폼'을 더블 클릭하고 〈보험입력〉을 선택한다.

② [프로젝트-VBAProject] 탐색기의 [코드 보기](🖻)를 클릭한다.

③ '개체 목록'은 'UserForm', '프로시저 목록'은 'Initial-ize'를 선택한다.

④ 코드 창에 다음과 같이 입력한다.

```
Private Sub UserForm_Initialize()
    cmb보험분류.RowSource = "I6:I15"
    cmb보험분류 = "암보험"
    lst공제액.RowSource = "J5:K9"
    lst공제액.ColumnCount = 2
    lst공제액 = lst공제액.List(0, 0)
End Sub
```

(3) 등록 프로시저

① '개체 목록'에서 'cmd입력', '프로시저 목록'은 'Click'을 선택한다.

② 코드 창에 다음과 같이 입력한다.

```
Private Sub cmd입력_Click()
    i = Range("B2").CurrentRegion.Rows.Count + 1
    iRow = lst공제액.ListIndex
    If txt병원비 = "" Or txt병원비 = 0 Then
        MsgBox "병원비를 입력하세요"
    Else
        Cells(i, 2) = cmb보험분류
        Cells(i, 3) = lst공제액.List(iRow, 0)
        Cells(i, 4) = lst공제액.List(iRow, 1)
        Cells(i, 5) = txt병원비.Value
        If Cells(i, 5) − Cells(i, 4).Value < 0 Then
            Cells(i, 6) = 0
        Else
            Cells(i, 6) = Cells(i, 5) − Cells(i, 4).Value
        End If
        Cells(i, 7) = Date
    End If
End Sub
```

스프레드시트 실전 모의고사 **06회**

프로그램명	소요시간	합격 점수
EXCEL 2021	45분	70점

수험번호 :

성   명 :

························· **유의사항** ·························

■ 인적 사항 누락 및 잘못 작성으로 인한 불이익은 수험자 책임으로 합니다.

■ 화면에 암호 입력창이 나타나면 아래의 암호를 입력하여야 합니다.
   ○ 암호: 6845%3

■ 작성된 답안은 주어진 경로 및 파일명을 변경하지 마시고 그대로 저장해야 합니다. 이를 준수하지 않으면 실격 처리됩니다.
   ○ 답안 파일명의 예: C:₩OA₩수험번호8자리.xlsm

■ 외부데이터 위치: C:₩OA₩파일명

■ 별도의 지시사항이 없는 경우, 다음과 같이 처리 시 실격 처리됩니다.
   ○ 제시된 시트 및 개체의 순서나 이름을 임의로 변경한 경우
   ○ 제시된 시트 및 개체를 임의로 추가 또는 삭제한 경우
   ○ 외부데이터를 시험 시작 전에 열어본 경우

■ 답안은 반드시 문제에서 지시 또는 요구한 셀에 입력하여야 하며 다음과 같이 처리 시 채점 대상에서 제외됩니다.
   ○ 제시된 함수가 있을 경우 제시된 함수만을 사용하여야 하며 그 외 함수사용시 채점대상에서 제외
   ○ 수험자가 임의로 지시하지 않은 셀의 이동, 수정, 삭제, 변경 등으로 인해 셀의 위치 및 내용이 변경된 경우 해당 작업에 영향을 미치는 관련문제 모두 채점 대상에서 제외
   ○ 도형 및 차트의 개체가 중첩되어 있거나 동일한 계산결과 시트가 복수로 존재할 경우 해당 개체나 시트는 채점 대상에서 제외

■ 수식 작성 시 제시된 문제 파일의 데이터는 변경 가능한(가변적) 데이터임을 감안하여 문제 풀이를 하시오.

■ 별도의 지시사항이 없는 경우, 주어진 각 시트 및 개체의 설정값 또는 기본 설정값 (Default)으로 처리하시오.

■ 저장 시간은 별도로 주어지지 않으므로 제한된 시간 내에 저장을 완료해야 하며, 제한 시간 내에 저장이 되지 않은 경우에는 실격 처리됩니다.

■ 출제된 문제의 용어는 MS Office LTSC Professional Plus 2021 기준으로 작성되어 있습니다.

대 한 상 공 회 의 소

기본작업(15점) **주어진 시트에서 다음 과정을 수행하고 저장하시오.**

01 **'기본작업-1' 시트에서 다음과 같이 고급 필터를 수행하시오. (5점)**

▶ [A3:H27] 영역에서 '구입총액'이 상위 10위 이내이고, '구입수량'이 10 미만이거나 30 이상인 행만을 대상으로 설정하시오.
▶ 조건은 [A30:A31] 영역 내에 알맞게 입력하시오. (AND, OR, RANK.EQ 함수 사용)
▶ 결과는 [A33] 셀부터 표시하시오.

02 **'기본작업-1' 시트에서 다음과 같이 조건부 서식을 설정하시오. (5점)**

▶ [A4:H27] 영역에 대해서 '구입수량'이 최대이거나 '구입수량'이 최소인 행 전체에 대하여 글꼴 스타일 '굵은 기울임꼴', 채우기 색 '표준 색 – 노랑'을 적용하시오.
▶ 단, 규칙 유형은 '수식을 사용하여 서식을 지정할 셀 결정'을 사용하고, 한 개의 규칙으로만 작성하시오.
▶ OR, MAX, MIN 함수 사용

03 **'기본작업-2' 시트에서 다음과 같이 시트 보호와 통합 문서 보기를 설정하시오. (5점)**

▶ 워크시트 전체 셀의 셀 잠금을 해제한 후 [I5:I28] 영역에만 셀 잠금과 수식 숨기기를 적용하여 이 영역의 내용만을 보호하시오.
▶ 잠긴 셀의 선택과 잠기지 않은 셀의 선택, 셀 서식은 허용하고, 시트 보호 해제 암호는 지정하지 마시오.
▶ '기본작업-2' 시트를 페이지 나누기 보기로 표시하고, [B2:I28] 영역만 1페이지로 인쇄되도록 페이지 나누기 구분선을 조정하시오.

계산작업(30점) **'계산작업' 시트에서 다음 과정을 수행하고 저장하시오.**

01 **[표1]의 감상시간(분)을 이용하여 [F3:F18] 영역에 환산을 계산하시오. (6점)**

▶ 환산은 '감상시간(분)'을 시간과 분으로 환산하여 계산
▶ 감상시간(분)이 140 미만이면 시간으로만 표시하고, 감상시간(분)이 140 이상이면 시간과 분을 나누어 표시
[표시 예 : 112 → 2시간, 149 → 2시간29분]
▶ IF, MOD, ROUND, TEXT 함수와 & 연산자 사용

02 **[표1]의 구매일자, 감상일, 감상시간(분)을 이용하여 [표3]의 [I3:K6] 영역에 월별 감상시간(분)의 평균을 계산하시오. (6점)**

▶ 해당 데이터가 없는 경우에는 공백으로 표시
▶ IF, MONTH, AVERAGE, IFERROR 함수를 이용한 배열 수식 사용

03 **[표2]를 참조하여 [표4]의 [I10:I14] 영역에 영화제목을 구하여 표시하시오. (6점)**

▶ 영화제목은 VOD코드의 마지막 두 문자에 따라 다르며, [B23:F24] 영역의 [표2]를 참조하여 계산
▶ RIGHT, LOOKUP, VLOOKUP, HLOOKUP 중 알맞은 함수 사용

04 [표1]의 구매일자와 VOD코드를 이용하여 [표4]의 [J10:J14] 영역에 VOD코드별 최종구매일을 구하여 표시하시오. (6점)

▶ MAX, IF 함수를 이용한 배열 수식 사용

05 사용자 정의 함수 'fn포인트'를 작성하여 [표5]의 [J18:J22] 영역에 포인트를 계산하여 표시하시오. (6점)

▶ 'fn포인트'는 구매횟수를 인수로 받아 값을 되돌려줌
▶ 포인트는 구매횟수가 3 이상이면 1회당 3, 아니면 1회당 2를 곱하여 표시
▶ If 문 사용

```
Public Function fn포인트(구매횟수)

End Function
```

문제3 **분석작업(20점)** 주어진 시트에서 다음 과정을 수행하고 저장하시오.

01 '분석작업-1' 시트에서 다음의 지시사항에 따라 피벗 테이블 보고서를 작성하시오. (10점)

▶ 외부 데이터 원본으로 〈구입내역.xlsx〉의 데이터의 '구입내역' 테이블을 사용하시오.
  – 데이터의 첫 행에 열 머리글 포함하시오.
▶ 피벗 테이블 보고서의 레이아웃과 위치는 〈그림〉을 참조하여 설정하고, 보고서 레이아웃을 개요 형식으로 표시하시오.
▶ '구입가격'은 '구입수량 × 단가 × (1−할인율)'로 계산필드를 이용하여 나타내시오.
▶ '구입가격' 필드는 표시 형식을 값 필드 설정의 셀 서식에서 '숫자' 범주를 이용하여 〈그림〉과 같이 지정하시오.

	A	B	C	D	E	F	G	H
1								
2		합계 : 구입가격	결제구분					
3		ebook명	모바일결제	문화상품권	제휴카드	체크카드	총합계	
4		82년생 김지영	1,380,288	145,600	198,835	312,130	5,425,056	
5		나미야 잡화점의 기적	980,400	380,000	738,000	0	5,335,200	
6		로마제국 쇠망사 세트	372,000	0	0	0	372,000	
7		부의 추월차선	247,680	882,000	128,250	1,036,800	6,791,400	
8		삼국지 세트	0	360,000	0	0	360,000	
9		유튜브의 신	1,811,628	254,800	2,124,150	1,034,880	12,912,480	
10		채식주의자	823,536	0	952,560	548,352	5,588,352	
11		호모 데우스	1,486,080	0	1,140,480	1,382,400	9,580,032	
12		총합계	-3,712,055	11,531,100	13,792,545	17,710,524	-391,730,508	
13								

※ 작업 완성된 그림이며 부분 점수 없음
▶ '82년생 김지영'의 '모바일결제' 데이터를 별도의 시트에 표시한 후 시트 이름을 '김지영모바일'로 지정하고, '분석작업-1' 시트의 왼쪽에 위치시키시오.

02 '분석작업-2' 시트에 대하여 다음의 지시사항을 처리하시오. (10점)

▶ '상반기' 시트의 [A2:A19] 영역의 데이터를 텍스트 나누기를 실행하여 [A2:G19] 영역에 나타내시오.
▶ '하반기' 시트의 [A2:A7] 영역의 데이터를 텍스트 나누기를 실행하여 [A2:G7] 영역에 나타내시오.
  – 데이터는 쉼표로 구분되어 있음
▶ '분석작업-2' 시트에서 데이터 도구 [통합] 기능을 이용하여 ebook명별 '구입수량', '구입총액'의 합계를 [표1]의 [A2:C8] 영역에 계산하시오.

문제4 | **기타작업(35점) 주어진 시트에서 다음 과정을 수행하고 저장하시오.**

01 '기타작업-1' 시트에서 다음의 지시사항에 따라 차트를 수정하시오. (각 2점)

※ 차트는 반드시 문제에서 제공한 차트를 사용하여야 하며, 신규로 차트작성 시 0점 처리 됨.

① 〈그림〉과 같이 경기도의 데이터를 차트에 추가하시오.

② 차트 제목 레이블과 세로 축 제목 레이블을 〈그림〉과 같이 입력하고, 차트 제목의 도형 스타일을 '보통 효과 – 파랑, 강조1'로 지정하시오.

③ 세로(값) 축의 표시 단위를 '10000'으로 지정하고, 단위 레이블을 표시하시오.

④ 범례는 표시하지 않도록 설정하고, 데이터 테이블을 삽입한 후 테이블 테두리는 모두 표시되지 않도록 설정하시오.

⑤ 차트 영역에 '둥근 모서리'와 '안쪽 : 가운데' 그림자를 설정하시오.

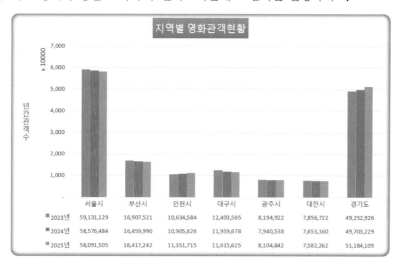

02 '기타작업-2' 시트에서 다음과 같은 기능을 수행하는 매크로를 현재 통합문서에 작성하시오. (각 5점)

① [D3:D16] 영역에 대하여 사용자 지정 표시 형식을 설정하는 '신발사이즈' 매크로를 생성하시오.

▶ 신발 사이즈가 250 이상이면 빨강색으로 숫자 앞에 'BIG' 문자 추가 후 문자와 숫자 사이에 공백을 주고, 신발 사이즈가 200 이하이면 파랑색으로 'SMALL' 문자 추가 후 문자와 숫자 사이에 공백을 주고, 그 외는 너비만큼 공백을 채우고 숫자를 표시하시오.

▶ [개발 도구]-[삽입]-[양식 컨트롤]의 '단추'(□)를 동일 시트의 [F2:G3] 영역에 생성한 후 텍스트를 '신발사이즈'로 입력하고, 단추를 클릭하면 '신발사이즈' 매크로가 실행되도록 설정하시오.

② [C3:C16] 영역에 대하여 사용자 지정 표시 형식을 설정하는 '모자대여' 매크로를 생성하시오.

▶ 모자 대여가 1일 때는 '대여', 0일 때는 빨강색으로 '본인모자', 그 외에는 공백으로 표시하시오.

▶ [개발 도구]-[삽입]-[양식 컨트롤]의 '단추'(□)를 동일 시트의 [F5:G6] 영역에 생성한 후 텍스트를 '모자대여'로 입력하고, 단추를 클릭하면 '모자대여' 매크로가 실행되도록 설정하시오.

※ 셀 포인터의 위치에 관계없이 매크로가 실행되어야 정답으로 인정됨

03 '기타작업-3' 시트에서 다음과 같은 작업을 수행하도록 프로시저를 작성하시오. (각 5점)

① 〈포인트지급〉 버튼을 클릭하면 〈포인트지급〉 폼이 나타나도록 설정하고, 폼이 초기화(Initialize)되면 회원등급(cmb 회원등급) 목록에는 [F5:F10] 영역의 값이 설정되도록 프로시저를 작성하시오.

② 〈포인트지급〉 폼의 〈입력〉 단추(cmd입력)을 클릭하면 폼에 입력된 데이터가 워크시트의 [표1]에 입력되어 있는 마지막 행 다음에 연속하여 추가되도록 프로시저를 작성하시오.

▶ 포인트 지급액은 회원등급의 끝에 세 글자가 '1등급'이면 50000, 그렇지 않으면 20000으로 계산하시오. (IF ~ ELSE, RIGHT 사용)

③ 〈닫기〉 닫기(cmd닫기)를 클릭하면 '포인트지급' 폼이 종료되고, [D4] 셀에 '코엑스점'이 입력되고, 글꼴이 '굴림체'로 지정되는 프로시저를 작성하시오.

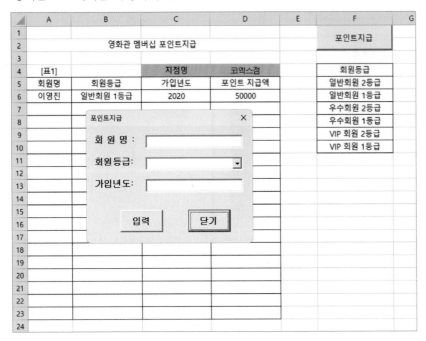

문제1 기본작업

01 고급 필터

정답

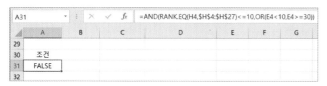

	A	B	C	D	E	F	G	H	I
29									
30	조건								
31	FALSE								
32									
33	회원사코드	결제구분	구입일자	ebook명	구입수량	단가	할인율	구입총액	
34	A001	모바일결제	2025-03-13	로마제국 쇠망사 세트	5	80,000	7%	372,000	
35	A001	제휴카드	2025-03-28	유튜브의 신	45	9,800	5%	418,950	
36	A007	제휴카드	2025-03-11	채식주의자	49	8,400	5%	391,020	
37	A003	모바일결제	2025-04-14	나미야 잡화점의 기적	38	10,000	7%	353,400	
38	A014	모바일결제	2025-05-11	호모 데우스	35	14,400	7%	468,720	
39	A004	체크카드	2025-05-13	부의 추월차선	53	9,000	2%	467,460	
40	A004	문화상품권	2025-04-27	삼국지 세트	9	40,000	0%	360,000	
41									

① [A30:A31] 영역에 '조건'을 입력한다.

	A	B	C	D	E	F	G
29							
30	조건						
31	FALSE						
32							

[A31] : =AND(RANK.EQ(H4,$H$4:$H$27)<=10,OR(E4<10,E4>=30))

② [데이터]-[정렬 및 필터] 그룹에서 [고급]()을 클릭한다.

③ [고급 필터]에서 다음과 같이 지정한 후 [확인]을 클릭한다.

- 결과 : '다른 장소에 복사'
- 목록 범위 : [A3:H27]
- 조건 범위 : [A30:A31]
- 복사 위치 : [A33]

02 조건부 서식

정답

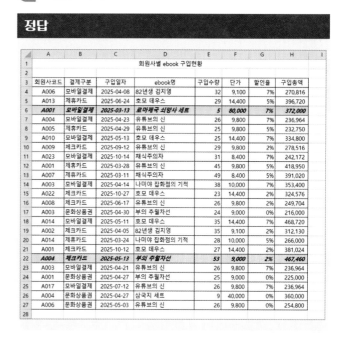

	A	B	C	D	E	F	G	H	I
1				회원사별 ebook 구입현황					
3	회원사코드	결제구분	구입일자	ebook명	구입수량	단가	할인율	구입총액	
4	A006	모바일결제	2025-04-08	82년생 김지영	32	9,100	7%	270,816	
5	A013	제휴카드	2025-06-24	호모 데우스	29	14,400	5%	396,720	
6	A001	모바일결제	2025-03-13	로마제국 쇠망사 세트	5	80,000	7%	372,000	
7	A004	모바일결제	2025-04-23	유튜브의 신	26	9,800	7%	236,964	
8	A005	모바일결제	2025-04-29	유튜브의 신	25	9,800	5%	232,750	
9	A010	모바일결제	2025-05-13	호모 데우스	25	14,400	7%	334,800	
10	A009	체크카드	2025-09-12	유튜브의 신	29	9,800	2%	278,516	
11	A023	제휴카드	2025-10-14	채식주의자	31	8,400	7%	242,172	
12	A001	제휴카드	2025-03-28	유튜브의 신	45	9,800	5%	418,950	
13	A007	제휴카드	2025-03-11	채식주의자	49	8,400	5%	391,020	
14	A003	모바일결제	2025-04-14	나미야 잡화점의 기적	38	10,000	7%	353,400	
15	A022	체크카드	2025-10-27	호모 데우스	23	14,400	2%	324,576	
16	A008	체크카드	2025-06-17	유튜브의 신	26	9,800	2%	249,704	
17	A003	문화상품권	2025-04-30	부의 추월차선	24	9,000	0%	216,000	
18	A014	모바일결제	2025-05-11	호모 데우스	35	14,400	7%	468,720	
19	A002	체크카드	2025-04-05	82년생 김지영	35	9,100	2%	312,130	
20	A023	체크카드	2025-03-24	나미야 잡화점의 기적	28	10,000	5%	266,000	
21	A001	체크카드	2025-10-12	호모 데우스	27	14,400	2%	381,024	
22	A004	체크카드	2025-05-13	부의 추월차선	53	9,000	2%	467,460	
23	A003	모바일결제	2025-04-21	유튜브의 신	26	9,800	7%	236,964	
24	A001	문화상품권	2025-04-27	부의 추월차선	25	9,000	0%	225,000	
25	A017	모바일결제	2025-07-12	유튜브의 신	26	9,800	7%	236,964	
26	A006	문화상품권	2025-04-27	삼국지 세트	9	40,000	0%	360,000	
27	A006	문화상품권	2025-05-03	유튜브의 신	26	9,800	0%	254,800	
28									

① [A4:H27] 영역을 범위 지정한 후 [홈]-[스타일] 그룹의 [조건부 서식]-[새 규칙]을 클릭한다.

② [새 서식 규칙]에서 '규칙 유형 선택'에 '▶ 수식을 사용하여 서식을 지정할 셀 결정'을 선택하고, =OR($E4=MAX($E$4:$E$27),$E4=MIN($E$4:$E$27))를 입력한 후 [서식]을 클릭한다.

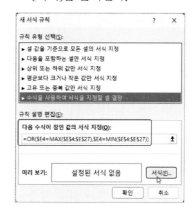

③ [셀 서식]의 [글꼴] 탭에서 '굵은 기울임꼴'을 선택한다.

④ [채우기] 탭에서 '표준 색 – 노랑'을 선택한 후 [확인]을 클릭한다.

⑤ [새 서식 규칙]에서 다시 [확인]을 클릭한다.

03 시트 보호와 통합 문서 보기

정답

① 1행 위, A열 왼쪽에 있는 모든 셀을 클릭한 후 마우스 오른쪽 버튼을 눌러 [셀 서식]을 클릭한다.

② [보호] 탭에서 '잠금'의 체크를 해제하고 [확인]을 클릭한다.

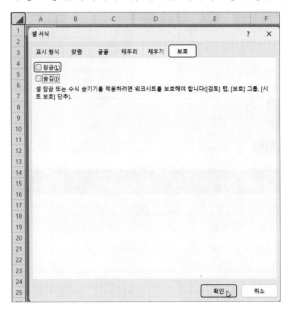

③ [I5:I28] 영역을 범위 지정한 후 마우스 오른쪽 버튼을 눌러 [셀 서식]을 클릭한다.

④ [보호] 탭에서 '잠금', '숨김'을 체크한 후 [확인]을 클릭한다.

⑤ [검토]-[보호] 그룹에서 [시트 보호]를 클릭하여 '잠긴 셀 선택', '잠기지 않은 셀 선택', '셀 서식'을 체크한 후 [확인]을 클릭한다.

⑥ [보기]-[통합 문서 보기] 그룹에서 [페이지 나누기 미리보기]를 클릭한 후 [100%]( )를 클릭한다.

⑦ 페이지 나누기 구분선을 드래그하여 [B2:I28] 영역만 인쇄될 수 있도록 조절한다.

⑧ 1페이지로 인쇄하기 위해서 G와 H열의 경계라인을 드래그하여 I열 밖으로 드래그한다.

정답

	A	B	C	D	E	F	G	H	I	J	K	L
1	[표1]							[표3]				
2	구매일자	사용자코드	VOD코드	감상일	감상시간(분)	환산		구분	7월	8월	9월	
3	2025-09-11	CN0004	VOD-11	평일	139	2시간		평일	112		139	
4	2025-07-07	CN0003	VOD-11	토요일	139	2시간		금요일		150	151	
5	2025-08-19	CN0005	VOD-33	일요일	149	2시간29분		토요일	139	128.5	108	
6	2025-08-18	CN0002	VOD-44	토요일	108	2시간		일요일	112	146.3333333	149	
7	2025-09-15	CN0003	VOD-44	토요일	108	2시간						
8	2025-07-15	CN0001	VOD-22	일요일	112	2시간		[표4]				
9	2025-09-21	CN0004	VOD-55	금요일	151	2시간31분		VOD코드	영화제목	최종구매일		
10	2025-07-07	CN0005	VOD-11	토요일	139	2시간		VOD-11	신과함께-죄와 별	2025-09-11		
11	2025-08-12	CN0003	VOD-55	일요일	151	2시간31분		VOD-22	럭키	2025-07-15		
12	2025-08-03	CN0001	VOD-55	금요일	151	2시간31분		VOD-33	어벤저스	2025-09-09		
13	2025-08-26	CN0002	VOD-11	일요일	139	2시간		VOD-44	겨울왕국	2025-09-15		
14	2025-08-17	CN0003	VOD-33	금요일	149	2시간29분		VOD-55	트랜스포머	2025-09-21		
15	2025-09-09	CN0004	VOD-33	일요일	149	2시간29분						
16	2025-08-11	CN0001	VOD-33	토요일	149	2시간29분		[표5]				
17	2025-07-04	CN0003	VOD-22	평일	112	2시간		사용자코드	구매횟수	포인트		
18	2025-07-07	CN0001	VOD-11	토요일	139	2시간		CN0001	4	12		
19								CN0002	2	4		
20								CN0003	5	15		
21								CN0004	3	9		
22	[표2]							CN0005	2	4		

01 환산[F3:F18]

[F3] 셀에 =IF(E3<140,TEXT(ROUND(E3/60,0),"0시간"),TEXT((E3-MOD(E3,60))/60,"0시간")&TEXT(MOD(E3,60),"0분"))를 입력하고 [F18] 셀까지 수식을 복사한다.

함수 설명 =IF(E3<140,TEXT(ROUND(E3/60,0),"0시간"),TEXT((E3-MOD(E3,60))/60,"0시간")&TEXT(MOD(E3,60),"0분"))

❶ ROUND(E3/60,0) : 감상시간(분)[E3] 셀의 값을 60으로 나눈 값을 정수로 표시
❷ TEXT(❶,"0시간") : ❶의 값에 '시간'을 붙여서 표시
❸ MOD(E3,60) : 감상시간(분)[E3] 셀의 값을 60으로 나눈 나머지를 구함
❹ TEXT((E3-❸)/60,"0시간") : 감상시간(분)[E3] 셀의 값에서 ❸을 뺀 값을 60으로 나눈 값에 '시간'을 붙여서 표시
❺ TEXT(❸,"0분") : ❸의 값에 '분'을 붙여서 표시

=IF(E3<140,❷,❹&❺) : 감상시간(분)[E3] 셀의 값이 140 미만이면 ❷을 표시하고, 그 외는 ❹&❺로 표시

02 월별감상시간(분) 평균[I3:K6]

[I3] 셀에 =IFERROR(AVERAGE(IF(($D$3:$D$18=$H3)*(MONTH($A$3:$A$18)=I$2),$E$3:$E$18)),"")를 입력하고 Ctrl + Shift + Enter 을 누른 후에 [K6] 셀까지 수식을 복사한다.

함수 설명 =IFERROR(AVERAGE(IF(($D$3:$D$18=$H3)*(MONTH($A$3:$A$18)=I$2),$E$3:$E$18)),"")

❶ ($D$3:$D$18=$H3)) : 감상일[D3:D18]이 [H3] 셀과 같은지 비교
❷ (MONTH($A$3:$A$18)=I$2) : 구매일자[A3:A18]에서 월을 구한 후에 [I2] 셀과 같은지 비교
❸ IF(❶*❷,$E$3:$E$18) : ❶과 ❷의 조건에 모두 만족하면 감상시간(분)[E3:E18]의 값을 반환
❹ AVERAGE(❸) : ❸의 평균값을 구함

=IFERROR(❹,"") : ❹의 값에 오류가 있을 때 공백("")으로 표시

03 영화제목[I10:I14]

[I10] 셀에 =LOOKUP(RIGHT(H10,2)*1,$B$24:$F$24,$B$23:$F$23)를 입력하고 [I14] 셀까지 수식을 복사한다.

> **함수 설명** =LOOKUP(RIGHT(H10,2)*1,$B$24:$F$24,$B$23:$F$23)
>
> ❶ RIGHT(H10,2)*1 : VOD코드[H10] 셀에서 오른쪽에서부터 2글자를 추출한 후 *1을 하여 숫자로 변환
>
> =LOOKUP(❶,$B$24:$F$24,$B$23:$F$23) : ❶의 값을 [B24:F24] 영역에서 찾은 후 [B23:F23] 영역에서 같은 열의 값을 표시함

04 최종구매일[J10:J14]

[J10] 셀에 =MAX(IF($C$3:$C$18=H10,$A$3:$A$18))를 입력하고 Ctrl + Shift + Enter 를 누른 후에 [J14] 셀까지 수식을 복사한다.

05 사용자 정의 함수(fn포인트)[J18:J22]

① [개발 도구]-[코드] 그룹의 [Visual Basic](🖀)을 클릭한다.

② [삽입]-[모듈]을 클릭한다.

③ Module 창에 다음과 같이 입력한다.

```
Public Function fn포인트(구매횟수)
    If 구매횟수 >= 3 Then
        fn포인트 = 구매횟수 * 3
    Else
        fn포인트 = 구매횟수 * 2
    End If
End Function
```

④ [파일]-[닫고 Microsoft Excel(으)로 돌아가기]를 클릭하여 [Visual Basic Editor]를 닫는다.

⑤ [J18] 셀을 클릭한 후 [함수 삽입](𝑓ₓ)을 클릭한다.

⑥ '범주 선택'에서 '사용자 정의', '함수 선택'에서 'fn포인트'를 선택한 후 [확인]을 클릭한다.

⑦ 그림과 같이 셀을 지정한 후 [확인]을 클릭한다.

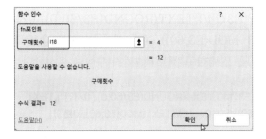

⑧ [J18] 셀을 선택한 후 [J22] 셀까지 수식을 복사한다.

01 피벗 테이블

정답

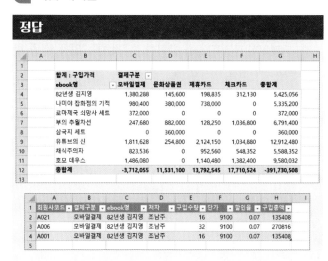

① [B2] 셀을 클릭한 후 [삽입]-[표] 그룹에서 [피벗 테이블] (圖)을 클릭한다.

② '외부 데이터 원본 사용'에서 [연결 선택]을 클릭하여 [더 찾아보기]를 클릭하고 '2025컴활1급(기출)\스프레드시트\실전모의고사' 폴더에서 '구입내역.xlsx' 파일을 선택한 후 [열기]를 클릭하고 [테이블 선택]에서 '구입내역'을 선택하고 '데이터의 첫 행에 열 머리글 포함'이 체크된 상태에서 [확인]을 클릭한다. [피벗 테이블 만들기]에서 [확인]을 클릭한다.

③ 다음과 같이 보고서 레이아웃을 지정한다.

④ [피벗 테이블 분석] 탭에서 [계산]-[필드, 항목 및 집합]-[계산 필드]를 클릭한다.

⑤ 이름은 **구입가격**, 수식은 **=구입수량*단가*(1-할인율)**을 입력하고 [추가]를 클릭하고 [확인]을 클릭한다.

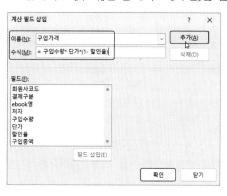

⑥ [디자인] 탭에서 [레이아웃]-[보고서 레이아웃]-[개요 형식으로 표시]를 클릭한다.

⑦ 합계 : 구입가격[B2]에서 마우스 오른쪽 버튼을 눌러 [값 필드 설정]을 클릭한다.

⑧ [값 필드 설정]에서 [표시 형식]을 클릭한다.

⑨ [셀 서식]에서 [표시 형식] 탭에서 '숫자'를 선택한 후 '1000 단위 구분 기호 사용'을 체크하고 [확인]을 클릭하고 [값 필드 설정]에서 다시 한 번 [확인]을 클릭한다.

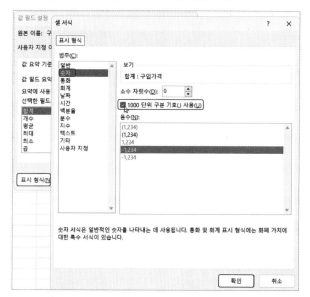

⑩ '82년생 김지영'의 '모바일결제'가 계산된 [C4] 셀에서 더블클릭한다.

⑪ '분석작업-1' 시트 앞에 삽입된 시트명을 더블클릭하여 **김지영모바일**을 입력한다.

02 데이터 도구

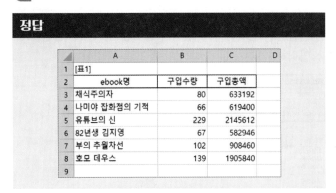

	A	B	C	D
1	[표1]			
2	ebook명	구입수량	구입총액	
3	채식주의자	80	633192	
4	나미야 잡화점의 기적	66	619400	
5	유튜브의 신	229	2145612	
6	82년생 김지영	67	582946	
7	부의 추월차선	102	908460	
8	호모 데우스	139	1905840	
9				

① '상반기' 시트의 [A2:A19] 영역을 범위 지정한 후 [데이터]-[데이터 도구] 그룹의 [텍스트 나누기]()를 클릭한다.

② [1단계]에서 '구분 기호로 분리됨'을 선택하고 [다음]을 클릭한다.

③ [2단계]에서 '쉼표'만 선택하고 [다음]을 클릭한다.

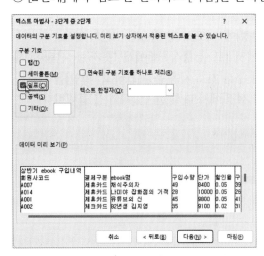

④ [3단계]에서 [마침]을 클릭한다.

⑤ 열 머리글 A, B, C 열을 드래그한 후 C와 D열의 경계라인에서 더블클릭하여 너비를 조절한다.

⑥ '하반기' 시트의 [A2:A7] 영역을 범위 지정한 후 [데이터]-[데이터 도구] 그룹의 [텍스트 나누기]()를 클릭한다.

⑦ [1단계]에서 '구분 기호로 분리됨'을 선택하고 [다음]을 클릭하고, [2단계]에서 '쉼표'만 선택하고, [3단계]에서 [마침]을 클릭한다.

⑧ '분석작업-2' 시트의 [A2:C8] 영역을 범위 지정한 후 [데이터]-[데이터 도구] 그룹에 [통합]()을 클릭한다.

⑨ '참조'에 커서를 두고 '상반기' 시트를 클릭한 후 [C2:G19] 영역을 드래그한 후 [추가]를 클릭한다.

⑩ 같은 방법으로 '하반기' 시트를 클릭한 후 [C2:G7] 영역을 드래그한 후 [추가]를 클릭한 후 '첫 행', '왼쪽 열'을 체크하고 [확인]을 클릭한다.

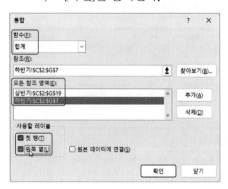

- 함수 : 합계
- 모든 참조 영역 : '상반기' 시트 [C2:G19], '하반기' 시트 [C2:G7]
- 사용할 레이블 : 첫 행, 왼쪽 열

01 차트

정답

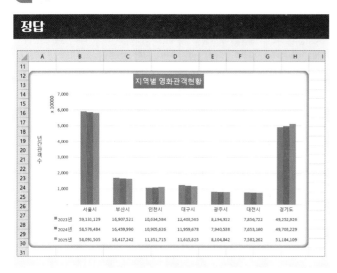

① 경기도[A10:D10] 영역을 범위 지정한 후 Ctrl+C를 눌러 복사한 후 차트를 선택한 후 Ctrl+V를 클릭한다.

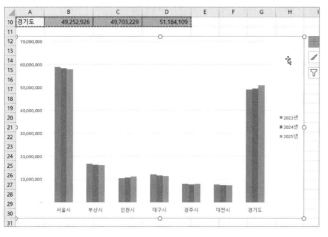

② [차트 요소](⊞)-[차트 제목]을 클릭하여 **지역별 영화관객현황**을 입력한다.

③ [차트 요소](⊞)-[축 제목]-[기본 세로]을 클릭하여 **년간 관객수**를 입력한다.

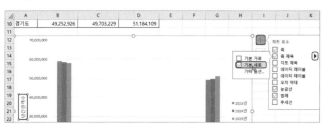

④ 세로 (값) 축 제목에서 마우스 오른쪽 버튼을 눌러 [축 제목 서식]을 클릭하고, [크기 및 속성]의 텍스트 방향 '세로'를 선택한다.

⑤ 차트 제목을 선택한 후 [서식] 탭의 [도형 스타일] 그룹에서 [보통 효과 – 파랑, 강조1]을 선택한다.

⑥ 세로 (값) 축을 선택하고 '축 옵션'에서 '표시 단위'를 '10000'를 선택하고, '차트에 단위 레이블 표시'를 체크한다.

⑦ 차트의 '범례'를 선택한 후 Delete를 눌러 삭제한 후 [차트 요소](⊞)-[데이터 표]-[범례 표지 포함]을 클릭한다.

⑧ '데이터 표'를 선택한 후 더블클릭한 후 [데이터 표 서식]의 [표 옵션]-[데이터 표 옵션]에서 '가로', '세로', '윤곽선'의 체크를 해제한다.

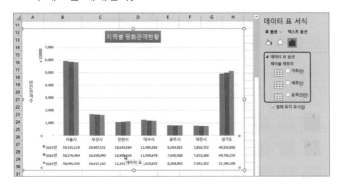

⑨ 차트 영역을 선택한 후 [차트 영역 서식]의 [채우기 및 선]에서 '테두리'의 '둥근 모서리'를 체크하고, [효과]의 '그림자'에서 '안쪽 : 가운데'를 선택하고 [닫기]를 클릭한다.

02 매크로

정답

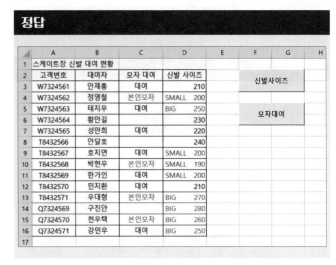

① [개발 도구]-[컨트롤] 그룹의 [삽입]-[양식 컨트롤]의 '단추'(□)를 [F2:G3] 영역에 Alt를 누른 상태에서 드래그한 후 **신발사이즈**를 입력하고 [기록]을 클릭한다.

② [매크로 기록]에 '신발사이즈'가 표시되면 [확인]을 클릭한다.

③ [D3:D16] 영역을 범위 지정한 후 Ctrl+1을 눌러 [표시 형식] 탭의 '사용자 지정'에 **[빨강][>=250]"BIG"* 0;[파랑][<=200]"SMALL"* 0;*0**을 입력하고 [확인]을 클릭한다.

④ [개발 도구]–[코드] 그룹의 [기록 중지](□)를 클릭한다.
⑤ '단추'(□)에서 마우스 오른쪽 버튼을 눌러 [텍스트 편집] 메뉴를 클릭한 후 **신발사이즈**로 수정한다.
⑥ [개발 도구]–[컨트롤] 그룹의 [삽입]–[양식 컨트롤]의 '단추'(□)를 클릭한 후 [F5:G6] 영역에 **Alt**를 누른 상태에서 드래그한 후 **모자대여**를 입력하고 [기록]을 클릭한다.
⑦ [매크로 기록]에 '모자대여'가 표시되면 [확인]을 클릭한다.
⑧ [C3:C16] 영역을 범위 지정한 후 **Ctrl**+**1**을 눌러 [표시 형식] 탭의 '사용자 지정'에 [=1]"**대여**";[**빨강**][=0]"**본인모자**";를 입력하고 [확인]을 클릭한다.

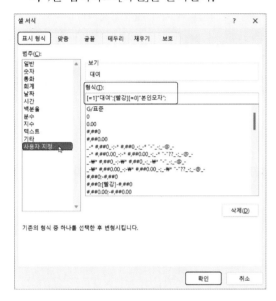

⑨ [개발 도구]–[코드] 그룹의 [기록 중지](□)를 클릭한다.
⑩ '단추'(□)에서 마우스 오른쪽 버튼을 눌러 [텍스트 편집] 메뉴를 클릭한 후 **모자대여**로 수정한다.

03 VBA 프로그래밍

(1) 폼 보이기

① [개발 도구]–[컨트롤] 그룹에서 [디자인 모드](🖹)를 클릭하여 〈포인트지급〉 버튼을 편집 상태로 만든다.
② 〈포인트지급〉 버튼을 더블클릭한 후 코드 창에 다음과 같이 입력한다.

```
Private Sub cmd포인트지급_Click()
    포인트지급.Show
End Sub
```

(2) 폼 초기화

① [프로젝트–VBAProject] 탐색기에서 '폼'을 더블 클릭하고 〈포인트지급〉를 선택한다.
② [프로젝트–VBAProject] 탐색기의 [코드 보기](🖻)를 클릭한다.
③ '개체 목록'은 'UserForm', '프로시저 목록'은 'Initial-ize'를 선택한다.
④ 코드 창에 다음과 같이 입력한다.

```
Private Sub UserForm_Initialize()
    cmb회원등급.RowSource = "F5:F10"
End Sub
```

(3) 등록 프로시저

① '개체 목록'에서 'cmd입력', '프로시저 목록'은 'Click'을 선택한다.
② 코드 창에 다음과 같이 입력한다.

```
Private Sub cmd입력_Click()
    i = Range("A5").CurrentRegion.Rows.Count + 4
    Cells(i, 1) = txt회원명
    Cells(i, 2) = cmb회원등급
    Cells(i, 3) = txt가입년도
    If Right(Cells(i, 2), 3) = "1등급" Then
        Cells(i, 4) = 50000
    Else
        Cells(i, 4) = 20000
    End If
End Sub
```

(4) 종료 프로시저

① '개체 목록'에서 'cmd닫기', '프로시저 목록'은 'Click'을 선택한다.
② 코드 창에 다음과 같이 입력한다.

```
Private Sub cmd닫기_Click()
    Unload Me
    [D4] = "코엑스점"
    [D4].Font.Name = "굴림체"
End Sub
```

스프레드시트 실전 모의고사 07회

프로그램명	소요시간	합격 점수
EXCEL 2021	45분	70점

수험번호 :

성   명 :

유의사항

- 인적 사항 누락 및 잘못 작성으로 인한 불이익은 수험자 책임으로 합니다.

- 화면에 암호 입력창이 나타나면 아래의 암호를 입력하여야 합니다.
  - 암호: 6845%3

- 작성된 답안은 주어진 경로 및 파일명을 변경하지 마시고 그대로 저장해야 합니다. 이를 준수하지 않으면 실격 처리됩니다.
  - 답안 파일명의 예: C:₩OA₩수험번호8자리.xlsm

- 외부데이터 위치: C:₩OA₩파일명

- 별도의 지시사항이 없는 경우, 다음과 같이 처리 시 실격 처리됩니다.
  - 제시된 시트 및 개체의 순서나 이름을 임의로 변경한 경우
  - 제시된 시트 및 개체를 임의로 추가 또는 삭제한 경우
  - 외부데이터를 시험 시작 전에 열어본 경우

- 답안은 반드시 문제에서 지시 또는 요구한 셀에 입력하여야 하며 다음과 같이 처리 시 채점 대상에서 제외됩니다.
  - 제시된 함수가 있을 경우 제시된 함수만을 사용하여야 하며 그 외 함수사용시 채점대상에서 제외
  - 수험자가 임의로 지시하지 않은 셀의 이동, 수정, 삭제, 변경 등으로 인해 셀의 위치 및 내용이 변경된 경우 해당 작업에 영향을 미치는 관련문제 모두 채점 대상에서 제외
  - 도형 및 차트의 개체가 중첩되어 있거나 동일한 계산결과 시트가 복수로 존재할 경우 해당 개체나 시트는 채점 대상에서 제외

- 수식 작성 시 제시된 문제 파일의 데이터는 변경 가능한(가변적) 데이터임을 감안하여 문제 풀이를 하시오.

- 별도의 지시사항이 없는 경우, 주어진 각 시트 및 개체의 설정값 또는 기본 설정값 (Default)으로 처리하시오.

- 저장 시간은 별도로 주어지지 않으므로 제한된 시간 내에 저장을 완료해야 하며, 제한 시간 내에 저장이 되지 않은 경우에는 실격 처리됩니다.

- 출제된 문제의 용어는 MS Office LTSC Professional Plus 2021 기준으로 작성되어 있습니다.

대 한 상 공 회 의 소

01 **'기본작업-1' 시트에서 다음과 같이 고급 필터를 수행하시오. (5점)**

- ▶ [B2:N31] 영역에서 '대리점명'이 '진'자로 시작하거나 글자수가 3인 데이터의 '대리점명', '9월', '10월', '11월', '12월'을 표시하시오.
- ▶ 조건은 [B34:B35] 영역 내에 알맞게 입력하시오. (LEFT, LEN, OR 함수 사용)
- ▶ 결과는 [B37] 셀부터 표시하시오.

02 **'기본작업-1' 시트에서 다음과 같이 조건부 서식을 설정하시오. (5점)**

- ▶ [B3:N31] 영역에 대해 6월의 값이 6월의 평균보다 작고, 7월의 값이 7월의 평균보다 작은 데이터의 전체 행에 대해서 글꼴 스타일은 '굵게', 글꼴 색은 '표준 색 – 빨강'으로 적용하시오.
- ▶ 단, 규칙 유형은 '수식을 사용하여 서식을 지정할 셀 결정'을 사용하고, 한 개의 규칙으로만 작성하시오.
- ▶ AND, AVERAGE 함수 사용

03 **'기본작업-2' 시트에서 다음과 같이 시트 보호와 통합 문서 보호를 설정하시오. (5점)**

- ▶ 워크시트 전체 셀의 셀 잠금을 해제한 후 [O3:O31] 영역에만 셀 잠금과 수식 숨기기를 적용하여 이 영역의 내용만을 보호하시오.
- ▶ 잠긴 셀의 선택, 잠기지 않은 셀의 선택, 셀 서식은 허용하시오.
- ▶ 단, 시트 보호와 통합 문서 보호 모두 암호는 지정하지 마시오.

문제2　계산작업(30점) **'계산작업' 시트에서 다음 과정을 수행하고 저장하시오.**

01 **[표1]의 청약지역과 [표2]를 이용하여 [A4:A33] 영역에 번호를 계산하여 표시하시오. (6점)**

- ▶ 청약번호는 청약지역에 따른 코드와 일련번호를 연결하여 표시
- ▶ 일련번호는 수식이 입력된 행 번호에서 3을 뺀 값으로 표시
- ▶ 지역이 "서울/부산"이고, 수식이 4행에 입력된 경우 : AL-1
- ▶ 지역이 "기타광역시"이고, 수식이 5행에 입력된 경우 : BL-2
- ▶ CONCAT, ROW, VLOOKUP 함수 사용

02 **[표1]의 청약지역, 전용면적과 [표3]을 이용하여 [D4:D33] 영역에 청약지역과 전용면적에 따른 청약가능액을 계산하여 표시하시오. (6점)**

- ▶ INDEX, MATCH 함수 사용

03 **[표1]의 청약지역과 무주택기간을 이용하여 [표4]의 [L16:L18] 영역에 청약지역별 무주택기간 평균을 계산하여 다음과 같이 표시하시오. (6점)**

- ▶ 무주택기간 평균이 5.7일 경우 : ■ ■ ■ ■ ■
- ▶ REPT, IF, AVERAGE 함수를 적용한 배열 수식 사용

04 [표1]의 현재예치금을 이용하여 [표5]의 [M22:M26] 영역에 각 범위에 해당하는 비율을 계산하여 표시하시오. (6점)

- ▶ 비율 : 각 범위의 인원수/전체 인원수 × 100
- ▶ FREQUENCY, COUNT 함수를 적용한 배열 수식 사용

05 사용자 정의 함수 'fn청약가점'을 작성하여 [표1]의 [I4:I33] 영역에 가산점을 계산하여 표시하시오. (6점)

- ▶ 'fn청약가점'은 무주택기간, 부양가족수, 가입기간을 인수로 받아 청약가점을 계산하는 함수이다.
- ▶ 청약가점은 '무주택기간 × 2 + 부양가족수 × 5 + 가입기간'으로 계산하되, 가입기간이 1년 이하이면 "가입기간미달"을 표시하시오.
- ▶ If 문 사용

```
Public Function fn청약가점(무주택기간, 부양가족수, 가입기간)

End Function
```

문제3 **분석작업(20점)** **주어진 시트에서 다음 과정을 수행하고 저장하시오.**

01 '분석작업-1' 시트에서 다음의 지시사항에 따라 피벗 테이블 보고서를 작성하시오. (10점)

- ▶ 외부 데이터 가져오기 기능을 사용하여 〈청약현황.accdb〉의 〈지역별청약현황〉 테이블을 이용하시오.
- ▶ 피벗 테이블 보고서의 레이아웃과 위치는 〈그림〉을 참조하여 설정하고, 보고서 레이아웃을 개요 형식으로 표시하시오.
- ▶ '청약지역'을 기준으로 〈그림〉과 같이 그룹을 설정하고, 부분합 표시 안함으로 설정하고, '전용면적'은 '합계:현재예치금'을 기준으로 내림차순으로 정렬하시오.
- ▶ 현재예치금의 표시 형식은 '값 필드' 설정의 셀 서식에서 '숫자' 범주를 이용하여 〈그림〉과 같이 설정하시오.

	A	B	C	D	E	F	G	H	I	J
1										
2		합계 : 현재예치금		전용면적						
3		청약지역2	청약지역	114 ㎡	102 ㎡	84 ㎡	146 ㎡	59 ㎡	총합계	
4		기타지역								
5			강원도	600	500	300		350	1,750	
6			경기도	450	350	250	600	350	2,000	
7			경상남도	450	350	250		200	1,250	
8			경상북도	450	500	400		300	1,650	
9			세종특별자치시	1,000	800	500	1,200	350	3,850	
10			전라남도	350	250	450		250	1,300	
11			전라북도	300	500	300		300	1,400	
12			제주특별자치도	500	400	300		300	1,500	
13			충청남도	350	400	350		300	1,400	
14			충청북도	350	450	350		300	1,450	
15		기타광역시								
16			광주광역시	600	500	300		200	1,600	
17			대구광역시	500	500	300		250	1,550	
18			대전광역시	1,000	500	400		300	2,200	
19			울산광역시	900	700	350		200	2,150	
20			인천광역시	500	300	400		300	1,500	
21		서울, 부산								
22			부산광역시	1,000	500	350	1,800	300	3,950	
23			서울특별시	1,200	600	250	1,800	300	4,150	
24		총합계		10,500	8,100	5,800	5,400	4,850	34,650	
25										

※ 작업 완성된 그림이며 부분 점수 없음

02 '분석작업-2' 시트에 대하여 다음의 지시사항을 처리하시오. (10점)

▶ 데이터 도구를 이용하여 [표1]에서 '4월', '5월', '6월' 열을 기준으로 중복된 값이 입력된 셀을 포함하는 행을 삭제하시오.
▶ 조건부 서식의 셀 강조 규칙을 이용하여 [B3:B29] 영역의 중복 값에 대해 '진한 녹색 텍스트가 있는 녹색 채우기' 서식이 적용되도록 설정하시오.
▶ 필터 도구를 이용하여 [표1]의 '대리점명' 필드에서 '녹색 채우기' 색을 기준으로 필터링 하시오.

문제4 **기타작업(35점)** **주어진 시트에서 다음 과정을 수행하고 저장하시오.**

01 '기타작업-1' 시트에서 다음의 지시사항에 따라 차트를 수정하시오. (각 2점)

※ 차트는 반드시 문제에서 제공한 차트를 사용하여야 하며, 신규로 차트작성 시 0점 처리 됨.
① '진달래'의 2025년 개화시기를 〈그림〉과 같이 추가하시오.
② '개나리' 계열을 '영역형' 차트로 변경한 후 도형 스타일 '미세 효과 - 황금색, 강조 4'로 지정하시오.
③ '벚꽃' 계열의 강원 항목에 〈그림〉과 같이 데이터 레이블을 표시하시오.
④ '벚꽃' 계열을 완만한 선으로 표시하고, 표식을 '마름모(◆)'으로 표시하시오.
⑤ 기본 세로 주 눈금선을 표시하고, 가로 축의 세로 축 교차의 축 위치를 '눈금'으로 지정하시오.

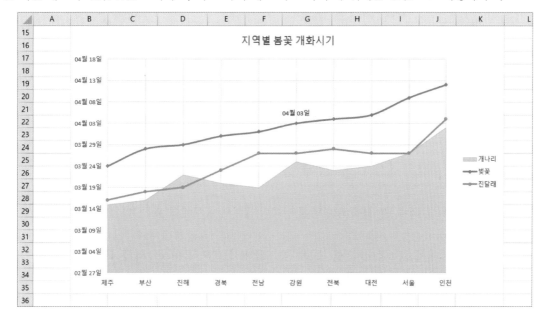

02 '기타작업-2' 시트에서 다음과 같은 기능을 수행하는 매크로를 현재 통합문서에 작성하시오. (각 5점)

① 데이터 표 기능을 이용하여 국어와 수학 점수별 총점을 [C10:L19] 영역에 구하는 '데이터표' 매크로를 생성하시오.
  ▶ [개발 도구]-[삽입]-[양식 컨트롤]의 '단추'(□)를 동일 시트의 [I3:J4] 영역에 생성한 후 텍스트를 '데이터 표 실행'
    으로 입력하고, 단추를 클릭하면 '데이터표' 매크로가 실행되도록 설정하시오.
② [C10:L19] 값을 지우는 '지우기' 매크로를 생성하시오.
  ▶ [개발 도구]-[삽입]-[양식 컨트롤]의 '단추'(□)를 동일 시트의 [K3:L4] 영역에 생성한 후 텍스트를 '지우기'로 입력
    하고, 단추를 클릭하면 '지우기' 매크로가 실행되도록 설정하시오.
※ 셀 포인터의 위치에 관계없이 매크로가 실행되어야 정답으로 인정됨

03 '기타작업-3' 시트에서 다음과 같은 작업을 수행하도록 프로시저를 작성하시오. (각 5점)

① 〈소장도서등록〉 버튼을 클릭하면 〈도서등록〉 폼이 나타나고, '도서등록' 폼이 초기화되면 [J5:J12] 영역의 내용이 '도
서분야(cmb도서분야)' 콤보 상자의 목록에 표시되고, '구분'을 표시하는 옵션 단추 중 '국내서(opt국내서)'가 기본적으
로 선택되도록 프로시저를 작성하시오.

	A	B	C	D	E	F	G	H	I	J	K
1											
2							소장도서등록				
3		[표1]								[표2]	
4		도서분야	구분	제목		구입가격	저자명	출판사	출판년도	도서분야	
5										소설	
6										시 / 에세이	
7			도서등록					×		경제경영	
8										인문 / 철학	
9			도서분야		▼					어린이 / 유아	
10			구 분	⦿ 국내서 ○ 외국서 ○ eBook						자기계발	
11			제 목							기술 / 컴퓨터	
12			구입가격							여행 / 취미	
13			저자명								
14			출판사								
15			출판년도			등록	종료				
16											
17											
18											
19											
20											
21											
22											
23											

② 〈도서등록〉 폼의 〈등록〉 단추(cmd등록)을 클릭하면 폼에 입력된 데이터가 시트의 표 마지막 행 다음에 연속하여 추가
되도록 프로시저를 작성하시오.
  ▶ '구분'은 옵션 단추 중 '국내서(opt국내서)'를 선택하면 '국내서', '외국서(opt외국서)'를 선택하면 '외국서',
    'eBook(opt이북)'을 선택하면 'eBook'이 입력되도록 설정하시오.
  ▶ '구입가격'은 수치 데이터로 입력되도록 설정하시오.
③ '도서등록' 폼의 〈종료(cmd종료)〉 버튼을 클릭하면 현재 날짜와 시간을 표시한 〈그림〉과 같은 메시지를 표시한 후 폼
을 종료하는 프로시저를 작성하시오.

문제1 | 기본작업

01 고급 필터

정답

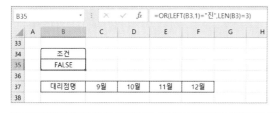

① [B34:B35] 영역에 '조건'을 입력하고, [B37: F37] 영역에 '추출할 필드명'을 복사한다.

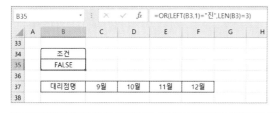

[B35] : =OR(LEFT(B3,1)="진", LEN(B3)=3)

② [데이터]-[정렬 및 필터] 그룹에서 [고급](📷)을 클릭한다.

③ [고급 필터]에서 다음과 같이 지정한 후 [확인]을 클릭한다.

- 결과 : '다른 장소에 복사'
- 목록 범위 : [B2:N31]
- 조건 범위 : [B34:B35]
- 복사 위치 : [B37:F37]

02 조건부 서식

정답

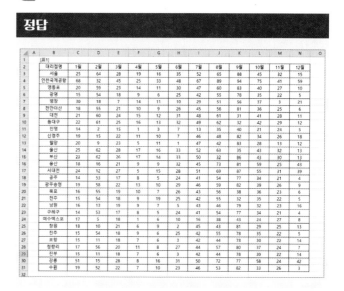

① [B3:N31] 영역을 범위 지정한 후 [홈]-[스타일] 그룹의 [조건부 서식]-[새 규칙]을 클릭한다.

② [새 서식 규칙]에서 '규칙 유형 선택'에 '▶ 수식을 사용하여 서식을 지정할 셀 결정'을 선택하고, =AND($H3⟨AVERAGE($H$3:$H$31),$I3⟨AVERAGE($I$3:$I$31)) 를 입력한 후 [서식]을 클릭한다.

③ [셀 서식]의 [글꼴] 탭에서 글꼴 스타일 '굵게', 색 '표준 색 – 빨강'을 선택하고 [확인]을 클릭한다.

④ [새 서식 규칙]에서 다시 [확인]을 클릭한다.

03 시트 보호와 통합 문서 보호

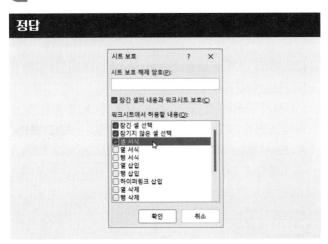

① 1행 위, A열 왼쪽에 있는 모든 셀을 클릭한 후 마우스 오른쪽 버튼을 눌러 [셀 서식]을 클릭한다.

② [보호] 탭에서 '잠금'의 체크를 해제하고 [확인]을 클릭한다.

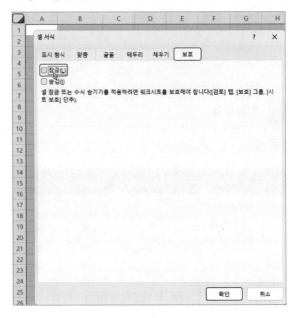

③ [O3:O31] 영역을 범위 지정한 후 마우스 오른쪽 버튼을 눌러 [셀 서식]을 클릭한다.

④ [보호] 탭에서 '잠금', '숨김'을 체크한 후 [확인]을 클릭한다.

⑤ [검토]-[보호] 그룹에서 [시트 보호]를 클릭하여 '잠긴 셀 선택', '잠기지 않은 셀 선택', '셀 서식'을 체크한 후 [확인]을 클릭한다.

정답

[표1]

청약번호	청약지역	전용면적	청약가능액	현재예치금	무주택기간	부양가족수	가입기간	청약가점
AL-1	서울/부산	59 ㎡	300	300	20	3	10	65
AL-2	서울/부산	84 ㎡	300	350	1	3	5	22
BL-3	기타 광역시	114 ㎡	700	500	15	3	11	56
CL-4	기타 지역	59 ㎡	200	250	8	2	4	30
CL-5	기타 지역	84 ㎡	200	250	18	2	15	61
AL-6	서울/부산	84 ㎡	300	250	5	2	4	24
AL-7	서울/부산	146 ㎡	1500	1700	7	4	5	39
AL-8	서울/부산	114 ㎡	1000	1200	11	2	13	45
CL-9	기타 지역	146 ㎡	500	250	1	4	4	26
BL-10	기타 광역시	102 ㎡	400	500	1	3	4	21
CL-11	기타 지역	102 ㎡	300	400	9	3	4	37
BL-12	기타 광역시	59 ㎡	250	300	7	2	2	26
BL-13	기타 광역시	59 ㎡	250	300	7	2	5	29
AL-14	서울/부산	59 ㎡	300	300	13	4	13	59
CL-15	기타 지역	59 ㎡	200	300	5	4	5	35
BL-16	기타 광역시	84 ㎡	250	300	8	2	11	37
BL-17	기타 광역시	102 ㎡	400	300	9	1	3	26
BL-18	기타 광역시	84 ㎡	250	400	15	2	7	47
CL-19	기타 지역	114 ㎡	400	450	5	4	5	35
AL-20	서울/부산	102 ㎡	600	600	1	1	4	11
AL-21	서울/부산	146 ㎡	1500	1800	4	2	1	가입기간미달
BL-22	기타 광역시	114 ㎡	700	900	3	3	3	24
CL-23	기타 지역	84 ㎡	200	300	15	4	14	64
CL-24	기타 지역	102 ㎡	300	450	7	2	8	32
BL-25	기타 광역시	114 ㎡	700	500	9	1	5	28
BL-26	기타 광역시	146 ㎡	1000	600	7	4	5	39
CL-27	기타 지역	102 ㎡	300	350	1	2	5	17
CL-28	기타 지역	114 ㎡	400	350	1	3	5	22
AL-29	서울/부산	102 ㎡	600	500	4	2	6	24
AL-30	서울/부산	114 ㎡	1000	1000	6	1	5	22

[표4] 청약지역별 무주택기간 평균

청약지역	무주택기간 평균
서울/부산	■■■■■■■
기타 광역시	■■■■■■■■
기타 지역	■■■■■■■

[표5] 현재예치금 비율

현재예치금		비율
0 ~	300	40
301 ~	400	16.66666667
401 ~	600	26.66666667
601 ~	1000	6.666666667
1001 ~	2000	10

01 청약번호[A4:A33]

[A4] 셀에 =CONCAT(VLOOKUP(B4,$K$4:$L$6,2,0), "-",ROW()-3)를 입력하고 [A33] 셀까지 수식을 복사한다.

02 청약가능액[D4:D33]

[D4] 셀에 =INDEX($L$10:$O$12,MATCH(B4,$K$10: $K$12,0),MATCH(C4,$L$9:$O$9,1))를 입력하고 [D33] 셀까지 수식을 복사한다.

03 무주택기간 평균[L16:L18]

[L16] 셀에 =REPT("■",AVERAGE(IF(B4$B$33=K16, $F$4:$F$33)))를 입력하고 Ctrl + Shift + Enter 를 누른 후에 [L18] 셀까지 수식을 복사한다.

04 비율[M22:M26]

[M22:M26] 영역을 범위 지정한 후 =FREQUENCY(E4:E33, L22:L26)/COUNT(E4:E33)*100을 입력하고 Ctrl + Shift + Enter 를 누른다.

05 사용자 정의 함수(fn청약가점)[I4:I33]

① [개발 도구]-[코드] 그룹의 [Visual Basic](📷)을 클릭한다.
② [삽입]-[모듈]을 클릭한다.
③ Module 창에 다음과 같이 입력한다.

```
Public Function fn청약가점(무주택기간, 부양가족수, 가입기간)
    If 가입기간 <= 1 Then
        fn청약가점 = "가입기간미달"
    Else
        fn청약가점 = 무주택기간 * 2 + 부양가족수 * 5 + 가입기간
    End If
End Function
```

④ [파일]-[닫고 Microsoft Excel(으)로 돌아가기]를 클릭하여 [Visual Basic Editor]를 닫는다.
⑤ [I4] 셀을 클릭한 후 [함수 삽입](📷)을 클릭한다.

⑥ '범주 선택'에서 '사용자 정의', '함수 선택'에서 'fn청약가점'을 선택한 후 [확인]을 클릭한다.

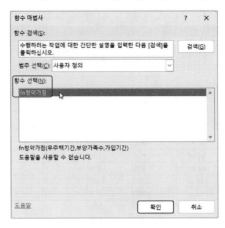

⑦ 그림과 같이 셀을 지정한 후 [확인]을 클릭한다.

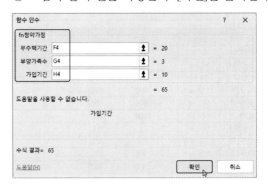

⑧ [I4] 셀을 선택한 후 [I33] 셀까지 수식을 복사한다.

01 피벗 테이블

정답

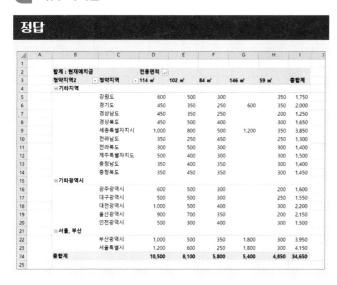

합계 : 현재예치금		전용면적					
청약지역2	청약지역	114 ㎡	102 ㎡	84 ㎡	146 ㎡	59 ㎡	총합계
⊟기타지역							
	강원도	600	500	300		350	1,750
	경기도	450	350	250	600	350	2,000
	경상남도	450	350	250		200	1,250
	경상북도	450	500	400		300	1,650
	세종특별자치시	1,000	800	500	1,200	350	3,850
	전라남도	350	350	450		250	1,300
	전라북도	300	500	300		300	1,400
	제주특별자치도	500	400	300		300	1,500
	충청남도	350	400	350		300	1,400
	충청북도	350	450	350		300	1,450
⊟기타광역시							
	광주광역시	600		300		200	1,600
	대구광역시	500	500	300		250	1,550
	대전광역시	1,000	500	400		300	2,200
	울산광역시	900	700	350		200	2,150
	인천광역시	500	300	400		300	1,500
⊟서울, 부산							
	부산광역시	1,000	500	350	1,800	300	3,950
	서울특별시	1,200	600	250	1,800	300	4,150
총합계		10,500	8,100	5,800	5,400	4,850	34,650

① [B2] 셀을 선택한 후 [데이터]-[데이터 가져오기 및 변환] 그룹의 [데이터 가져오기]-[기타 원본에서]-[Microsoft Query에서]를 클릭한다.

② [데이터 원본 선택]의 [데이터베이스] 탭에서 'MS Access Database *'를 선택하고 [확인]을 클릭한다.

③ '2025컴활1급(기출)₩스프레드시트₩실전모의고사' 폴더에서 '청약현황.accdb'를 선택하고 [확인]을 클릭한다.

④ [열 선택]에서 '지역별청약현황' 테이블을 더블클릭하여 다음 그림과 같이 지정하고 [다음]을 클릭한다.

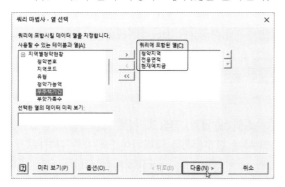

⑤ [데이터 필터]와 [정렬 순서]에서는 설정 없이 [다음]을 클릭한다.

⑥ [마침]에서 'Microsoft Excel(으)로 데이터 되돌리기'를 선택하고 [마침]을 클릭한다.

⑦ [데이터 가져오기]에서 '피벗 테이블 보고서'를 선택한 다음, '기존 워크시트'는 [B2] 셀을 지정하고 [확인]을 클릭한다.

⑧ 다음과 같이 보고서 레이아웃을 지정한다.

⑨ [디자인] 탭에서 [레이아웃]-[보고서 레이아웃]-[개요 형식으로 표시](圖)를 클릭한다.

⑩ [B11:B12] 영역을 범위 지정한 후 마우스 오른쪽 버튼을 눌러 [그룹] 메뉴를 클릭한다.

⑪ 같은 방법으로 [C13], [C15], [C17], [C24], [C26] 셀을 선택한 후 마우스 오른쪽 버튼을 눌러 [그룹]을 클릭한다.

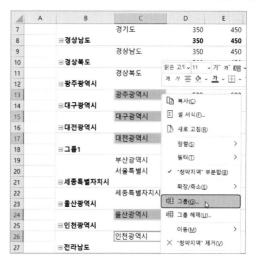

⑫ 나머지 셀도 각각 선택한 후 마우스 오른쪽 버튼을 눌러 [그룹]을 클릭한다.

⑬ [B21] 셀에 **서울, 부산**, [B4] 셀에 **기타지역**, [B15] 셀에 **기타광역시**를 입력한다.

⑭ [디자인] 탭의 [레이아웃] 그룹에서 [부분합]-[부분합 표시 안 함]을 선택한다.

⑮ [D2] 셀의 전용면적에서 목록단추(▼)를 클릭하여 [기타 정렬 옵션]을 클릭하여 '내림차순 기준'에서 '합계 : 현재 예치금'을 선택하고 [확인]을 클릭한다.

⑯ 합계 : 현재예치금[B2]에서 마우스 오른쪽 버튼을 눌러 [값 필드 설정]을 클릭한 후 [표시 형식]을 클릭한다.

⑰ [표시 형식] 탭에서 '숫자'를 선택한 후 '1000 단위 구분 기호 사용'을 체크한 후 [확인]을 클릭한다.

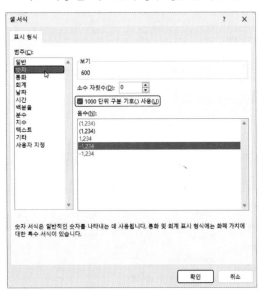

02 데이터 도구

정답

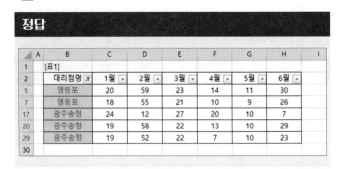

▲	A	B	C	D	E	F	G	H	I
1		[표1]							
2		대리점명	1월	2월	3월	4월	5월	6월	
5		영등포	20	59	23	14	11	30	
7		영등포	18	55	21	10	9	26	
17		광주송정	24	12	27	20	10	7	
20		광주송정	19	58	22	13	10	29	
29		광주송정	19	52	22	7	10	23	
30									

① [B2] 셀을 클릭한 후 [데이터]-[데이터 도구] 그룹의 [중복된 항목 제거](📖)를 클릭하여 '4월', '5월', '6월'만 선택하고 [확인]을 클릭한다.

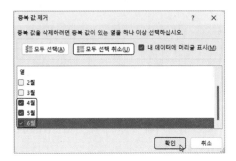

② 메시지가 표시되면 [확인]을 클릭한다.

③ [B3:B29] 영역을 범위 지정한 후 [홈]-[스타일] 그룹의 [조건부 서식]-[셀 강조 규칙]-[중복 값](📖)을 클릭한다.

④ 다음과 같이 지정하고 [확인]을 클릭한다.

⑤ [데이터]-[정렬 및 필터] 그룹에서 [필터](▽)를 클릭한다.

⑥ [B2] 셀의 목록 단추(▼)를 클릭하여 [색 기준 필터]를 클릭하여 [셀 색 기준 필터]를 클릭한다.

01 차트

정답

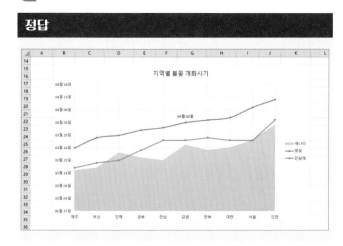

① [F3:G13] 영역을 범위 지정한 후 Ctrl + C 를 눌러 복사한 후 차트를 선택한 후 Ctrl + V 를 눌러 붙여넣기한다.

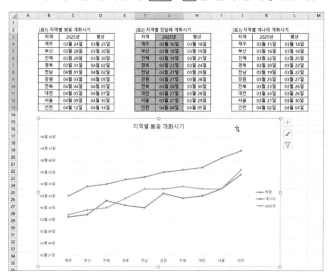

② 차트 안에서 마우스 오른쪽 버튼을 눌러 [데이터 선택]을 클릭한다.

③ '2025년'을 선택한 후 [편집] 단추를 클릭하여 '계열이름'에 **진달래**를 입력하고 [확인]을 클릭한다.

④ [데이터 원본 선택] 대화상자에서 다시 한 번 [확인]을 클릭한다.

⑤ '개나리' 계열을 선택한 후 마우스 오른쪽 버튼을 눌러 [계열 차트 종류 변경]을 클릭한다.

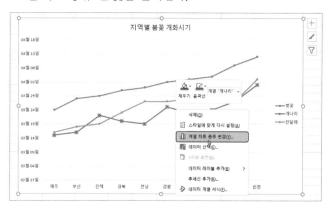

⑥ '개나리' 계열을 '꺾은형'에서 '영역형'으로 선택하고 [확인]을 클릭한다.

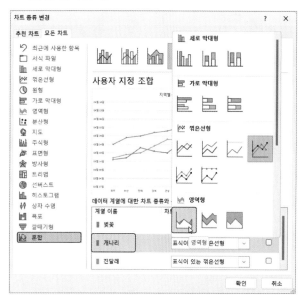

⑦ '개나리' 계열을 선택한 후 [서식]-[도형 스타일] 그룹의 [미세 효과 – 황금색, 강조 4]를 선택한다.

⑧ '벚꽃' 계열의 '강원' 요소를 천천히 두 번 클릭한 후 [차트 요소](⊞)-[데이터 레이블]-[위쪽]을 클릭한다.

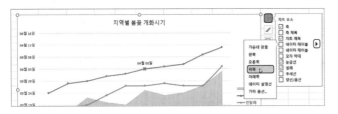

⑨ '벚꽃' 계열에서 마우스 오른쪽 버튼을 눌러 [데이터 계열 서식]을 클릭한 후 [채우기 및 선]의 '선'에서 '완만한 선'을 체크한다.

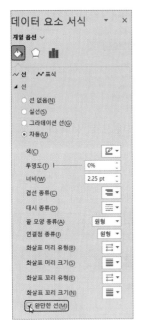

⑩ '표식'을 클릭한 후, '표식 옵션'에서 '형식'에서 '◆'를 선택한다.

⑪ 차트를 선택한 후 [차트 요소](⊞)-[눈금선]- [기본 주 세로]를 클릭한다.

⑫ 가로(항목) 축을 선택한 후, [축 서식]의 '축 옵션'에서 '축 위치'를 '눈금'을 선택하고 [닫기]를 클릭한다.

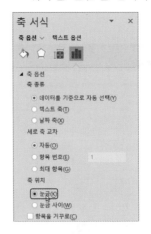

02 매크로

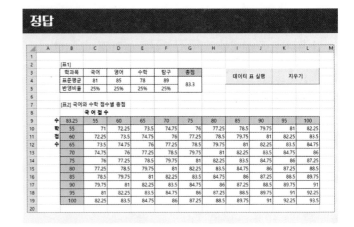

① 비어 있는 셀을 클릭한 후 [개발 도구]-[코드] 그룹의 [매크로 기록](🔲)을 클릭한다.
② [매크로 기록]에 **데이터표**를 입력하고 [확인]을 클릭한다.
③ [B9] 셀에 =G4 또는 =SUMPRODUCT (C4:F4,C5:F5)를 입력하고 [B9:L19] 영역을 범위 지정한 후 [데이터]-[예측] 탭의 [가상 분석]-[데이터 표]를 클릭한다.

④ [데이터 표]에서 '행 입력 셀'은 [C4], '열 입력 셀'은 [E4] 셀을 지정한 후 [확인]을 클릭한다.

⑤ [개발 도구]-[코드] 그룹의 [기록 중지](⬜)를 클릭한다.

⑥ [개발 도구]-[컨트롤] 그룹의 [삽입]-[단추(양식 컨트롤)] (⬜)을 클릭한다.

⑦ 마우스 포인터가 '+'로 바뀌면 Alt 를 누른 상태에서 [I3:J4] 영역에 드래그하면 [매크로 지정] 대화상자가 나타난다.

⑧ [매크로 지정]에 **데이터표**를 선택하고 [확인]을 클릭한다.

⑨ 단추에 입력된 '단추 1'을 지우고 **데이터 표 실행**을 입력한다.

⑩ 비어 있는 셀을 클릭한 후 [개발 도구]-[코드] 그룹의 [매크로 기록](🔘)을 클릭한다.

⑪ [매크로 기록]에 **지우기**를 입력하고 [확인]을 클릭한다.

⑫ [C10:L19] 영역을 범위 지정한 후 Delete 를 눌러 삭제한다.

⑬ [개발 도구]-[코드] 그룹의 [기록 중지](⬜)를 클릭한다.

⑭ [개발 도구]-[컨트롤] 그룹의 [삽입]-[단추(양식 컨트롤)] (⬜)을 클릭한다.

⑮ 마우스 포인터가 '+'로 바뀌면 Alt 를 누른 상태에서 [K3:L4] 영역에 드래그한다.

⑯ [매크로 지정]에 **지우기**를 선택하고 [확인]을 클릭한다.

⑰ 단추에 입력된 '단추 2'를 지우고 **지우기**를 입력한다.

03 VBA 프로그래밍

(1) 폼 보이기

① [개발 도구]-[컨트롤] 그룹에서 [디자인 모드](Ⓝ)를 클릭하여 〈소장도서등록〉 버튼을 편집 상태로 만든다.

② 〈소장도서등록〉 버튼을 더블클릭한 후 코드 창에 다음과 같이 입력한다.

```
Private Sub cmd소장도서등록_Click()
    도서등록.Show
End Sub
```

(2) 폼 초기화

① [프로젝트-VBAProject] 탐색기에서 '폼'을 더블 클릭하고 〈도서등록〉을 선택한다.

② [프로젝트-VBAProject] 탐색기의 [코드 보기](🖼)를 클릭한다.

③ '개체 목록'은 'UserForm', '프로시저 목록'은 'Initialize'를 선택한다.

④ 코드 창에 다음과 같이 입력한다.

```
Private Sub UserForm_Initialize()
    cmb도서분야.RowSource = "J5:J12"
    opt국내서 = True
End Sub
```

(3) 등록 프로시저

① '개체 목록'에서 'cmd등록', '프로시저 목록'은 'Click'을 선택한다.

② 코드 창에 다음과 같이 입력한다.

```
Private Sub cmd등록_Click()
    i = Range("b4").CurrentRegion.Rows.Count + 3
    Cells(i, 2) = cmb도서분야
    If opt국내서 = True Then
        Cells(i, 3) = "국내서"
    ElseIf opt외국서 = True Then
        Cells(i, 3) = "외국서"
    Else
        Cells(i, 3) = "eBook"
    End If
    Cells(i, 4) = txt제목
    Cells(i, 5) = Val(txt구입가격)
    Cells(i, 6) = txt저자명
    Cells(i, 7) = txt출판사
    Cells(i, 8) = txt출판년도
End Sub
```

(4) 종료 프로시저

① '개체 목록'에서 'cmd종료', '프로시저 목록'은 'Click'을 선택한다.

② 코드 창에 다음과 같이 입력한다.

```
Private Sub cmd종료_Click()
    MsgBox Now(), , "폼을 종료합니다."
    Unload Me
End Sub
```

▶ 합격 강의

스프레드시트 실전 모의고사 08회

프로그램명	소요시간	합격 점수
EXCEL 2021	45분	70점

수험번호 : _____

성   명 : _____

··· **유의사항** ···

■ 인적 사항 누락 및 잘못 작성으로 인한 불이익은 수험자 책임으로 합니다.

■ 화면에 암호 입력창이 나타나면 아래의 암호를 입력하여야 합니다.
  ○ 암호: 6845%3

■ 작성된 답안은 주어진 경로 및 파일명을 변경하지 마시고 그대로 저장해야 합니다. 이를 준수하지 않으면 실격 처리됩니다.
  ○ 답안 파일명의 예: C:₩OA₩수험번호8자리.xlsm

■ 외부데이터 위치: C:₩OA₩파일명

■ 별도의 지시사항이 없는 경우, 다음과 같이 처리 시 실격 처리됩니다.
  ○ 제시된 시트 및 개체의 순서나 이름을 임의로 변경한 경우
  ○ 제시된 시트 및 개체를 임의로 추가 또는 삭제한 경우
  ○ 외부데이터를 시험 시작 전에 열어본 경우

■ 답안은 반드시 문제에서 지시 또는 요구한 셀에 입력하여야 하며 다음과 같이 처리 시 채점 대상에서 제외됩니다.
  ○ 제시된 함수가 있을 경우 제시된 함수만을 사용하여야 하며 그 외 함수사용시 채점대상에서 제외
  ○ 수험자가 임의로 지시하지 않은 셀의 이동, 수정, 삭제, 변경 등으로 인해 셀의 위치 및 내용이 변경된 경우 해당 작업에 영향을 미치는 관련문제 모두 채점 대상에서 제외
  ○ 도형 및 차트의 개체가 중첩되어 있거나 동일한 계산결과 시트가 복수로 존재할 경우 해당 개체나 시트는 채점 대상에서 제외

■ 수식 작성 시 제시된 문제 파일의 데이터는 변경 가능한(가변적) 데이터임을 감안하여 문제 풀이를 하시오.

■ 별도의 지시사항이 없는 경우, 주어진 각 시트 및 개체의 설정값 또는 기본 설정값 (Default)으로 처리하시오.

■ 저장 시간은 별도로 주어지지 않으므로 제한된 시간 내에 저장을 완료해야 하며, 제한 시간 내에 저장이 되지 않은 경우에는 실격 처리됩니다.

■ 출제된 문제의 용어는 MS Office LTSC Professional Plus 2021 기준으로 작성되어 있습니다.

대 한 상 공 회 의 소

문제1 　기본작업(15점) **주어진 시트에서 다음 과정을 수행하고 저장하시오.**

01 '기본작업-1' 시트에서 다음과 같이 고급 필터를 수행하시오. (5점)

- ▶ [A2:H29] 영역에서 '도서분류'가 "컴퓨터일반"이 포함되거나 "사무자동화"이고, '정가'가 전체 정가 금액의 평균 이상인 데이터의 '도서명', '페이지', '정가', '판매량' 필드만을 표시하시오.
- ▶ 조건은 [A32:A33] 영역에 알맞게 입력하시오(IFERROR, FIND, AND, OR, AVERAGE 함수 이용).
- ▶ 결과는 [B35] 셀부터 표시하시오.

02 '기본작업-1' 시트의 [A3:H29] 영역에 대해 다음과 같이 조건부 서식을 설정하시오. (5점)

- ▶ 시스템의 현재 날짜의 연도에서 출판일을 뺀 값이 2년 이상 4년 이하인 전체 행에 대해서 글꼴 스타일은 '굵은 기울임꼴', 글꼴 색은 '표준 색 – 파랑'으로 적용하는 조건부 서식을 작성하시오.
- ▶ 단, 한 개의 규칙만을 이용하여 작성하시오(AND, YEAR, TODAY 함수 이용).

03 '기본작업-2' 시트에서 다음과 같이 시트 보호와 통합 문서 보호를 설정하시오. (5점)

- ▶ [E30:H30] 영역에 셀 잠금과 수식 숨기기를 적용한 후 잠긴 셀의 내용과 워크시트를 보호하시오.
- ▶ 잠긴 셀의 선택과 잠기지 않은 셀의 선택, 셀 서식은 허용하고, 시트 보호 해제 암호는 지정하지 마시오.
- ▶ '기본작업-2' 시트를 페이지 나누기 보기로 표시하고, [A2:H30] 영역만 1페이지로 인쇄되도록 페이지 나누기 구분선을 조정하시오.

문제2 　계산작업(30점) **'계산작업' 시트에서 다음 과정을 수행하고 저장하시오.**

01 [표1]의 업무지식, 팀워크, 생산성, 자기개발, 상사평가와 [표3]의 평가항목별 비율을 이용하여 계산하여 [표2]의 평가점수표를 참조하여 평가결과[H3:H13]를 표시하시오. (6점)

- ▶ HLOOKUP, SUMPRODUCT, OFFSET, MATCH 함수 사용

02 [표1]의 부서별 업무지식, 팀워크, 생산성, 자기개발, 상사평가 점수 중 상위 1~3위의 점수에 대한 평균을 구하여 [표3]의 [G21:G24] 영역에 표시하시오. (6점)

- ▶ AVERAGE, LARGE 함수와 배열 상수를 이용한 배열 수식

03 사용자 정의 함수 'fn비고'를 작성하여 [표4]의 비고[N3:N16]를 표시하시오. (6점)

- ▶ fn비고는 중간고사, 수행평가, 기말고사를 인수로 받아 값을 되돌려줌
- ▶ 중간고사 + 수행평가 + 기말고사의 값이 15이면 '대상', 13.5 이상이면 '금상', 13 이상이면 '은상', 12 이상이면 '동상', 그 외는 공백으로 표시
- ▶ SELECT CASE 문 사용

```
Public Function fn비고(중간고사, 수행평가, 기말고사)
End Function
```

04 [표4]의 중간고사, 수행평가, 기말고사를 이용하여 총점을 계산하고, 총점[O3:O16]을 표시하시오. (6점)

- ▶ 총점은 중간고사, 수행평가, 기말고사를 [표5]의 가중치와 각각 곱해 더한 값의 정수값
- ▶ 총점을 ★을 표시하고, 그 뒤에는 5에서 총점을 뺀 만큼 ☆를 표시
- ▶ REPT, INT, SUMPRODUCT, TRANSPOSE 함수를 이용한 배열 수식 사용

05 [표6]의 측정일자별 시작점[R3:R14]이 '서울특별시'이고 구[Q18:Q26]에 해당한 재비산먼지 평균농도의 최대값을 [표7]의 [R18:S26] 영역에 표시하시오. (6점)

- ▶ MAX, IFERROR, FIND, DAY 함수를 이용한 배열 수식

문제3 분석작업(20점) **주어진 시트에서 다음 과정을 수행하고 저장하시오.**

01 '분석작업-1' 시트에서 다음과 같은 피벗 테이블을 작성하시오. (10점)

- ▶ 외부 데이터 가져오기 기능을 사용하여 〈도서.accdb〉의 〈판매현황〉 테이블을 이용하시오.
- ▶ 피벗 테이블 보고서의 레이아웃과 위치는 〈그림〉을 참조하여 설정하고, 보고서 레이아웃을 개요 형식으로 표시하시오.
- ▶ '출판일'을 기준으로 〈그림〉과 같이 그룹을 설정하시오.
- ▶ '도서명' 필드는 값 필드 설정의 셀 서식을 이용하여 '권'을 붙여서 표시하고, '판매량' 필드는 값 필드 설정의 셀 서식에서 '숫자' 범주를 이용하여 〈그림〉과 같이 지정하시오.
- ▶ 피벗 테이블 스타일은 '흰색, 피벗 스타일 밝게 22'로 설정하시오.

	A	B	C	D	E
1					
2		도서분류	(모두)	▼	
3					
4		출판일 ▼	개수 : 도서명	합계 : 판매량	
5		2018년	3권	19,267	
6		2019년	1권	3,364	
7		2020년	1권	5,962	
8		2021년	2권	19,261	
9		2022년	10권	39,469	
10		2023년	7권	30,460	
11		2024년	1권	6,541	
12		2025년	2권	13,753	
13		총합계	27권	138,077	
14					

※ 작업 완성된 그림이며 부분 점수 없음

02 '분석작업-2' 시트에 대하여 다음의 지시사항을 처리하시오. (10점)

▶ [C2:C28] 영역에는 데이터 유효성 검사 도구를 이용하여 텍스트 길이를 최소 1글자, 최대 10글자로 입력되도록 제한 대상을 설정하시오.

▶ [C2:C28] 영역의 셀을 클릭한 경우 〈그림〉과 같은 설명 메시지를 표시하고, 유효하지 않은 데이터를 입력한 경우 〈그림〉과 같은 오류 메시지가 표시되도록 설정하시오.

▶ 자동 필터를 이용하여 '정가'가 30000 이상이거나 10000 미만인 데이터 행만 표시되도록 필터를 설정하시오.

문제4 **기타작업(35점)** **주어진 시트에서 다음 과정을 수행하고 저장하시오.**

01 '기타작업-1' 시트에서 다음의 지시사항에 따라 차트를 수정하시오. (각 2점)

※ 차트는 반드시 문제에서 제공한 차트를 사용하여야 하며, 신규로 차트 작성 시 0점 처리됨

① 〈그림〉과 같이 표시되도록 데이터 범위를 수정하시오.

② '공공도서관수' 계열의 차트 종류를 '표식이 있는 꺾은선형'으로 변경한 후 보조 축으로 지정하시오.

③ 차트 제목과 각 축 제목을 〈그림〉과 같이 설정하시오.

④ 가로(항목) 축의 텍스트를 45도 회전되도록 설정하고, 세로(값) 축의 주 눈금을 '교차'되도록 설정하시오.

⑤ 2022년 공공도서관수 요소에만 데이터 설명선 레이블을 추가하고 레이블 위치는 〈그림〉과 같이 설정하고, 차트의 효과는 '네온: 5pt, 파랑, 강조색1'로 설정하시오.

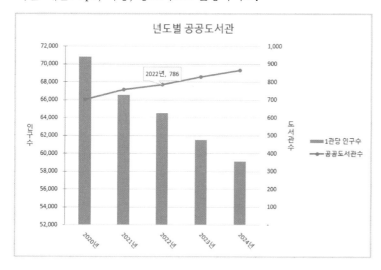

02 '기타작업-2' 시트에서 다음과 같은 기능을 수행하는 매크로를 현재 통합문서에 작성하시오. (각 5점)

① [C4:F14] 영역에 대하여 사용자 지정 표시 형식을 설정하는 '서식적용' 매크로를 생성하시오.
   ▶ 셀 값이 0보다 큰 경우 소수 1자리까지 표시하고, 텍스트의 경우 '※'로 표시하고, 나머지는 표시하지 마시오.
   ▶ [개발 도구]-[삽입]-[양식 컨트롤]의 '단추'(□)를 동일 시트의 [H3:I4] 영역에 생성한 후 텍스트를 '서식적용'으로 입력하고, 단추를 클릭하면 '서식적용' 매크로가 실행되도록 설정하시오.
② [C4:F14] 영역에 대하여 아이콘 형식의 별 3개 조건부 서식을 적용하는 '아이콘별' 매크로를 생성하시오.
   ▶ 숫자가 100 이상이면 '채워진 별', 숫자 100 미만 30 이상이면 '반 채워진 별', 나머지는 '빈 별'로 설정하시오.
   ▶ [개발 도구]-[삽입]-[양식 컨트롤]의 '단추'(□)를 동일 시트의 [H6:I7] 영역에 생성한 후 텍스트를 '아이콘별'로 입력하고, 단추를 클릭하면 '아이콘별' 매크로가 실행되도록 설정하시오.
   ※ 셀 포인터의 위치에 관계없이 매크로가 실행되어야 정답으로 인정됨

03 '기타작업-3' 시트에서 다음과 같은 작업을 수행하고 저장하시오. (각 5점)

① 〈도서등록〉 버튼을 클릭하면 〈도서등록〉 폼이 나타나도록 프로시저를 작성하시오.
② 〈도서등록〉 폼이 초기화 되면 [I5:I11] 영역의 내용이 '도서분류(lst도서분류)' 목록 상자의 목록에 표시되도록 프로시저를 작성하시오.
③ '도서등록' 폼의 〈등록(cmd등록)〉 버튼을 클릭하면 폼에 입력된 데이터가 시트의 표에 입력되도록 프로시저를 작성하시오.
   ▶ ListIndex와 List 속성을 이용하시오.
   ▶ 도서분류를 선택하지 않은 경우 〈그림〉과 같은 메시지를 표시하고 도서분류의 첫 번째 항목을 선택하시오.

   ▶ 정가는 천단위마다 콤마를 표시하여 입력하시오.

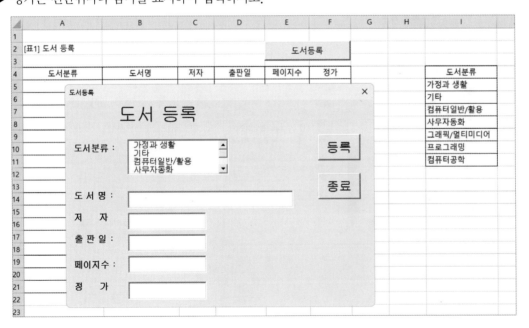

문제1 기본작업

01 고급 필터

정답

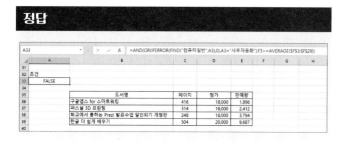

① [A32:A33] 영역에 조건을 입력하고, [B35:E35] 영역에 '추출할 필드명'을 입력한다.

[A33] : =AND(OR(IFERROR(FIND("컴퓨터일반",A3),0),A3="사무자동화"),F3>=AVERAGE($F$3:$F$29))

② [데이터]-[정렬 및 필터] 그룹에서 [고급](📇)을 클릭한다.
③ [고급 필터]에서 다음과 같이 지정한 후 [확인]을 클릭한다.

- 결과 : '다른 장소에 복사'
- 목록 범위 : [A2:H29]
- 조건 범위 : [A32:A33]
- 복사 위치 : [B35:E35]

02 조건부 서식

정답

	A	B	C	D	E	F	G	H	I
2	도서분류	도서명	저자	출판일	페이지	정가	회원리뷰수	판매량	
3	가정과 생활	2,000원으로 밥상 차리기(개정판)	김윤환	2016-07-01	256	10,800	25	8,563	
4	가정과 생활	365일 건강한 식당	째 아위홀	2014-08-25	228	14,000	30	5,987	
5	가정과 생활	5,000원으로 손님상 차리기(개정판)	이수연	2020-04-10	232	9,800	18	3,657	
6	가정과 생활	500원으로 밥반찬 만들기(개정판)	이혜림	2020-03-15	200	9,800	15	12,395	
7	기타	개정판 월급만으로는 살수없다	전에리 외	2017-01-15	272	9,800	45	5,962	
8	기타	남편사용설명서(개정판)	이병준	2020-05-20	288	12,000	58	3,215	
9	기타	열혈 백패킹	이우철	2015-03-10	224	13,000	100	1,896	
10	기타	SNS의 보이지 않는 위험	김승운 외	2015-03-31	384	20,000	67	1,697	
11	가정과 생활	러블리 홈메이킹	고아라	2013-06-28	264	13,000	41	6,541	
12	가정과 생활	한국인의 명절 요리	이혜령	2012-09-14	208	12,000	76	8,451	
13	가정과 생활	매일매일 맛있는 도시락	김지혜	2012-09-10	192	12,000	92	5,302	
14	가정과 생활	더디쉬의 콜레이드 아침밥	더디쉬	2019-09-02	216	12,000	63	3,364	
15	컴퓨터일반/활용	눈이 편한 스마트폰	김혜경	2015-02-28	200	12,000	11	2,563	
16	컴퓨터일반/활용	구글앱스 for 스마트워킹	강성봉 외	2015-02-04	416	18,000	56	1,896	
17	컴퓨터일반/활용	퍼스널 3D 프린팅	김수연	2014-11-03	314	18,000	120	2,412	
18	사무자동화	학교에서 통하는 Prezi 발표수업 달인되기 개정판	정동임 외	2015-02-28	248	18,000	47	3,794	
19	사무자동화	How to Prezi 실무활용 테크닉 3rd Edition	장경호	2015-03-10	214	15,000	84	4,587	
20	사무자동화	한글 더 쉽게 배우기	박소영	2014-07-25	504	20,000	61	9,687	
21	그래픽/멀티미디어	프리미어 프로 CC 더 쉽게 배우기	이명희	2015-03-31	368	18,000	77	2,432	
22	그래픽/멀티미디어	언리얼엔진4 ArcVR(아크브이알)	정재현	2014-12-26	528	36,000	66	1,369	
23	프로그래밍	쉽게 배우는 스크래치 프로그래밍	최성실 외	2015-04-30	384	18,000	55	6,321	
24	프로그래밍	그림으로 배우는 JAVA Programming	Mana	2015-04-29	576	18,000	44	7,743	
25	컴퓨터공학	그림으로 배우는 Http & Network	우에노 센	2015-01-23	320	15,000	33	6,540	
26	컴퓨터공학	코딩인터뷰 퀘스천	Narasimha	2014-07-29	776	35,000	22	1,294	
27	그래픽/멀티미디어	일러스트레이터 CC&CS6 더 쉽게 배우기	이상진	2014-10-15	480	23,000	88	6,321	
28	그래픽/멀티미디어	여행사진의 기술 두번째 이야기	유호훈	2014-07-15	520	25,000	99	3,390	
29	가정과 생활	1,000원으로 국찌개 만들기(개정판)	더디쉬	2016-11-15	248	9,800	101	10,698	
30		평균			336	16,556	59	5,114	

① [A3:H29] 영역을 범위 지정한 후 [홈]-[스타일] 그룹의 [조건부 서식]-[새 규칙]을 클릭한다.
② [새 서식 규칙]에서 '규칙 유형 선택'에 '▶ 수식을 사용하여 서식을 지정할 셀 결정'을 선택하고, =AND(YEAR(TODAY())-YEAR($D3)>=2,YEAR(TODAY())-YEAR($D3)<=4)를 입력한 후 [서식]을 클릭한다.

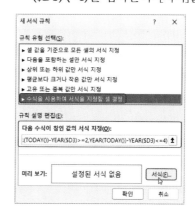

함수 설명 =AND(YEAR(TODAY( ))-YEAR($D3)>=2, YEAR(TODAY())-YEAR($D3)<=4)

❶ TODAY( ) : 오늘의 날짜를 구함
❷ YEAR(❶) : ❶의 값에서 년도를 추출함
❸ YEAR($D3) : [D3] 셀에서 년도를 추출함

=AND(❷-❸)>=2, ❷-❸<=4) : ❷에서 ❸을 뺀 값이 2 이상이고 4 이하인 값을 추출함

③ [셀 서식]의 [글꼴] 탭에서 글꼴 스타일은 '굵은 기울임꼴'를 선택하고, 색은 '표준 색 – 파랑'을 선택한 후 [확인]을 클릭한다.

④ [새 서식 규칙]에서 다시 [확인]을 클릭한다.

03 시트 보호와 통합 문서 보기

정답

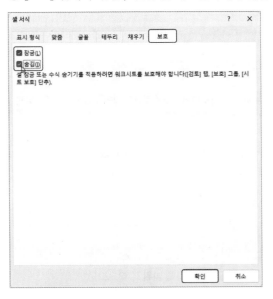

① [E30:H30] 영역을 범위 지정한 후 마우스 오른쪽 버튼을 눌러 [셀 서식]을 클릭한다.

② [보호] 탭에서 '잠금', '숨김'을 체크한 후 [확인]을 클릭한다.

③ [검토] 탭의 [보호] 그룹에서 [시트 보호]를 클릭하여 '잠긴 셀 선택'과 '잠기지 않은 셀 선택', '셀 서식'을 체크한 후 [확인]을 클릭한다.

④ [보기]-[통합 문서 보기] 그룹에서 [페이지 나누기 미리 보기]를 클릭하고 [100%]를 클릭한다.

⑤ 페이지 나누기 구분선을 드래그하여 [A2:H30] 영역만 인쇄될 수 있도록 조절한다.

⑥ 1페이지로 인쇄하기 위해서 C와 D열의 경계라인을 드래 그하여 H열 밖으로 드래그한다.

정답

[표1]

부서	사원명	업무지식	팀워크	생산성	자기개발	상사평가	평가결과
IT	김현우	88	90	85	87	92	우수
마케팅	이지훈	85	88	83	85	87	우수
영업	박민수	90	93	88	90	91	최우수
인사	정예온	75	78	70	72	80	보통
IT	최서윤	60	65	55	60	70	양호
마케팅	한동현	85	87	80	82	85	우수
영업	윤지혜	50	50	50	50	89	개선필요
IT	강민재	80	85	75	78	85	우수
인사	오수빈	90	92	85	88	90	우수
마케팅	김도현	92	95	90	92	94	최우수
영업	이수민	80	83	75	78	80	보통

[표2]

평가점수	0	60	70	80	90
평가결과	개선필요	양호	보통	우수	최우수

[표3]

부서	업무지식	팀워크	생산성	자기개발	상사평가	상위3위
IT	15%	30%	20%	20%	15%	90
마케팅	30%	15%	30%	15%	10%	94
영업	25%	20%	20%	20%	15%	91
인사	20%	20%	25%	15%	20%	91

[표4]

이름	중간고사	수행평가	기말고사	비고	총점
선명철	5	5	5	대상	★★★★★
김종호	4.5	4.5	4.5	금상	★★★★☆
유연석	4	1.5	3		★★☆☆☆
김호성	3	2.5	2.5		★★☆☆☆
민정연	3.5	5	2		★★★☆☆
서유미	4	3.5	3		★★★☆☆
강소유	4.5	1.5	4		★★★☆☆
정이정	5	3.5	4.5	은상	★★★★☆
최정윤	2.5	4.5	3		★★★☆☆
김나래	2	4	2.5		★★☆☆☆
성기창	4.5	3.5	3		★★★☆☆
한영미	5	2	2.5		★★★☆☆
윤수연	3.5	5	4	동상	★★★★☆
강연수	3	2.5	3.5		★★☆☆☆

[표5]

평가기준	가중치
중간고사	0.3
수행평가	0.4
기말고사	0.3

[표6]

측정일자	시작점	재비산먼지 평균농도($\mu g/m^3$)
2026-03-04	서울특별시 강서구 방화동	45
2026-03-04	서울특별시 성동구 마장동	13
2026-03-04	서울특별시 양천구 신정동	5
2026-03-04	서울특별시 구로구 신도림동	5
2026-03-04	서울특별시 마포구 상암동	50
2026-03-04	서울특별시 강동구 천호동	9
2026-03-04	서울특별시 송파구 거여동	14
2026-03-15	서울특별시 중랑구 묵동	9
2026-03-15	서울특별시 양천구 목동	12
2026-03-15	서울특별시 강서구 화곡동	26
2026-03-15	서울특별시 마포구 상암동	5
2026-03-15	서울특별시 송파구 거여동	10

[표7]

서울특별시	4일	15일
성동구	13	0
양천구	5	12
구로구	5	0
강서구	45	26
마포구	50	5
중랑구	0	9
광진구	0	0
강동구	9	0
송파구	14	10

01 포인트[G3:G29]

[H3] 셀에 =HLOOKUP(SUMPRODUCT(C3:G3,OFFSET ($A$20,MATCH(A3,$A$21:$A$24,0),1,1,5)),$B$16: $F$17,2)를 입력하고 [H13] 셀까지 수식을 복사한다.

> **함수 설명** =HLOOKUP(SUMPRODUCT(C3:G3,OFFSET($A$20, MATCH(A3,$A$21:$A$24,0),1,1,5)),$B$16:$F$17,2)
>
> ❶ MATCH(A3,$A$21:$A$24,0) : [A3] 셀의 값을 [A21:A24]에서 정확하게 일치하는 셀의 위치 값을 구함
> ❷ OFFSET($A$20,❶,1,1,5) : [A20] 셀에서 시작하여 ❶의 행 만큼 이동하고, 1 열 이동한 후에 1*5(1행 5열)을 범위 지정
> ❸ SUMPRODUCT(C3:G3,❷) : [C3:G3] 영역의 값을 ❷의 영역의 값과 각각 곱한 값을 모두 더한 결과 값
>
> =HLOOKUP(❸,$B$16:$F$17,2) : ❸의 값을 [B16:F17] 영역의 첫번째 행에서 찾아 2번째 행의 값을 찾아옴

02 상위3위[G21:G24]

[G21] 셀에 =AVERAGE(LARGE(($A$3:$A$13=A21)*$C $3:$G$13,{1,2,3}))를 입력하고 [G24] 셀까지 수식을 복사한다.

03 사용자 정의 함수(fn비고)[N3:N16]

① [개발 도구]-[코드] 그룹의 [Visual Basic](📷)을 클릭한다.
② [삽입]-[모듈]을 클릭한다.
③ Module 창에 다음과 같이 입력한다.

```
Public Function fn비고(중간고사, 수행평가, 기말고사)
    Select Case 중간고사 + 수행평가 + 기말고사
        Case 15
            fn비고 = "대상"
        Case Is >= 13.5
            fn비고 = "금상"
        Case Is >= 13
            fn비고 = "은상"
        Case Is >= 12
            fn비고 = "동상"
        Case Else
            fn비고 = ""
    End Select
End Function
```

④ [파일]-[닫고 Microsoft Excel(으)로 돌아가기]를 클릭하여 [Visual Basic Editor]를 닫는다.
⑤ [N3] 셀을 클릭한 후 [함수 삽입](𝑓ₓ)을 클릭한다.

⑥ '범주 선택'에서 '사용자 정의', '함수 선택'에서 'fn비고'를 선택한 후 [확인]을 클릭한다.

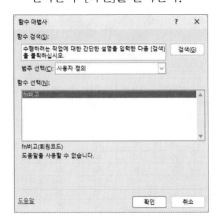

⑦ 그림과 같이 셀을 지정한 후 [확인]을 클릭한다.

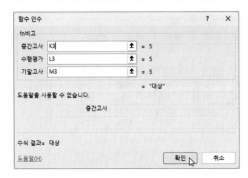

⑧ [N3] 셀을 선택한 후 [N16] 셀까지 수식을 복사한다.

04 총점[O3:O16]

[O3] 셀에 =REPT("★",INT(SUMPRODUCT(K3:M3, TRANSPOSE($K$20:$K$22))))&REPT("☆",5−INT (SUMPRODUCT(K3:M3,TRANSPOSE($K$20:$K $22))))를 입력하고 Ctrl+Shift+Enter를 눌러 수식을 완성한 후 [O16] 셀까지 수식을 복사한다.

> **함수 설명** =REPT("★",INT(SUMPRODUCT(K3:M3,TRANSPOSE ($K$20:$K$22))))&REPT("☆",5−INT(SUMPRODUCT(K3:M3, TRANSPOSE($K$20:$K$22))))
>
> ❶ TRANSPOSE($K$20:$K$22) : [K20:K22] 영역의 값을 행과 열을 바꿈
> ❷ SUMPRODUCT(K3:M3,❶) : [K3:M3] 영역의 값을 ❶의 값과 곱한 값을 더한 결과([K3]*[K20]+[L3]*[K21]+[M3]*[K22])
> ❸ INT(❷) : ❷의 결과 값을 정수로 표시
>
> =REPT("★",❸)&REPT("☆",5−❸) : ★을 ❸의 개수만큼 반복하여 표시하고, ☆를 5−❸의 개수만큼 반복하여 연결하여 표시

05 평균농도 최대값[R18:S26]

[R18] 셀에 =MAX(IFERROR(FIND("서울특별시",$R$3:$R$14))>=1,0)*IFERROR(FIND($Q18,$R$3:$R$14))>=1,0)*(DAY($Q$3:$Q$14)=R$17)*($S$3:$S$14))를 입력하고 Ctrl + Shift + Enter 를 눌러 수식을 완성한 후 [S26] 셀까지 수식을 복사한다.

함수 설명 =MAX(IFERROR(FIND("서울특별시",$R$3:$R$14))>=1,0)
*IFERROR(FIND($Q18,$R$3:$R$14))>=1,0)*(DAY($Q$3:$Q$14)=
R$17)*($S$3:$S$14))

❶ FIND("서울특별시",$R$3:$R$14))>=1 : [R3:R14] 영역에서 '서울특별시'를 찾아 시작 위치 값을 구한 후 그 값이 1 이상이면 TRUE 값을 반환

❷ FIND($Q18,$R$3:$R$14))>=1 : [R3:R14] 영역에서 [Q18] 셀의 내용이 있다면 시작 위치 값을 구한 후 그 값이 1 이상이면 TRUE 값을 반환

❸ IFERROR(❶,0) : ❶의 오류가 있다면 0 값을 반환

❹ IFERROR(❷,0) : ❷의 오류가 있다면 0 값을 반환

❺ DAY($Q$3:$Q$14)=R$17 : [Q3:Q14] 영역의 일을 구한 값이 [R17] 셀과 같으면 TRUE 값을 반환

=MAX(❸*❹*❺*($S$3:$S$14)) : ❸, ❹, ❺의 모든 조건에 만족하면 [S3:S14] 영역의 값이 반환되고 그 값 중에 최대값을 구함

01 피벗 테이블

정답

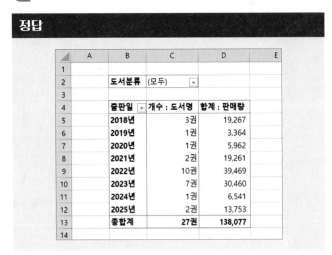

① [B4] 셀을 선택한 후 [데이터]-[데이터 가져오기 및 변환] 그룹의 [데이터 가져오기]-[기타 원본에서]-[Microsoft Query에서](🖳)를 클릭한다.

② [데이터 원본 선택]의 [데이터베이스] 탭에서 'MS Access Database *'를 선택하고 [확인]을 클릭한다.

③ 폴더에서 '도서.accdb'를 선택하고 [확인]을 클릭한다.

④ [열 선택]에서 '판매현황' 테이블을 더블클릭하여 다음과 같이 지정하고 [다음]을 클릭한다.

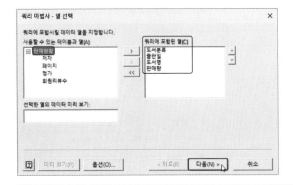

도서분류, 출판일, 도서명, 판매량

⑤ [데이터 필터]와 [정렬 순서]에서는 설정 없이 [다음]을 클릭한다.

⑥ [마침]에서 'Microsoft Excel(으)로 데이터 되돌리기'를 선택하고 [마침]을 클릭한다.

⑦ [데이터 가져오기]에서 '피벗 테이블 보고서'를 선택한 다음, '기존 워크시트'는 [B4] 셀을 지정하고 [확인]을 클릭한다.

⑧ [피벗 테이블 필드]에서 다음과 같이 드래그한다.

⑨ [디자인]-[레이아웃] 그룹에서 [보고서 레이아웃]-[개요 형식으로 표시]를 클릭한다.

⑩ [B5] 셀에서 마우스 오른쪽 버튼을 눌러 [그룹]을 클릭한다.

⑪ [그룹화]에서 '월'과 '분기'를 다시 클릭하여 해제하고 '연' 만 선택하고 [확인]을 클릭한다.

⑫ 개수 : 도서명[C4]에서 마우스 오른쪽 버튼을 눌러 [값 필드 설정]을 클릭한 후 [표시 형식]을 클릭한다.

⑬ [표시 형식]에서 '사용자 지정'을 선택하고 'G/표준' 뒤에 "권"을 입력하고 [확인]을 클릭한다.

⑭ 합계 : 판매량[D4]에서 마우스 오른쪽 버튼을 눌러 [값 필드 설정]을 클릭한 후 [표시 형식]을 클릭한다.

⑮ [셀 서식]에서 [표시 형식] 탭에서 '숫자'를 선택한 후 '1000 단위 구분 기호 사용'을 체크하고 [확인]을 클릭하고 [값 필드 설정]에서 다시 한 번 [확인]을 클릭한다.

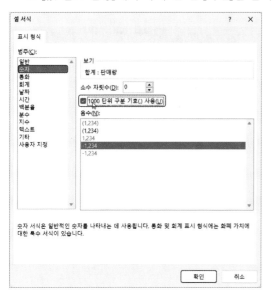

⑯ [디자인]-[피벗 테이블 스타일] 그룹에서 '흰색, 피벗 스타일 밝게 22'를 선택한다.

02 데이터 도구

정답

① [C2:C28] 영역을 범위 지정한 후 [데이터]-[데이터 도구] 그룹의 [데이터 유효성 검사]( )를 클릭한다.

② [데이터 유효성]의 [설정] 탭에서 제한 대상은 '텍스트 길이', 제한 방법은 '해당 범위', 최소값은 1, 최대값은 10을 입력한다.

③ [설명 메시지] 탭에서 제목은 **저자 입력**, 설명 메시지는 **10자 이내로 입력**을 입력한다.

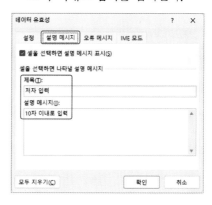

④ [오류 메시지] 탭에서 스타일은 '정보', 제목은 **저자 입력**, 오류 메시지는 **10자 이내로 입력해 주세요.**를 입력하고 [확인]을 클릭한다.

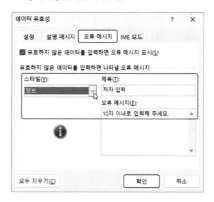

⑤ [데이터]-[정렬 및 필터] 그룹에서 [필터]( )를 클릭한다.

⑥ 정가[F1] 목록 단추( )를 클릭하여 [숫자 필터]- [사용자 지정 필터]를 클릭한다.

⑦ [사용자 지정 자동 필터]에서 '>=', 30000, '또는', '<', 10000을 입력하고 [확인]을 클릭한다.

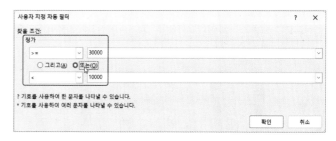

01 차트

정답

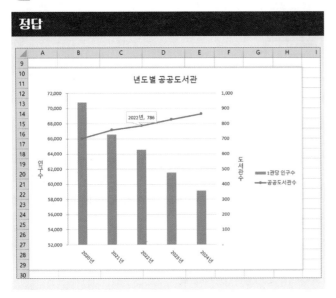

① 차트 영역에서 마우스 오른쪽 버튼을 클릭한 후 [데이터 선택]을 클릭한다.

② [국민 총인구] 계열은 [제거]를 클릭한 후 [확인]을 클릭한다.

③ '공공도서관수' 계열을 선택한 후 마우스 오른쪽 버튼을 클릭한 후 [계열 차트 종류 변경]을 클릭한다.

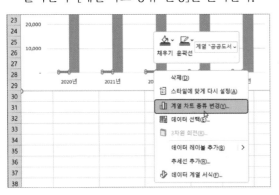

④ [차트 종류 변경]에서 '꺾은선형'의 '표식이 있는 꺾은선형'을 선택한다.

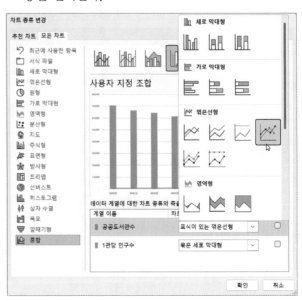

⑤ '공공도서관수' 계열을 '보조 축'을 선택하고 [확인]을 클릭한다.

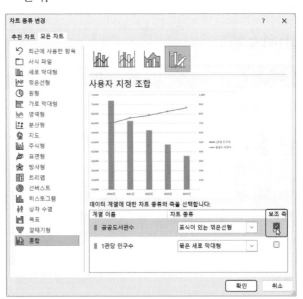

⑥ 차트를 선택하고 [차트 요소](⊞)-[차트 제목]을 클릭하여 **년도별 공공도서관**을 입력한다.

⑦ [차트 요소](⊞)-[축 제목]-[기본 세로]를 클릭하여 **인구수**를 입력한다.

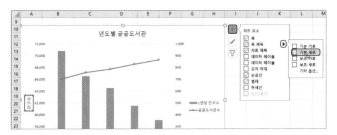

⑧ 세로 (값) 축 제목을 선택한 후 [축 제목 서식] 메뉴를 클릭한 후 [크기 및 속성]의 '맞춤'에서 텍스트 방향 '세로'를 선택한다.

⑨ [차트 요소](⊞)-[축 제목]-[보조 세로]를 클릭하여 **도서관수**를 입력한다.

⑩ 보조 세로 (값) 축 제목을 선택한 후 [크기 및 속성]의 '맞춤'에서 텍스트 방향 '세로'를 선택한다.

⑪ 가로(항목) 축을 선택한 후 [축 서식]-[텍스트 옵션]에서 '텍스트 상자'의 '사용자 지정 각'에 45를 입력한다.

⑫ 세로(값) 축을 선택한 후 [축 옵션]에서 '눈금'을 선택한 후 '주 눈금'은 '교차'를 선택한다.

⑬ '2022년' 계열의 '공공도서관수' 요소를 천천히 두 번 클릭한 후 [차트 디자인] 탭에서 [차트 레이아웃] 그룹에서 [차트 요소 추가]-[데이터 레이블]-[데이터 설명선]을 클릭한다.

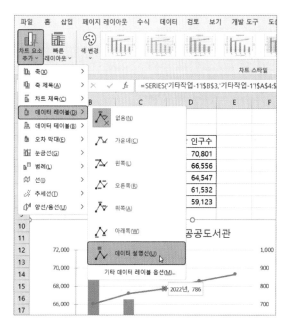

⑭ '데이터 레이블'을 선택한 후 [레이블 옵션]에서 레이블 위치 '위쪽'을 선택한다.

⑮ 차트를 선택한 후 [효과]에서 '네온'을 선택하고 '미리 설정'에서 '네온: 5pt, 파랑, 강조색1'을 선택한다.

02 매크로

정답

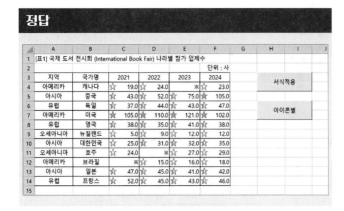

① 비어 있는 셀을 클릭한 후 [개발 도구]–[코드] 그룹의 [매크로 기록](📹)을 클릭한다.
② [매크로 기록]에 **서식적용**을 입력하고 [확인]을 클릭한다.
③ [C4:F14] 영역을 범위 지정한 후 Ctrl + 1 을 눌러 [표시 형식] 탭의 '사용자 지정'을 선택한 후 [>0]0.0;;;"※"를 입력하고 [확인]을 클릭한다.

④ [개발 도구]–[코드] 그룹의 [기록 중지](⬜)를 클릭한다.
⑤ [개발 도구]–[컨트롤] 그룹의 [삽입]–[단추(양식 컨트롤)](⬜)을 클릭한다.
⑥ 마우스 포인트가 '+'로 바뀌면 Alt 를 누른 상태에서 [H3:I4] 영역에 드래그하면 [매크로 지정] 대화상자가 나타난다.
⑦ [매크로 지정]에서 **서식적용**을 선택하고 [확인]을 클릭한다.
⑧ 단추에 입력된 '단추 1'을 지우고 **서식적용**을 입력한다.
⑨ 비어 있는 셀을 클릭한 후 [개발 도구]–[코드] 그룹의 [매크로 기록](📹)을 클릭한다.

⑩ [매크로 기록]에서 **아이콘별**을 입력하고 [확인]을 클릭한다.
⑪ [C4:F14] 영역을 범위 지정한 후 [홈]–[스타일] 그룹의 [조건부 서식]–[새 규칙](📋)을 클릭한다.
⑫ [새 서식 규칙]에서 다음과 같이 지정하고 [확인]을 클릭한 후 [개발 도구]–[코드] 그룹의 [기록 중지](⬜)를 클릭한다.

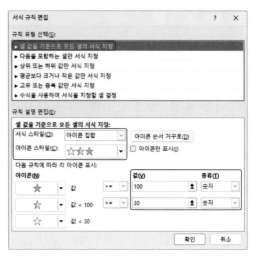

- 서식 스타일 : 아이콘 집합
- 아이콘 스타일 : 별 3개
- 값1 : 100, (종류) 숫자
- 값2 : 30, (종류) 숫자

⑬ [개발 도구]–[컨트롤] 그룹의 [삽입]–[단추(양식 컨트롤)](⬜)을 클릭한다.
⑭ 마우스 포인트가 '+'로 바뀌면 Alt 를 누른 상태에서 [H6:I7] 영역에 드래그한다.
⑮ [매크로 지정]에 '아이콘별'을 선택하고 [확인]을 클릭한다.
⑯ 단추에 입력된 '단추 2'를 지우고 **아이콘별**을 입력한다.

03 VBA 프로그래밍

(1) 폼 보이기

① [개발 도구]–[컨트롤] 그룹에서 [디자인 모드](🔲)를 클릭하여 〈도서등록〉 버튼을 편집 상태로 만든다.
② 〈도서등록〉 버튼을 더블클릭한 후 코드 창에 다음과 같이 입력한다.

```
Private Sub cmd도서등록_Click()
    도서등록.Show
End Sub
```

(2) 폼 초기화

① [프로젝트-VBAProject] 탐색기에서 '폼'을 더블 클릭하고 〈도서등록〉을 선택한다.
② [프로젝트-VBAProject] 탐색기의 [코드 보기](🔳)를 클릭한다.
③ '개체 목록'은 'UserForm', '프로시저 목록'은 'Initialize'를 선택한다.
④ 코드 창에 다음과 같이 입력한다.

```
Private Sub UserForm_Initialize()
    lst도서분류.RowSource = "I5:I11"
End Sub
```

코드 설명 TIP

UserForm_Initialize() : 폼이 열리기 바로 직전(Initialize)에 동작
lst도서분류.RowSource = "I5:I11" : lst도서분류에 데이터 범위[I5:I11]의 내용을 연결

(3) 등록 프로시저

① '개체 목록'에서 'cmd등록', '프로시저 목록'은 'Click'을 선택한다.
② 코드 창에 다음과 같이 입력한다.

```
Private Sub cmd등록_Click()
    iRow = lst도서분류.ListIndex
    i = Range("A4").CurrentRegion.Rows.Count + 4
    If IsNull(lst도서분류.Value) Then
        MsgBox "도서분류를 선택하세요."
        lst도서분류.ListIndex = 0
    Else
        Cells(i, 1) = lst도서분류.List(iRow, 0)
        Cells(i, 2) = txt도서명
        Cells(i, 3) = txt저자
        Cells(i, 4) = txt출판일
        Cells(i, 5) = txt페이지수.Value
        Cells(i, 6) = Format(txt정가, "#,###")
    End If
End Sub
```

코드 설명 TIP

iRow = lst도서분류.ListIndex
→ iRow는 'lst도서분류'의 목록상자에서 선택한 값의 위치 값을 기억할 변수(사용자가 'iRow' 대신에 임의로 변수 이름을 사용해도 됩니다.)
→ 'lst도서분류'에서 '가정과 생활'을 선택하면 .ListIndex 의 값이 '0', '기타'는 '1', '컴퓨터 일반/활용'은 '2' … 의 결과 값이 반환됨

i = Range("A4").CurrentRegion.Rows.Count + 4
→ 'i'는 새로운 데이터를 입력할 행의 위치를 구하여 기억하는 변수이다. 'i' 대신에 사용자가 다른 문자를 사용해도 상관없다.
  Range : 셀 하나 또는 셀의 범위를 말함
  CurrentRegion : 지정된 셀과 연결된 범위를 말함
  Rows : 범위의 행들을 의미
  Count : 개수를 구함

+4
새롭게 데이터를 입력할 마지막 행의 위치를 구하기 위해서 더해주는 값이다. [A4] 셀 위쪽에 연결되지 않은 3행과 새롭게 데이터를 입력할 1행을 더한 값이다. (참고로 [A2] 셀의 '[표1] 도서 등록'이 입력되어 있지만, 비어 있는 3행이 있기 때문에 연결된 행으로 인식하지 않음)

If IsNull(lst도서분류.Value) Then
→ lst도서분류 값이 선택되지 않았다면

MsgBox "도서분류를 선택하세요."
→ '도서분류를 선택하세요.'라는 메시지를 표시

lst도서분류.ListIndex = 0
→ lst도서분류.ListIndex의 0의 값 '가정과 생활'이 선택이 됨

Cells(i, 1) = lst도서분류.List(iRow, 0)
→ cells(i,1)은 새롭게 입력할 행(i)의 A열(숫자 1의 의미)에 lst도서분류 목록에서 iRow에 기억된 값의 행의 값을 대입

Cells(i, 6) = Format(txt정가, "#,###")
→ cells(i,6) 셀에 txt정가에서 입력된 값을 천단위 콤마를 표시하여 입력함

스프레드시트 실전 모의고사 09회

프로그램명	소요시간	합격 점수
EXCEL 2021	45분	70점

수험번호 :

성   명 :

유의사항

■ 인적 사항 누락 및 잘못 작성으로 인한 불이익은 수험자 책임으로 합니다.

■ 화면에 암호 입력창이 나타나면 아래의 암호를 입력하여야 합니다.
  ○ 암호: 6845%3

■ 작성된 답안은 주어진 경로 및 파일명을 변경하지 마시고 그대로 저장해야 합니다. 이를 준수하지 않으면 실격 처리됩니다.
  ○ 답안 파일명의 예: C:\OA\수험번호8자리.xlsm

■ 외부데이터 위치: C:\OA\파일명

■ 별도의 지시사항이 없는 경우, 다음과 같이 처리 시 실격 처리됩니다.
  ○ 제시된 시트 및 개체의 순서나 이름을 임의로 변경한 경우
  ○ 제시된 시트 및 개체를 임의로 추가 또는 삭제한 경우
  ○ 외부데이터를 시험 시작 전에 열어본 경우

■ 답안은 반드시 문제에서 지시 또는 요구한 셀에 입력하여야 하며 다음과 같이 처리 시 채점 대상에서 제외됩니다.
  ○ 제시된 함수가 있을 경우 제시된 함수만을 사용하여야 하며 그 외 함수사용시 채점대상에서 제외
  ○ 수험자가 임의로 지시하지 않은 셀의 이동, 수정, 삭제, 변경 등으로 인해 셀의 위치 및 내용이 변경된 경우 해당 작업에 영향을 미치는 관련문제 모두 채점 대상에서 제외
  ○ 도형 및 차트의 개체가 중첩되어 있거나 동일한 계산결과 시트가 복수로 존재할 경우 해당 개체나 시트는 채점 대상에서 제외

■ 수식 작성 시 제시된 문제 파일의 데이터는 변경 가능한(가변적) 데이터임을 감안하여 문제 풀이를 하시오.

■ 별도의 지시사항이 없는 경우, 주어진 각 시트 및 개체의 설정값 또는 기본 설정값 (Default)으로 처리하시오.

■ 저장 시간은 별도로 주어지지 않으므로 제한된 시간 내에 저장을 완료해야 하며, 제한 시간 내에 저장이 되지 않은 경우에는 실격 처리됩니다.

■ 출제된 문제의 용어는 MS Office LTSC Professional Plus 2021 기준으로 작성되어 있습니다.

대 한 상 공 회 의 소

기본작업(15점) 주어진 시트에서 다음 과정을 수행하고 저장하시오.

01 **'기본작업-1' 시트에서 다음과 같이 고급 필터를 수행하시오. (5점)**

▶ [A2:H32] 영역에서 '학년'이 '중1'이고 '현재강의수'가 '현재강의수'의 90% 위치의 백분율 수보다 크거나 같은 행만을 표시하시오.

▶ 조건은 [J2:J3] 영역 내에 알맞게 입력하고, '강의코드', '수업시작일', '강사명', '강의과목' 필드만 추출하시오(AND, PERCENTILE.INC 함수 사용).

▶ 결과는 [J5] 셀부터 표시하시오.

02 **'기본작업-1' 시트의 [A3:H32] 영역에 대해 다음과 같이 조건부 서식을 설정하시오. (5점)**

▶ "20"과 '강의코드'의 4~5번째 글자를 연결한 값과 '수업시작일'의 연도가 같지 않은 전체 행에 대해서 채우기 색은 '표준 색 – 주황'으로 적용하는 조건부 서식을 작성하시오.

▶ 단, 한 개의 규칙만을 이용하여 작성하시오(VALUE, MID, YEAR 함수와 & 연산자 사용).

03 **'기본작업-2' 시트에서 다음과 같이 페이지 레이아웃을 설정하시오. (5점)**

▶ 인쇄될 내용이 페이지의 정 가운데에 인쇄되도록 페이지 가운데 맞춤을 설정하시오.

▶ 매 페이지 상단의 왼쪽 구역에는 인쇄 날짜가 [표시 예]와 같이 표시되도록 머리글을 설정하시오.
[표시 예 : 인쇄 날짜가 2025-01-01 이면 → 인쇄 날짜 : 2025-01-01]

▶ [A2:H32] 영역을 인쇄 영역으로 설정하고, 용지 여백을 '좁게(위쪽, 아래쪽 : 1.91cm, 왼쪽, 오른쪽 : 0.64cm, 머리글, 바닥글 : 0.76cm)'로 설정하시오.

01 [표1]의 코드와 수업시작일을 이용하여 [B3:B32] 영역에 강의코드를 계산하여 표시하시오. (6점)

- ▶ 강의코드는 코드 중간에 수업시작일에서 년도를 추출한 값 뒤 2문자에 '−' 기호를 삽입하여 표시
- ▶ 코드가 "M110KO", 수업시작일이 "2025−10−01"일 경우 : M1−25−10KO
- ▶ RIGHT, YEAR, REPLACE 함수와 & 연산자 사용

02 [표1]의 학년과 강의과목과 [표2]의 할인율표를 이용하여 [G3:G32] 영역에 학년과 강의과목에 따른 수강료 할인율을 계산하여 표시하시오. (6점)

- ▶ HLOOKUP, MATCH 함수 사용

03 [표1]의 현재강의수와 전체강의수를 이용하여 [K3:K32] 영역에 진행률을 계산하여 다음과 같이 표시하시오. (6점)

- ▶ '현재강의수/전체강의수'의 값이 0.8일 경우 : ▶▶▶▶▶▶▶▶80.0%
- ▶ '현재강의수/전체강의수'의 값이 0.55일 경우 : ▶▶▶▶▶55.0%
- ▶ '현재강의수/전체강의수'의 값이 오류일 경우 : 신생강의
- ▶ REPT, TEXT, IFERROR 함수와 & 연산자 사용

04 사용자 정의 함수 'fn비고'를 작성하여 [표1]의 [L3:L32] 영역에 비고를 계산하여 표시하시오. (6점)

- ▶ 'fn비고'는 현재강의수와 수강인원을 인수로 받아 비고를 계산하는 함수이다.
- ▶ '수강인원/현재강의수'가 20 이상이면 "강의증설", 5 이하이면 "강의폐강", 그 외에는 공백으로 표시하시오.
- ▶ SELECT CASE문 이용

```
Public Function fn비고(현재강의수, 수강인원)
End Function
```

05 [표1]의 강사명, 강의과목, 전체강의수를 이용하여 [표3]의 [G36:J38] 영역에 과목별 전체강의수별 강사명을 계산하여 표시하시오. (6점)

- ▶ [표3]의 순위는 전체강의수가 많은 순으로 지정됨
- ▶ INDEX, MATCH, LARGE 함수를 적용한 배열 수식 사용

01 '분석작업-1' 시트에서 다음과 같은 피벗 테이블을 작성하시오. (10점)

▶ 외부 데이터 가져오기 기능을 사용하여 〈학원. accdb〉의 〈서초점〉 테이블을 이용하시오.

▶ 피벗 테이블 보고서의 레이아웃과 위치는 〈그림〉을 참조하여 설정하고, 보고서 레이아웃을 테이블 형식으로 표시하시오.

▶ '수업시작일'을 기준으로 그룹을 설정하시오.

▶ '수강인원' 필드의 값 요약 기준을 '평균'으로 설정하고, 표시 형식은 값 필드 설정의 셀 서식에서 '숫자' 범주를 이용하여 지정하시오.

▶ 피벗 테이블 스타일은 '흰색, 피벗 스타일 보통 11'로 설정하시오.

	A	B	C	D	E	F	G	H	I
4		평균 : 수강인원		강의과목					
5		학년	수업시작일	과학	국어	수학	영어	총합계	
6		중1	2월				135	135	
7			3월	50		70		60	
8			4월			70		70	
9			9월				70	70	
10			10월	70	60			65	
11			11월			140	68	104	
12			12월				65	65	
13		중1 요약		60	60	93	85	80	
14		중2	1월		60	150	50	87	
15			3월			60		60	
16			4월	50			70	60	
17			9월			58		58	
18			10월				65	65	
19			11월	80			50	65	
20			12월	55	120		67	81	
21		중2 요약		62	90	89	60	72	
22		중3	1월			85		85	
23			2월	45			50	48	
24			3월			54		54	
25			9월				80	80	
26			10월		75			75	
27			12월		45			45	
28		중3 요약		45	60	70	65	62	
29		총합계		58	72	86	70	72	
30									

※ 작업 완성된 그림이며 부분 점수 없음

02 '분석작업-2' 시트에 대하여 다음의 지시사항을 처리하시오. (10점)

▶ 데이터 도구를 이용하여 [표1]에서 '강사명', '학년' 열을 기준으로 중복된 값이 입력된 셀을 포함하는 행을 삭제하시오.

▶ [부분합] 기능을 이용하여 [표1]에서 '학년'별 '수강인원'의 평균을 계산한 후 '강의과목'별 '전체강의수'의 개수를 계산하시오.
  – 학년을 기준으로 오름차순으로 정렬하고, 학년이 동일한 경우 강의과목을 기준으로 오름차순 정렬하시오.
  – 평균과 개수는 위에 명시된 순서대로 처리하시오.

01 '기타작업-1' 시트에서 다음의 지시사항에 따라 차트를 수정하시오. (각 2점)

※ 차트는 반드시 문제에서 제공한 차트를 사용하여야 하며, 신규로 차트 작성 시 0점 처리됨

① '평균수강생' 계열의 차트 종류를 '표식이 있는 꺾은선형'으로 변경한 후 보조 축으로 지정하시오.

② 차트 레이아웃을 '레이아웃10'으로 지정한 후 차트 제목 및 축 제목을 〈그림〉과 같이 지정하시오.

③ 범례의 위치를 '위쪽'으로 지정하시오.

④ 차트 영역에 도형 스타일을 '색 윤곽선 – 주황, 강조 2'로 지정하시오.

⑤ '이달 강의수' 계열을 워크시트에 삽입된 클립아트를 이용하여 〈그림〉과 같이 표시하시오.

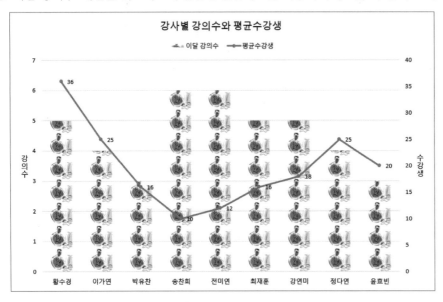

02 '기타작업-2' 시트에서 다음과 같은 기능을 수행하는 매크로를 현재 통합문서에 작성하시오. (각 5점)

① [C6:C35] 영역에 대하여 사용자 지정 표시 형식을 설정하는 '문자서식' 매크로를 생성하시오.
  ▶ 강사명 뒤에 '강사' 붙여서 표시 [예 : 황수경 강사]
  ▶ [개발 도구]–[삽입]–[양식 컨트롤]의 '단추'(□)를 동일 시트의 [B2:C3] 영역에 생성한 후 텍스트를 '문자서식'으로 입력하고, 단추를 클릭하면 '문자서식' 매크로가 실행되도록 설정하시오.

② [G6:G35] 영역에 대하여 사용자 지정 표시 형식을 설정하는 '숫자서식' 매크로를 생성하시오.
  ▶ 수강인원이 100 이상이면 파랑색으로 '0명' 형식으로 표시, 50 이하이면 빨강색으로 '0명' 형식으로 표시, 나머지는 '0명' 형식으로 표시
  ▶ [개발 도구]–[삽입]–[양식 컨트롤]의 '단추'(□)를 동일 시트의 [E2:F3] 영역에 생성한 후 텍스트를 '숫자서식'으로 입력하고, 단추를 클릭하면 '숫자서식' 매크로가 실행되도록 설정하시오.

  ※ 셀 포인터의 위치에 관계없이 매크로가 실행되어야 정답으로 인정됨

'기타작업-3' 시트에서 다음과 같은 작업을 수행하고 저장하시오. (각 5점)

① 〈수강신청〉 버튼을 클릭하면 〈수강신청〉 폼이 나타나고, 폼이 초기화 되면 [J5:J7] 영역의 내용이 '학년(cmb학년)', [K5:K8] 영역의 내용이 '과목(cmb과목)' 콤보 상자의 목록에 표시하고, '성별'을 표시하는 옵션 단추 중 '남(opt남)'이 기본적으로 선택되도록 프로시저를 작성하시오.

▶ 〈수강신청〉 폼의 '과목(cmb과목)'에서 '과학'을 선택하면 '강사명(cmb강사명)'에 [L5:L7], '국어'를 선택하면 [L8:L10], '수학'을 선택하면 [L11:L13], '영어'를 선택하면 [L14:L18] 영역이 나타나도록 프로시저를 작성하시오. (Select문과 Change 이벤트를 이용)

② '수강신청' 폼의 〈등록(cmd등록)〉 버튼을 클릭하면 폼에 입력된 데이터가 시트의 표에 입력되도록 프로시저를 작성하시오.

▶ '성별'은 옵션 단추 중 '남(opt남)'을 선택하면 '남', '여(opt여)'를 선택하면 '여'가 입력되도록 설정하시오.

▶ '수업시간'은 수치 데이터로 입력되도록 설정하시오.

③ 〈종료(cmd종료)〉 버튼을 클릭하면 현재 작업하는 시트의 [F2] 셀에 시간을 제외한 현재 날짜를 입력한 후 폼을 종료하는 프로시저를 작성하시오.

문제1 기본작업

01 고급 필터

정답

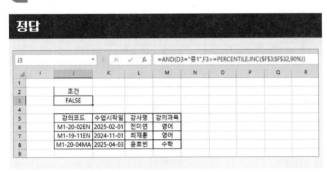

① [J2:J3] 영역에 조건과 [J5:M5] 영역에 추출할 필드명을 입력한다.

[J3] : =AND(D3="중1",F3)=PERCENTILE.INC($F$3:$F$32,90%))

② [데이터]-[정렬 및 필터] 그룹에서 [고급](📊)을 클릭한다.

③ [고급 필터]에서 다음과 같이 지정한 후 [확인]을 클릭한다.

- 결과 : '다른 장소에 복사'
- 목록 범위 : [A2:H32]
- 조건 범위 : [J2:J3]
- 복사 위치 : [J5:M5]

02 조건부 서식

정답

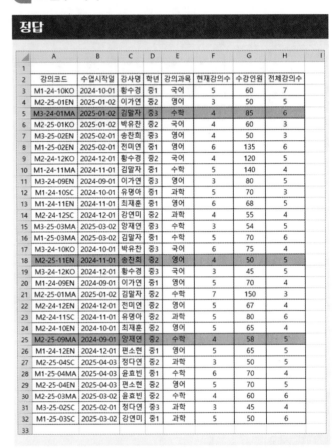

	A	B	C	D	E	F	G	H	I
1									
2	강의코드	수업시작일	강사명	학년	강의과목	현재강의수	수강인원	전체강의수	
3	M1-24-10KO	2024-10-01	황수경	중1	국어	5	60	7	
4	M2-25-01EN	2025-01-02	이가연	중2	영어	3	50	5	
5	M3-24-01MA	2025-01-02	김말자	중3	수학	4	85	6	
6	M2-25-01KO	2025-01-02	박유찬	중2	국어	4	60	3	
7	M3-25-02EN	2025-02-01	송찬희	중3	영어	4	50	3	
8	M1-25-02EN	2025-02-01	전미연	중1	영어	6	135	6	
9	M2-24-12KO	2024-12-01	황수경	중2	국어	4	120	5	
10	M1-24-11MA	2024-11-01	김말자	중1	수학	5	140	4	
11	M3-24-09EN	2024-09-01	이가연	중3	영어	3	80	5	
12	M1-24-10SC	2024-10-01	유명아	중1	과학	5	70	3	
13	M1-24-11EN	2024-11-01	최재훈	중1	영어	6	68	5	
14	M2-24-12SC	2024-12-01	강연미	중2	과학	4	55	4	
15	M3-25-03MA	2025-03-02	양재연	중3	수학	3	54	5	
16	M1-25-03MA	2025-03-02	김말자	중1	수학	5	70	6	
17	M3-24-10KO	2024-10-01	박유찬	중3	국어	6	75	4	
18	M2-25-11EN	2024-11-01	송찬희	중2	영어	4	50	5	
19	M3-24-12KO	2024-12-01	황수경	중3	국어	3	45	5	
20	M1-24-09EN	2024-09-01	이가연	중1	영어	5	70	4	
21	M2-25-01MA	2025-01-02	김말자	중2	수학	7	150	3	
22	M2-24-12EN	2024-12-01	전미연	중2	영어	5	67	4	
23	M2-24-11SC	2024-11-01	유명아	중2	과학	5	80	6	
24	M2-24-10EN	2024-10-01	최재훈	중2	영어	5	65	4	
25	M2-25-09MA	2024-09-01	양재연	중2	수학	4	58	5	
26	M1-24-12EN	2024-12-01	편소현	중1	영어	5	65	5	
27	M2-25-04SC	2025-04-03	정다연	중2	과학	3	50	5	
28	M1-25-04MA	2025-04-03	윤효빈	중1	수학	6	70	4	
29	M2-25-04EN	2025-04-03	편소현	중2	영어	5	70	5	
30	M2-25-03MA	2025-03-02	윤효빈	중2	수학	4	60	6	
31	M3-25-02SC	2025-02-01	정다연	중3	과학	3	45	4	
32	M1-25-03SC	2025-03-02	강연미	중1	과학	5	50	6	
33									

① [A3:H32] 영역을 범위 지정한 후 [홈]-[스타일] 그룹의 [조건부 서식]-[새 규칙]을 클릭한다.

② [새 서식 규칙]에서 '규칙 유형 선택'에 '▶ 수식을 사용하여 서식을 지정할 셀 결정'을 선택하고, =VALUE("20"&MID($A3,4,2))〈〉YEAR($B3)을 입력한 후 [서식]을 클릭한다.

③ [셀 서식]의 [채우기] 탭에서 배경색 '표준 색 – 주황'을 선택한 후 [확인]을 클릭한다.
④ [새 서식 규칙]에서 다시 [확인]을 클릭한다.

03 페이지 레이아웃

정답

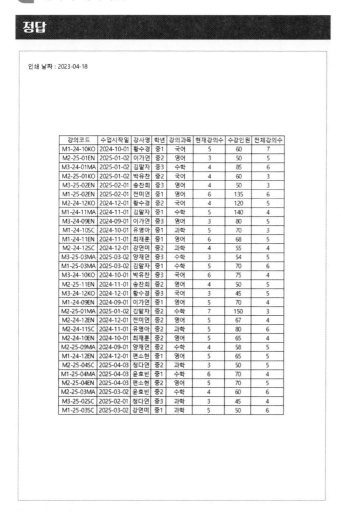

① [A2:H32] 영역을 범위 지정한 후 [페이지 레이아웃] 탭의 [페이지 설정]–[인쇄 영역]–[인쇄 영역 설정]을 클릭한다.

② [페이지 레이아웃] 탭의 [페이지 설정]–[여백]–[좁게]를 클릭한다.

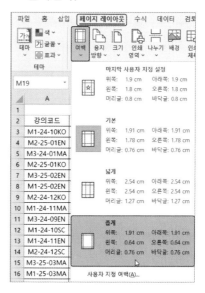

③ [페이지 레이아웃] 탭의 [페이지 설정]에서 [옵션]([↘])을 클릭한다.
④ [여백] 탭에서 페이지 가운데 맞춤 '가로', '세로'를 체크한다.
⑤ [머리글/바닥글] 탭을 클릭하여 [머리글 편집]을 클릭한다.
⑥ 왼쪽 구역에 커서를 두고 **인쇄 날짜 :** 를 입력하고 [날짜 삽입]([📅]) 도구를 클릭한 후 [확인]을 클릭한다.

정답

	A	B	C	D	E	F	G	H	I	J	K	L	M
1	[표1]												
2	코드	강의코드	수업시작일	강사명	학년	강의과목	할인율	현재강의수	수강인원	전체강의수	진행률	비고	
3	M110KO	M1-24-10KO	2024-10-01	황수경	중1	국어	30%	5	60	7	▶▶▶▶▶ 71.4%		
4	M201EN	M2-25-01EN	2025-01-02	이가연	중2	영어	15%	3	50	6	▶▶▶▶ 50.0%		
5	M301MA	M3-25-01MA	2025-01-02	김말자	중3	수학	15%	4	85	8	▶▶▶▶ 50.0%	강의증설	
6	M201KO	M2-25-01KO	2025-01-02	박유찬	중2	국어	25%	1	15	6	▶16.7%		
7	M302EN	M3-25-02EN	2025-02-01	송찬희	중3	영어	10%	4	16	3	▶▶▶▶▶▶▶▶▶▶▶▶▶ 133.3%	강의폐강	
8	M102EN	M1-25-02EN	2025-02-01	전미연	중1	영어	20%	6	135	7	▶▶▶▶▶▶▶ 85.7%	강의증설	
9	M212KO	M2-24-12KO	2024-12-01	이도원	중2	국어	25%	4	62	5	▶▶▶▶▶▶▶ 80.0%		
10	M111MA	M1-24-11MA	2024-11-01	김말자	중1	수학	30%	5	140	4	▶▶▶▶▶▶▶▶▶▶▶▶ 125.0%	강의증설	
11	M309EN	M3-24-09EN	2024-09-01	이가연	중3	영어	10%	3	45	0	신생강의		
12	M110SC	M1-24-10SC	2024-10-01	유명아	중1	과학	30%	3	70	3	▶▶▶▶▶▶▶▶▶▶ 100.0%	강의증설	
13	M111EN	M1-24-11EN	2024-11-01	최재훈	중1	영어	20%	6	68	0	신생강의		
14	M212SC	M2-24-12SC	2024-12-01	강연미	중2	과학	25%	4	55	3	▶▶▶▶▶▶▶▶▶▶▶▶▶ 133.3%		
15	M303MA	M3-25-03MA	2025-03-02	양재연	중3	수학	15%	3	54	7	▶▶▶▶ 42.9%		
16	M103MA	M1-25-03MA	2025-03-02	김말자	중1	수학	30%	5	71	5	▶▶▶▶▶▶▶▶▶▶ 100.0%		
17	M310KO	M3-24-10KO	2024-10-01	박유찬	중3	국어	15%	6	75	5	▶▶▶▶▶▶▶▶▶▶▶▶ 120.0%		
18	M211EN	M2-24-11EN	2024-11-01	송찬희	중2	영어	15%	4	20	5	▶▶▶▶▶▶▶ 80.0%	강의폐강	
19	M312KO	M3-24-12KO	2024-12-01	황수경	중3	국어	15%	3	46	5	▶▶▶▶▶ 60.0%		
20	M109EN	M1-24-09EN	2024-09-01	이가연	중1	영어	20%	5	69	0	신생강의		
21	M201MA	M2-25-01MA	2025-01-02	김말자	중2	수학	25%	2	150	5	▶▶▶ 40.0%	강의증설	
22	M212EN	M2-24-12EN	2024-12-01	전미연	중2	영어	15%	3	67	4	▶▶▶▶▶▶▶ 75.0%	강의증설	
23	M211SC	M2-24-11SC	2024-11-01	유명아	중2	과학	25%	5	80	5	▶▶▶▶▶▶▶▶▶▶ 100.0%		
24	M210EN	M2-24-10EN	2024-10-01	최재훈	중2	영어	15%	5	65	4	▶▶▶▶▶▶▶▶▶▶▶▶ 125.0%		
25	M209MA	M2-24-09MA	2024-09-01	양재연	중2	수학	25%	4	58	5	▶▶▶▶▶▶▶ 80.0%		
26	M112EN	M1-24-12EN	2024-12-01	편소현	중1	영어	20%	5	100	4	▶▶▶▶▶▶▶▶▶▶▶▶ 125.0%	강의증설	
27	M204SC	M2-25-04SC	2025-04-03	정다연	중2	과학	25%	3	51	0	신생강의		
28	M104MA	M1-25-04MA	2025-04-03	윤효빈	중1	수학	30%	6	72	6	▶▶▶▶▶▶▶▶▶▶ 100.0%		
29	M204EN	M2-25-04EN	2025-04-03	편소현	중2	영어	15%	2	73	4	▶▶▶▶ 50.0%	강의증설	
30	M203MA	M2-25-03MA	2025-03-02	윤효빈	중2	수학	25%	4	66	6	▶▶▶▶▶▶ 66.7%		
31	M302SC	M3-25-02SC	2025-02-01	정다연	중3	과학	15%	3	47	4	▶▶▶▶▶▶▶ 75.0%		
32	M103SC	M1-25-03SC	2025-03-02	강연미	중1	과학	30%	5	52	6	▶▶▶▶▶▶▶▶ 83.3%		
33													

	E	F	G	H	I	J
33						
34		[표3] 과목별 전체강의수별 강사명				
35		순위	국어	영어	수학	과학
36		1	황수경	전미연	김말자	강연미
37		2	박유찬	이가연	양재연	유명아
38		3	이도원	송찬희	윤효빈	정다연
39						

기본작업-1 | 기본작업-2 | 계산작업 | 분석작업-1 | 분석작업-2

01 강의코드[B3:B32]

[B3] 셀에 =REPLACE(A3,3,0,"-"&RIGHT(YEAR(C3),2)&"-")를 입력하고 [B32] 셀까지 수식을 복사한다.

> **함수 설명** =REPLACE(A3,3,0,"-"&RIGHT(YEAR(C3),2)&"-")
>
> ❶ RIGHT(YEAR(C3),2) : 수업시작일[C3]에서 년도를 추출한 후에 오른쪽에서부터 2글자를 추출
>
> =REPLACE(A3,3,0,"-"&❶&"-") : 코드[A3] 셀에서 3번째부터 시작하여 0글자를 "-"&❶&"-"를 교체한다. (결과는 3번째 뒤에 "-"&❶ &"-"를 추가한 결과로 표시)

02 할인율[G3:G32]

[G3] 셀에 =HLOOKUP(E3,$B$35:$D$37,MATCH(F3, $A$36:$A$37,-1)+1)를 입력하고 [G32] 셀까지 수식을 복사한다.

> **함수 설명** =HLOOKUP(E3,$B$35:$D$37,MATCH(F3,$A$36: $A$37,-1)+1)
>
> ❶ MATCH(F3,$A$36:$A$37,-1) : 강의과목[F3]을 [A36: A37] 영역에서 위치 값을 구함
> (강의과목은 국어, 영어, 수학, 과학 4과목을 내림차순으로 정렬해 보면 영어, 수학, 국어, 과학으로 정렬이 된다. [A36:A37] 영역에서 영어는 '1'의 값이 반환되고, 수학, 국어, 과학은 영어보다 아래에 있기 때문에 '2'의 값이 반환된다.)

03 진행률[K3:K32]

[K3] 셀에 =IFERROR(REPT("▶",(H3/J3)*10)&TEXT (H3/J3,"0.0%"),"신생강의")를 입력하고 [K32] 셀까지 수식을 복사한다.

> **함수 설명** =IFERROR(REPT("▶",(H3/J3)*10)&TEXT(H3/ J3,"0.0%"),"신생강의")
>
> ❶ REPT("▶",(H3/J3)*10) : 현재강의수[H3]/수강인원[J3]으로 나눈 값에 10을 곱한 개수만큼 ▶을 표시
> ❷ TEXT(H3/J3,"0.0%") : 현재강의수[H3]/수강인원[J3]으로 나눈 값을 소수 이하 한자리의 백분율로 표시
>
> =IFERROR(❶&❷,"신생강의") : ❶&❷의 표시하는데 오류가 있다 면 '신생강의'로 표시

04 사용자 정의 함수(fn비고)[L3:L32]

① [개발 도구]–[코드] 그룹의 [Visual Basic](📖)을 클릭 한다.
② [삽입]–[모듈]을 클릭한다.
③ Module 창에 다음과 같이 입력한다.

```
Public Function fn비고(현재강의수, 수강인원)
    Select Case 수강인원 / 현재강의수
        Case Is >= 20
            fn비고 = "강의증설"
        Case Is <= 5
            fn비고 = "강의폐강"
        Case Else
            fn비고 = ""
    End Select
End Function
```

④ [파일]–[닫고 Microsoft Excel(으)로 돌아가기]를 클릭 하여 [Visual Basic Editor]를 닫는다.
⑤ [L3] 셀을 클릭한 후 [함수 삽입](ƒx)을 클릭한다.

⑥ [함수 마법사]에서 범주 선택은 '사용자 정의', 함수 선택 은 'fn비고'를 선택한 후 [확인]을 클릭한다.

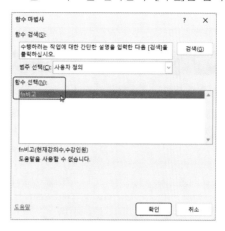

⑦ [함수 인수]에서 현재강의수는 [H3], 수강인원은 [I3]을 지정한 후 [확인]을 클릭한다.

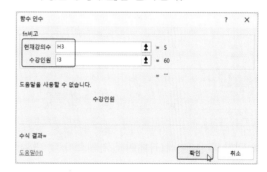

⑧ [L3] 셀을 선택한 후 [L32] 셀까지 수식을 복사한다.

05 과목별 전체강의수별 강사명[G36:J38]

[G36] 셀에 =INDEX($D$3:$D$32,MATCH(LARGE (($F$3:$F$32=G$35)*$J$3:$J$32,$F36),($F$3:$F$32= G$35)*$J$3:$J$32,0))를 입력하고 Ctrl + Shift + Enter 를 누른 후에 [J38] 셀까지 수식을 복사한다.

> **함수 설명** =INDEX($D$3:$D$32,MATCH(LARGE(($F$3:$F$32= G$35)*$J$3:$J$32,$F36),($F$3:$F$32=G$35)*$J$3:$J$32,0))
>
> ❶ ($F$3:$F$32=G$35)*$J$3:$J$32 : 강의과목[F3:F32]이 [G35] 와 같은 행의 전체강의수[J3:J32]의 값을 반환
> ❷ MATCH(LARGE(❶,$F36),❶,0) : ❶의 값 중에서 [F36] 셀 큰 값을 ❶ 값들 중에서 상대적인 위치 값을 구함
>
> =INDEX($D$3:$D$32,❷) : [D3:D32] 영역에서 ❷의 행에 위치하는 값을 찾아옴

01 피벗 테이블

정답

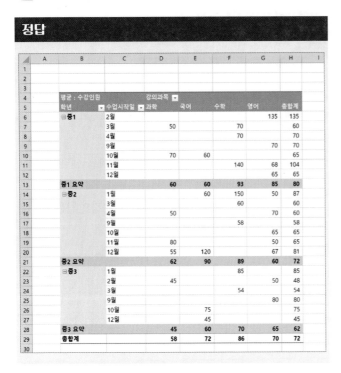

	A	B	C	D	E	F	G	H	I
1									
2									
3									
4		평균 : 수강인원		강의과목 ▼					
5		학년 ▼	수업시작일 ▼	과학	국어	수학	영어	총합계	
6		⊟중1	2월				135	135	
7			3월	50		70		60	
8			4월			70		70	
9			9월				70	70	
10			10월	70	60			65	
11			11월			140	68	104	
12			12월				65	65	
13		중1 요약		60	60	93	85	80	
14		⊟중2	1월		60	150	50	87	
15			3월			60		60	
16			4월	50			70	60	
17			9월			58		58	
18			10월				65	65	
19			11월	80			50	65	
20			12월	55	120		67	81	
21		중2 요약		62	90	89	60	72	
22		⊟중3	1월			85		85	
23			2월	45			50	48	
24			3월			54		54	
25			9월				80	80	
26			10월		75			75	
27			12월		45			45	
28		중3 요약		45	60	70	65	62	
29		총합계		58	72	86	70	72	
30									

① [B4] 셀을 선택한 후 [데이터]-[데이터 가져오기 및 변환] 그룹의 [데이터 가져오기]-[기타 원본에서]-[Microsoft Query에서]를 클릭한다.

② [데이터 원본 선택]의 [데이터베이스] 탭에서 'MS Access Database *'를 선택하고 [확인]을 클릭한다.

③ 폴더에서 '학원.accdb'를 선택하고 [확인]을 클릭한다.

④ [열 선택]에서 '서초점' 테이블을 더블클릭하여 다음 그림과 같이 지정하고 [다음]을 클릭한다.

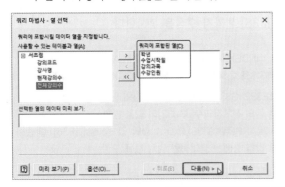

학년, 수업시작일, 강의과목, 수강인원

⑤ [데이터 필터]와 [정렬 순서]에서는 설정 없이 [다음]을 클릭한다.

⑥ [마침]에서 'Microsoft Excel(으)로 데이터 되돌리기'를 선택하고 [마침]을 클릭한다.

⑦ [데이터 가져오기]에서 '피벗 테이블 보고서'를 선택한 다음, '기존 워크시트'는 [B4] 셀을 지정하고 [확인]을 클릭한다.

⑧ [피벗 테이블 필드]에서 다음과 같이 드래그한다.

⑨ [디자인] 탭에서 [레이아웃]-[보고서 레이아웃]-[테이블 형식으로 표시]를 클릭한다.

⑩ [C5] 셀에서 마우스 오른쪽 버튼을 눌러 [그룹]을 클릭한다.

⑪ [그룹화]에서 '분기'와 '연' 체크를 해제하고 '월'만 선택한 후 [확인]을 클릭한다.

⑫ 합계 : 수강인원[B4]에서 마우스 오른쪽 버튼을 눌러 [값 필드 설정]을 클릭하고 '평균'을 선택한 후 [표시 형식]을 클릭한다.

⑬ [표시 형식] 탭에서 '숫자'를 선택하고 [확인]을 클릭한다.

⑭ [디자인]-[피벗 테이블 스타일] 그룹에서 [흰색, 피벗 스타일 보통 11]을 선택한다.

02 부분합

정답

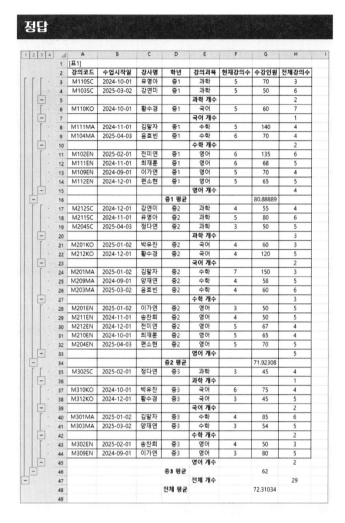

1 2 3 4		A	B	C	D	E	F	G	H	I
	1	[표1]								
	2	강의코드	수업시작일	강사명	학년	강의과목	현재강의수	수강인원	전체강의수	
	3	M110SC	2024-10-01	유명아	중1	과학	5	70	3	
	4	M103SC	2025-03-02	강연미	중1	과학	5	50	6	
	5					과학 개수			2	
	6	M110KO	2024-10-01	황수경	중1	국어	5	60	7	
	7					국어 개수			1	
	8	M111MA	2024-11-01	김말자	중1	수학	5	140	4	
	9	M104MA	2025-04-03	윤효빈	중1	수학	6	70	4	
	10					수학 개수			2	
	11	M102EN	2025-02-01	전미연	중1	영어	6	135	6	
	12	M111EN	2024-11-01	최재훈	중1	영어	6	68	5	
	13	M109EN	2024-09-01	이가연	중1	영어	5	70	4	
	14	M112EN	2024-12-01	편소현	중1	영어	5	65	5	
	15					영어 개수			4	
	16				중1 평균			80.88889		
	17	M212SC	2024-12-01	강연미	중2	과학	4	55	4	
	18	M211SC	2024-11-01	유명아	중2	과학	5	80	6	
	19	M204SC	2025-04-03	정다연	중2	과학	3	50	5	
	20					과학 개수			3	
	21	M201KO	2025-01-02	박유찬	중2	국어	4	60	3	
	22	M212KO	2024-12-01	황수경	중2	국어	4	120	5	
	23					국어 개수			2	
	24	M201MA	2025-01-02	김말자	중2	수학	7	150	3	
	25	M209MA	2024-09-01	양재연	중2	수학	4	58	4	
	26	M203MA	2025-03-02	윤효빈	중2	수학	4	60	6	
	27					수학 개수			3	
	28	M201EN	2025-01-02	이가연	중2	영어	3	50	5	
	29	M211EN	2024-11-01	송찬회	중2	영어	4	50	5	
	30	M212EN	2024-12-01	전미연	중2	영어	5	67	4	
	31	M210EN	2024-10-01	최재훈	중2	영어	5	65	4	
	32	M204EN	2025-04-03	편소현	중2	영어	5	70	5	
	33					영어 개수			5	
	34				중2 평균			71.92308		
	35	M302SC	2025-02-01	정다연	중3	과학	3	45	4	
	36					과학 개수			1	
	37	M310KO	2024-10-01	박유찬	중3	국어	6	75	4	
	38	M312KO	2024-12-01	황수경	중3	국어	3	45	5	
	39					국어 개수			2	
	40	M301MA	2025-01-02	김말자	중3	수학	4	85	6	
	41	M303MA	2025-03-02	양재연	중3	수학	3	54	5	
	42					수학 개수			2	
	43	M302EN	2025-02-01	송찬회	중3	영어	4	50	3	
	44	M309EN	2024-09-01	이가연	중3	영어	3	80	5	
	45					영어 개수			2	
	46				중3 평균			62		
	47				전체 개수				29	
	48				전체 평균			72.31034		
	49									

① [B2] 셀을 클릭한 후 [데이터]-[데이터 도구] 그룹의 [중복된 항목 제거]를 클릭하여 [모두 선택 취소]를 클릭한 후 '강사명', '학년'만 선택하고 [확인]을 클릭한다.

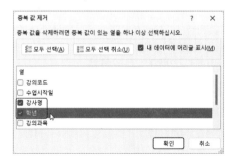

② 메시지가 표시되면 [확인]을 클릭한다.

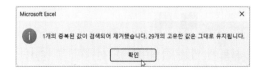

③ [B2] 셀을 클릭한 후 [데이터]-[정렬 및 필터] 그룹에서 [정렬](圖)을 클릭한다.

④ [정렬]에서 '학년', '오름차순'으로 지정하고 [기준 추가]를 클릭하여 '강의과목', '오름차순'으로 지정하고 [확인]을 클릭한다.

⑤ [데이터]-[개요] 그룹에서 [부분합](圖)을 클릭한다.

⑥ [부분합]에서 그룹화할 항목 '학년', 사용할 함수 '평균', 계산 항목 '수강인원'만 체크하고 [확인]을 클릭한다.

⑦ 다시 한 번 [데이터]-[개요] 그룹에서 [부분합](圖)을 클릭한다.

⑧ [부분합]에서 그룹화할 항목 '강의과목', 사용할 함수 '개수', 계산 항목 '전체강의수'만 체크하고 '새로운 값으로 대치' 체크를 해제하고 [확인]을 클릭한다.

01 차트

정답

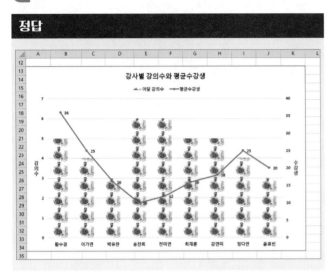

① '평균 수강생' 계열에서 마우스 오른쪽 버튼을 눌러 [계열 차트 종류 변경]을 클릭한다.

② '평균수강생' 계열을 선택한 후 '꺾은선형'의 '표식이 있는 꺾은선형'을 선택한다.

③ '평균수강생'에서 '보조 축'을 선택하고 [확인]을 클릭한다.

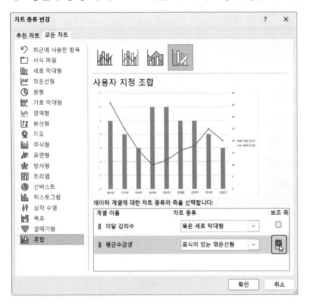

④ [차트 디자인] 탭의 [차트 레이아웃]-[빠른 레이아웃]에서 '레이아웃10'을 선택한다.

⑤ '차트 제목'을 선택하여 **강사별 강의수와 평균수강생**을 입력하고, [차트 요소](⊞)-[축 제목]-[기본 세로]를 클릭하여 **강의수**를 입력한다.

⑥ 세로 축 제목을 선택한 후 마우스 오른쪽 버튼을 눌러 [축 제목 서식]을 클릭하여 [크기 및 속성]에서 맞춤의 '텍스트'에서 '세로'를 선택한다.

⑦ [차트 요소](⊞)-[축 제목]-[보조 세로]를 클릭하여 **수강생**을 입력한다.

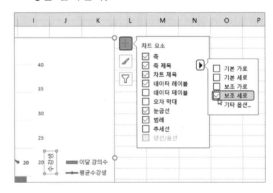

⑧ 보조 세로(값) 축 제목을 선택한 후 [크기 및 속성]에서 맞춤의 '텍스트'에서 '세로'를 선택한다.

⑨ [차트 요소](⊞)-[범례]-[위쪽]을 클릭한다.

⑩ 차트 영역을 선택한 후 [서식] 탭의 [도형 스타일]에서 [색 윤곽선 - 주황, 강조 2]를 선택한다.

⑪ '기타작업-1' 시트에 있는 클립아트를 선택한 후 Ctrl+C를 눌러 복사한 후 막대 그래프 '이달 강의수' 계열을 선택한 후 Ctrl+V를 눌러 붙여넣기를 한다.

⑫ '이달 강의수' 계열을 선택한 후 마우스 오른쪽 버튼을 눌러 [데이터 계열 서식]을 누른 후, [채우기 및 선]의 '채우기'에서 '그림 또는 질감 채우기'의 '쌓기'를 선택하고 [닫기]를 클릭한다.

정답

	A	B	C	D	E	F	G	H
5	강의코드	수업시작일	강사명	학년	강의과목	현재강의수	수강인원	전체강의수
6	M1-19-10KO	2024-10-01	황수경 강사	중1	국어	5	60명	7
7	M2-20-01EN	2025-01-02	이가연 강사	중2	영어	3	50명	5
8	M3-19-01MA	2025-01-02	김말자 강사	중3	수학	4	85명	6
9	M2-20-01KO	2025-01-02	박유찬 강사	중2	국어	4	60명	3
10	M3-20-02EN	2025-02-01	송찬희 강사	중3	영어	4	50명	3
11	M2-20-02EN	2025-02-01	전미연 강사	중2	영어	6	135명	6
12	M2-19-12KO	2024-12-01	황수경 강사	중2	국어	4	120명	5
13	M1-19-11MA	2024-11-01	김말자 강사	중1	수학	5	140명	4
14	M3-19-09EN	2024-09-01	이가연 강사	중3	영어	3	80명	5
15	M1-19-10SC	2024-10-01	유명아 강사	중1	과학	5	70명	3
16	M1-19-11EN	2024-11-01	최재훈 강사	중1	영어	6	68명	5
17	M2-19-12SC	2024-12-01	강연미 강사	중2	과학	4	55명	4
18	M3-20-03MA	2025-03-02	양재연 강사	중3	수학	3	54명	5
19	M1-20-03MA	2025-03-02	김말자 강사	중1	수학	5	70명	6
20	M3-19-10KO	2024-10-01	박유찬 강사	중3	국어	6	75명	4
21	M2-20-11EN	2024-11-01	송찬희 강사	중2	영어	4	50명	5
22	M3-19-12KO	2024-12-01	황수경 강사	중3	국어	3	45명	5
23	M1-19-09EN	2024-09-01	이가연 강사	중1	영어	5	70명	4
24	M2-20-01MA	2025-01-02	김말자 강사	중2	수학	7	150명	3
25	M2-19-12EN	2024-12-01	전미연 강사	중2	영어	5	67명	4
26	M2-19-11SC	2024-11-01	유명아 강사	중2	과학	5	80명	6
27	M2-19-10EN	2024-10-01	최재훈 강사	중2	영어	5	65명	4
28	M2-20-09MA	2024-09-01	양재연 강사	중2	수학	4	58명	5
29	M1-19-12EN	2024-12-01	편소현 강사	중1	영어	5	65명	5
30	M2-20-04SC	2025-04-03	정다연 강사	중2	과학	3	50명	5
31	M1-20-04MA	2025-04-03	윤효빈 강사	중1	수학	6	70명	4
32	M2-20-04EN	2025-04-03	편소현 강사	중2	영어	5	70명	5
33	M2-20-03MA	2025-03-02	윤효빈 강사	중2	수학	4	60명	6
34	M3-20-02SC	2025-02-01	정다연 강사	중3	과학	3	45명	4
35	M1-20-03SC	2025-03-02	강연미 강사	중1	과학	5	50명	6

① 비어 있는 셀을 클릭한 후 [개발 도구]–[코드] 그룹의 [매크로 기록]( )을 클릭한다.
② [매크로 기록]에 **문자서식**을 입력하고 [확인]을 클릭한다.
③ [C6:C35] 영역을 범위 지정한 후 Ctrl + 1 을 눌러 [표시 형식] 탭의 '사용자 지정'을 선택한 후 @ "**강사**"를 입력하고 [확인]을 클릭한다.

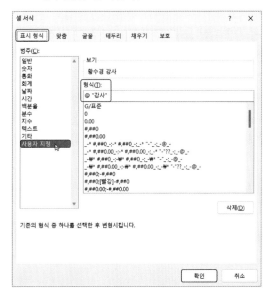

④ [개발 도구]-[코드] 그룹의 [기록 중지](□)를 클릭한다.

⑤ [개발 도구]-[컨트롤] 그룹의 [삽입]-[단추(양식 컨트롤)](□)을 클릭한다.

⑥ 마우스 포인트가 '+'로 바뀌면 Alt를 누른 상태에서 [B2:C3] 영역에 드래그하면 [매크로 지정] 대화상자가 나타난다.

⑦ [매크로 지정]에 **문자서식**을 선택하고 [확인]을 클릭한다.

⑧ 단추에 입력된 '단추 1'을 지우고 **문자서식**을 입력한다.

⑨ 비어 있는 셀을 클릭한 후 [개발 도구]-[코드] 그룹의 [매크로 기록](□)을 클릭한다.

⑩ [매크로 기록]에 **숫자서식**을 입력하고 [확인]을 클릭한다.

⑪ [G6:G35] 영역을 범위 지정한 후 Ctrl+1을 눌러 [표시 형식] 탭의 '사용자 지정'을 선택한 후 **[파랑][]>=100]0"명";[빨강][<=50]0"명"; 0"명"**을 입력하고 [확인]을 클릭한다.

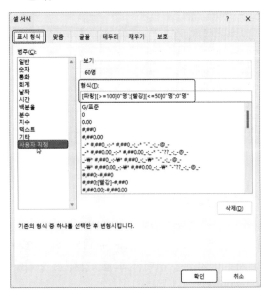

⑫ [개발 도구]-[코드] 그룹의 [기록 중지](□)를 클릭한다.

⑬ [개발 도구]-[컨트롤] 그룹의 [삽입]-[단추(양식 컨트롤)](□)을 클릭한다.

⑭ 마우스 포인트가 '+'로 바뀌면 Alt를 누른 상태에서 [E2:F3] 영역에 드래그한다.

⑮ [매크로 지정]에 **숫자서식**을 선택하고 [확인]을 클릭한다.

⑯ 단추에 입력된 텍스트를 지우고 **숫자서식**을 입력한다.

03 VBA 프로그래밍

(1) 폼 보이기

① [개발 도구]-[컨트롤] 그룹에서 [디자인 모드](□)를 클릭하여 〈수강신청〉 버튼을 편집 상태로 만든다.

② 〈수강신청〉 버튼을 더블클릭한 후 코드 창에 다음과 같이 입력한다.

```
Private Sub cmd수강신청_Click()
    수강신청.Show
End Sub
```

(2) 폼 초기화

① [프로젝트-VBAProject] 탐색기에서 '폼'을 더블 클릭하고 〈수강신청〉을 선택한다.

② [프로젝트-VBAProject] 탐색기의 [코드 보기](□)를 클릭한다.

③ '개체 목록'은 'UserForm', '프로시저 목록'은 'Initialize'를 선택한다.

④ 코드 창에 다음과 같이 입력한다.

```
Private Sub UserForm_Initialize()
    cmb학년.RowSource = "J5:J7"
    cmb과목.RowSource = "K5:K8"
    opt남 = True
End Sub
```

(3) Change 이벤트

① '개체 목록'에서 'cmb과목', '프로시저 목록'은 'Change'를 선택한다.

② 코드 창에 다음과 같이 입력한다.

```
Private Sub cmb과목_Change()
    Select Case cmb과목
        Case "과학"
            cmb강사명.RowSource = "L5:L7"
        Case "국어"
            cmb강사명.RowSource = "L8:L10"
        Case "수학"
            cmb강사명.RowSource = "L11:L13"
        Case "영어"
            cmb강사명.RowSource = "L14:L18"
    End Select
End Sub
```

(4) 등록 프로시저

① '개체 목록'에서 'cmd등록', '프로시저 목록'은 'Click'을 선택한다.

② 코드 창에 다음과 같이 입력한다.

```
Private Sub cmd등록_Click()
    i = Range("B5").CurrentRegion.Rows.Count + 5
    Cells(i, 2) = txt이름
    Cells(i, 3) = cmb학년
    Cells(i, 4) = cmb과목
    Cells(i, 5) = cmb강사명
    Cells(i, 6) = Val(txt수업시간)

    If opt남 = True Then
        Cells(i, 7) = "남"
    Else
        Cells(i, 7) = "여"
    End If
End Sub
```

(5) 종료 프로시저

① '개체 목록'에서 'cmd종료', '프로시저 목록'은 'Click'을 선택한다.

② 코드 창에 다음과 같이 입력한다.

```
Private Sub cmd종료_Click()
    [F2] = Date
    Unload Me
End Sub
```

스프레드시트 실전 모의고사 10회

프로그램명	소요시간	합격 점수
EXCEL 2021	45분	70점

수험번호 :

성   명 :

유의사항

■ 인적 사항 누락 및 잘못 작성으로 인한 불이익은 수험자 책임으로 합니다.

■ 화면에 암호 입력창이 나타나면 아래의 암호를 입력하여야 합니다.
  ○ 암호: 6845%3

■ 작성된 답안은 주어진 경로 및 파일명을 변경하지 마시고 그대로 저장해야 합니다. 이를 준수하지 않으면 실격 처리됩니다.
  ○ 답안 파일명의 예: C:₩OA₩수험번호8자리.xlsm

■ 외부데이터 위치: C:₩OA₩파일명

■ 별도의 지시사항이 없는 경우, 다음과 같이 처리 시 실격 처리됩니다.
  ○ 제시된 시트 및 개체의 순서나 이름을 임의로 변경한 경우
  ○ 제시된 시트 및 개체를 임의로 추가 또는 삭제한 경우
  ○ 외부데이터를 시험 시작 전에 열어본 경우

■ 답안은 반드시 문제에서 지시 또는 요구한 셀에 입력하여야 하며 다음과 같이 처리 시 채점 대상에서 제외됩니다.
  ○ 제시된 함수가 있을 경우 제시된 함수만을 사용하여야 하며 그 외 함수사용시 채점대상에서 제외
  ○ 수험자가 임의로 지시하지 않은 셀의 이동, 수정, 삭제, 변경 등으로 인해 셀의 위치 및 내용이 변경된 경우 해당 작업에 영향을 미치는 관련문제 모두 채점 대상에서 제외
  ○ 도형 및 차트의 개체가 중첩되어 있거나 동일한 계산결과 시트가 복수로 존재할 경우 해당 개체나 시트는 채점 대상에서 제외

■ 수식 작성 시 제시된 문제 파일의 데이터는 변경 가능한(가변적) 데이터임을 감안하여 문제 풀이를 하시오.

■ 별도의 지시사항이 없는 경우, 주어진 각 시트 및 개체의 설정값 또는 기본 설정값 (Default)으로 처리하시오.

■ 저장 시간은 별도로 주어지지 않으므로 제한된 시간 내에 저장을 완료해야 하며, 제한 시간 내에 저장이 되지 않은 경우에는 실격 처리됩니다.

■ 출제된 문제의 용어는 MS Office LTSC Professional Plus 2021 기준으로 작성되어 있습니다.

대 한 상 공 회 의 소

01 '기본작업-1' 시트에서 다음과 같이 고급 필터를 수행하시오. (5점)

▶ [A2:H26] 영역에서 제조일자가 금요일 이거나 토요일이고, 브랜드이름이 '정관정'인 자료만 제품코드, 제품명, 권장소비자가격, 판매수량 필드를 순서대로 표시하시오.

▶ 조건은 [A28:A29] 영역 내에 알맞게 입력하시오.

▶ AND, WEEKDAY(일요일을 1로 시작) 함수 사용

▶ 결과는 [A31] 셀부터 표시하시오.

02 '기본작업-1' 시트의 [A3:H26] 영역에 대해 다음과 같이 조건부 서식을 설정하시오. (5점)

▶ '권장소비자가격'이 중앙값보다 작고, '제품명'에 '홍'이 포함되어 있고, '판매수량'이 상위 12위에 포함되는 자료의 전체 행에 대해서 글꼴 스타일은 '굵은 기울임꼴', 글꼴 색은 '표준 색 – 녹색'으로 적용하는 조건부 서식을 작성하시오.

▶ 단, 규칙 유형은 '수식을 사용하여 서식을 지정할 셀 결정'을 이용하여 작성하시오(AND, MEDIAN, SEARCH, LARGE 함수 사용).

03 '기본작업-2' 시트에서 다음과 같이 페이지 레이아웃을 설정하시오. (5점)

▶ 2행을 매 페이지마다 반복하여 인쇄되도록 설정하고, '행/열 머리글'과 메모는 '시트에 표시된 대로' 설정하시오.

▶ 홀수 페이지는 왼쪽 구역에 시트 이름을 HY견고딕, 글꼴 '파랑', 기울임꼴로 표시하고, 짝수 페이지는 오른쪽 구역에 현재 페이지 번호가 [표시 예]와 같이 표시되도록 바닥글을 설정하시오.
[표시 예 : 현재 페이지 번호가 1이면 → 〈〈페이지 번호 : 1〉〉]

▶ [A2:H43] 영역을 인쇄 영역으로 설정하고, 용지 방향을 '가로'로 설정하고, [A2:H23], [A24:H43]으로 페이지를 나누어 인쇄되도록 설정하시오.

문제2　계산작업(30점) **'계산작업'** 시트에서 다음 과정을 수행하고 저장하시오.

01 [표1]의 권장소비자가격, 제조일자, 보존기간(개월)과 [표2]를 이용하여 [H3:H26] 영역에 할인판매금액을 계산하여 표시하시오. (6점)

- ▶ 할인판매금액 = 권장소비자가격 × (1-할인율)
- ▶ 할인율은 (유통기한 - 기준일)/30을 기준으로 [표2]에서 찾아 계산
- ▶ 유통기한은 제조일자에서 보존기간(개월)이 지난 날로 계산
- ▶ VLOOKUP, EDATE, QUOTIENT 함수 사용

02 [표1]의 구분, 브랜드이름, 판매수량을 이용하여 [표3]의 [B30:E34] 영역에 구분별 브랜드이름별 판매수량의 합계를 계산하여 표시하시오. (6점)

- ▶ SUMIFS 함수 사용

03 [표1]을 이용하여 [표4]의 [H30:I34] 영역에 구분별 최다 판매 제품명과 판매수량을 표시하시오. (6점)

- ▶ MATCH, INDEX, MAX 함수를 사용한 배열 수식으로 작성

04 [표1]의 제품코드를 이용하여 [표5]의 [M30:M33] 영역에 전체에 대한 섭취횟수별 비율을 계산하여 표시하시오. (6점)

- ▶ 제품코드의 3~4번째 글자가 섭취횟수를 표시함
- ▶ MID, SUM, COUNTA 함수를 사용한 배열 수식으로 작성

05 사용자 정의 함수 'fn비고'를 작성하여 [표1]의 [J3:J26] 영역에 비고를 계산하여 표시하시오. (6점)

- ▶ 'fn비고'는 권장소비자가격과 판매수량을 인수로 받아 비고를 계산하는 함수이다.
- ▶ 비고는 권장소비자가격이 100,000 이상이고, 판매수량이 15 이상이면 "사은선물 증정", 그렇지 않으면 빈칸으로 계산하시오.

```
Public Function fn비고(권장소비자가격, 판매수량)
End Function
```

01 '분석작업-1' 시트에서 다음과 같은 피벗 테이블을 작성하시오. (10점)

▶ 외부 데이터 가져오기 기능을 사용하여 〈선물세트판매.accdb〉의 〈제품판매〉 테이블을 이용하시오.

▶ 피벗 테이블 보고서의 레이아웃과 위치는 〈그림〉을 참조하여 설정하고, 보고서 레이아웃을 테이블 형식으로 표시하시오.

▶ '제조일자'를 기준으로 〈그림〉과 같이 분기와 월로 그룹을 설정하고, '구분' 필드는 내림차순으로 정렬하시오.

▶ 그룹 하단에 모든 부분합이 표시되도록 설정하시오.

▶ 피벗 테이블 스타일은 '연한 파랑, 피벗 스타일 보통 9'로 설정하시오.

	A	B	C	D	E	F	G	H	I	J
1										
2		브랜드이름	(모두)							
3										
4		합계 : 판매수량		구분						
5		분기	제조일자	홍삼제품	키즈제품	기호식품	기능성식품	건강보조제	총합계	
6		⊟1사분기	1월				15		15	
7			2월			9			9	
8			3월		12	9	10		31	
9		1사분기 요약			12	18	25		55	
10		⊟2사분기	4월	25			12		37	
11			5월					30	30	
12			6월					25	25	
13		2사분기 요약		25			12	55	92	
14		⊟3사분기	7월		34				34	
15			8월	20	16				36	
16			9월	18		14			32	
17		3사분기 요약		38	50	14			102	
18		⊟4사분기	10월	20			11	10	41	
19			11월			15			15	
20			12월			8		8	16	
21		4사분기 요약		20		23	11	18	72	
22		총합계		83	62	55	48	73	321	
23										

※ 작업 완성된 그림이며 부분 점수 없음

02 '분석작업-2' 시트에 대하여 다음의 지시사항을 처리하시오. (10점)

▶ [F3:F24] 영역에는 데이터 유효성 검사 도구를 이용하여 12 이상 60 이하이면서 6의 배수 값만 입력되도록 제한 대상을 설정하시오.

▶ [F3:F24] 영역의 셀을 클릭한 경우 〈그림〉과 같은 설명 메시지를 표시하고, 유효하지 않은 데이터를 입력한 경우 〈그림〉과 같은 오류 메시지가 표시되도록 설정하시오.

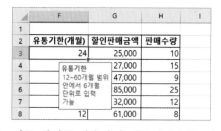

▶ 자동 필터를 이용하여 제품명에 '아' 또는 '오'가 포함된 데이터 행만 표시되도록 필터를 설정하시오.

01 '기타작업-1' 시트에서 다음의 지시사항에 따라 차트를 수정하시오. (각 2점)

※ 차트는 반드시 문제에서 제공한 차트를 사용하여야 하며, 신규로 차트 작성 시 0점 처리됨

① '판매비율' 계열의 차트 종류를 '표식이 있는 꺾은선형'으로 변경한 후 보조 축으로 지정하시오.

② 차트 레이아웃을 '레이아웃9'로 지정한 후 차트 제목 및 축 제목을 〈그림〉과 같이 지정하시오.

③ '판매수량' 계열의 '홍삼제품' 요소에 데이터 레이블 '값'을 〈그림〉과 같이 표시하시오.

④ 차트 영역의 테두리 스타일은 '둥근 모서리', 그림자는 '안쪽: 가운데'로 표시하시오.

⑤ 세로(값) 축과 보조 세로(값) 축의 서식을 〈그림〉과 같이 지정하시오.

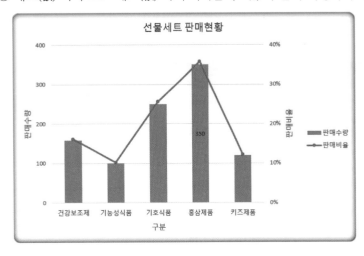

02 '기타작업-2' 시트에서 다음과 같은 기능을 수행하는 매크로를 현재 통합문서에 작성하시오. (각 5점)

① [E6:E29] 영역에 대하여 사용자 지정 표시 형식을 설정하는 '가격서식' 매크로를 생성하시오.
  ▶ 권장소비자가격이 100,000 이상이면 빨강색으로 1000 단위 구분 기호와 숫자 뒤에 '원'을 붙여서 표시, 나머지는 1000 단위 구분 기호와 숫자 뒤에 '원'을 붙여서 표시
  ▶ [개발 도구]-[삽입]-[양식 컨트롤]의 '단추'를 동일 시트의 [B2:C3] 영역에 생성한 후 텍스트를 '가격서식'으로 입력하고, 단추를 클릭하면 '가격서식' 매크로가 실행되도록 설정하시오.

② [F6:F29] 영역에 대하여 사용자 지정 표시 형식을 설정하는 '날짜서식' 매크로를 생성하시오.
  ▶ 제조일자를 년-월-일 (요일)로 표시 [예 : 2025-10-09 (목)]
  ▶ [개발 도구]-[삽입]-[양식 컨트롤]의 '단추'를 동일 시트의 [E2:F3] 영역에 생성한 후 텍스트를 '날짜서식'으로 입력하고, 단추를 클릭하면 '날짜서식' 매크로가 실행되도록 설정하시오.

  ※ 셀 포인터의 위치에 관계없이 매크로가 실행되어야 정답으로 인정됨

① 〈판매등록〉 버튼을 클릭하면 〈건강식품판매〉 폼이 나타나고, 폼이 초기화 되면 [J6:J10] 영역의 내용이 '구분(cmb구분)' 콤보 상자의 목록에, "12개월", "18개월", "24개월", "36개월"이 '보존기간(lst보존기간)' 목록 상자의 목록에 표시되고, 1일섭취횟수(1회, 2회, 3회, 무한) 중 '1회(opt1회)'가 선택되도록 프로시저를 작성하시오.

② '건강식품 판매' 폼의 〈등록(cmd등록)〉 버튼을 클릭하면 폼에 입력된 데이터가 시트의 표에 입력되도록 프로시저를 작성하시오.

  ▶ 판매가격과 판매수량에는 천 단위마다 콤마를 표시하여 입력하시오.

  ▶ 제조일자는 yyyy-mm-dd 형식으로 입력하시오.

  ▶ 1일섭취횟수에는 '1회(opt1회)'를 선택하면 "1회", '2회(opt2회)'를 선택하면 "2회", '3회(opt3회)'를 선택하면 "3회", '무한(opt무한)'을 선택하면 "무한(제한없음)"을 입력하시오(Caption 속성 이용).

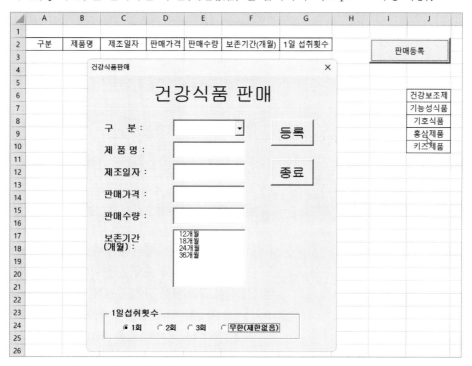

③ 〈종료(cmd종료)〉 버튼을 클릭하면 현재 시간을 표시하는 메시지 박스를 표시한 후 폼을 종료하시오.

정답 & 해설 스프레드시트 실전 모의고사 10회

01 고급 필터

정답

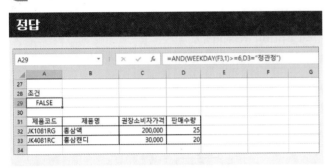

① [A28:A29] 영역에 조건을 입력하고 [A31:D31] 영역에 추출할 필드를 작성한다.

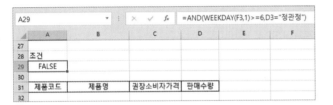

[A29] : =AND(WEEKDAY(F3,1)>=6,D3="정관정")

② [데이터]–[정렬 및 필터] 그룹에서 [고급]( )을 클릭한다.
③ [고급 필터]에서 다음과 같이 지정한 후 [확인]을 클릭한다.

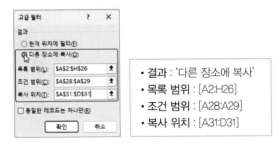

- 결과 : '다른 장소에 복사'
- 목록 범위 : [A2:H26]
- 조건 범위 : [A28:A29]
- 복사 위치 : [A31:D31]

02 조건부 서식

정답

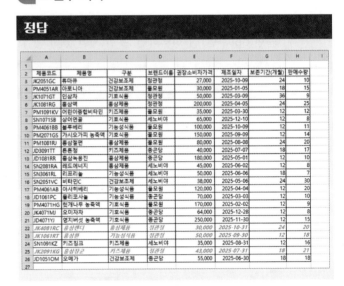

① [A3:H26] 영역을 범위 지정한 후 [홈]–[스타일] 그룹의 [조건부 서식]–[새 규칙]을 클릭한다.
② [새 서식 규칙]에서 '규칙 유형 선택'에 '▶ 수식을 사용하여 서식을 지정할 셀 결정'을 선택하고, =AND($E3<MEDIAN($E$3:$E$26),SEARCH("홍",$B3)>0,$H3>=LARGE($H$3:$H$26,12))를 입력한 후 [서식]을 클릭한다.

③ [셀 서식]의 [글꼴] 탭에서 글꼴 스타일은 '굵은 기울임꼴'을 선택하고, 색은 '표준 색 – 녹색'을 선택한 후 [확인]을 클릭한다.

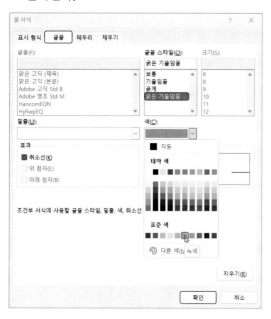

④ [새 서식 규칙]에서 다시 [확인]을 클릭한다.

---

03 페이지 레이아웃

	A	B	C	D	E	F	G	H
2	제품코드	제품명	구분	브랜드이름	권장소비자가격	제조일자	보존기간(개월)	판매수량
3	JK2051GC	류마큐	건강보조제	정관정	27,000	2025-10-09	24	10
4	PM4051AR	아로니아	건강보조제	풀모원	30,000	2025-01-05	18	15
5	JK1071GT	인삼차	기호식품	정관정	50,000	2025-03-09	36	9
6	JK1081RG	홍삼액	홍삼제품	정관정	200,000	2025-04-05	24	25
7	PM1091KV	어린이종합비타민	키즈제품	풀모원	35,000	2025-03-30	12	12
8	SN1071SB	상어연골	기호식품	세노비야	65,000	2025-12-10	12	8
9	PM4061BB	블루베리	기능성식품	풀모원	100,000	2025-10-09	12	11
10	PM2071GS	가시오가피 농축액	기호식품	풀모원	150,000	2025-09-09	12	14
11	PM1081RJ	홍삼절편	홍삼제품	풀모원	80,000	2025-08-08	24	20
12	JD3091TT	튼튼정	키즈제품	종곤당	40,000	2025-07-07	18	17
13	JD1081RR	홍삼녹용진	홍삼제품	종곤당	180,000	2025-05-01	12	10
14	SN2081RA	레드에너지	홍삼제품	세노비야	45,000	2025-06-02	12	8
15	SN3061RL	리프리뇰	기능성식품	세노비야	50,000	2025-06-06	18	7
16	SN2051VC	비타민C	건강보조제	세노비야	38,000	2025-05-05	24	30
17	PM4061AB	아사히베리	기능성식품	풀모원	120,000	2025-04-04	12	20
18	JD1061PC	폴리코사놀	기능성식품	종곤당	70,000	2025-03-03	12	10
19	PM4071HG	핫개나무 농축액	기호식품	풀모원	170,000	2025-02-02	12	9
20	JK4071MJ	오미자차	기호식품	종곤당	64,000	2025-12-28	12	8
21	JD4071YJ	영지버섯 농축액	기호식품	종곤당	250,000	2025-11-30	12	15
22	JK4081RC	홍삼캔디	홍삼제품	정관정	30,000	2025-10-31	24	20
23	JK1061RT	홍삼환	기능성식품	정관정	50,000	2025-09-30	12	18
24	SN1091KZ	키즈징크	키즈제품	세노비야	35,000	2025-08-31	12	16
25	JK2091KG	홍삼장군	키즈제품	정관정	43,000	2025-07-31	18	21
26	JD1051OM	오메가	건강보조제	종곤당	55,000	2025-06-30	18	18
27	PM2071GS	가시오가피 농축액	기호식품	풀모원	150,000	2025-09-09	12	14
28	PM1081RJ	홍삼절편	홍삼제품	풀모원	80,000	2025-08-08	24	20
29	JD3091TT	튼튼정	키즈제품	종곤당	40,000	2025-07-07	18	17

기본작업-2

	A	B	C	D	E	F	G	H
2	제품코드	제품명	구분	브랜드이름	권장소비자가격	제조일자	보존기간(개월)	판매수량
30	JD1081RR	홍삼녹용진	홍삼제품	종곤당	180,000	2025-05-01	12	10
31	SN2081RA	레드에너지	홍삼제품	세노비야	45,000	2025-06-02	12	8
32	SN3061RL	리프리뇰	기능성식품	세노비야	50,000	2025-06-06	18	7
33	SN2051VC	비타민C	건강보조제	세노비야	38,000	2025-05-05	24	30
34	PM4061AB	아사히베리	기능성식품	풀모원	120,000	2025-04-04	12	20
35	JD1061PC	폴리코사놀	기능성식품	종곤당	70,000	2025-03-03	12	10
36	PM4071HG	핫개나무 농축액	기호식품	풀모원	170,000	2025-02-02	12	9
37	JK4071MJ	오미자차	기호식품	종곤당	64,000	2025-12-28	12	8
38	JD4071YJ	영지버섯 농축액	기호식품	종곤당	250,000	2025-11-30	12	15
39	JK4081RC	홍삼캔디	홍삼제품	정관정	30,000	2025-10-31	24	20
40	JK1061RT	홍삼환	기능성식품	정관정	50,000	2025-09-30	12	18
41	SN1091KZ	키즈징크	키즈제품	세노비야	35,000	2025-08-31	12	16
42	JK2091KG	홍삼장군	키즈제품	정관정	43,000	2025-07-31	18	21
43	JD1051OM	오메가	건강보조제	종곤당	55,000	2025-06-30	18	18

<<페이지 번호 : 2>>

① [A2:H43] 영역을 범위 지정한 후 [페이지 레이아웃]−[페이지 설정] 그룹의 [인쇄 영역]−[인쇄 영역 설정]을 클릭한다.
② [페이지 레이아웃]−[페이지 설정] 그룹의 [용지 방향]−[가로]를 클릭한다.
③ [페이지 레이아웃]−[페이지 설정] 그룹의 [인쇄 제목]을 클릭한다.

④ 반복할 행을 클릭한 후 행 머리글 '2'를 클릭하여 지정하고, '행/열 머리글'를 체크, 메모는 '시트에 표시된 대로'를 선택한다.

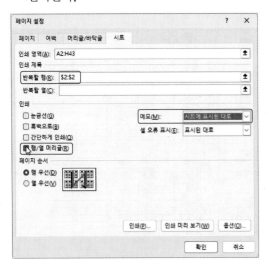

⑤ [머리글/바닥글] 탭을 클릭하여 '짝수와 홀수 페이지를 다르게 지정'을 체크하고 [바닥글 편집]을 클릭한다.

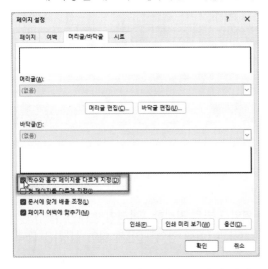

⑥ [홀수 페이지 바닥글]의 왼쪽 구역에 커서를 두고 [시트 이름 삽입]([▥])을 클릭한 후 범위 지정한 후 [텍스트 서식]([가])을 클릭하여 'HY견고딕', '기울임꼴', 색은 '파랑'을 선택하고 [확인]을 클릭한다.

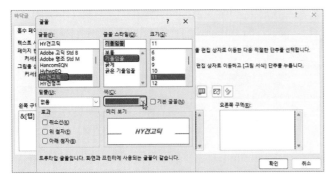

⑦ [짝수 페이지 바닥글]의 오른쪽 구역에 커서를 두고 《《**페이지 번호 :**를 입력하고 [페이지 번호 삽입]([▯]) 도구를 클릭하고 》》를 입력한 후 [확인]을 클릭한다.

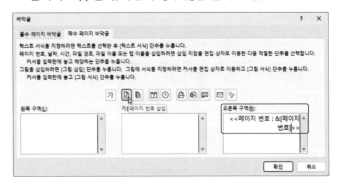

⑧ [A24] 셀을 클릭한 후 [페이지 레이아웃] 탭의 [페이지 설정]에서 [나누기]-[페이지 나누기 삽입]을 클릭한다.

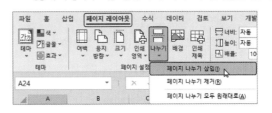

정답

	A	B	C	D	E	F	G	H	I	J	K
1	[표1]								기준일	2025-12-30	
2	제품코드	제품명	구분	브랜드이름	권장소비자가격	제조일자	보존기간(개월)	할인판매금액	판매수량	비고	
3	JK2051GC	류마큐	건강보조제	정관정	27,000	2025-10-09	24	21,600	10		
4	PM4051AR	아로니아	건강보조제	풀모원	30,000	2025-01-05	18	15,000	15		
5	JK1071GT	인삼차	기호식품	정관정	50,000	2025-03-09	36	45,000	9		
6	JK1081RG	홍삼액	홍삼제품	정관정	200,000	2025-04-05	24	160,000	25	사은선물 증정	
7	PM1091KV	어린이종합비타민	키즈제품	풀모원	35,000	2025-03-30	12	17,500	12		
8	SN1071SB	상어연골	기호식품	세노비야	65,000	2025-12-10	12	42,250	8		
9	PM4061BB	블루베리	기능성식품	풀모원	100,000	2025-10-09	12	65,000	11		
10	PM2071GS	가시오가피 농축액	기호식품	풀모원	150,000	2025-09-09	12	97,500	14		
11	PM1081RJ	홍삼절편	홍삼제품	풀모원	80,000	2025-08-08	24	64,000	20		
12	JD3091TT	튼튼정	키즈제품	종곤당	40,000	2025-07-07	18	32,000	17		
13	JD1081RR	홍삼녹용진	홍삼제품	종곤당	180,000	2025-05-01	12	90,000	10		
14	SN2081RA	레드에너지	홍삼제품	세노비야	45,000	2025-06-02	12	22,500	8		
15	SN3061RL	리프리놀	기능성식품	세노비야	50,000	2025-06-06	18	32,500	7		
16	SN2051VC	비타민C	건강보조제	세노비야	38,000	2025-05-06	24	30,400	30		
17	PM4061AB	아사히베리	기능성식품	풀모원	120,000	2025-04-04	12	60,000	20	사은선물 증정	
18	JD1061PC	폴리코사놀	기능성식품	종곤당	70,000	2025-03-03	12	35,000	10		
19	PM4071HG	헛개나무 농축액	기호식품	풀모원	170,000	2025-02-02	12	85,000	9		
20	JK4071MJ	오미자차	기호식품	종곤당	64,000	2025-12-28	12	51,200	8		
21	JD4071YJ	영지버섯 농축액	기호식품	종곤당	250,000	2025-11-30	12	162,500	15	사은선물 증정	
22	JK4081RC	홍삼캔디	홍삼제품	정관정	30,000	2025-10-31	24	24,000	20		
23	JK1061RT	홍삼환	기능성식품	정관정	50,000	2025-09-30	12	32,500	18		
24	SN1091KZ	키즈징크	키즈제품	세노비야	35,000	2025-08-08	12	22,750	16		
25	JK2091KG	홍삼장군	키즈제품	정관정	43,000	2025-07-31	18	34,400	21		
26	JD1051OM	오메가	건강보조제	종곤당	55,000	2025-06-30	18	44,000	18		
27											

	A	B	C	D	E	F	G	H	I	J	K	L	M	N
28	[표3] 구분별, 브랜드이름별 판매수량 합계						[표4] 구분별 최다 판매 제품명과 판매수량				[표5] 1일 섭취횟수 비율			
29	구분	풀모원	정관정	세노비야	종곤당		구분	제품명	판매수량		코드	섭취횟수	비율	
30	건강보조제	15	10	30	18		건강보조제	비타민C	30		10	1일 1회	42%	
31	기능성식품	31	18	7	10		기능성식품	아사히베리	20		20	1일 2회	21%	
32	기호식품	23	9	8	23		기호식품	영지버섯 농축액	15		30	1일 3회	8%	
33	홍삼제품	20	45	8	10		홍삼제품	홍삼액	25		40	1일 1회 ~ 3회	29%	
34	키즈제품	12	21	16	17		키즈제품	홍삼장군	21					
35														

01 할인판매금액[H3:H26]

[H3] 셀에 =E3*(1-VLOOKUP(QUOTIENT(EDATE(F3, G3)-$J$1,30),$L$3:$M$6,2))를 입력하고 [H26] 셀까지 수식을 복사한다.

> **함수 설명** =E3*(1-VLOOKUP(QUOTIENT(EDATE(F3,G3)-$J$1,30),$L$3:$M$6,2))

❶ EDATE(F3,G3) : 제조일자[F3] 셀 날짜에 [G3] 개월이 경과한 날짜를 구함

❷ QUOTIENT(❶-$J$1,30) : ❶의 날짜에서 기준일[J1]을 뺀 날짜를 30으로 나눈 몫을 구함

=E3*(1-VLOOKUP(❷,$L$3:$M$6,2)) : ❷의 값을 [L3:M6] 영역의 첫 번째 열에서 찾아 2번째 열에서 값을 찾아온 값을 1에서 뺀 후 권장소비자가격[E3]을 곱하여 표시

02 구분별 브랜드이름별 판매수량[B30:E34]

[B30] 셀에 =SUMIFS($I$3:$I$26,$C$3:$C$26,$A30,$D$3:$D$26,B$29)를 입력하고 [E34] 셀까지 수식을 복사한다.

03 최다 판매 제품명과 판매수량[H30:I34]

① [H30] 셀에 =INDEX($A$3:$I$26,MATCH(MAX(($I$3:$I$26)*($C$3:$C$26=$G30)),($I$3:$I$26)*($C$3:$C$26=$G30),0),2)를 입력하고 Ctrl + Shift + Enter 를 누른 후에 [H34] 셀까지 수식을 복사한다.

> **함수 설명** =INDEX($A$3:$I$26,MATCH(MAX(($I$3:$I$26)*($C$3:$C$26=$G30)),($I$3:$I$26)*($C$3:$C$26=$G30),0),2)
>
> ❶ ($I$3:$I$26)*($C$3:$C26=$G30) : 구분[C3:C36] 영역의 값이 [G30] 셀과 같은 행의 판매수량[I3:I26]의 값을 반환
> ❷ MATCH(MAX(❶),❶,0) : ❶의 최대값을 ❶ 영역에서 정확하게 일치하는 상대적 위치값을 구함
>
> =INDEX($A$3:$I$26,❷,2) : [A3:I26] 영역에서 ❷의 행과 2번째 열에 교차하는 값을 찾아 표시

② [I30] 셀에 =INDEX($A$3:$I$26,MATCH(MAX(($I$3:$I$26)*($C$3:$C$26=$G30)),($I$3:$I$26)*($C$3:$C$26=$G30),0),9)를 입력하고 Ctrl + Shift + Enter 를 누른 후에 [I34] 셀까지 수식을 복사한다.

04 1일 섭취횟수 비율[M30:M33]

[M30] 셀에 =SUM((MID($A$3:$A$26,3,2)*1=K30)*1)/COUNTA($A$3:$A$26)를 입력하고 Ctrl + Shift + Enter 를 누른 후에 [M33] 셀까지 수식을 복사한다.

> **함수 설명** =SUM((MID($A$3:$A$26,3,2)*1=K30)*1)/COUNTA($A$3:$A$26)
>
> ❶ MID($A$3:$A$26,3,2)*1 : 제품코드[A3:A26] 영역에서 3번째 시작하여 2글자를 추출한 후에 *1을 통해 숫자로 변환
> ❷ SUM(❶=K30)*1) : ❶의 값이 [K30] 셀 같은 경우 1을 반환하고 반환된 1의 값들의 합계를 구함
>
> =❷/COUNTA($A$3:$A$26) : ❷의 값을 [A3:A26] 영역의 개수로 나눈 값을 구함

05 사용자 정의 함수(fn비고)[J3:J26]

① [개발 도구]-[코드] 그룹의 [Visual Basic](圖)을 클릭한다.
② [삽입]-[모듈]을 클릭한다.

③ Module 창에 다음과 같이 입력한다.

```
Public Function fn비고(권장소비자가격, 판매수량)
    If 권장소비자가격 >= 100000 And 판매수량 >= 15 Then
        fn비고 = "사은선물 증정"
    Else
        fn비고 = ""
    End If
End Function
```

④ [파일]-[닫고 Microsoft Excel(으)로 돌아가기]를 클릭하여 [Visual Basic Editor]를 닫는다.
⑤ [J3] 셀을 클릭한 후 [함수 삽입](𝑓ₓ)을 클릭한다.
⑥ [함수 마법사]에서 범주 선택은 '사용자 정의', 함수 선택은 'fn비고'를 선택한 후 [확인]을 클릭한다.

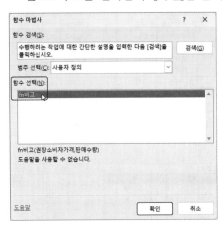

⑦ [함수 인수]에서 권장소비자가격은 [E3], 판매수량은 [I3]을 지정한 후 [확인]을 클릭한다.

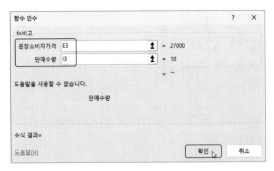

⑧ [J3] 셀을 선택한 후 [J26] 셀까지 수식을 복사한다.

01 피벗 테이블

정답

분기	제조일자	홍삼제품	키즈제품	기호식품	기능성식품	건강보조제	종합계
⊟1사분기	1월				15		15
	2월			9			9
	3월			12	9	10	31
1사분기 요약			12	18	25		55
⊟2사분기	4월	25			12		37
	5월					30	30
	6월					25	25
2사분기 요약		25			12	55	92
⊟3사분기	7월		34				34
	8월	20	16				36
	9월	18		14			32
3사분기 요약		38	50	14			102
⊟4사분기	10월	20			11	10	41
	11월			15			15
	12월			8		8	16
4사분기 요약		20		23	11	18	72
종합계		83	62	55	48	73	321

(브랜드이름 (모두) / 합계 : 판매수량 / 구분)

① [B4] 셀을 선택한 후 [데이터]-[데이터 가져오기 및 변환] 그룹의 [데이터 가져오기]-[기타 원본에서]-[Microsoft Query에서](🗔)를 클릭한다.

② [데이터 원본 선택]의 [데이터베이스] 탭에서 'MS Access Database *'를 선택하고 [확인]을 클릭한다.

③ 폴더에서 '선물세트판매.accdb'를 선택하고 [확인]을 클릭한다.

④ [열 선택]에서 '제품판매' 테이블을 더블클릭하여 다음과 같이 지정하고 [다음]을 클릭한다.

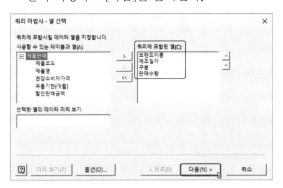

브랜드이름, 제조일자, 구분, 판매수량

⑤ [데이터 필터]와 [정렬 순서]에서는 설정 없이 [다음]을 클릭한다.

⑥ [마침]에서 'Microsoft Excel(으)로 데이터 되돌리기'를 선택하고 [마침]을 클릭한다.

⑦ [데이터 가져오기]에서 '피벗 테이블 보고서'를 선택한 다음, '기존 워크시트'는 [B4] 셀을 지정하고 [확인]을 클릭한다.

⑧ [피벗 테이블 필드]에서 다음과 같이 드래그한다.

⑨ [디자인] 탭에서 [레이아웃]-[보고서 레이아웃]-[테이블 형식으로 표시]를 클릭한다.

⑩ [B6] 셀에서 마우스 오른쪽 버튼을 눌러 [그룹]을 클릭한다.

⑪ [그룹화]에서 '일'의 선택을 해제하고, '월'이 선택된 상태에서 '분기'를 선택하고 [확인]을 클릭한다.

⑫ [D4] 셀의 구분에서 목록 단추(▼)를 클릭하여 [텍스트 내림차순 정렬]을 클릭한다.

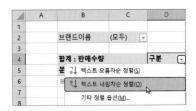

⑬ [디자인] 탭의 [레이아웃]-[부분합]-[그룹 하단에 모든 부분합 표시]를 클릭한다.

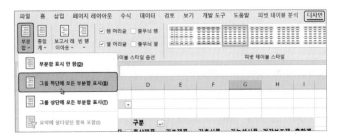

⑭ [디자인] 탭에서 [피벗 테이블 스타일] 그룹에서 '연한 파랑, 피벗 스타일 보통 9'를 선택한다.

02 데이터 도구

정답

	A	B	C	D	E	F	G	H	I
1	[표1]								
2	제품명	구분	브랜드이	권장소비자가	제조일지	유통기한(개월	할인판매금	판매수	
4	아로니아	기능성식품	풀무원	30,000	2025-01-05	18	27,000	15	
12	가시오가피 농축액	기호식품	풀무원	150,000	2025-09-09	12	141,000	14	
15	아사이베리	기능성식품	풀무원	120,000	2025-04-04	12	115,000	12	
20	오미자차	기호식품	종근당	64,000	2025-12-28	12	61,000	8	
23	어린이오메가	키즈제품	세노비아	43,000	2025-07-31	18	39,000	17	
24	오메가	건강보조제	종근당	55,000	2025-06-30	18	51,000	18	
25									

① [F3:F24] 영역을 범위 지정한 후 [데이터]-[데이터 도구] 그룹의 [데이터 유효성 검사](▦)를 클릭한다.

② [데이터 유효성]의 [설정] 탭에서 제한 대상은 '사용자 지정', 수식은 =AND(F3>=12,F3<=60,MOD(F3,6)=0)를 입력한다.

③ [설명 메시지] 탭에서 제목은 **유통기한**, 설명 메시지는 **12~60개월 범위 안에서 6개월 단위로 입력 가능**을 입력한다.

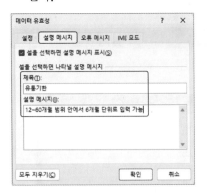

④ [오류 메시지] 탭에서 스타일은 '중지', 제목은 유통기한, 오류 메시지는 **6개월 단위로 입력하세요**.를 입력하고 [확인]을 클릭한다.

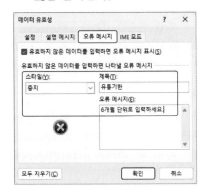

⑤ [데이터]-[정렬 및 필터] 그룹에서 [필터](▽)를 클릭한다.

⑥ 제품명[A2]의 목록 단추(▼)를 클릭하여 [텍스트 필터]-[사용자 지정 필터]를 클릭한다.

⑦ 다음과 같이 지정하고 [확인]을 클릭한다.

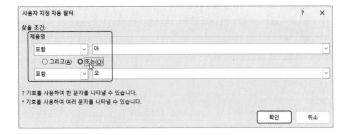

01 차트

정답

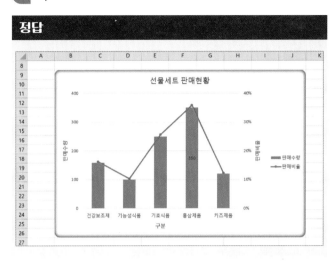

① 차트에서 마우스 오른쪽 버튼을 눌러 [차트 종류 변경]을 클릭한다.

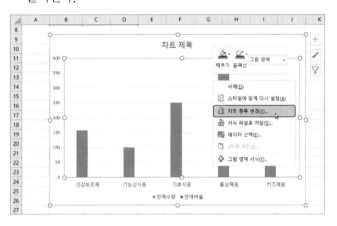

② '혼합'을 클릭하여 '판매비율' 계열을 '꺾은선형'의 '표식이 있는 꺾은선형'을 선택한다.

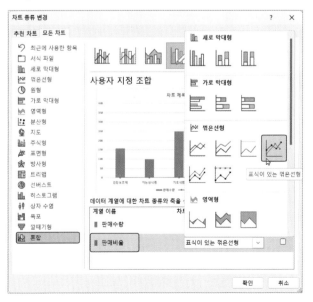

③ '판매비율' 계열에 '보조 축'을 체크하고 [확인]을 클릭한다.

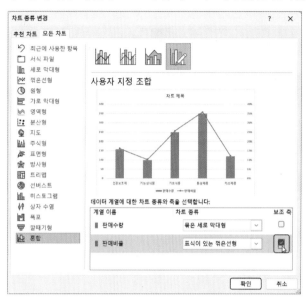

④ [차트 디자인] 탭의 [차트 레이아웃] 그룹에서 [빠른 레이아웃]-[레이아웃 9]를 선택한다.

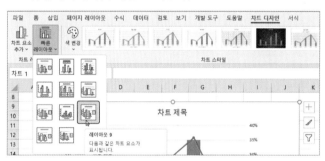

⑤ '차트 제목', '축 제목'을 입력한 후 [차트 요소](⊞)-[축 제목]-[보조 세로]를 클릭하여 **판매비율**을 입력한다.

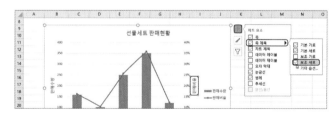

⑥ '판매수량' 계열을 선택한 후 다시 한 번 '판매수량'의 '홍삼제품'을 클릭하면 하나의 요소만을 선택한 후 [차트 요소](⊞)-[데이터 레이블]- [가운데 맞춤]을 클릭한다.

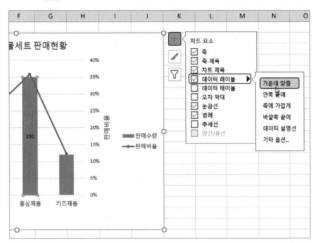

⑦ 차트 영역을 선택한 후 마우스 오른쪽 버튼을 눌러 [차트 영역 서식]을 클릭한다.

⑧ [채우기 및 선]에서 '테두리'의 '둥근 모서리'를 체크하고, [효과]의 '그림자'에서 '안쪽: 가운데'를 선택한다.

⑨ 세로(값) 축을 선택한 후 '축 옵션'에서 '최소값'은 0, '최대값'은 400, 단위 '기본'은 100을 입력한다.

⑩ 보조 세로(값) 축을 선택한 후 '축 옵션'에서 '최소값'은 0, '최대값'은 0.4, 단위 '기본'은 0.1을 입력하고 [닫기]를 클릭한다.

정답

	A	B	C	D	E	F	G	H	I
1									
2		가격서식			날짜서식				
3									
4									
5	제품코드	제품명	구분	브랜드이름	권장소비자가격	제조일자	보존기간(개월)	판매수량	
6	JK2051GC	류마큐	건강보조제	정관정	27,000원	2025-10-09 (목)	24	10	
7	PM4051AR	아로니아	건강보조제	풀모원	30,000원	2025-01-05 (일)	18	15	
8	JK1071GT	인삼차	기호식품	정관정	50,000원	2025-03-09 (일)	36	9	
9	JK1081RG	홍삼액	홍삼제품	정관정	200,000원	2025-04-05 (토)	24	25	
10	PM1091KV	어린이종합비타민	키즈제품	풀모원	35,000원	2025-03-30 (일)	12	12	
11	SN1071SB	상어연골	기호식품	세노비아	65,000원	2025-12-10 (수)	12	8	
12	PM4061BB	블루베리	기능성식품	풀모원	100,000원	2025-10-09 (목)	12	11	
13	PM2071GS	가시오가피 농축액	기호식품	풀모원	150,000원	2025-09-09 (화)	12	14	
14	PM1081RJ	홍삼절편	홍삼제품	풀모원	80,000원	2025-08-08 (금)	24	20	
15	JD3091TT	튼튼정	키즈제품	종곤당	40,000원	2025-07-07 (월)	18	17	
16	JD1081RR	홍삼녹용진	홍삼제품	종곤당	180,000원	2025-05-01 (목)	12	10	
17	SN2081RA	레드에너지	홍삼제품	세노비아	45,000원	2025-06-02 (월)	12	8	
18	SN3061RL	리프리놀	기능성식품	세노비아	50,000원	2025-06-06 (금)	18	7	
19	SN2051VC	비타민C	건강보조제	세노비아	38,000원	2025-05-06 (화)	24	30	
20	PM4061AB	아사히베리	기능성식품	풀모원	120,000원	2025-04-04 (금)	12	20	
21	JD1061PC	풀리코사놀	기능성식품	종곤당	70,000원	2025-03-03 (월)	12	12	
22	PM4071HG	헛개나무 농축액	기호식품	풀모원	170,000원	2025-02-02 (일)	12	9	
23	JK4071MJ	오미자차	기호식품	종곤당	64,000원	2025-12-28 (일)	12	8	
24	JD4071YJ	영지버섯 농축액	기호식품	종곤당	250,000원	2025-11-30 (일)	12	15	
25	JK4081RC	홍삼캔디	홍삼제품	정관정	30,000원	2025-10-31 (금)	24	20	
26	JK1061RT	홍삼환	기능성식품	정관정	50,000원	2025-09-30 (화)	12	18	
27	SN1091KZ	키즈정크	키즈제품	세노비아	35,000원	2025-08-31 (일)	12	16	
28	JK2091KG	홍삼장군	키즈제품	정관정	43,000원	2025-07-31 (목)	18	21	
29	JD1051OM	오메가	건강보조제	종곤당	55,000원	2025-06-30 (월)	18	18	
30									

① 비어 있는 셀을 클릭한 후 [개발 도구]–[코드] 그룹의 [매크로 기록](⌨)을 클릭한다.

② [매크로 기록]에 **가격서식**을 입력하고 [확인]을 클릭한다.

③ [E6:E29] 영역을 범위 지정한 후 [Ctrl]+[1]을 눌러 [표시 형식] 탭의 '사용자 지정'을 선택한 후 **[빨강][>=100000] #,##0"원";#,##0"원"**을 입력하고 [확인]을 클릭한다.

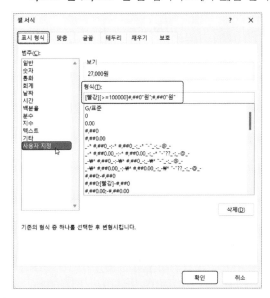

④ [개발 도구]–[코드] 그룹의 [기록 중지](□)를 클릭한다.

⑤ [개발 도구]–[컨트롤] 그룹의 [삽입]–[단추(양식 컨트롤)] (□)을 클릭한다.

⑥ 마우스 포인트가 '+'로 바뀌면 [Alt]를 누른 상태에서 [B2:C3] 영역에 드래그하면 [매크로 지정] 대화상자가 나타난다.

⑦ [매크로 지정]에 **가격서식**을 선택하고 [확인]을 클릭한다.

⑧ 단추에 입력된 '단추 1'을 지우고 **가격서식**을 입력한다.

⑨ 비어 있는 셀을 클릭한 후 [개발 도구]–[코드] 그룹의 [매크로 기록](⌨)을 클릭한다.

⑩ [매크로 기록]에 **날짜서식**을 입력하고 [확인]을 클릭한다.

⑪ [F6:F29] 영역을 범위 지정한 후 [Ctrl]+[1]을 눌러 [표시 형식] 탭의 '사용자 지정'을 선택한 후 **yyyy-mm-dd (aaa)**를 입력하고 [확인]을 클릭한다.

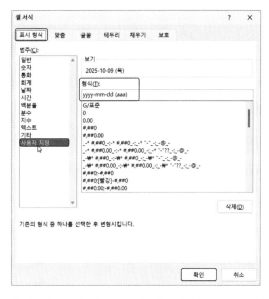

⑫ [개발 도구]–[코드] 그룹의 [기록 중지](□)를 클릭한다.

⑬ [개발 도구]–[컨트롤] 그룹의 [삽입]–[단추(양식 컨트롤)] (□)을 클릭한다.

⑭ 마우스 포인트가 '+'로 바뀌면 [Alt]를 누른 상태에서 [E2:F3] 영역에 드래그한다.

⑮ [매크로 지정]에 **날짜서식**을 선택하고 [확인]을 클릭한다.

⑯ 단추에 입력된 텍스트를 지우고 **날짜서식**을 입력한다.

03 VBA 프로그래밍

(1) 폼 보이기

① [개발 도구]─[컨트롤] 그룹에서 [디자인 모드](▧)를 클릭하여 〈판매등록〉 버튼을 편집 상태로 만든다.

② 〈판매등록〉 버튼을 더블클릭한 후 코드 창에 다음과 같이 입력한다.

```
Private Sub cmd판매등록_Click( )
    건강식품판매.Show
End Sub
```

(2) 폼 초기화

① [프로젝트─VBAProject] 탐색기에서 '폼'을 더블 클릭하고 〈건강식품판매〉를 선택한다.

② [프로젝트─VBAProject] 탐색기의 [코드 보기(▣)] 도구를 클릭한다.

③ '개체 목록'은 'UserForm', '프로시저 목록'은 'Initialize'를 선택한다.

④ 코드 창에 다음과 같이 입력한다.

```
Private Sub UserForm_Initialize( )
    cmb구분.RowSource = "J6:J10"
    With lst보존기간
        .AddItem "12개월"
        .AddItem "18개월"
        .AddItem "24개월"
        .AddItem "36개월"
    End With
    opt1회 = True
End Sub
```

(3) 등록 프로시저

① '개체 목록'에서 'cmd등록', '프로시저 목록'은 'Click'을 선택한다.

② 코드 창에 다음과 같이 입력한다.

```
Private Sub cmd등록_Click( )
    i = Range("A2").CurrentRegion.Rows.Count + 2
    Cells(i, 1) = cmb구분
    Cells(i, 2) = txt제품명
    Cells(i, 3) = Format(txt제조일자, "yyyy-mm-dd")
    Cells(i, 4) = Format(txt판매가격, "#,###")
    Cells(i, 5) = Format(txt판매수량, "#,###")
    Cells(i, 6) = lst보존기간
    If opt1회 = True Then
        Cells(i, 7) = opt1회.Caption
    ElseIf opt2회 = True Then
        Cells(i, 7) = opt2회.Caption
    ElseIf opt3회 = True Then
        Cells(i, 7) = opt3회.Caption
    Else
        Cells(i, 7) = opt무한.Caption
    End If
End Sub
```

(4) 종료 프로시저

① '개체 목록'에서 'cmd종료', '프로시저 목록'은 'Click'을 선택한다.

② 코드 창에 다음과 같이 입력한다.

```
Private Sub cmd종료_Click( )
    MsgBox Time
    Unload Me
End Sub
```

데이터베이스
기출문제 따라하기

데이터베이스 기출문제 따라하기

프로그램명	소요시간	합격 점수
ACCESS 2021	45분	70점

수험번호 :

성   명 :

·· **유의사항** ··

- 인적 사항 누락 및 잘못 작성으로 인한 불이익은 수험자 책임으로 합니다.

- 화면에 암호 입력창이 나타나면 아래의 암호를 입력하여야 합니다.
  - 암호: 6845%3

- 작성된 답안은 주어진 경로 및 파일명을 변경하지 마시고 그대로 저장해야 합니다. 이를 준수하지 않으면 실격 처리됩니다.
  - 답안 파일명의 예: C:₩DB₩수험번호8자리.accdb

- 외부데이터 위치: C:₩DB₩파일명

- 별도의 지시사항이 없는 경우, 다음과 같이 처리 시 실격 처리됩니다.
  - 제시된 시트 및 개체의 순서나 이름을 임의로 변경한 경우
  - 제시된 시트 및 개체를 임의로 추가 또는 삭제한 경우
  - 외부데이터를 시험 시작 전에 열어본 경우

- 답안은 반드시 문제에서 지시 또는 요구한 셀에 입력하여야 하며 다음과 같이 처리 시 채점 대상에서 제외됩니다.
  - 제시된 함수가 있을 경우 제시된 함수만을 사용하여야 하며 그 외 함수사용시 채점대상에서 제외
  - 수험자가 임의로 지시하지 않은 셀의 이동, 수정, 삭제, 변경 등으로 인해 셀의 위치 및 내용이 변경된 경우 해당 작업에 영향을 미치는 관련문제 모두 채점 대상에서 제외
  - 도형 및 차트의 개체가 중첩되어 있거나 동일한 계산결과 시트가 복수로 존재할 경우 해당 개체나 시트는 채점 대상에서 제외

- 수식 작성 시 제시된 문제 파일의 데이터는 변경 가능한(가변적) 데이터임을 감안하여 문제 풀이를 하시오.

- 별도의 지시사항이 없는 경우, 주어진 각 시트 및 개체의 설정값 또는 기본 설정값 (Default)으로 처리하시오.

- 저장 시간은 별도로 주어지지 않으므로 제한된 시간 내에 저장을 완료해야 하며, 제한 시간 내에 저장이 되지 않은 경우에는 실격 처리됩니다.

- 출제된 문제의 용어는 MS Office LTSC Professional Plus 2021 기준으로 작성되어 있습니다.

대 한 상 공 회 의 소

01 병원진료 관리하는 업무를 수행하기 위한 데이터베이스를 구축하고자 한다. 다음 지시사항에 따라 테이블을 완성하시오. (각 3점)

① 〈의사정보〉 테이블의 '의사코드' 필드는 'DT-000'과 같은 형태로 영문 대문자 2개와 '-'기호 1개와 숫자 3개가 반드시 입력되도록 입력마스크를 설정하시오
  ▶ 영문자 입력은 영어와 한글만 입력할 수 있도록 설정할 것
  ▶ 숫자 입력은 0~9까지의 숫자만 입력할 수 있도록 설정할 것
  ▶ '-' 문자도 테이블에 저장되도록 설정할 것
② 〈의사정보〉 테이블의 '이메일주소' 필드에 입력한 값이 "@" 기호를 포함하며, "@" 기호 앞뒤로 최소 한 글자씩 입력될 수 있도록 유효성 검사 규칙을 설정하시오.
③ 〈환자정보〉 테이블의 '주민등록번호' 필드는 중복 불가능한 인덱스를 설정하고 반드시 입력하도록 설정하시오
④ 〈진료기록〉 테이블의 '진료일시' 필드는 새로운 레코드가 추가되는 경우 시간을 포함한 시스템의 오늘 날짜와 시간을 기본으로 입력되도록 설정하시오.
⑤ 〈진료기록〉 테이블에 새로운 '번호' 필드를 '환자코드' 필드 앞에 추가하고 데이터 형식을 일련번호로 설정하시오

02 〈진료기록〉 테이블의 '의사코드' 필드에 대해서 다음과 같이 조회 속성을 작성하시오. (5점)

  ▶ 〈의사정보〉 테이블의 '의사코드', '이름', '진료과'가 콤보상자의 형태로 표시되도록 설정하시오.
  ▶ 필드에는 '의사코드'가 저장되도록 할 것
  ▶ 목록 너비를 6cm로 설정할 것
  ▶ 목록 값만 입력할 수 있도록 설정할 것

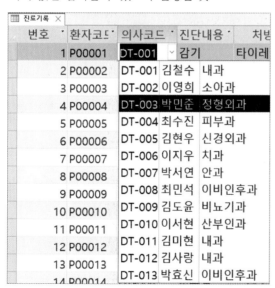

03 〈환자정보〉 테이블의 '환자코드' 필드는 〈진료기록〉 테이블의 '환자코드' 필드를, 〈환자정보〉 테이블의 '환자코드' 필드는 〈예약안내〉 테이블의 '환자코드' 필드를 참조하며, 각 테이블의 간의 관계는 M:1이다. 다음과 같이 테이블 간의 관계를 설정하시오. (5점)

※ 액세스 파일에 이미 설정되어 있는 관계는 수정하지 마시오.
  ▶ 테이블 간에 항상 참조 무결성이 유지되도록 설정하시오.
  ▶ 참조 필드의 값이 변경되면 관련 필드의 값도 변경되도록 설정하시오.
  ▶ 다른 테이블에서 참조하고 있는 레코드는 삭제할 수 없도록 설정하시오.

01 〈진료과별 환자목록〉 폼을 다음의 화면과 지시사항에 따라 완성하시오. (각 3점)

① 폼의 머리글에 '진료과별 환자 목록' 라는 제목을 표시하도록 컨트롤을 생성하시오.
　▶ 레이블 이름 : LBL제목
　▶ 글꼴 : 돋움체, 20pt , 특수효과 : 그림자, 배경색 : #CCC8C2

② 폼 머리글에 hpLogo.jpg 그림 컨트롤을 삽입한 후, 이름은 '병원로고', 그림 유형 '포함', 크기 조절 모드 '한 방향 확대/축소', 너비 2.5m, 높이 2.5cm로 설정하시오.

③ 하위폼 폼 바닥글 영역의 'txt총건수' 컨트롤에는 의사별 진료 환자들의 총 건수가 표시되도록 〈그림〉을 참조하여 '컨트롤 원본' 속성을 설정하시오.
　▶ COUNT 함수와 & 연산자 이용

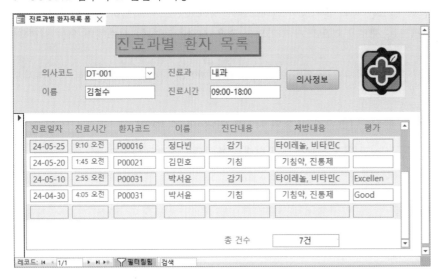

02 〈진료기록〉 폼의 본문 영역에서 'txt평가' 컨트롤에는 평가 문구를 다음과 같이 설정하시오. (6점)

▶ '평가' 필드에 있는 "*"의 개수에 따라 9개 이상이면 "Excellent", 8개 이상이면 "Good", 나머지 공백으로 표시하시오.
▶ Iif, Len 함수 사용

03 〈진료과별 환자목록〉 폼의 '의사정보'(btn의사정보) 단추를 클릭하면 〈의사상세정보〉 폼을 '폼보기' 형식으로 여는 〈의사정보보기〉 매크로를 생성하시오. (5점)

▶ 매크로 조건: '의사코드' 필드값이 'cmb의사코드'에 해당하는 의사의 정보만 표시

01 다음의 지시사항 및 화면을 참조하여 〈진료과별상세진료기록지〉 보고서를 완성하시오. (각 3점)

① 진료과 머리글 영역에서 머리글의 내용이 페이지마다 반복적으로 표시되도록 설정하고, '진료과'가 변경되면 매 구역 전에 페이지도 변경되도록 설정하시오.

② 본문 영역에서 '의사명(의사정보.이름)' 필드의 값이 이전 레코드와 동일한 경우에는 표시되지 않도록 설정하시오.

③ 동일한 '진료과' 내에서는 '의사명(의사정보.이름)'을 기준으로 오름차순 , 동일한 '의사명(의사정보.이름)' 내에서는 '진료일시' 기준으로 내림차순 정렬되어 표시되도록 정렬을 추가하시오.

④ '진료과별 상세 진료기록지'의 제목이 페이지 마다 표시되도록 설정하고, 페이지 머리글 영역의 'txt출력일시' 컨트롤에는 [표시 예]와 같이 표시되도록 '컨트롤 원본'과 '형식' 속성을 설정하시오.
 ▶ [표시 예] 2025-08-06 08:27:19

⑤ 진료과 바닥글 영역의 'txt합계' 컨트롤에는 진료비용의 총 합계가 다음과 같이 표시되도록 설정하시오.
 ▶ FORMAT, SUM 함수 사용
 ▶ [표시 예] 합계 : ₩248,000

			진료과별 상세 진료기록지		2024-08-07 16:59:52		
	내과						
번호	의사명	진료일시	환자명	주민등록번호	진단내용	처방내용	진료비용
1	김미현	2024-08-05	이승우	710318-2******	기침	기침약, 진통제	₩15,000
2	김사랑	2024-05-05	최은서	950703-2******	기침	타이레놀	₩15,000
3	김철수	2024-06-09	김태연	901103-2******	감기	타이레놀, 비타민	₩23,000
4		2024-05-30	이진우	950122-1******	감기	타이레놀, 비타민	₩30,000
5		2024-05-26	김민준	801018-1******	감기	타이레놀, 항생제	₩25,000
6		2024-05-25	정다빈	980727-2******	감기	타이레놀, 비타민	₩60,000
7		2024-05-20	김민호	850209-1******	기침	기침약, 진통제	₩15,000
8		2024-05-10	박서윤	981116-1******	감기	타이레놀, 비타민	₩30,000
9		2024-04-30	박서윤	981116-1******	기침	기침약, 진통제	₩35,000
						합계 : ₩248,000	

02 〈진료과별 환자목록〉 폼의 'lbl이름' 컨트롤에 다음과 같은 기능을 수행하도록 이벤트 프로시저를 구현하시오. (5점)

 ▶ 'lbl이름' 컨트롤을 클릭(On Click)하면 '이름'을 기준으로 오름차순 정렬하고, 더블클릭(Double Click)하면 '이름'을 기준으로 내림차순 정렬
 ▶ 폼의 OrderBy, OrderByOn 속성 사용

01 〈환자정보〉 테이블을 이용하여 주소가 경기도로 시작하는 남, 여 인원수를 조회하는 〈경기도남녀비교〉 쿼리를 작성하시오. (7점)

▶ 남녀의 인원수는 '환자코드'를 이용하여 개수를 구한 후에 "■"를 이용하여 표시하시오.

▶ STRING, COUNT 함수 사용

▶ 쿼리 결과 표시되는 필드와 필드명은 〈그림〉과 같이 표시되도록 설정하시오.

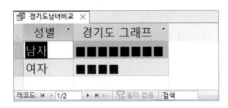

02 〈환자정보〉, 〈진료기록〉 테이블을 이용하여 진료기록이 없는 고객에 대해 조회하는 〈진료기록이없는환자〉 쿼리를 작성하시오. (7점)

▶ Not In 과 하위 쿼리 사용

▶ 쿼리 결과 표시되는 필드와 필드명은 〈그림〉과 같이 표시되도록 설정하시오.

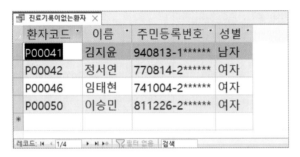

03 〈진료기록〉, 〈의사정보〉 테이블을 이용하여 진료과별로 항생제 처방건수를 조회하는 〈진료과별항생제처방건수〉 크로스탭 쿼리를 작성하시오. (7점)

▶ '처방내용' 필드에 '항생제'가 포함되어 있으면 '항생제 처방', 나머지는 '그 외'로 분류

▶ 총처방 건수는 의사코드를 이용하여 개수를 표시하시오.

▶ 진료과별 처방내용이 없는 곳에는 "*"가 표시되도록 하시오.

▶ iif, InStr, Count 함수와 Is Null 이용

▶ 쿼리 결과 표시되는 필드와 필드명은 〈그림〉과 같이 표시되도록 설정하시오.

진료과	총처방 건수	항생제 처방	그 외
내과	9건	1건	8건
비뇨기과	5건	5건	*
산부인과	5건	*	5건
소아과	5건	*	5건
신경외과	4건	*	4건
안과	5건	*	5건
이비인후과	6건	3건	3건
정형외과	5건	*	5건
치과	4건	1건	3건
피부과	5건	*	5건

레코드: I◀ ◀ 1/10 ▶ ▶I ▶※ 🏷필터 없음 검색

04 〈진료기록〉, 〈의사정보〉 테이블을 이용하여 기타 필드의 값을 변경하는 〈진료평가우수닥터〉 업데이트 쿼리를 작성한 후 실행하시오. (7점)

▶ 〈진료기록〉 테이블의 평가 필드의 "*"의 개수가 9개 이상이고 '진료일시'가 5월인 '기타' 필드의 값을 "★★★"으로 변경하시오.

▶ Len, Month 함수 사용

▶ 쿼리 결과 표시되는 필드와 필드명은 〈그림〉과 같이 표시되도록 설정하시오.

의사코드	이름	진료과	이메일주소	연락처	진료시간	기타
DT-001	김철수	내과	cheolsu.kim@example.com	010-1234-5678	09:00-18:00	★★★
DT-002	이영희	소아과	younghee.lee@example.com	010-2345-6789	10:00-17:00	
DT-003	박민준	정형외과	minjun.park@example.com	010-3456-7890	08:00-16:00	
DT-004	최수진	피부과	sujin.choi@example.com	010-4567-8901	09:00-18:00	
DT-005	김현우	신경외과	hyunwoo.kim@example.com	010-5678-9012	09:00-18:00	
DT-006	이지우	치과	jiwoo.lee@example.com	010-6789-0123	10:00-19:00	★★★
DT-007	박서연	안과	seoyeon.park@example.com	010-7890-1234	09:00-18:00	
DT-008	최민석	이비인후과	minseok.choi@example.com	010-8901-2345	08:00-16:00	★★★
DT-009	김도윤	비뇨기과	doyun.kim@example.com	010-9012-3456	09:00-18:00	
DT-010	이서현	산부인과	seohyun.lee@example.com	010-0123-4567	10:00-17:00	★★★
DT-011	김미현	내과	kimmihyeon@example.com	010-1234-8901	09:00-18:00	
DT-012	김사랑	내과	kimsarang@example.com	010-8901-1234	09:00-18:00	
DT-013	박효신	이비인후과	parkhyoshin@example.com	010-7971-7989	09:00-18:00	

레코드: 1/13 · 필터 없음 · 검색

05 〈예약안내〉, 〈환자정보〉, 〈의사정보〉 테이블을 이용하여 상태의 일부를 매개 변수로 입력받고, 해당 상태 정보의 예약안내를 조회하여 새 테이블로 생성하는 〈예약취소환자목록생성〉 쿼리를 작성하고 실행하시오. (7점)

▶ 새 테이블 이름은 〈예약취소및무단결석환자〉

▶ 쿼리 실행 결과 표시되는 필드명은 〈그림〉과 같이 표시되도록 설정하시오.

환자코드	이름	주민등록번호	진료과	상태
P00008	한지민	870703-2******	이비인후과	무단결석
P00018	한서진	910720-2******	이비인후과	무단결석
P00028	김민서	840607-2******	이비인후과	무단결석

레코드: 1/3 · 필터 없음 · 검색

매개 변수 값 입력
상태정보를 입력하세요(예:무단결석,취소)
무단
확인   취소

문제1 | **DB구축**

01 테이블 완성

정답

번호	필드 이름	속성 및 형식	설정 값
①	〈의사정보〉 의사코드	입력마스크	>LL-000;0;
②	〈의사정보〉 이메일주소	유효성 검사 규칙	Like "*?@?*"
③	〈환자정보〉 주민등록번호	인덱스	예(중복 불가능)
		필수	예
④	〈진료기록〉 진료일시	기본값	Now()
⑤	〈진료기록〉 번호	데이터 형식	일련 번호

① 〈의사정보〉 테이블의 바로 가기 메뉴에서 [디자인 보기] (📄)를 클릭한다.

② '의사코드' 필드의 '입력 마스크'에 >LL-000;0;를 입력한다.

③ '이메일주소' 필드의 '유효성 검사 규칙' 속성에 Like "*?@?*"를 입력한다.

④ 〈환자정보〉 테이블의 바로 가기 메뉴에서 [디자인 보기] (📄)를 클릭한다.

⑤ '주민등록번호' 필드의 '인덱스'는 '예(중복 불가능)', '필수'는 '예'로 설정한다.

⑥ 〈진료기록〉 테이블의 바로 가기 메뉴에서 [디자인 보기] (📄)를 클릭한다.

⑦ '진료일시' 필드의 '기본값'에 Now()를 입력한다.

⑧ '환자코드' 필드를 선택한 후 [테이블 디자인]-[도구] 그룹의 [행 삽입](📑)을 클릭한다.

⑨ 필드 이름에 **번호**를 입력하고, 데이터 형식은 '일련 번호'를 선택한다.

02 필드의 조회 속성 설정

정답

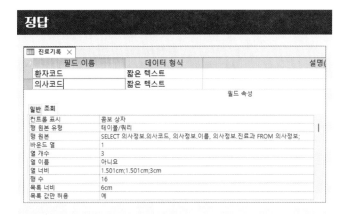

① 〈진료기록〉 테이블의 [디자인 보기](📐)에서 '의사코드' 필드를 선택하고, 필드 속성 [조회] 탭의 '컨트롤 표시' 속 성 중 '콤보 상자'를 선택한다.

② '행 원본' 속성의 [작성기](⋯) 단추를 클릭한다.
③ [테이블 추가]의 [테이블]에서 〈의사정보〉를 더블클릭 한다.
④ 〈의사정보〉 테이블의 '의사코드', '이름', '진료과' 필드를 더블클릭하여 눈금에 추가한다.

⑤ [닫기]를 클릭하면 'SQL 문의 변경 내용을 저장하고 속성 을 업데이트하시겠습니까?" 메시지에서 [예]를 클릭한다.
⑥ '바운드 열', '열 개수', '열 너비', '목록 너비', '목록 값만 허용' 속성을 설정한다.

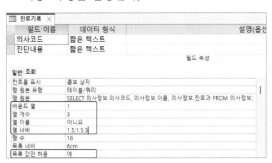

03 〈환자정보〉 ↔ 〈진료기록〉, 〈환자정보〉 ↔ 〈예약안내〉 테이블간의 관계 설정

정답

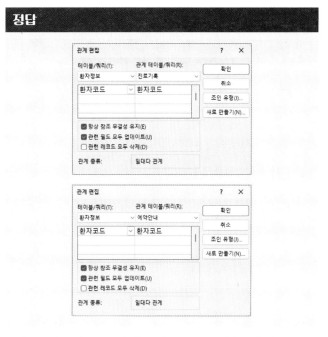

① [데이터베이스 도구]-[관계] 그룹에서 [관계](🗃)를 클릭 한다.
② [관계 디자인] 탭의 [테이블 추가]를 클릭하여 [테이블]에 서 〈환자정보〉를 더블클릭한다.
③ 〈환자정보〉 테이블의 '환자코드'를 〈진료기록〉 테이블의 '환자코드'로 드래그한다.
④ [관계 편집]에서 다음과 같이 지정하고 [만들기]를 클릭 한다.

⑤ 〈환자정보〉 테이블의 '환자코드'를 〈예약안내〉 테이블의 '환자코드'로 드래그한다.
⑥ [관계 편집]에서 다음과 같이 지정하고 [만들기]를 클릭 한다.

01 폼 완성

정답

번호	필드 이름	필드 속성	설정 값
①	폼 머리글 제목 레이블	이름	LBL제목
		캡션	진료과별 환자 목록
		글꼴 크기	20
		글꼴	돋움체
		특수효과	그림자
		배경색	#CCC8C2
②	폼 머리글 그림 삽입	그림 파일	hpLogo.jpg
		이름	병원로고
		그림 유형	포함
		크기 조절 모드	한 방향 확대/축소
		너비	2.5
		높이	2.5
③	txt총건수	컨트롤 원본	=Count(*) & "건"

① 〈진료과별 환자목록〉 폼 바로 가기 메뉴에서 [디자인 보기](🅽)를 클릭한다.

② [양식 디자인]−[컨트롤] 그룹의 '레이블'(가가)을 폼 머리글 영역에 드래그한 후 속성 시트에서 '이름'에 **LBL제목**, '캡션'에 **진료과별 환자 목록**을 입력한다.

③ [형식] 탭에서 글꼴 이름은 '돋움체', 글꼴 크기는 '20', 특수 효과 '그림자'을 선택하고, 배경색에 #CCC8C2를 입력한다.

④ [양식 디자인] 탭의 [이미지 삽입]−[찾아보기]를 클릭하여 'hpLogo.jpg' 파일을 선택한다.

⑤ 폼 머리글에 그림을 드래그한 후 [속성 시트]에서 이름(병원로고), 그림 유형(포함), 크기 조절 모드(한 방향 확대/축소), 너비(2.5), 높이(2.5) 로 수정한다.

⑥ 'txt총건수'를 선택하고 '컨트롤 원본'에 =Count(*) & "건"을 입력한다.

02 'txt평가' 컨트롤

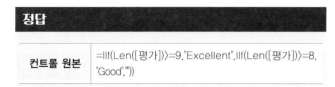

컨트롤 원본	=IIf(Len([평가])>=9,"Excellent",IIf(Len([평가])>=8,"Good",""))

① 'txt평가'를 선택하고 '컨트롤 원본'에 =IIf(Len([**평가**])>=9,"Excellent",IIf(Len([**평가**])>=8,"Good"," "))을 입력한다.

03 'btn의사정보' 컨트롤

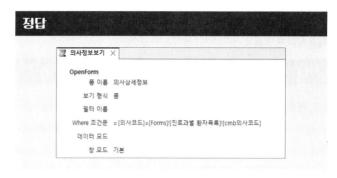

① [만들기]–[매크로 및 코드] 그룹에서 [매크로](□)를 클릭한다.

② 매크로 함수 중 'OpenForm'를 선택한 후 필요한 인수를 설정한다.

③ [저장](□)을 클릭하여 **의사정보보기**로 저장한다.

④ 〈진료과별 환자목록〉 폼의 [디자인 보기](□) 모드에서 'btn의사정보' 컨트롤을 선택한다.

⑤ [이벤트] 탭의 'On Click'에서 '의사정보보기'를 선택한다.

01 〈진료과별상세진료기록지〉 보고서

정답

번호	필드 이름	필드 속성	설정 값
①	〈진료과〉 머리글	반복 실행 구역	예
		페이지 바꿈	구역 전
②	의사명(의사정보.이름)	중복 내용 숨기기	예
③	그룹, 정렬 및 요약		그룹, 정렬 및 요약 　그룹화 기준 진료과 　　정렬 기준 의사정보.이름 　　　정렬 기준 진료일시 ▼ 내림차순 ▼ , 자세히 ▶
④	txt출력일시	컨트롤 원본	=Now()
		형식	yyyy-mm-dd hh:nn:ss
⑤	txt합계	컨트롤 원본	=Format(Sum([진료비용]),"""합계 : ₩""#,##0")

① 〈진료과별상세진료기록지〉 보고서 바로 가기 메뉴에서 [디자인 보기](𝐍)를 클릭한다.

② '진료과 머리글'을 선택한 후 [형식] 탭에서 반복 실행 구역은 '예', 페이지 바꿈은 '구역 전'으로 선택한다.

③ 본문 영역의 '의사명' 필드를 선택한 후 [형식] 탭에서 중복 내용 숨기기는 '예'를 선택한다.

④ [보고서 디자인]-[그룹화 및 요약] 그룹에서 [그룹화 및 정렬]을 클릭한다.

⑤ [그룹, 정렬 및 요약]에서 [정렬 추가]를 클릭한다.

⑥ '의사정보.이름' 필드를 선택하고 '오름차순'으로 지정한다.

⑦ [그룹, 정렬 및 요약]에서 [정렬 추가]를 클릭한다.

⑧ '진료일시' 필드를 선택하고 '내림차순'으로 지정한다.

⑨ 보고서 머리글의 '진료과별 상세 진료기록지' 제목을 선택하고 페이지 머리글로 드래그한다.

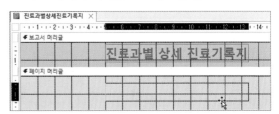

⑩ 보고서 머리글을 선택한 후 [형식] 탭에서 높이에 0을 입력한다.

⑪ 본문의 'txt출력일시'를 선택한 후 [모두] 탭에서 컨트롤
원본 =Now()를 입력하고, 형식 yyyy-mm-dd hh:nn:ss
를 입력한다.

⑫ 진료과 바닥글의 'txt합계'를 선택한 후 [데이터] 탭에서
컨트롤 원본 =Format(Sum([진료비용]),"합계 "": ₩""#,
##0")을 입력하면 =Format(Sum([진료비용]),"""합계 :
₩""#,##0")으로 표시된다.

02 〈진료과별 환자목록〉 폼의 이벤트 프로시저 작성

```
Private Sub lbl이름_Click()
    Me.OrderBy = "이름 asc"
    Me.OrderByOn = True
End Sub

Private Sub lbl이름_DblClick(Cancel As Integer)
    Me.OrderBy = "이름 desc"
    Me.OrderByOn = True
End Sub
```

① 〈진료과별 환자목록〉 폼을 [디자인 보기](⬛)로 열고 '이
름'(lbl이름)을 선택하고 [이벤트] 탭의 'On Click' 속성에
서 [이벤트 프로시저]를 선택하고 [작성기](⋯)를 클릭
한다.
② 'lbl이름_Click 프로시저'에 다음과 같이 코딩한다.

```
Private Sub lbl이름_Click()
    Me.OrderBy = "이름 asc"
    Me.OrderByOn = True
End Sub
```

③ '이름'(lbl이름)을 선택하고 [이벤트] 탭의 'On Dbl Click'
속성에서 [이벤트 프로시저]를 선택하고 [작성기](⋯)를
클릭한다.
④ 'lbl이름_DblClick 프로시저'에 다음과 같이 코딩한다.

```
Private Sub lbl이름_DblClick(Cancel As Integer)
    Me.OrderBy = "이름 desc"
    Me.OrderByOn = True
End Sub
```

01 〈경기도남녀비교〉 쿼리

정답

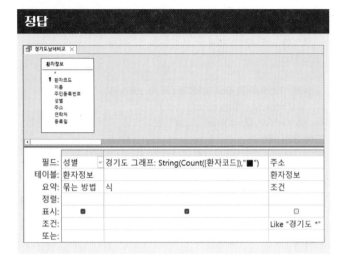

① [만들기]-[쿼리] 그룹에서 [쿼리 디자인](🔲)을 클릭한다.
② [테이블 추가]의 [테이블]에서 〈환자정보〉를 더블클릭하여 추가한다.
③ 디자인 눈금의 각 필드에 다음과 같이 드래그해서 배치한다.

④ [쿼리 디자인]-[표시/숨기기] 그룹의 [요약](∑)을 클릭한다.
⑤ 환자코드는 **경기도 그래프: String(Count([환자코드]),"■")**으로 수정하고, 요약은 '식', 주소는 요약은 '**조건**, Like "경기도 ***"**를 입력한다.

⑥ [저장](🖫)을 클릭한 후 **경기도남녀비교**를 입력하고 [확인]을 클릭한다.

02 〈진료기록이없는환자〉 쿼리

정답

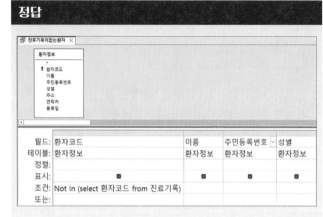

① [만들기]-[쿼리] 그룹에서 [쿼리 디자인](🔲)을 클릭한다.
② [테이블 추가]의 [테이블]에서 〈환자정보〉를 더블클릭하여 추가한다.
③ 다음과 필드를 추가한 후 '환자코드'에 조건 Not In **(select 환자코드 from 진료기록)**을 입력한다.

필드:	환자코드	이름	주민등록번호	성별
테이블:	환자정보	환자정보	환자정보	환자정보
정렬:				
표시:	☑	☑	☑	☑
조건:	Not In (select 환자코드 from 진료기록)			
또는:				

④ [저장](🖫)을 클릭한 후 **진료기록이없는환자**를 입력하고 [확인]을 클릭한다.

03 〈진료과별항생제처방건수〉 쿼리

정답

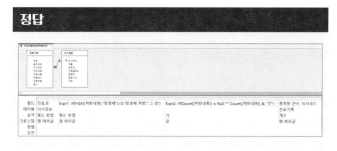

① [만들기]-[쿼리] 그룹에서 [쿼리 디자인](▦)을 클릭한다.
② [테이블 추가]의 [테이블]에서 〈진료기록〉, 〈의사정보〉를 더블클릭하여 추가한다.
③ 디자인 눈금의 각 필드에 다음과 같이 드래그해서 배치한다.

필드:	진료과	처방내용	처방내용	의사코드 ∨
테이블:	의사정보	진료기록	진료기록	진료기록
정렬:				
표시:	☑	☑	☑	☑
조건:				

④ [쿼리 디자인]-[쿼리 유형] 그룹의 [크로스탭](▦)을 클릭한다.
⑤ 다음과 같이 수정한다.

- 행 머리글 : 진료과
- 열 머리글 : IIf(InStr([처방내용],"항생제")>0,"항생제 처방","그 외")
- 값(식) : IIf(Count([처방내용]) Is Null,"*",Count([처방내용]) & "건")
- 행 머리글(개수) : 의사코드

⑥ 크로스탭 '열 머리글'을 선택하고 [속성 시트]의 열 머리글에 **"항생제 처방"**, **"그 외"**를 입력한다.

⑦ 크로스탭 '값'과 '총처방 건수'의 행 머리글은 [속성 시트]의 형식에 **0건**을 입력한다.

⑧ [저장](▥)을 클릭한 후 **진료과별항생제처방건수**를 입력하고 [확인]을 클릭한다.

04 〈진료평가우수닥터〉 쿼리

정답

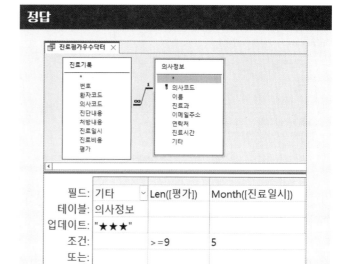

① [만들기]-[쿼리] 그룹에서 [쿼리 디자인](▦)을 클릭한다.
② [테이블 추가]의 [테이블]에서 〈진료기록〉, 〈의사정보〉를 더블클릭하여 추가한다.
③ [쿼리 디자인]-[쿼리 유형] 그룹의 [업데이트](▧)를 클릭한다.
④ '기타' 필드를 추가한 후 **"★★★"**를 입력하고, 조건도 다음과 같이 입력한다.

필드:	기타	Expr1: Len([평가])	Expr2: Month([진료일시]) ∨
테이블:	의사정보		
업데이트:	"★★★"		
조건:		>=9	5
또는:			

⑤ [저장](▥)을 클릭한 후 **진료평가우수닥터**를 입력하고 [확인]을 클릭한다.
⑥ [쿼리 디자인] – [결과] 그룹의 [실행](❗)을 클릭한 후 [예]를 클릭한다.

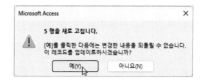

정답

① [만들기]-[쿼리] 그룹에서 [쿼리 디자인](▦)을 클릭한다.
② [테이블 추가]의 [테이블]에서 〈예약안내〉, 〈환자정보〉, 〈의사정보〉를 더블클릭하여 추가한다.
③ 디자인 눈금의 각 필드에 다음과 같이 드래그해서 배치하고 조건을 입력한다.

Like "*" & [상태정보를 입력하세요(예:무단결석,취소)] & "*"

④ [쿼리 디자인]-[쿼리 유형] 그룹의 [테이블 만들기](▦)를 클릭하여 **예약취소및무단결석환자**를 입력하고 [확인]을 클릭한다.

⑤ [저장](▤)을 클릭한 후 **예약취소환자목록생성**을 입력하고 [확인]을 클릭한다.
⑥ [쿼리 디자인]-[결과] 그룹에서 [실행](❗)을 클릭한 후 [예]를 클릭한다.

데이터베이스
실전 모의고사

데이터베이스 실전 모의고사 01회

프로그램명	소요시간	합격 점수
ACCESS 2021	45분	70점

수험번호 :

성   명 :

··· 유의사항 ·································

■ 인적 사항 누락 및 잘못 작성으로 인한 불이익은 수험자 책임으로 합니다.

■ 화면에 암호 입력창이 나타나면 아래의 암호를 입력하여야 합니다.
  ○ 암호: 6845%3

■ 작성된 답안은 주어진 경로 및 파일명을 변경하지 마시고 그대로 저장해야 합니다. 이를 준수하지 않으면 실격 처리됩니다.
  ○ 답안 파일명의 예: C:\DB\수험번호8자리.accdb

■ 외부데이터 위치: C:\DB\파일명

■ 별도의 지시사항이 없는 경우, 다음과 같이 처리 시 실격 처리됩니다.
  ○ 제시된 시트 및 개체의 순서나 이름을 임의로 변경한 경우
  ○ 제시된 시트 및 개체를 임의로 추가 또는 삭제한 경우
  ○ 외부데이터를 시험 시작 전에 열어본 경우

■ 답안은 반드시 문제에서 지시 또는 요구한 셀에 입력하여야 하며 다음과 같이 처리 시 채점 대상에서 제외됩니다.
  ○ 제시된 함수가 있을 경우 제시된 함수만을 사용하여야 하며 그 외 함수사용시 채점대상에서 제외
  ○ 수험자가 임의로 지시하지 않은 셀의 이동, 수정, 삭제, 변경 등으로 인해 셀의 위치 및 내용이 변경된 경우 해당 작업에 영향을 미치는 관련문제 모두 채점 대상에서 제외
  ○ 도형 및 차트의 개체가 중첩되어 있거나 동일한 계산결과 시트가 복수로 존재할 경우 해당 개체나 시트는 채점 대상에서 제외

■ 수식 작성 시 제시된 문제 파일의 데이터는 변경 가능한(가변적) 데이터임을 감안하여 문제 풀이를 하시오.

■ 별도의 지시사항이 없는 경우, 주어진 각 시트 및 개체의 설정값 또는 기본 설정값 (Default)으로 처리하시오.

■ 저장 시간은 별도로 주어지지 않으므로 제한된 시간 내에 저장을 완료해야 하며, 제한 시간 내에 저장이 되지 않은 경우에는 실격 처리됩니다.

■ 출제된 문제의 용어는 MS Office LTSC Professional Plus 2021 기준으로 작성되어 있습니다.

대 한 상 공 회 의 소

01 지역문화의 유산정보의 관리를 위하여 데이터베이스를 구축하고자 한다. 다음의 지시사항에 따라 테이블을 완성하시오. (각 3점)

※ 〈국가문화정보〉 테이블을 사용하시오.

① '지역코드', '유산명', '유산부속명' 필드를 기본 키로 설정하시오.

② '사진' 필드를 새로 추가하고 이미지가 저장될 수 있도록 알맞은 데이터 형식으로 설정하시오.

※ 〈여행상품정보〉 테이블을 사용하시오.

③ '금액' 필드에는 17000 ~ 100000 사이의 값이 입력되도록 유효성 검사 규칙을 설정하시오.

④ '인원' 필드에는 3자리로 숫자나 공백의 입력이 가능하고, 덧셈과 뺄셈기호 사용이 불가능하도록 입력 마스크를 설정하시오.

⑤ '시작날짜', '종료날짜' 필드의 데이터 형식을 '월'과 '일'만 표시 예와 같이 나타나도록 설정하시오.
 [표시 예 : 2025-02-02 → 02월 02일]

02 〈국가문화정보추가〉 테이블의 레코드를 〈국가문화정보〉 테이블에 추가하시오. (5점)

▶ 레코드 추가 시 두 테이블의 '유산부속명' 필드의 정보가 다른 레코드만 테이블에 추가하시오.

▶ 추가 쿼리를 작성하여 추가하시오.

▶ 추가 쿼리명은 〈정보추가쿼리〉로 설정하시오.

03 〈여행상품정보〉 테이블의 '여행사' 필드에 대해서 다음과 같이 조회 속성을 작성하시오. (5점)

▶ 〈여행사코드〉 테이블의 '여행사', '전화번호', '담당자'가 콤보 상자의 형태로 표시되도록 설정하시오.

▶ 행 원본은 쿼리 작성기를 이용하고, '전화번호'가 오름차순 정렬하여 표시되도록 하시오.

▶ 열 너비를 '1cm, 2cm, 2cm'로 설정하시오.

▶ 목록 이외의 값은 입력될 수 없도록 하시오.

▶ 목록 너비를 6cm로 설정하시오.

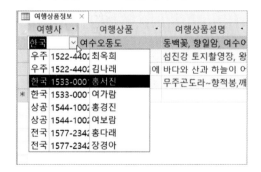

01 〈문화유산정보〉 폼을 다음의 지시사항과 화면을 참조하여 완성하시오. (각 3점)

① 레코드 원본의 SQL 문을 다음과 같이 완성하시오.
  ▶ 〈문화유산쿼리〉 쿼리의 '유산정보' 필드가 표시되도록 SQL 문을 완성하시오.
  ▶ '유산정보' 필드는 'Txt유산정보' 컨트롤에 바운드 시키시오.

② 본문 컨트롤에 대해서 탭 순서가 'Txt지역1', 'Txt지역2', 'Txt유산명', 'Txt유산정보' 순서가 되도록 설정하시오.

③ 폼 바닥글의 'Txt등록자료수' 컨트롤에 등록자료의 건수를 표시 예와 같이 나타나도록 설정하시오. [표시 예 : 등록자료 59건]

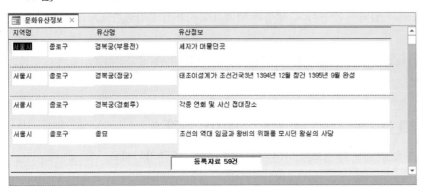

02 〈문화유산검색〉 폼의 본문영역에 '종료(Cmd종료)' 단추를 클릭하면 다음과 같은 기능을 수행하도록 화면을 참조하여 이벤트 프로시저를 구현하시오. (6점)

  ▶ '예(Y)' 버튼을 클릭하여 시간이 표시되면 '확인' 버튼을 클릭하여 폼이 닫히도록 하고, '아니오(N)' 버튼을 클릭하면 폼이 닫히도록 하시오.
  ▶ Msgbox, Time, Docmd 사용

03 〈문화유산검색〉 폼의 본문 영역에 화면을 참조하여 〈문화유산정보〉 폼을 하위 폼으로 추가하여 설정하시오. (5점)

▶ 기본 폼의 '시도코드'와 하위 폼의 '지역1' 필드를 기준으로 연결하시오.

▶ 하위 폼 컨트롤의 이름은 '문화유산'으로 지정하시오.

▶ 하위 폼 컨트롤과 '문화유산' 레이블 컨트롤의 특수효과를 '그림자'로 설정하시오.

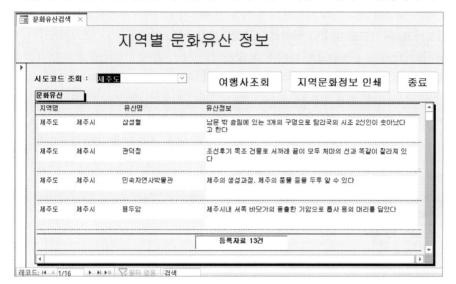

01 다음의 지시사항 및 〈화면〉을 참조하여 〈지역문화정보〉 보고서를 완성하시오. (각 3점)

① '지역코드', '문화정보코드'를 기준으로 오름차순 정렬되어 표시되도록 설정하시오.

② 'Txt문화정보코드'의 오른쪽 공백을 '★'으로 채워서 표시되도록 형식을 설정하시오.

③ '지역코드'를 '그룹 바닥글'로 설정하고, 지역코드 바닥글 영역에 '실선'을 삽입하시오.

   ▶ '실선' 컨트롤의 이름 : 'LINE바닥글', 두께 : '가는 선', 너비 : '18.3cm'

④ 페이지 바닥글 영역의 'Txt날짜'에는 시스템의 오늘 날짜를 화면을 참조하여 나타내시오.

   ▶ format 함수 사용 [표시 예 : 25-Mar-14-Fri]

⑤ 페이지 바닥글 영역의 'Txt페이지'에는 전체 페이지와 현재 페이지의 값을 화면의 표시 예와 같이 설정하시오. [표시 예 : 9의 1쪽]

02 〈문화유산검색〉 폼의 '여행사조회(Cmd조회)' 단추를 클릭하면 〈여행사정보〉 폼이 나타나도록 프로시저를 구현하시오. (5점)

   ▶ DoCmd 개체를 이용하여 이벤트 프로시저를 작성하시오.

   ▶ 〈여행사정보〉 테이블의 '시도지역코드'와 〈문화유산검색〉 폼의 '시도코드 조회'(시도코드) 컨트롤의 값과 동일한 정보만 표시되도록 설정하시오.

01 화면을 참조하여 〈시도지역코드〉 쿼리를 작성하시오. (7점)

- ▶ 〈지역〉 테이블과 〈시도지역〉 테이블을 이용하시오.
- ▶ '지역코드'는 왼쪽 2문자가 '시도코드'와 일치하는 것만 표시하시오.
- ▶ '지역명' 필드는 지역코드가 '00'으로 끝나면 '지역2'만 표시하고, 나머지는 '지역2'와 '시도지역명'을 함께 표시하시오.(화면 참조)
- ▶ iif, Right, Left 함수와 & 연산자 이용
- ▶ 쿼리 실행 결과 표시되는 필드와 필드명은 〈그림〉과 같이 표시되도록 설정하시오.

02 유산부속명이 입력된 지역명과 유산명을 조회하는 〈유산부속명〉 쿼리를 작성하시오. (7점)

- ▶ 〈문화유산정보〉, 〈지역코드〉 테이블을 이용하시오.
- ▶ Is Not Null 사용

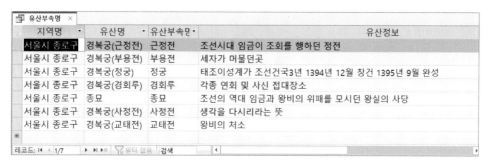

03 〈지역문화정보〉 테이블, 〈지역코드〉 테이블을 이용하여 〈지역정보검색〉 쿼리를 작성하시오. (7점)

- ▶ '문화정보코드'를 매개변수로 받아 해당하는 레코드만 표시하시오.
- ▶ 매개변수 머리글은 '민속자료, 지역축제, 천연기념물, 특산물 중 하나를 선택하시오'로 하시오.
- ▶ 조회결과는 화면과 같이 설정하시오.

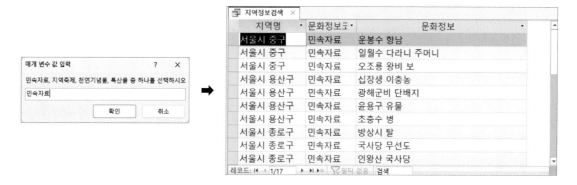

04 〈지역문화정보〉테이블을 이용하여 지역코드를 매개변수로 입력받고, 해당 지역의 문화정보코드, 문화정보를 조회하여 새 테이블로 생성하는 〈지역별문화정보〉쿼리를 작성하고 실행하시오. (7점)

▶ 쿼리 실행 후 생성되는 테이블의 이름은 [지역정보]로 설정하시오.

▶ 쿼리 실행 결과 생성되는 테이블의 필드는 그림을 참고하여 수험자가 판단하여 설정하시오.

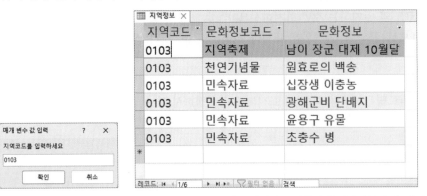

※ 〈지역별문화정보〉쿼리의 매개변수 값으로 '0103'을 입력하여 실행한 후의 〈지역정보〉테이블

05 〈지역문화정보〉테이블, 〈지역〉테이블을 이용하여 '문화정보코드'별, '지역'별 '지역코드' 개수를 조회하는 〈문화정보수〉 크로스탭 쿼리를 화면을 참조하여 작성하시오. (7점)

▶ '군산', '마산', '용산', '통영' 열머리글만 표시

▶ iif, IsNull, Count 함수를 이용하여 빈 셀에는 '*'를 표시하시오.

▶ 쿼리 실행 결과 표시되는 필드명은 〈그림〉과 같이 표시되도록 설정하시오.

문화정보코드	문화정보 수	군산	마산	용산	통영
민속자료	17	*	*	4	2
민속장날	24	1	*	*	3
지역축제	38	3	5	1	4
천연기념물	17	*	*	1	4
특산물	9	1	1	*	1

레코드: ◄ ◄ 1/5 ► ►I ►▷ ▽ 필터 없음 | 검색

01 〈국가문화정보〉, 〈여행상품정보〉 테이블

정답

〈국가문화정보〉 테이블

번호	필드 이름	속성 및 형식	설정 값
①	지역코드, 유산명, 유산부속명	기본 키	<table><tr><th colspan="2">🆔 국가문화정보 ×</th></tr><tr><th>필드 이름</th><th>데이터 형식</th></tr><tr><td>지역코드</td><td>짧은 텍스트</td></tr><tr><td>유산명</td><td>짧은 텍스트</td></tr><tr><td>유산부속명</td><td>짧은 텍스트</td></tr><tr><td>유산정보</td><td>짧은 텍스트</td></tr><tr><td>사진</td><td>OLE 개체</td></tr></table>
②	사진	데이터 형식	OLE 개체

〈여행상품정보〉 테이블

번호	필드 이름	속성 및 형식	설정 값
③	금액	유효성 검사 규칙	Between 17000 And 100000 또는 >=17000 And <=100000
④	인원	입력 마스크	999
⑤	시작날짜, 종료날짜	형식	mm월 dd일

① 〈국가문화정보〉 테이블에서 마우스 오른쪽 버튼을 눌러 [디자인 보기](🔲)를 클릭한다.

② 테이블 디자인 보기 상태에서 '지역코드', '유산명', '유산부속명' 필드 이름을 한꺼번에 선택하고, 마우스 오른쪽 버튼을 눌러 [기본 키](🔑)를 클릭한다.

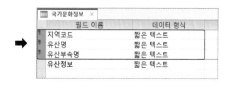

기적의 TIP

한꺼번에 선택할 때는 Shift 나 Ctrl 을 이용하고, 키를 누른 채 오른쪽 마우스 버튼을 누르세요.

③ '유산정보' 아래의 비어있는 행에, 필드 이름으로 **사진**을 입력하고, 데이터 형식을 'OLE 개체'로 정한다.

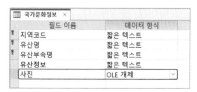

④ 테이블 디자인 보기 창을 닫고, 변경한 내용은 저장한다.

⑤ 〈여행상품정보〉 테이블에서 마우스 오른쪽 버튼을 눌러 [디자인 보기](📝)를 클릭한다.

⑥ 필드 이름에서 '금액'을 선택하고 필드 속성 중 '유효성 검사 규칙'에 Between 17000 And 100000을 입력한다.

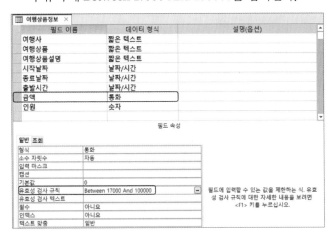

⑦ 필드 이름에서 '인원'을 선택하고, 필드 속성 중 '입력 마스크'에 999를 입력한다.

⑧ 필드 이름에서 '시작날짜'를 선택하고 필드 속성 중 '형식'에 **mm월 dd일**을 입력한다. '종료날짜'에도 동일하게 설정하고, 변경한 내용은 저장하도록 한다.

02 〈정보추가쿼리〉 추가 쿼리

정답

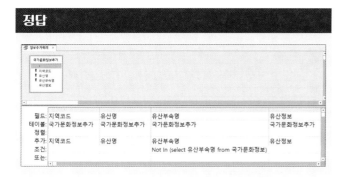

① [만들기]-[쿼리] 그룹의 [쿼리 디자인](▦)을 클릭한다.
② 〈국가문화정보추가〉 테이블을 선택하고 [추가]한 다음 [닫기]를 클릭한다.
③ 필요한 필드를 더블클릭하여 그림처럼 디자인 눈금에 위치시킨다.

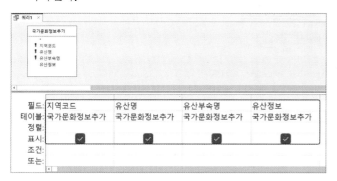

④ 마우스 오른쪽 버튼을 누르고 [쿼리 유형]-[추가 쿼리]를 선택한다.

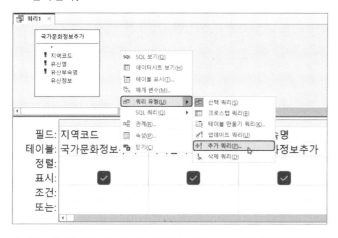

⑤ [추가] 창에서 추가 할 테이블 이름으로 '국가문화정보'를 선택하고 [확인]을 클릭한다.

⑥ '유산부속명' 필드를 비교하여, 그 정보가 서로 다른 경우에만 추가하기 위해서 다음과 같이 Not In을 활용하여 조건을 입력한다.

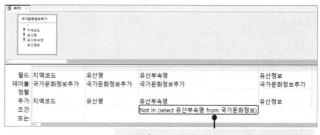

Not in (select 유산부속명 from 국가문화정보)

⑦ 변경한 내용은 [예]를 클릭하여 저장하고, 쿼리 이름을 **정보추가쿼리**로 입력하고 [확인]을 클릭한다.
⑧ [데이터베이스] 탐색 창의 쿼리에서 작성한 쿼리를 더블클릭하여 실행시켜 레코드를 추가한다.

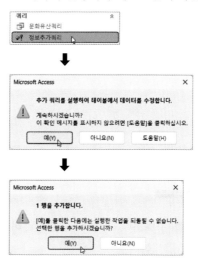

03 〈여행상품정보〉 테이블의 '여행사' 필드에 조회 속성 설정

정답

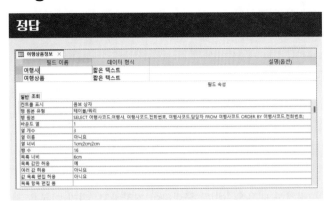

① 〈여행상품정보〉 테이블에서 마우스 오른쪽 버튼을 눌러 [디자인 보기](⬛)를 클릭한다.
② '여행사' 필드 이름을 선택하고 필드 속성 중에서 [조회] 탭을 클릭한 후, '컨트롤 표시'를 '콤보 상자'로 설정한다.

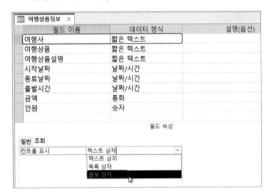

③ 행 원본의 [작성기](⋯)를 클릭하여, 〈여행사코드〉 테이블을 [추가]하고 [닫기]를 클릭한다.
④ 그림처럼 디자인 눈금을 꾸미고 정렬도 '전화번호' 필드의 오름차순을 선택한 후, 디자인 창을 닫고 [예]를 눌러서 업데이트한다.

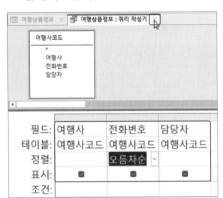

⑤ 계속해서 미리보기로 주어진 그림처럼 만들기 위해서 '열 개수' 3을 입력하고 지시사항에 나온 '열 너비' 1;2;2, '목록 너비' 6, '목록 값만 허용' 속성을 **예**로 설정한다.

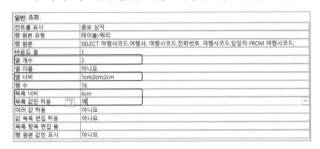

⑥ 디자인 창은 닫고, 변경한 내용은 저장한다. 〈여행상품정보〉 테이블을 열어서 '여행사' 필드에 조회 속성이 잘 지정되었는지 확인한다.

01 〈문화유산정보〉 폼

정답

번호	개체	속성	설정 값
①	폼	필드: 지역코드 / 테이블: 문화유산쿼리 / 정렬: / 표시: ☑ / 조건: / 또는:	지역1 (문화유산쿼리) ☑ / 시도지역명 시도지역 ☑ / 지역명: IIf([지역1]<="07",[지역2] & "구",[지역2] & "시") ☑ / 유산명 문화유산쿼리 ☑ / 유산정보 문화유산쿼리 ☑
	Txt유산정보	컨트롤 원본	유산정보
②	탭순서	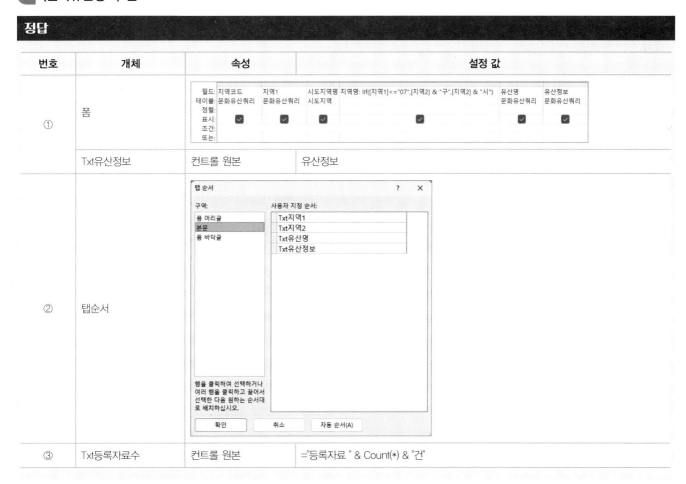	
③	Txt등록자료수	컨트롤 원본	="등록자료 " & Count(*) & "건"

① 〈문화유산정보〉 폼의 바로 가기 메뉴에서 [디자인 보기]
   (📄)를 클릭한 후 '폼 선택기'(■)의 바로 가기 메뉴에서
   [속성]을 클릭한다.
② [폼] 속성 창의 레코드 원본을 수정 업데이트하기 위해서
   [작성기](┅)를 클릭한다.

③ [쿼리 작성기] 창에서 〈문화유산쿼리〉의 '유산정보'를 더
   블클릭하여 디자인 눈금에 추가한다.

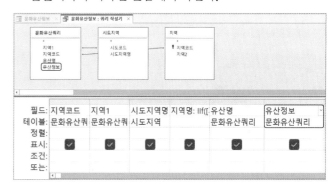

④ [쿼리 작성기] 창을 닫고, [예]를 눌러서 변경한 내용을 저
   장하고 레코드 원본을 업데이트 한다.

⑤ 'Txt유산정보'를 선택하고 속성 창에서 '컨트롤 원본'을 '유산정보'로 설정한다.

⑥ [폼 선택기](■)에서 마우스 오른쪽 버튼을 눌러 [탭 순서]를 클릭한다.

⑦ 탭 순서를 지정하기 위해서 선택기(➡)를 클릭하여 행을 선택한 다음, 드래그 앤 드롭 하여 원하는 위치에 가져다 두는 식으로 작업하여 아래와 같이 순서를 맞추고 [확인]을 클릭한다.

⑧ 'Txt등록자료수'의 '컨트롤 원본'에 다음과 같이 입력한다.

="등록자료 " & Count(*) & "건"

⑨ 속성 창은 닫고, [양식 디자인]-[보기] 탭의 [폼 보기](▦)를 클릭하여 제대로 표현되는 지 확인한다. 작업이 끝났다고 판단되면 창을 닫고, 변경한 내용은 저장하도록 한다.

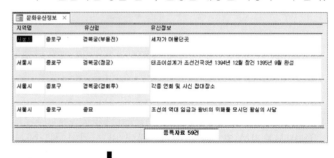

02 〈문화유산검색〉 폼의 'Cmd종료' 단추에 이벤트 프로시 저 구현

정답

```
Private Sub Cmd종료_Click()

    a = MsgBox("시간을 확인하고 종료하겠습니까?", vbYesNo)

    If a = vbYes Then
        b = MsgBox(Time, vbOKOnly)
        DoCmd.Close
    Else
        DoCmd.Close
    End If

End Sub
```

① 〈문화유산검색〉 폼에서 마우스 오른쪽 버튼을 눌러 [디자 인 보기](🖳)를 클릭한다.
② 속성 시트에서 'Cmd종료'를 선택하고, On Click의 [이벤 트 프로시저] 상태에서 [작성기](⋯)를 클릭한다.

③ [Visual Basic Editor] 창에 다음과 같이 입력한다.

```
Private Sub Cmd종료_Click()
    a = MsgBox("시간을 확인하고 종료하겠습니까?", vbYesNo)
    If a = vbYes Then
        b = MsgBox(Time, vbOKOnly)
        DoCmd.Close
    Else
        DoCmd.Close
    End If
End Sub
```

기적의 TIP

b = MsgBox(Time, vbOKOnly)
=> Msgbox Time
으로 작성이 가능합니다.

④ Alt + Q 를 눌러 액세스로 돌아온 다음, 속성 창과 폼 디 자인 보기 창을 닫고 변경한 내용은 저장하도록 한다.

03 〈문화유산검색〉 폼에 하위 폼 추가

정답

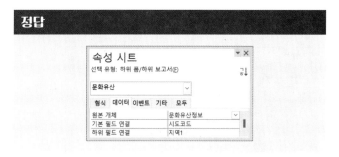

① 〈문화유산검색〉 폼에서 마우스 오른쪽 버튼을 눌러 [디자 인 보기](🖳)를 클릭한다.
② [양식 디자인]-[컨트롤] 그룹의 [컨트롤 마법사 사용](🗡)을 활성화시키고, [하위 폼/하위 보고서](▦) 단추를 클릭한다.
③ 하위 폼이 들어갈 영역의 시작점 A부터 B방향으로 드래 그 하여 끝점 C에서 드롭한다.

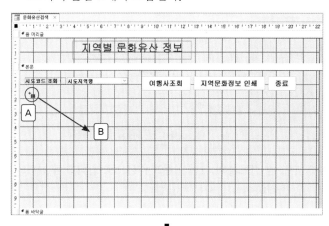

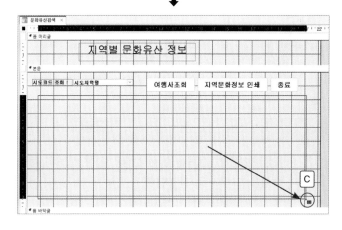

④ 하위 폼 마법사가 실행되면 지시사항대로 이행해 준다. 기존 폼 중에서 〈문화유산정보〉를 선택하고 [다음]을 클릭한다.

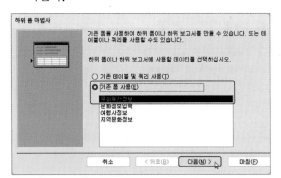

⑤ 직접 지정을 선택하고 기본 폼 쪽과 하위 폼 쪽의 연결 필드를 그림과 같이 선택한 후 [다음]을 클릭한다.

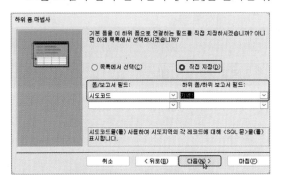

⑥ 하위 폼 컨트롤의 이름을 **문화유산**으로 입력한 후, [마침]을 클릭하여 마법사를 종료한다.

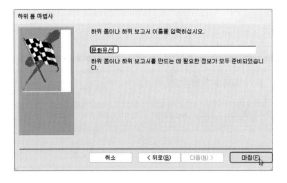

⑦ '문화유산' 하위 폼 컨트롤을 선택하고 속성 시트의 특수 효과 속성을 '그림자'로 설정한다.

⑧ '문화유산 레이블' 레이블 컨트롤을 선택하고 속성 시트의 특수효과 속성을 '그림자'로 설정한다.

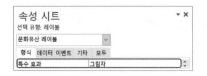

⑨ [양식 디자인]-[보기] 그룹의 [폼 보기](▥)를 눌러서 문제지의 화면과 동일한지 확인한 다음, 창 닫기 단추를 눌러 변경된 내용을 저장한다.

01 〈지역문화정보〉보고서

정답

번호	개체	속성	설정 값
①	지역코드, 문화정보코드 정렬		 그룹, 정렬 및 요약 그룹화 기준 지역코드 ▼ 오름차순 ▼, 자세히 ▶ 정렬 기준 문화정보코드 그룹 추가 정렬 추가 그룹, 정렬 및 요약 그룹화 기준 지역코드 정렬 기준 문화정보코드 ▼ 오름차순 ▼, 자세히 ▶ 그룹 추가 정렬 추가
②	Txt문화정보코드	형식	@*★
③	그룹 바닥글		 그룹, 정렬 및 요약 그룹화 기준 지역코드 ▼ 오름차순 ▼, 전체 값 ▼, 요약 표시 안 함 ▼, 제목 추가하려면 클릭, 머리글 구역 표시 안 함 ▼, 바닥글 구역 표시 ▼, 같은 페이지에 표시 안 함 ▼, 간단히 ◀ 정렬 기준 문화정보코드 그룹 추가 정렬 추가
③	실선 삽입	이름	LINE바닥글
③	실선 삽입	너비	18.3cm
③	실선 삽입	테두리 두께	가는 선
④	Txt날짜	컨트롤 원본	=Format(Date(),"yy-mmm-dd-ddd") 또는 =Format(Now(),"yy-mmm-dd-ddd")
⑤	Txt페이지	컨트롤 원본	=[Pages] & "의 " & [Page] & "쪽"

① 〈지역문화정보〉보고서에서 마우스 오른쪽 버튼을 눌러 [디자인 보기](🖫)를 클릭한다.

② [보고서 선택기](■)의 바로 가기 메뉴에서 [정렬 및 그룹화]를 선택하고, '지역코드'와 '문화정보코드'의 정렬 순서를 '오름차순'으로 지정한다.

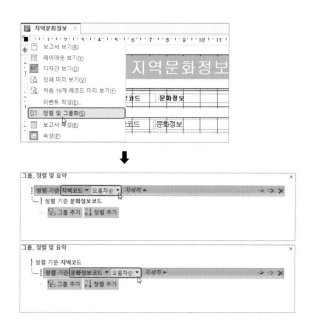

③ 'Txt문화정보코드' 컨트롤을 선택하고 [보고서 디자인]-[도구] 그룹의 [속성 시트](▤)를 클릭한다. '형식'에 다음과 같은 방법으로 @*★을 입력한다.

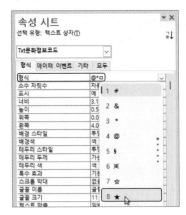

④ [보고서 선택기](▣)의 바로 가기 메뉴에서 [정렬 및 그룹화]를 클릭한다. 이미 '그룹, 정렬 및 요약' 창이 아래쪽에 열려있으면 그대로 둔다.

⑤ 지역코드에서 자세히 ▶ 를 눌러 그룹 바닥글을 설정한다.

⑥ 지역코드 바닥글에 실선을 삽입하기 위해서 [보고서 디자인]-[컨트롤] 그룹의 [선](◟)을 선택한다.

⑦ 선 컨트롤이 삽입 될 시작점에서 그림과 같은 방향으로 드래그 하여 끝점에서 드롭한다.

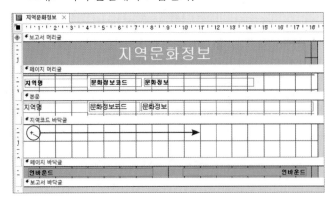

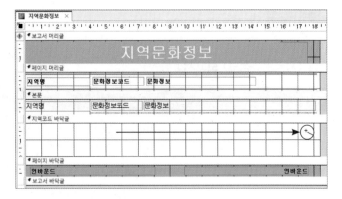

⑧ [보고서 디자인]-[도구] 그룹의 [속성 시트](▤)를 클릭하여 '이름', '테두리 두께', '너비' 속성을 지시사항대로 처리한다.

⑨ 페이지 바닥글의 구역 표시줄 위로 커서를 가져간 후, 상하 조절 커서가 나오면, 위쪽으로 드래그 앤 드롭 하여 지역코드 바닥글의 구역 배경 높이를 적절하게 줄이도록 한다.

⑩ 'Txt날짜'를 찾고, [보고서 디자인]-[도구] 그룹의 [속성 시트](圓)를 클릭하여 '컨트롤 원본'을 다음과 같이 지정한다.

=Format(Date(), "yy-mmm-dd-ddd")
또는
=Format(Now(),"yy-mmm-dd-ddd")

⑪ 'Txt페이지'를 찾아 '컨트롤 원본'을 다음과 같이 지정한다.

=[Pages] & "의 " & [Page] & "쪽"

⑫ 속성 창 및 폼 디자인 보기 창을 모두 닫고, 변경한 내용은 저장한다.

02 〈문화유산검색〉 폼의 'Cmd조회' 단추에 이벤트 프로시저 구현

정답

```
Private Sub Cmd조회_Click()
    DoCmd.OpenForm "여행사정보", , , "시도지역코드 ='" & 시도코드
    & "'"
End Sub
```

① 〈문화유산정보〉 폼에서 마우스 오른쪽 버튼을 눌러 [디자인 보기](圖)를 클릭한다.
② 'Cmd조회'를 찾은 후, [양식 디자인]-[도구] 탭의 [속성 시트]를 클릭하여 'On Click' 입력란의 [작성기](⋯)를 클릭한다.

③ [작성기 선택] 창에서 '코드 작성기'를 클릭한 후 다음과 같이 코드 창에 코딩을 하고 VBE 창, 속성 창, 폼 디자인 보기 창을 모두 닫은 후 변경된 내용을 저장한다.

```
Private Sub Cmd조회_Click()
    DoCmd.OpenForm "여행사정보", , , "시도지역코드 = '"& 시도코
    드 & "'"
End Sub
```

기적의 TIP

OpenForm
OpenForm 메서드는 폼을 여는 OpenForm 액세스 매크로 함수를 실행하며 [DoCmd.OpenForm "폼 이름", 보기형식, 필터이름, 조건식]의 형식으로 사용됩니다.

01 〈시도지역코드〉 쿼리

정답

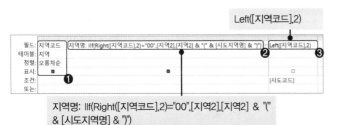

① [만들기]-[쿼리] 그룹의 [쿼리 디자인](▦)을 클릭한다.
② 필요한 〈시도지역〉, 〈지역〉 테이블을 더블클릭하여 추가
하고, [닫기]를 눌러서 [테이블 추가] 대화상자를 닫는다.
③ 쿼리 디자인 보기 창의 디자인 눈금에 다음과 같이 입력
하도록 한다.

Left([지역코드],2)

지역명: Iif(Right([지역코드],2)="00",[지역2],[지역2] & "("
& [시도지역명] & ")")

기적의 TIP

① 문제지의 〈화면〉을 참조하여, 오름차순으로 정렬해야 합니다.
② IIF(조건, 조건이 참일 때, 조건이 거짓일 때)의 형태로, 조건의 분
기에 따라서 값을 반환합니다.
③ LEFT([필드], 숫자)의 형태로, 문자열의 왼쪽부터 지정한 숫자만
큼 반환하는 함수입니다. [지역코드] 필드의 왼쪽 두 글자와 [시
도코드]가 일치하는지 여부를 가리기 위해서 조건을 두었습니다.
「Expr1:」은 액세스가 자동으로 붙인 별명(Alias)입니다.

④ 디자인 창을 닫고, 변경한 내용은 저장한 다음, 쿼리 이름
을 **시도지역코드**로 입력하고 [확인]을 클릭한다.

02 〈유산부속명〉 쿼리

정답

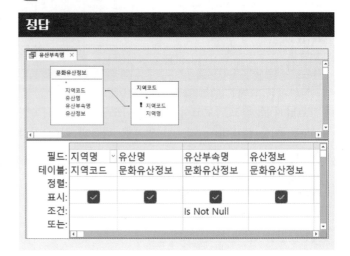

① [만들기]-[쿼리] 그룹에서 [쿼리 디자인](▦)을 클릭한다.
② 〈문화유산정보〉, 〈지역코드〉 테이블을 더블클릭하여 추
가한 후 [닫기]를 클릭한다.
③ 디자인 눈금의 각 필드에 다음과 같이 드래그해서 배치하
고 조건을 입력한다.

필드:	지역명	유산명	유산부속명	유산정보
테이블:	지역코드	문화유산정보	문화유산정보	문화유산정보
정렬:				
표시:	✓	✓	✓	✓
조건:			Is Not Null	
또는:				

④ [저장](▦)을 클릭한 후 **유산부속명**을 입력하고 [확인]을
클릭한다.

03 〈지역정보검색〉 쿼리

정답

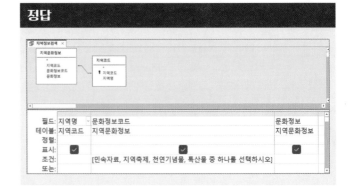

① [만들기]-[쿼리] 그룹의 [쿼리 디자인](▦)을 클릭한다.
② 〈지역문화정보〉, 〈지역코드〉 테이블을 더블클릭하여 추
가하고, [닫기] 버튼을 눌러서 테이블 표시 창을 닫는다.

③ 필요한 필드를 디자인 눈금으로 옮기고, '문화정보코드'에 대한 매개변수를 입력받기 위해서'조건:'에 지시한 문구를 입력하고 [ ](대괄호)로 둘러싼다.

④ 디자인 보기 창을 닫고, 변경한 내용은 저장한 다음, 쿼리 이름을 **지역정보검색**이라고 입력하고 [확인]을 클릭한다.

04 〈지역별문화정보〉 쿼리

정답

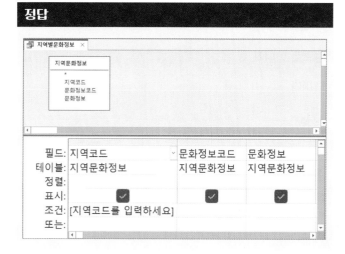

① [만들기]–[쿼리] 그룹의 [쿼리 디자인](▦)을 클릭한다.
② [테이블 추가]의 [테이블] 탭에서 〈지역문화정보〉를 추가하고 [닫기]를 클릭한다.
③ 디자인 눈금의 각 필드에 다음과 같이 드래그해서 놓는다.
④ '지역코드' 필드의 조건에 **[지역코드를 입력하세요]**를 입력한다.

⑤ [쿼리 디자인]–[쿼리 유형] 그룹의 [테이블 만들기](▦)를 클릭한다.
⑥ 테이블 이름은 **지역정보**를 입력하고 [확인]을 클릭한다.

⑦ [쿼리 디자인]–[결과] 그룹의 [실행](❗)을 클릭한다.
⑧ Ctrl+S를 눌러 [다른 이름으로 저장] 대화상자에 **지역별문화정보**로 입력하고 [확인]을 클릭한다.

05 〈문화정보수〉 크로스탭 쿼리

정답

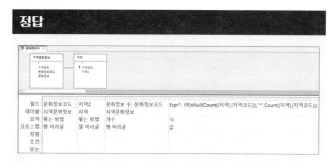

① [만들기]–[쿼리] 그룹의 [쿼리 디자인](▦)을 클릭한다.
② [테이블 추가] 대화상자의 [테이블] 탭에서 〈지역문화정보〉, 〈지역〉 테이블을 추가한 후 '문화정보코드', '지역2', '문화정보코드', '지역코드' 필드를 추가한다.
③ [쿼리 디자인] 탭의 [쿼리 유형]–[크로스탭](▦)을 클릭한 후 다음과 같이 지정한다.

- 행 머리글 : 문화정보코드
- 열 머리글 : 지역2
- 행 머리글(개수) : 문화정보코드
- 값(식) : IIf(IsNull(Count([지역].[지역코드])),"*",Count([지역].[지역코드]))

④ [속성 시트]의 '열 머리글'을 선택한 후 **"군산","마산","용산","통영"**을 입력한다.

⑤ [저장](▦)을 클릭한 후 쿼리의 이름을 **문화정보수**로 입력하고 [확인]을 클릭한다.

데이터베이스 실전 모의고사 02회

프로그램명	소요시간	합격 점수
ACCESS 2021	45분	70점

수험번호 :

성   명 :

························· **유의사항** ·························

- 인적 사항 누락 및 잘못 작성으로 인한 불이익은 수험자 책임으로 합니다.

- 화면에 암호 입력창이 나타나면 아래의 암호를 입력하여야 합니다.
  - 암호: 6845%3

- 작성된 답안은 주어진 경로 및 파일명을 변경하지 마시고 그대로 저장해야 합니다. 이를 준수하지 않으면 실격 처리됩니다.
  - 답안 파일명의 예: C:₩DB₩수험번호8자리.accdb

- 외부데이터 위치: C:₩DB₩파일명

- 별도의 지시사항이 없는 경우, 다음과 같이 처리 시 실격 처리됩니다.
  - 제시된 시트 및 개체의 순서나 이름을 임의로 변경한 경우
  - 제시된 시트 및 개체를 임의로 추가 또는 삭제한 경우
  - 외부데이터를 시험 시작 전에 열어본 경우

- 답안은 반드시 문제에서 지시 또는 요구한 셀에 입력하여야 하며 다음과 같이 처리 시 채점 대상에서 제외됩니다.
  - 제시된 함수가 있을 경우 제시된 함수만을 사용하여야 하며 그 외 함수사용시 채점대상에서 제외
  - 수험자가 임의로 지시하지 않은 셀의 이동, 수정, 삭제, 변경 등으로 인해 셀의 위치 및 내용이 변경된 경우 해당 작업에 영향을 미치는 관련문제 모두 채점 대상에서 제외
  - 도형 및 차트의 개체가 중첩되어 있거나 동일한 계산결과 시트가 복수로 존재할 경우 해당 개체나 시트는 채점 대상에서 제외

- 수식 작성 시 제시된 문제 파일의 데이터는 변경 가능한(가변적) 데이터임을 감안하여 문제 풀이를 하시오.

- 별도의 지시사항이 없는 경우, 주어진 각 시트 및 개체의 설정값 또는 기본 설정값 (Default)으로 처리하시오.

- 저장 시간은 별도로 주어지지 않으므로 제한된 시간 내에 저장을 완료해야 하며, 제한 시간 내에 저장이 되지 않은 경우에는 실격 처리됩니다.

- 출제된 문제의 용어는 MS Office LTSC Professional Plus 2021 기준으로 작성되어 있습니다.

대 한 상 공 회 의 소

01 거래내역 관리를 위하여 데이터베이스를 구축하고자 한다. 다음의 지시사항에 따라 테이블을 완성하시오. (각 3점)

※ 〈거래내역〉 테이블을 사용하시오.

① '거래처'와 '거래일', '제품명' 필드를 기본 키로 설정하시오.

② '거래일' 필드는 레코드 추가 시 시스템의 현재 날짜와 시간이 자동으로 입력되도록 설정하시오.

③ '거래량' 필드는 필드 크기를 '정수'로 설정하고, '0' 이상의 값만 입력되도록 유효성 검사 규칙을 설정하시오.

※ 〈거래처〉 테이블을 사용하시오.

④ '거래처명' 필드는 중복이 가능한 인덱스를 설정하시오.

⑤ '전화번호' 필드는 반드시 8자리의 숫자를 입력해야 하는 기호를 사용하고, '0000−0000'과 같은 형식으로 화면에 표시되도록 입력 마스크를 설정하고, '−' 기호도 테이블에 저장되도록 하시오.

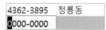

02 〈거래내역〉 테이블의 '제품명' 필드는 〈제품〉 테이블의 '제품명'을 참조하고 테이블 간의 관계는 M:1이다. 또한 〈거래내역〉 테이블의 '거래처' 필드는 〈거래처〉 테이블의 '거래처코드' 필드를 참조하고 테이블 간의 관계는 M:1이다. 각 테이블에 대해 다음과 같이 관계를 설정하시오. (5점)

▶ 각 테이블 간에는 항상 참조 무결성을 유지하도록 설정하시오.

▶ 각 테이블의 참조 필드의 값이 변경되면 관련 필드의 값들도 변경되도록 설정하시오.

03 '2025컴활1급(기출)₩데이터베이스₩실전모의고사'에서 '추가제품.xlsx' 파일을 가져와 〈추가제품〉 테이블을 생성하시오. (5점)

▶ 첫 번째 행은 열 머리글임

▶ '제품명' 필드를 기본 키로 설정하시오.

01 〈거래내역〉 폼을 다음의 화면과 지시사항에 따라 완성하시오. (각 3점)

① 〈거래내역〉 테이블을 폼의 레코드 원본으로 설정하시오.
② 폼 속성의 기본 보기를 〈화면〉과 같은 형태로 표시되도록 설정하시오.
③ 본문 영역의 'txt거래처명' 컨트롤은 폼의 'txt거래처코드'에 해당하는 〈거래처〉 테이블의 '거래처명'이 표시되도록 설정하시오.
  ▶ DLookUp 함수 사용

02 〈거래내역〉 폼의 'cmb제품명' 컨트롤에 대해 〈문제 02-03〉 화면을 참조하여 다음과 같이 설정하시오. (6점)

  ▶ 컨트롤을 콤보 상자로 변경하시오.
  ▶ 콤보 상자의 목록 값으로 〈제품〉 테이블의 모든 필드가 표시되도록 설정하시오.
  ▶ 적절한 열 개수와 열 너비, 바운드 열을 설정하시오.

03 〈거래처별 제품관리〉 폼의 본문 영역에 화면을 참조하여 〈거래내역〉 폼을 하위 폼으로 설정하시오. (5점)

  ▶ [문제 01]의 테이블 관계를 참조하여 하위 폼 설정에 필요한 필드를 설정하시오.
  ▶ 하위 폼 컨트롤의 이름은 '세부거래내역'으로 지정하고, 탐색 단추가 표시되지 않도록 하시오.

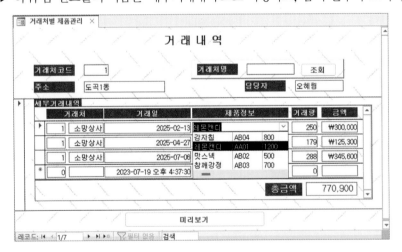

01 다음의 지시사항 및 〈화면〉을 참조하여 〈거래내역보고서〉를 완성하시오. (각 3점)

① 보고서 머리글에 〈화면〉과 같이 보고서의 제목을 생성하시오.
- ▶ 이름 : LBL제목
- ▶ 글꼴 이름 : 궁서체
- ▶ 글꼴 크기 : 20
- ▶ 텍스트 맞춤 : 가운데

② '거래처' 기준으로 오름차순, '거래일' 기준으로 오름차순 정렬되어 표시되도록 설정하시오.

③ 본문 영역의 'txt거래처'의 값이 이전 레코드와 같은 경우에는 표시되지 않도록 설정하시오.

④ 거래처 바닥글의 'txt거래건수' 컨트롤에는 거래처별로 거래건수가 표시되도록 설정하시오.

⑤ 페이지 바닥글의 'txt페이지' 컨트롤에는 현재 페이지가 표시되도록 설정하시오.
- ▶ Format 함수 사용 [현재 페이지가 1페이지 일 때 표시 → 001 페이지]

거래처	거래일	제품명	거래량	금액
		거래내역 보고서		
1	2025-02-13	레몬캔디	250	₩300.000
	2025-04-27	참깨감정	179	₩125.300
	2025-07-06	레몬캔디	288	₩345.600
		거래건수	3	
2	2025-03-02	참깨감정	310	₩217.000
	2025-05-03	참깨감정	208	₩145.600
	2025-07-31	레몬캔디	107	₩128.400
		거래건수	3	
3	2025-02-19	맛스넥	181	₩90.500

2023년 7월 19일 수요일 　　　　　　　　　　　　　　001 페이지

페이지: 1 필터 없음

02 〈거래처별 제품관리〉 폼 바닥글의 '미리보기(cmd미리보기)' 단추를 클릭하면 〈거래내역보고서〉가 '미리보기'의 형태로 나타나도록 이벤트 프로시저를 구현하시오. (5점)

01 〈거래내역〉, 〈제품〉 테이블을 이용하여 거래량이 거래내역 전체의 거래량 평균보다 큰 레코드를 조회하는 〈우량제품〉 쿼리를 작성하시오. (7점)

- ▶ 하위 쿼리 사용
- ▶ 조회 결과 필드는 화면을 참조할 것

02 〈거래처〉, 〈제품〉, 〈거래내역〉 테이블을 이용하여 거래처별, 제품명별 금액의 평균을 조회하는 〈평균판매금액〉 크로스탭 쿼리를 화면을 참조하여 작성하시오. (7점)

- ▶ 평균의 형식 및 소수 자릿수는 화면을 참조하여 설정할 것

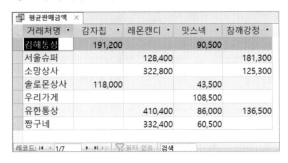

03 〈거래처〉, 〈거래내역〉 테이블을 이용하여 거래처명이 '상사'로 끝나고 거래일의 주말 거래를 조회하는 〈주말거래량〉 쿼리를 작성하시오. (7점)

- ▶ 거래량을 오름차순 표시
- ▶ 쿼리 실행 결과 표시되는 필드와 필드명은 〈그림〉과 같이 표시되도록 설정하시오.
- ▶ Weekday, Format 함수 이용

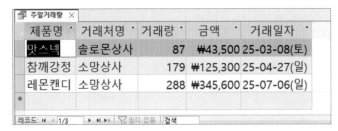

04 〈거래처〉, 〈거래내역〉 테이블을 이용하여 담당자를 매개변수로 입력받고, 거래량과 금액을 조회하여 새 테이블로 생성하는 〈담당자조회〉 쿼리를 작성하고 실행하시오. (7점)

▶ 쿼리 실행 후 생성되는 테이블의 이름은 [거래처별거래량]으로 설정하시오.
▶ 쿼리 실행 결과 생성되는 테이블의 필드는 그림을 참고하여 수험자가 판단하여 설정하시오.

※ 〈담당자조회〉 쿼리의 매개변수 값으로 '장하나'를 입력하여 실행한 후의 〈거래처별거래량〉 테이블

05 〈거래처〉, 〈거래내역〉 테이블을 이용하여 '금액'의 합계가 가장 큰 두 업체에 〈거래처〉 테이블을 업데이트 하는 〈우수거래처〉 쿼리를 작성하시오. (7점)

▶ 〈거래처〉 테이블의 '비고' 필드에 〈그림〉과 같이 표시되도록 설정하시오.

문제1 DB구축

01 〈거래내역〉, 〈거래처〉 테이블

정답

〈거래내역〉 테이블

번호	필드 이름	속성 및 형식	설정 값
①	거래처, 거래일, 제품명	기본 키	거래내역 ✕ **필드 이름 / 데이터 형식** 거래처 / 숫자 거래일 / 날짜/시간 제품명 / 짧은 텍스트 거래량 / 숫자 금액 / 숫자
②	거래일	기본값	Now()
③	거래량	필드 크기	정수
		유효성 검사 규칙	>=0

〈거래처〉 테이블

번호	필드 이름	속성 및 형식	설정 값
④	거래처명	인덱스	예(중복 가능)
⑤	전화번호	입력 마스크	0000-0000;0;0000-0000 또는 (0000-0000;0;0)

① 〈거래내역〉 테이블에서 마우스 오른쪽 버튼을 눌러 [디자인 보기](▥)를 클릭한다.

② '거래처', '거래일', '제품명' 필드를 클릭한 후 바로 가기 메뉴에서 [기본 키](▣)를 선택한다.

기적의 TIP

연속된 필드를 한꺼번에 선택할 때는 Shift, 떨어져 있는 필드를 따로 선택할 때는 Ctrl을 누른 채로 행 선택기를 클릭하면 됩니다. 이때 유념할 점은 키를 계속해서 누른 채로 바로 가기 메뉴를 불러야 한다는 점입니다.

③ '거래일' 필드를 선택한 후 필드 속성의 [일반] 탭에서 '기본값' 속성에 「Now()」로 설정한다.

④ '거래량' 필드를 선택한 후 필드 속성의 [일반] 탭에서 '필드 크기' 속성을 '정수', '유효성 검사 규칙' 속성을 >=0으로 설정한다.

⑤ [데이터베이스] 탐색 창의 〈거래처〉 테이블의 바로 가기 메뉴에서 [디자인 보기](▥)를 클릭한다.

⑥ '거래처명' 필드를 선택한 후 필드 속성의 [일반] 탭에서 '인덱스' 속성을 '예(중복 가능)'으로 설정한다.

⑦ '전화번호' 필드를 선택한 후 필드 속성의 [일반] 탭에서 '입력 마스크' 속성을 0000-0000; 0;0000-0000으로 입력한다.

기적의 TIP

0000-0000;0;0으로 작성해도 됩니다.

02 관계 설정

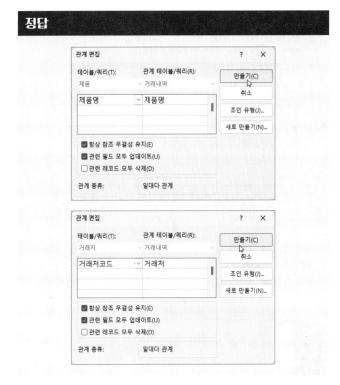

① [데이터베이스 도구]-[관계] 그룹의 [관계](📖)를 클릭하고 [관계] 창의 빈 화면에서 마우스 오른쪽 버튼을 눌러 [테이블 표시](🗔)를 클릭한다. 〈거래처〉, 〈거래내역〉, 〈제품〉 테이블을 선택하고 추가한 후 [닫기]를 누른다.
② 〈거래처〉 테이블의 '거래처코드' 필드를 선택한 후 〈거래내역〉 테이블의 '거래처' 필드로 드래그한다. [관계 편집]에서 다음과 같이 설정한 후 [만들기]를 클릭한다.

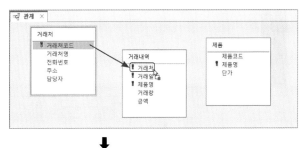

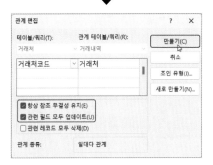

③ 〈제품〉 테이블의 '제품명' 필드를 선택한 후 〈거래내역〉 테이블의 '제품명' 필드로 드래그한다. [관계 편집]에서 다음과 같이 설정한 후 [만들기]를 클릭한다.

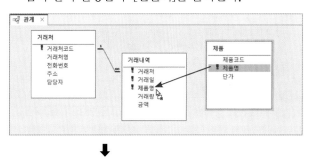

④ 관계 창을 닫고 저장한다.

03 〈추가제품.xlsx〉 파일을 〈추가제품〉 테이블로 가져오기

정답

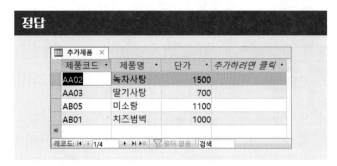

① [외부 데이터]-[가져오기 및 연결] 그룹의 [새 데이터 원
본]-[파일에서]-[Excel]을 클릭한 다음, 가져올 파일 이
름과 데이터를 저장할 방법 및 위치를 지정한다. 파일 이
름을 지정하기 위해 [찾아보기]를 클릭한다.

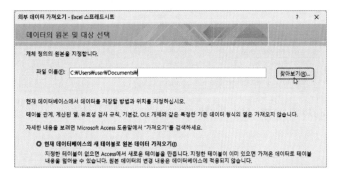

② [파일 열기] 대화상자가 열리면 '2025컴활1급(기출)₩데
이터베이스₩실전모의고사' 폴더에서 파일 이름을 '추가
제품.xlsx'로 선택한 후 [열기]를 클릭한다.

③ [외부 데이터 가져오기 – Excel 스프레드시트] 대화상자
로 돌아오면 [확인]을 클릭한다.

④ 스프레드시트 가져오기 마법사를 다음과 같이 설정하고
가져오기 단계는 저장하지 않는다.

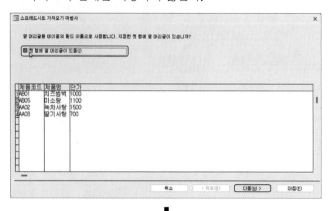

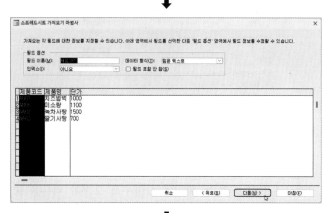

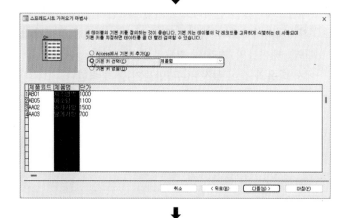

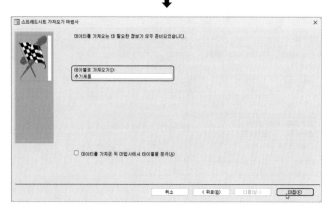

01 〈거래내역〉 폼

정답

번호	필드 이름	속성 및 형식	설정 값
①	폼	레코드 원본	거래내역
②	폼	기본 보기	연속 폼
③	txt거래처명	컨트롤 원본	=DLookUp("[거래처명]","거래처","[거래처코드]=[txt거래처코드]")

① 〈거래내역〉 폼의 바로 가기 메뉴에서 [디자인 보기](🔲)를 클릭한다.

② [폼] 디자인 보기 창에서 [폼 선택기](■)를 더블클릭하여 나타난 [폼] 속성 창의 [모두] 탭에서 '레코드 원본'과 '기본 보기' 속성을 설정한다.

③ 'txt거래처명' 컨트롤을 더블클릭하여 'txt거래처명' 속성 창이 나타나면 [모두] 탭의 '컨트롤 원본' 속성을 설정한다.

=DLookUp("[거래처명]","거래처","[거래처코드]=[txt거래처코드]")

02 〈거래내역〉 폼의 'cmb제품명' 컨트롤 속성

정답

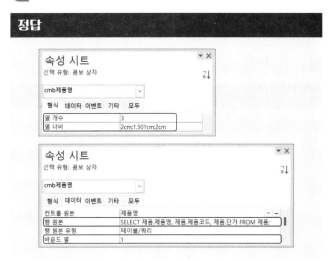

① 〈거래내역〉 폼을 [디자인 보기](🔲)로 연 후 'cmb제품명' 필드를 선택하고, 마우스 오른쪽 버튼을 눌러 [변경]-[콤보 상자]를 선택한다.

② 'cmb제품명' 필드를 더블클릭하여 나타난 'cmb제품명' 속성 창에서 '행 원본' 속성의 [작성기](⋯)를 클릭한다.

③ [거래내역 : 쿼리 작성기] 창에 [테이블 추가] 대화상자가 표시되면 '제품'을 더블클릭한 후 [닫기]를 클릭한다.

④ 디자인 눈금 필드를 그림과 같이 작성한다.

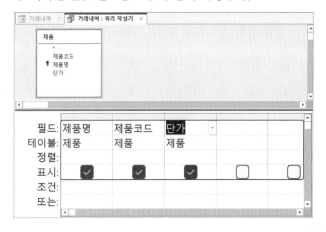

⑤ [거래내역 : 쿼리 작성기] 창의 [닫기]를 클릭한 후 업데이트를 묻는 대화상자에서 [예]를 클릭한다.

⑥ 쿼리 작성기로 디자인한 SQL 문이 행 원본으로 지정되었음을 알 수 있다. 계속해서 필드 속성의 '열 개수', '열 너비', '바운드 열' 속성을 지정한다.

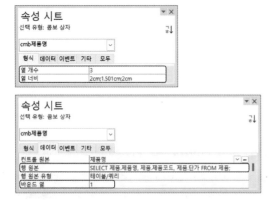

03 하위 폼

정답

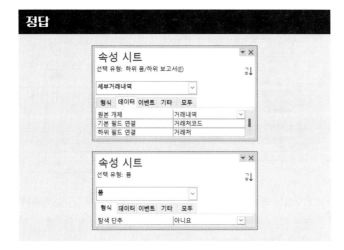

① 〈거래처별 제품관리〉 폼을 [디자인 보기]([N])로 연 후 [양식 디자인]-[컨트롤] 탭의 [컨트롤 마법사 사용]([X])이 선택된 상태에서 [하위 폼/하위 보고서]([E])를 클릭하고 적당한 위치까지 드래그한 후 놓으면 [하위 폼 마법사]가 나타난다.

② [하위 폼 마법사] 대화상자의 '기존 폼 사용'에서 〈거래내역〉 폼을 하위 폼으로 설정하고 [다음]을 클릭한다.

③ '목록에서 선택'에서 디폴트값(기본값)을 그대로 선택하고 [다음]을 클릭한다.

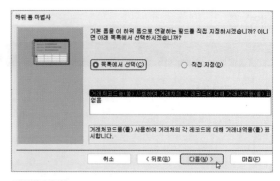

기적의 TIP

기본 폼(거래처별 제품관리)의 레코드 원본은 〈거래처〉 테이블, 하위 폼(거래내역)의 레코드 원본은 〈거래내역〉 테이블이며, 두 테이블은 '거래처코드'와 '거래처' 필드가 일대다의 관계로 연결되어 있습니다.

④ 하위 폼의 이름을 **세부거래내역**으로 입력하고 [마침]을 클릭한다.

⑤ 세부거래내역 하위 폼의 [폼 선택기]([■])를 더블클릭한 후, '탐색 단추' 속성을 '아니요'로 설정한다.

01 〈거래내역보고서〉 보고서

정답

번호	개체	속성	설정 값
①	레이블 생성	이름	LBL제목
		글꼴 이름	궁서체
		글꼴 크기	20
		텍스트 맞춤	가운데
②	거래처, 거래일 정렬	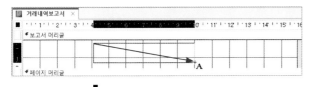	
③	txt거래처	중복 내용 숨기기	예
④	txt거래건수	컨트롤 원본	=Count(*)
⑤	txt페이지	컨트롤 원본	=Format([Page],"000") & " 페이지" 또는 =Format([Page], "000 페이지")

① 〈거래내역보고서〉 보고서에서 마우스 오른쪽 버튼을 눌러 [디자인 보기](🔲)를 클릭한다.

② [보고서 디자인]-[컨트롤] 그룹의 [레이블](가가)을 선택하고 적당한 위치에 드래그한 후 **거래내역 보고서**라고 입력한 다음, 더블클릭하여 '이름', '글꼴 이름', '글꼴 크기', '텍스트 맞춤', '글꼴 기울임꼴' 속성을 설정한다.

③ [보고서 선택기](🔲)의 바로 가기 메뉴에서 [정렬 및 그룹화]를 클릭하여 '거래처'와 [정렬 추가]하여 '거래일' 필드를 오름차순으로 설정한다.

④ 'txt거래처' 컨트롤의 '중복 내용 숨기기' 속성을 설정한다.

⑤ 'txt거래건수' 컨트롤의 '컨트롤 원본' 속성을 설정한다.

⑥ 'txt페이지' 컨트롤의 '컨트롤 원본' 속성을 설정한다.

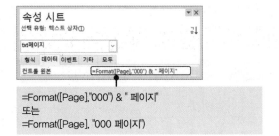

=Format([Page],"000") & " 페이지"
또는
=Format([Page], "000 페이지")

〈거래처별 제품관리〉 폼의 '미리보기(cmd미리보기)' 버튼 클릭 이벤트

정답

```
Private Sub cmd미리보기_Click()
    DoCmd.OpenReport "거래내역보고서", acViewPreview
End Sub
```

① 〈거래처별 제품관리〉 폼의 바로 가기 메뉴에서 [디자인 보기](圖)를 클릭한다.
② '미리보기(cmd미리보기)' 버튼을 클릭한 후 [이벤트] 탭에서 'On Click' 속성의 [작성기](⋯)를 클릭한다.
③ [작성기 선택] 대화상자에서 '코드 작성기'를 선택한다.
④ VBE의 '코드 창'에 다음과 같이 코딩하고 Alt + Q를 눌러서 VBE를 닫고 액세스로 돌아온다.

```
Private Sub cmd미리보기_Click()
    DoCmd.OpenReport "거래내역보고서", acViewPreview
End Sub
```

01 〈우량제품〉 쿼리

정답

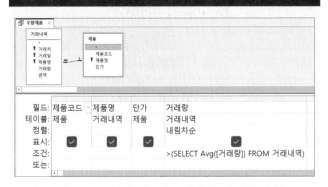

① [만들기]-[쿼리] 그룹의 [쿼리 디자인](▦)을 클릭한다.
② [테이블 추가]에서 〈거래내역〉, 〈제품〉을 추가한다.
③ 디자인 눈금의 각 필드에 다음과 같이 드래그해서 놓은 다음, '거래량' 필드의 조건을 입력하고 정렬은 '내림차순'으로 지정한다.

〉(SELECT Avg([거래량]) FROM 거래내역)

④ [저장](🖫)을 클릭한 후 쿼리의 이름을 **우량제품**으로 입력한다.

02 〈평균판매금액〉 크로스탭 쿼리

정답

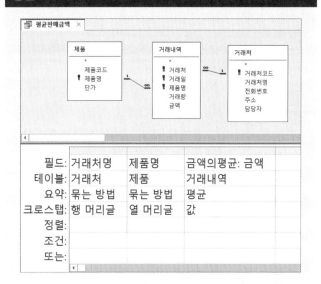

① [만들기]-[쿼리] 그룹의 [쿼리 디자인](▦)을 클릭한다.
② [테이블 추가]에서 〈거래내역〉, 〈거래처〉, 〈제품〉을 추가한다.
③ 디자인 창의 빈 영역에서 마우스 오른쪽 버튼을 눌러 [쿼리 유형]-[크로스탭 쿼리]를 선택하고 다음과 같이 설정한다.

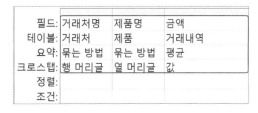

④ '금액의평균: 금액' 필드의 바로 가기 메뉴에서 [속성]을 선택한다. [필드 속성] 대화상자가 나타나면 '형식' 속성에 **#,###**을 입력한다.

기적의 TIP

#, ###은 입력된 숫자가 천 단위 이상의 경우만 구분 기호의 쉼표(,)를 표기하라는 의미입니다.

⑤ [저장](🖫)을 클릭한 후 쿼리의 이름을 **평균판매금액**으로 입력한다.

03 〈주말거래량〉 쿼리

정답

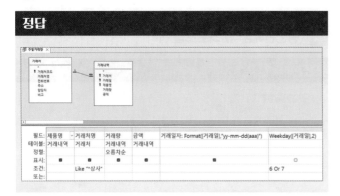

① [만들기]-[쿼리] 그룹에서 [쿼리 디자인](▦)을 클릭한다.
② 〈거래처〉, 〈거래내역〉 테이블을 더블클릭하여 추가한 후 [닫기]를 클릭한다.
③ 디자인 눈금의 각 필드에 다음과 같이 드래그해서 배치하고 조건을 입력한다.

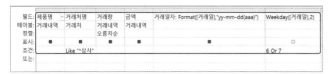

- **거래처명** : 조건(Like "*상사")
- **거래량** : 오름차순
- **거래일자** : Format([거래일],"yy-mm-dd(aaa)")
- **Weekday**([거래일],2)

Weekday([거래일],2)
[거래일] 필드에서 요일을 숫자로 반환하는데, return type은 '2'가 입력된 것은 월요일은 '1', 화요일은 '2', 수요일은 '3', ... 으로 값을 반환한다.
주말이라면 토요일, 일요일에 해당한 값은 6 또는 7을 추출한다.

④ [저장](▦)을 클릭한 후 **주말거래량**을 입력하고 [확인]을 클릭한다.

04 〈담당자조회〉 쿼리

정답

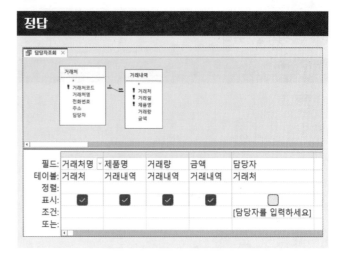

① [만들기]-[쿼리] 그룹의 [쿼리 디자인](▦)을 클릭한다.
② [테이블 추가]의 [테이블] 탭에서 〈거래처〉, 〈거래내역〉을 추가하고 [닫기]를 클릭한다.
③ 디자인 눈금의 각 필드에 다음과 같이 드래그해서 놓는다.

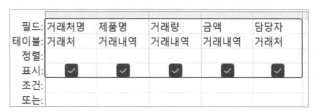

④ 담당자 필드의 조건에 [**담당자를 입력하세요**]를 입력하고 표시 체크를 해제한다.

⑤ [쿼리 디자인]-[쿼리 유형] 그룹의 [테이블 만들기](▦)를 클릭한다.
⑥ 테이블 이름은 **거래처별거래량**을 입력하고 [확인]을 클릭한다.

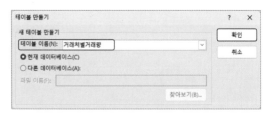

⑦ [쿼리 도구]-[디자인]-[결과] 그룹의 [실행](▯)을 클릭한다.
⑧ Ctrl+S를 눌러 '다른 이름으로 저장' 대화상자에 **담당자조회**로 입력하고 [확인]을 클릭한다.

05 〈우수거래처〉 업데이트 쿼리

정답

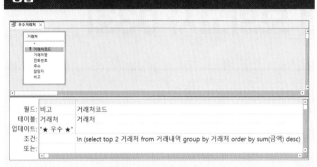

① [만들기]–[쿼리] 그룹의 [쿼리 디자인](▦)을 클릭한다.
② [테이블 추가]의 [테이블] 탭에서 〈거래처〉 테이블을 추가한 후 '비고'와 '거래처코드' 필드를 추가한다.
③ [쿼리 디자인] 탭의 [쿼리 유형]–[업데이트](▦)를 클릭한 후 다음과 같이 입력한다.

In (Select top 2 거래처 from 거래내역 group by 거래처 order by sum(금액) desc)

④ [저장](▦)을 클릭한 후 쿼리의 이름을 **우수거래처**로 입력하고 [확인]을 클릭한다.
⑤ [쿼리 디자인] 탭의 [결과]–[실행](▯)을 클릭하여 2행을 새로 고친다는 메시지가 표시되면 [예]를 클릭한다.

▶ 합격 강의

데이터베이스 실전 모의고사 03회

프로그램명	소요시간	합격 점수
ACCESS 2021	45분	70점

수험번호 :

성 명 :

································· **유의사항** ·································

■ 인적 사항 누락 및 잘못 작성으로 인한 불이익은 수험자 책임으로 합니다.

■ 화면에 암호 입력창이 나타나면 아래의 암호를 입력하여야 합니다.
  ○ 암호: 6845%3

■ 작성된 답안은 주어진 경로 및 파일명을 변경하지 마시고 그대로 저장해야 합니다. 이를 준수하지 않으면 실격 처리됩니다.
  ○ 답안 파일명의 예: C:\DB\수험번호8자리.accdb

■ 외부데이터 위치: C:\DB\파일명

■ 별도의 지시사항이 없는 경우, 다음과 같이 처리 시 실격 처리됩니다.
  ○ 제시된 시트 및 개체의 순서나 이름을 임의로 변경한 경우
  ○ 제시된 시트 및 개체를 임의로 추가 또는 삭제한 경우
  ○ 외부데이터를 시험 시작 전에 열어본 경우

■ 답안은 반드시 문제에서 지시 또는 요구한 셀에 입력하여야 하며 다음과 같이 처리 시 채점 대상에서 제외됩니다.
  ○ 제시된 함수가 있을 경우 제시된 함수만을 사용하여야 하며 그 외 함수사용시 채점대상에서 제외
  ○ 수험자가 임의로 지시하지 않은 셀의 이동, 수정, 삭제, 변경 등으로 인해 셀의 위치 및 내용이 변경된 경우 해당 작업에 영향을 미치는 관련문제 모두 채점 대상에서 제외
  ○ 도형 및 차트의 개체가 중첩되어 있거나 동일한 계산결과 시트가 복수로 존재할 경우 해당 개체나 시트는 채점 대상에서 제외

■ 수식 작성 시 제시된 문제 파일의 데이터는 변경 가능한(가변적) 데이터임을 감안하여 문제 풀이를 하시오.

■ 별도의 지시사항이 없는 경우, 주어진 각 시트 및 개체의 설정값 또는 기본 설정값 (Default)으로 처리하시오.

■ 저장 시간은 별도로 주어지지 않으므로 제한된 시간 내에 저장을 완료해야 하며, 제한 시간 내에 저장이 되지 않은 경우에는 실격 처리됩니다.

■ 출제된 문제의 용어는 MS Office LTSC Professional Plus 2021 기준으로 작성되어 있습니다.

대 한 상 공 회 의 소

01 우리 출판사에서 주문처 관리를 전산화하기 위해서 다음과 같이 데이터베이스를 구축하였다. 다음의 지시사항에 따라 테이블을 완성하시오. (각 3점)

※ 〈도서별판매내역〉 테이블

① '주문일자' 필드를 '날짜/시간' 데이터 형식으로 변경한 후, '2025년 08월 22일' 형태로 날짜가 표시되도록 필드 속성의 형식을 설정하시오.

② '전화번호' 필드는 '(010)1234-1234' 형식으로 입력되도록 입력 마스크 필드 속성을 설정하시오.
  ▶ 0 ~ 9까지 숫자나 공백을 입력할 수 있도록 할 것
  ▶ 덧셈 · 뺄셈 기호는 사용 할 수 없도록 할 것
  ▶ 기호도 저장되도록 설정할 것

③ '주문처' 필드에는 값이 반드시 입력되도록 설정하시오.

※ 〈도서코드〉 테이블

④ '거래구분' 필드에 데이터를 입력할 때 자동으로 영문 입력상태가 되도록 IME 모드를 '영숫자 반자'로 설정하시오.

⑤ '거래기간' 필드에는 255 이하의 숫자를 입력하기에 적당한 데이터 형식과 필드 크기를 설정하시오.

02 〈도서별판매내역〉 테이블의 '물품코드' 필드는 〈도서코드〉 테이블의 '물품코드' 필드를 참조하며, 테이블간의 관계는 M:1 이다. 두 테이블에 대해 다음과 같이 관계를 설정하시오. (5점)

  ▶ 테이블간에 항상 참조 무결성을 유지하도록 설정하시오.
  ▶ 〈도서코드〉 테이블의 '물품코드'가 변경되면 이를 참조하는 〈도서별판매내역〉 테이블의 '물품코드'도 따라 변경되도록 설정하시오.
  ▶ 〈도서별판매내역〉 테이블에서 참조하고 있는 〈도서코드〉 테이블의 레코드를 삭제할 수 없도록 하시오.

03 〈도서별판매내역〉 테이블의 '물품코드' 필드에 대해서 다음과 같이 조회 속성을 설정하시오. (5점)

  ▶ 〈도서코드〉 테이블의 '물품코드'와 '저자'를 콤보 상자로 표시할 것
  ▶ 필드에는 '물품코드'가 저장되도록 설정할 것
  ▶ '물품코드'와 '저자'의 열 너비를 각각 3cm, 1.5cm로 지정하고, 목록 너비를 6cm로 설정할 것
  ▶ 콤보 상자의 행수를 5로 설정할 것

01 다음 지시사항에 따라 〈판매내역입력〉 폼을 완성하시오. (각 3점)

① 미리보기 〈그림〉처럼 표시되도록 폼의 기본 보기, 탐색 단추, 레코드 선택기 속성을 지정하시오.

② 'txt주문처'와 'txt주문수량'을 각각 '주문처'와 '주문수량' 필드에 바운드 시키시오.

③ 'txt총계'에 판매된 총 금액을 표시하도록 계산 컨트롤로 작성하시오.
  ▶ ([판매단가] × [주문수량])의 합을 이용할 것
  ▶ ₩42,130,000처럼 표시되도록 사용자 지정 형식을 설정할 것

접수번호	주문일자	주문처	물품코드	판매단가	주문수량
1	25년 08월 10일	인하대	멀티미디어 웹디지	₩12,000	100
2	25년 09월 01일	한경대	철학개론	₩15,000	70
3	25년 08월 22일	계림대	오! C 야! C	₩20,000	120
4	25년 10월 13일	전주대	자연개론	₩10,000	150
5	25년 08월 10일	군산대	정보통신	₩22,000	120
6	25년 10월 19일	목포대	방송개론	₩23,000	40
7	25년 08월 20일	부산대	물성이론	₩19,000	100
8	25년 09월 11일	동아대	삼국사기	₩17,000	120
9	25년 08월 21일	서울대	PHP웹쏠루션	₩19,000	20
10	25년 10월 14일	경상대	경제일반론	₩18,000	50

월별매출내역		총 계	₩42,130,000

02 〈판매내역입력〉 폼의 'cmb물품코드' 컨트롤에 대하여 다음의 지시사항에 따라 설정하시오. (6점)

▶ 〈도서코드〉 테이블의 '물품코드', '도서명'을 목록으로 표현하되 '물품코드'는 표시하지 않도록 하시오.
▶ 컨트롤과 바운드된 테이블에는 '물품코드'가 저장되도록 설정하시오.
▶ 'cmb물품코드' 컨트롤에는 목록에 있는 값만 입력되도록 설정하시오.

03 〈판매내역〉 폼의 본문 영역에 〈판매내역입력〉 폼을 하위 폼으로 추가하시오. (5점)

▶ 하위 폼/하위 보고서 컨트롤의 이름은 '판매상황'으로 하시오.
▶ 기본 폼과 하위 폼을 각각 '접수번호' 필드를 기준으로 연결하시오.

문제3 | **조회 및 출력 기능 구현(20점)**

01 다음의 지시사항 및 화면을 참조하여 〈도서별판매이익〉 보고서를 완성하시오. (각 3점)

① 보고서 머리글의 'Label33' 레이블에 대해서 다음과 같이 설정하시오.
  ▶ 레이블 이름을 'Label제목'으로 바꿀 것
  ▶ 글꼴 '궁서', 크기 '25'로 바꿀 것
② 그룹화 기준은 '도서명', '주문일자', '주문처' 필드 순으로 오름차순 정렬하여 표시하시오.
③ 보고서 바닥글의 'txt세금'과 'txt판매이익' 컨트롤에 세금과 판매이익 필드의 총합계를 표시하시오.
  ▶ '₩2,317,150'과 같이 표시되도록 형식 속성을 설정할 것
④ 페이지 바닥글의 'txt날짜'에는 시스템의 현재 날짜가 표시되도록 형식을 설정하시오.
  ▶ 현재 날짜 정보만 표시하는 함수를 이용하여, '2025년 8월 28일 목요일'과 같이 표시
⑤ 페이지 바닥글의 'txt페이지'에는 페이지를 '현재페이지/전체페이지'의 형태로 표시하도록 설정하시오.
  ▶ 전체 페이지수가 5이고 현재 페이지가 2이면 '2/5'와 같이 표시

도서별판매이익

도서명	주문일자	판매단가	주문처	주문수량	판 매 금	세 금	판매이익
경제일반론							
	2025-08-08	₩18,000	서강대	90	₩1,620,000	₩89,100	₩1,530,900
	2025-10-14	₩18,000	경상대	50	₩900,000	₩49,500	₩650,500
	2025-10-14	₩18,000	제주대	40	₩720,000	₩39,600	₩680,400
멀티미디어 웹디자인							
	2025-08-10	₩12,000	세종대	50	₩600,000	₩33,000	₩567,000
	2025-08-10	₩12,000	인하대	100	₩1,200,000	₩66,000	₩1,134,000
멀티미디어 저작워크샵							
	2025-09-09	₩21,000	대원대	130	₩2,730,000	₩150,150	₩2,579,850
	2025-08-08	₩21,000	두산공대	20	₩420,000	₩23,100	₩396,900
물성이론							
	2025-08-20	₩19,000	부산대	100	₩1,900,000	₩104,500	₩1,795,500
	2025-09-11	₩19,000	선문대	80	₩1,520,000	₩83,600	₩1,436,400

2023년 7월 19일 수요일   1/3

02 〈도서별조회〉 폼의 '자료보기(cmd자료보기)' 버튼을 클릭할 때 다음과 같은 기능을 수행하도록 구현하시오. (5점)

▶ 〈도서별판매이익〉 보고서를 '인쇄 미리 보기'의 형태로 열도록 이벤트 프로시저를 작성 할 것
▶ 주문일자 데이터 중 8월에 해당하는 것으로 보고서를 출력 할 것

문제4 처리 기능 구현(35점)

---

01 출판사별, 월별로 주문건수를 조회하는 쿼리를 미리보기 〈그림〉과 같이 작성하시오. (7점)

▶ Month 함수 이용
▶ [속성 시트]의 형식을 이용하여 양수에는 '건'을 붙여서 표시하고, 음수와 0은 생략하고, 값 영역의 Null 값에는 ◎을 표시
▶ 〈도서별판매내역〉, 〈도서코드〉 테이블을 이용할 것
▶ 쿼리 이름은 '출판사별월별주문건수'로 설정할 것
▶ 쿼리 실행 결과 표시되는 필드와 필드명은 〈그림〉과 같이 표시되도록 설정하시오.

02 미리보기 〈그림〉과 같은 질의에 응답하는 매개변수 쿼리를 작성하시오. (7점)

▶ 〈도서코드〉 테이블을 이용할 것
▶ 쿼리 이름은 '도서정보'로 할 것
▶ '물품코드'의 첫 두 글자에 해당하는 정보만 표시할 것
▶ Left 함수 이용

 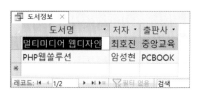

03 〈판매장부〉 테이블을 이용하여 상위 10개 항목의 판매금액을 계산하여 표시하는 〈상위10판매금액〉 쿼리를 작성하시오. (7점)

- ▶ 판매금액은 [판매단가]에 [주문수량]을 곱한 값의 90%로 계산하시오.
- ▶ 판매금액을 기준으로 내림차순 정렬하여 표시하시오.
- ▶ 쿼리 실행 결과 표시되는 필드와 필드명은 〈그림〉과 같이 표시되도록 설정하시오.

주문처	판매단가	주문수량	판매금액
배제대	₩22,000	170	3366000
대원대	₩21,000	130	2457000
군산대	₩22,000	120	2376000
계림대	₩20,000	120	2160000
연세대	₩20,000	120	2160000
인천대	₩23,000	90	1863000
동아대	₩17,000	120	1836000
명지대	₩10,000	200	1800000
남서울대	₩20,000	100	1800000
부산대	₩19,000	100	1710000
			0

04 〈판매내역총괄〉 쿼리를 이용하여 주문수량이 100 이상 200 이하의 판매이익을 구하는 〈판매이익분석〉 쿼리를 작성하시오. (7점)

- ▶ 판매이익을 기준으로 내림차순 정렬하여 표시하시오.
- ▶ 쿼리 실행 결과 표시되는 필드와 필드명은 〈그림〉과 같이 표시되도록 설정하시오.

도서명	주문처	판매이익
정보통신	배제대	₩3,534,300
멀티미디어 저작워크숍	대원대	₩2,579,850
정보통신	군산대	₩2,494,800
전자회로	연세대	₩2,268,000
오! C 아! C	계림대	₩2,268,000
삼국사기	동아대	₩1,927,800
자연개론	명지대	₩1,890,000
오! C 아! C	남서울대	₩1,890,000
물성이론	부산대	₩1,795,500
자연개론	전주대	₩1,417,500
멀티미디어 웹디자인	인하대	₩1,134,000

05 〈도서별판매내역〉 테이블, 〈도서코드〉 테이블을 이용하여 '주문일자'의 월을 매개변수 입력받고, 다음 그림과 같이 새테이블을 생성하는 〈월별주문내역조회〉 쿼리를 작성하고 실행하시오. (7점)

- ▶ 금액 : 판매단가 × 주문수량
- ▶ 쿼리 실행 후 생성되는 테이블의 이름은 [월별도서주문내역]으로 설정하시오.
- ▶ 쿼리 실행 결과 생성되는 테이블의 필드는 그림을 참고하여 설정하시오.

주문일자	주문처	도서명	판매단가	주문수량	금액
2025-09-01	경대	철학개론	₩15,000	70	₩1,050,000
2025-09-11	동아대	삼국사기	₩17,000	120	₩2,040,000
2025-09-08	광두대	사회개혁론	₩15,000	10	₩150,000
2025-09-09	대원대	멀티미디어	₩21,000	130	₩2,730,000
2025-09-11	선문대	물성이론	₩19,000	80	₩1,520,000
2025-09-08	대전대	사회개혁론	₩15,000	40	₩600,000

매개 변수 값 입력
주문한 월을 입력하세요
9
확인 취소

문제1　DB구축

01 〈도서별판매내역〉, 〈도서코드〉 테이블

정답

〈도서별판매내역〉 테이블

번호	필드 이름	속성 및 형식	설정 값
①	주문일자	데이터 형식	날짜/시간
		형식	yyyy년 mm월 dd일
②	전화번호	입력 마스크	(999)9999─9999;0
③	주문처	필수	예

〈도서코드〉 테이블

번호	필드 이름	속성 및 형식	설정 값
④	거래구분	IME 모드	영숫자 반자
⑤	거래기간	데이터 형식	숫자
		필드 크기	바이트

① 〈도서별판매내역〉 테이블을 [디자인 보기](🔲) 모드로 열어, '주문일자' 필드의 데이터 형식을 '날짜/시간'으로 형식에 **yyyy년 mm월 dd일**을 입력한다.

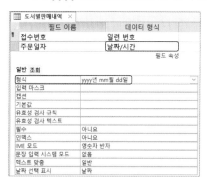

기적의 TIP

yyyy년 mm월 dd일
을 입력하면
yyyy"년 "mm"월 "dd₩일
로 표시 됩니다.

② '전화번호' 필드의 입력 마스크 속성에 **(999)9999─9999;0**로 설정한다.

기적의 TIP

입력 마스크 사용 문자

문자	필수 여부	+－기호	공백 입력
0	필수	불가능	불가능
9	선택	불가능	가능
#	선택	가능	가능

공백이란 편집 모드에 나타나는 빈 칸을 말합니다. 실제 저장되는 데이터에는 나타나지 않습니다.

③ '주문처' 필드의 필수 속성에 '예'를 설정한다.

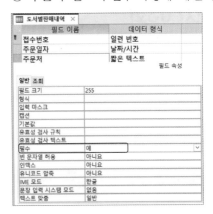

④ [디자인 보기] 창을 닫고, 변경한 내용 및 데이터 통합 규칙에서 [예]를 클릭하여 저장한다.

⑤ 〈도서코드〉 테이블을 [디자인 보기](🔲) 모드로 열고, '거래구분' 필드의 IME 모드 속성에 '영숫자 반자'로 설정한다.

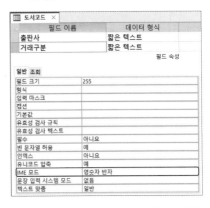

⑥ '거래기간' 필드의 데이터 형식을 '숫자'로 바꾸고, 필드 크기는 '바이트'로 설정한다.

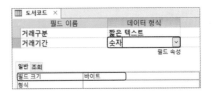

기적의 TIP

바이트(Byte) 숫자 데이터 형식은 0~255 사이의 정수를 표현하는 데이터 형식입니다.

⑦ [디자인 보기] 창을 닫고 변경한 내용을 저장한다. 이 때 데이터 손실 경고창도 [예]를 클릭하여 저장한다.

02 〈도서별판매내역〉, 〈도서코드〉 테이블 관계 설정

정답

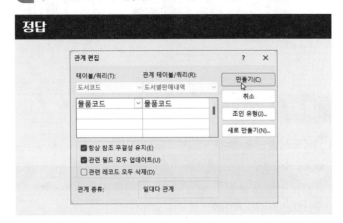

① [데이터베이스 도구]–[관계] 그룹의 [관계](🖼)를 클릭한 후, [관계] 창의 빈 화면에서 마우스 오른쪽 버튼을 눌러 [테이블 표시](🖼)를 클릭한다.

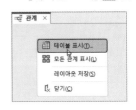

② 〈도서별판매내역〉, 〈도서코드〉 테이블을 [추가]하고 [닫기]를 클릭한다.

기적의 TIP

여러 테이블을 한꺼번에 선택하려면, [Ctrl]이나 [Shift], 혹은 마우스로 드래그 하여 영역 선택하면 됩니다.

③ 관계를 맺을 필드(물품코드)를 드래그 앤 드롭 하여 [관계 편집] 대화상자에서 '항상 참조 무결성 유지', '관련 필드 모두 업데이트'에 체크하고 [만들기]를 클릭한다.

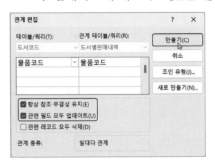

④ [관계] 창은 닫고 변경한 내용은 저장한다.

03 〈도서별판매내역〉 테이블의 '물품코드' 필드에 조회 속성 설정

정답

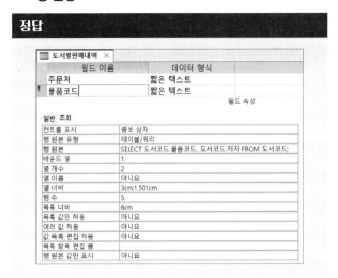

① 〈도서별판매내역〉 테이블의 [디자인 보기](N) 모드에서 '물품코드' 필드를 선택하고 [조회] 속성 탭을 클릭한다. 컨트롤 표시를 '콤보 상자'로 설정하고, 행 원본의 [작성기](…) 단추를 클릭한다.

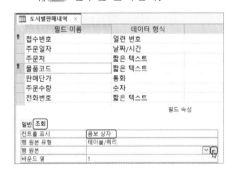

② 테이블 표시 창에서 〈도서코드〉 테이블을 [추가]하고 [닫기]를 클릭한다. '물품코드'와 '저자' 필드를 더블 클릭하여 쿼리의 디자인 눈금에 각각 추가한다.

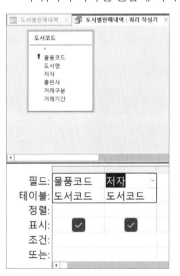

③ 쿼리 작성기 창을 닫고 변경한 내용이 행 원본에 적용되도록 [예]를 클릭하여 속성을 업데이트한다.

④ 바운드 열, 열 개수, 열 너비, 목록 너비, 행 수 속성을 지시사항대로 설정한다.

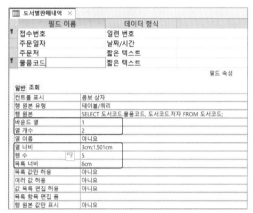

기적의 TIP

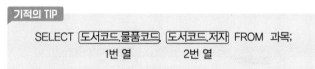

SELECT 도서코드.물품코드, 도서코드.저자 FROM 과목;
　　　　　 1번 열 　　　　　 2번 열

⑤ [디자인 보기] 창은 닫고 변경한 내용은 저장한다.

01 〈판매내역입력〉 폼

정답

번호	개체	속성	설정 값
①	폼	기본 보기	연속 폼
		레코드 선택기	예
		탐색 단추	아니요
②	txt주문처	컨트롤 원본	주문처
	txt주문수량		주문수량
③	txt총계	컨트롤 원본	=Sum([판매단가]*[주문수량])
		형식	₩₩#,##0 또는 통화

① 〈판매내역입력〉 폼을 더블클릭하여 폼 보기 모드로 열면 기본 보기 '단일 폼', 레코드 선택기 '아니요', 탐색 단추 '예'로 설정되어 있다.

② [디자인 보기](□) 모드로 열어 미리보기 〈그림〉처럼 '연속 폼', '예', '아니요'로 변경한다.

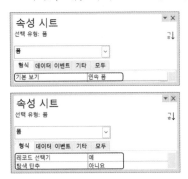

③ 'txt주문처', 'txt주문수량' 컨트롤의 원본으로 각각 '주문처', '주문수량' 필드를 바운드 시킨다.

④ 'txt총계' 컨트롤의 원본으로 =Sum([판매단가]*[주문수량])을, 형식 속성에 ₩₩#,##0을 설정한다.

기적의 TIP

₩₩#,##0에서 첫 ₩는 바로 뒤의 ₩를 표시하기 위해서 사용되는 정의 문자입니다.

02 〈판매내역입력〉 폼의 'cmb물품코드' 콤보 상자

정답

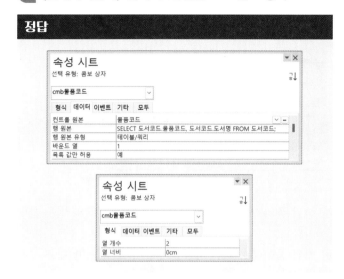

① 〈판매내역입력〉 폼을 [디자인 보기]([📐])로 열어 'cmb물품코드' 콤보 상자의 행 원본 속성에서 [작성기]([⋯])를 클릭한다.

② [테이블 추가]에서 〈도서코드〉 테이블을 [추가] 후 [닫기]를 클릭한다.

③ 콤보 상자의 행 원본 될 물품코드, 도서명 필드를 더블 클릭하여 디자인 눈금에 위치시키고, 쿼리 작성기 창을 닫는다.

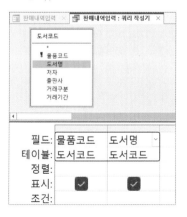

④ 행 원본 속성을 업데이트 한다는 경고창이 나타나면 [예]를 클릭하여 업데이트 한다.

⑤ 바운드 열(물품코드)에 '1', 목록 값만 허용 '예'로 설정한다.

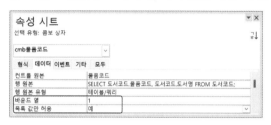

⑥ 물품코드, 도서명 2개의 열을 표현하기 위해서 열 개수 속성에 '2'를, 그 중 물품코드 열은 표시되지 않도록 열 너비 속성을 0으로 설정한다. [디자인 보기] 창은 닫고 변경한 내용은 저장한다.

기적의 TIP

열 너비 속성은 '첫 번째 열의 너비;두번째 열의 너비' 형식으로 사용되며, ;(세미콜론)이 열을 구분합니다. 0;과 같이 정형화 된 형태로 표현하면 액세스가 0cm로 자동으로 바꿉니다.

03 〈판매내역〉 폼에 〈판매내역입력〉 폼을 하위 폼으로 추가

정답

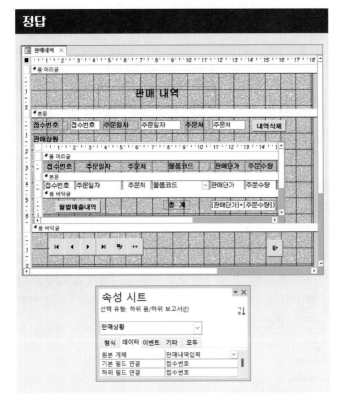

① 〈판매내역〉 폼을 [디자인 보기]() 모드로 열고, [양식 디자인]-[컨트롤] 그룹에서 [하위 폼/하위 보고서]()를 클릭한다. 이 때 [컨트롤 마법사 사용]()가 활성화 되어 있으면 편리하다.

② 드래그 앤 드롭 하여 하위 폼이 들어갈 영역을 지정한다.

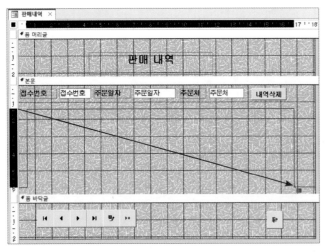

③ 하위 폼 마법사에서 '기존 폼 사용'을 선택하고 〈판매내역입력〉 폼을 클릭하고 [다음]을 클릭한다.

④ '접수번호' 필드를 기준으로 기본 폼과 하위 폼을 연결하고 [다음]을 클릭한다.

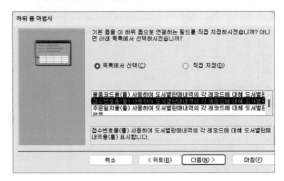

⑤ 하위 폼의 이름을 **판매상황**으로 설정한 후 [마침]을 클릭한다.

⑥ 하위 폼이 추가되면 디자인 창을 닫고 변경한 내용은 저장한다.

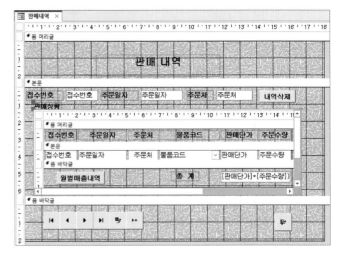

01 〈도서별판매이익〉 보고서

정답

번호	필드 이름	필드 속성	설정 값
①	Label33	이름	Label제목
		글꼴 이름	궁서
		글꼴 크기	25
②	도서명, 주문일자, 주문처 정렬		 그룹화 기준 도서명 ▼ 오름차순 ▼, 자세히 ► / 정렬 기준 주문일자 / 정렬 기준 주문처 / 그룹 추가 정렬 추가
③	txt세금	컨트롤 원본	=Sum([세금])
		형식	₩₩#,##0 또는 통화
	txt판매이익	컨트롤 원본	=Sum([판매이익])
		형식	₩₩#,##0 또는 통화
④	txt날짜	컨트롤 원본	=Date()
		형식	자세한 날짜
⑤	txt페이지	컨트롤 원본	=[Page] & "/" & [Pages]

① 〈도서별판매이익〉 보고서에서 마우스 오른쪽 버튼을 눌러 [디자인 보기](⊠)를 클릭한 후, 'Label33'의 속성 시트 중 이름에 'Label제목', 글꼴 이름에 '궁서', 글꼴 크기를 '25'로 설정한다.

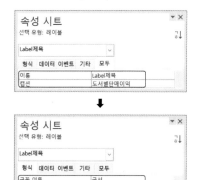

② [그룹, 정렬 및 요약] 창에서 도서명에 대한 정렬을 '오름 차순'으로 설정한다.

③ '도서명' 하위의 [정렬 추가]를 클릭하고 '주문일자' 필드를 클릭한다.

④ '주문일자' 하위의 [정렬 추가]를 클릭하고 '주문처' 필드를 클릭한다.

기적의 TIP

일련의 작업들은 특별한 지시사항이 없더라도, 미리보기 그림을 참조하여 보고서를 완성하는 과정입니다. 정렬 추가를 하면 기본 값으로 오름차순 정렬됩니다.

⑤ 'txt세금', 'txt판매이익'의 속성 시트 중 컨트롤 원본에 각각 =Sum([세금]), =Sum([판매이익])을, 형식에 ₩₩#,##0을 설정한다.

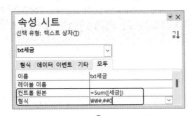

↓

⑥ 'txt날짜'의 컨트롤 원본 속성에 =Date(), 형식에 '자세한 날짜'를 설정한다.

⑦ 'txt페이지'의 컨트롤 원본 속성에 =[Page] & "/" & [Pages]를 설정한다.

02 〈도서별조회〉 폼의 'cmd자료보기' 버튼

```
Private Sub cmd자료보기_Click()
    DoCmd.OpenReport "도서별판매이익", acViewPreview, , "Month
    ([주문일자]) = 8"
End Sub
```

① 〈도서별조회〉 폼의 [디자인 보기](🖹)에서 'cmd자료보기'의 On Click 속성 중 [이벤트 프로시저]의 [작성기](⋯)를 클릭한다.
② 다음과 같이 코딩 후 변경한 내용은 저장한다.

```
Private Sub cmd자료보기_Click()
    DoCmd.OpenReport "도서별판매이익",
    acViewPreview, , "Month([주문일자]) = 8"
End Sub
```

01 〈출판사별월별주문건수〉 크로스탭 쿼리

정답

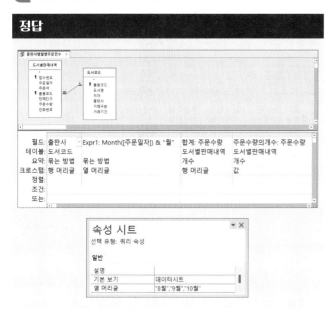

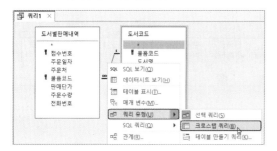

① [만들기]-[쿼리] 그룹의 [쿼리 디자인](⊞)을 클릭한다.
② 〈도서별판매내역〉, 〈도서코드〉를 추가하고 쿼리 유형을 크로스탭 쿼리로 선택한다.

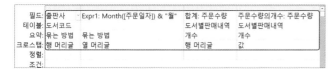

③ 크로스탭 쿼리의 행 머리글, 열 머리글, 값 요소를 디자인 눈금에 표현한 후 디자인 창은 닫고 변경한 내용은 **출판사별월별주문건수**의 이름으로 저장한다.

④ 쿼리 창에서 마우스 오른쪽 버튼을 눌러 [속성]을 클릭하여 '열 머리글'에 **"8월", "9월", "10월"**을 입력한다.

⑤ '값' 필드를 선택한 후 [속성 시트]의 형식에 **0건;;;◎**을 입력한다.

⑥ 행 머리글('합계:주문수량') 필드를 선택한 후 [속성 시트]의 형식에 **0건**을 입력한다.

02 〈도서정보〉 매개변수 쿼리

정답

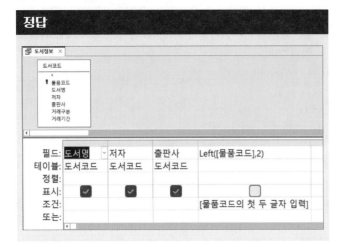

① [만들기]-[쿼리] 그룹의 [쿼리 디자인](▦)을 클릭하고 〈도서코드〉 테이블을 추가한다.
② 필요한 필드들을 추가하고 '조건'에 대괄호로 묶어서 **물품 코드의 첫 두 글자 입력**을 입력한다. [디자인 보기] 창은 닫고 변경한 내용은 **도서정보**로 저장한다.

기적의 TIP

'표시' 부분에 체크할지말지 여부를 잘 살펴보아야 합니다. 기준은 미리보기 〈그림〉입니다.

03 〈상위10판매금액〉 쿼리

정답

① [만들기]-[쿼리] 그룹에서 [쿼리 디자인](▦)을 클릭한다.
② 〈판매장부〉 테이블을 더블클릭하여 추가한 후 [닫기]를 클릭한다.
③ 디자인 눈금의 각 필드에 다음과 같이 드래그해서 배치하고 정렬을 지정한다.

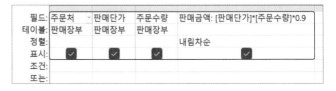

판매금액: [판매단가]*[주문수량]*0.9

④ 쿼리 창에서 마우스 오른쪽 버튼을 눌러 [속성]을 클릭하여 '상위 값'에 10을 입력한다.

⑤ [저장](▦)을 클릭한 후 **상위10판매금액**을 입력한다.

04 〈판매이익분석〉 쿼리

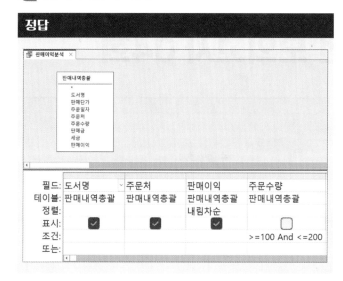

① [만들기]-[쿼리] 그룹의 [쿼리 디자인](▦)을 클릭한다.
② [테이블 추가]의 [쿼리] 탭에서 〈판매내역총괄〉을 추가하고 [닫기]를 클릭한다.
③ 디자인 눈금의 각 필드에 다음과 같이 드래그해서 놓는다.

필드:	도서명	주문처	판매이익	주문수량
테이블:	판매내역총괄	판매내역총괄	판매내역총괄	판매내역총괄
정렬:				
표시:	✓	✓	✓	✓
조건:				
또는:				

④ 판매이익 필드를 '내림차순'으로 선택하고, 주문수량 필드는 표시를 해제하고, 조건에 〉=100 AND 〈=200을 입력한다.

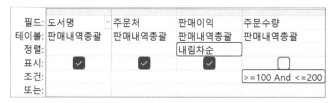

⑤ Ctrl+S를 눌러 '다른 이름으로 저장' 대화상자에 **판매이익분석**으로 입력하고 [확인]을 클릭한다.

---

05 〈월별주문내역조회〉 테이블 만들기 쿼리

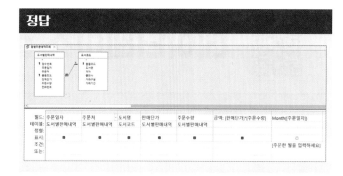

① [만들기]-[쿼리] 그룹의 [쿼리 디자인](▦)을 클릭한다.
② [테이블 추가]의 [테이블] 탭에서 〈도서별판매내역〉, 〈도서코드〉 테이블을 추가한 후 '주문일자', '주문처', '도서명', '판매단가', '주문수량' 필드를 추가한다.
③ [쿼리 디자인] 탭의 [쿼리 유형]-[테이블 만들기](▦)를 클릭한 후 **월별도서주문내역**을 입력한다.

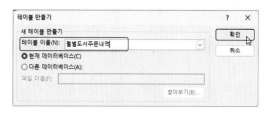

④ '금액' 필드와 조건을 작성한다.

금액 : [판매단가] * [주문수량]
필드명 : Month([주문일자]), 조건 : [주문한 월을 입력하세요]

⑤ [저장](▦)을 클릭하여 쿼리의 이름을 **월별주문내역조회**로 입력하고 [확인]을 클릭한다.
⑥ [쿼리 디자인] 탭의 [결과]-[실행](❗)을 클릭하여 다음의 메시지가 표시되면 [예]를 클릭한다.

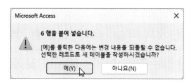

데이터베이스 실전 모의고사 04회

프로그램명	소요시간	합격 점수
ACCESS 2021	45분	70점

수험번호 :

성   명 :

·· **유의사항** ··

- 인적 사항 누락 및 잘못 작성으로 인한 불이익은 수험자 책임으로 합니다.

- 화면에 암호 입력창이 나타나면 아래의 암호를 입력하여야 합니다.
  ○ 암호: 6845%3

- 작성된 답안은 주어진 경로 및 파일명을 변경하지 마시고 그대로 저장해야 합니다. 이를 준수하지 않으면 실격 처리됩니다.
  ○ 답안 파일명의 예: C:₩DB₩수험번호8자리.accdb

- 외부데이터 위치: C:₩DB₩파일명

- 별도의 지시사항이 없는 경우, 다음과 같이 처리 시 실격 처리됩니다.
  ○ 제시된 시트 및 개체의 순서나 이름을 임의로 변경한 경우
  ○ 제시된 시트 및 개체를 임의로 추가 또는 삭제한 경우
  ○ 외부데이터를 시험 시작 전에 열어본 경우

- 답안은 반드시 문제에서 지시 또는 요구한 셀에 입력하여야 하며 다음과 같이 처리 시 채점 대상에서 제외됩니다.
  ○ 제시된 함수가 있을 경우 제시된 함수만을 사용하여야 하며 그 외 함수사용시 채점대상에서 제외
  ○ 수험자가 임의로 지시하지 않은 셀의 이동, 수정, 삭제, 변경 등으로 인해 셀의 위치 및 내용이 변경된 경우 해당 작업에 영향을 미치는 관련문제 모두 채점 대상에서 제외
  ○ 도형 및 차트의 개체가 중첩되어 있거나 동일한 계산결과 시트가 복수로 존재할 경우 해당 개체나 시트는 채점 대상에서 제외

- 수식 작성 시 제시된 문제 파일의 데이터는 변경 가능한(가변적) 데이터임을 감안하여 문제 풀이를 하시오.

- 별도의 지시사항이 없는 경우, 주어진 각 시트 및 개체의 설정값 또는 기본 설정값 (Default)으로 처리하시오.

- 저장 시간은 별도로 주어지지 않으므로 제한된 시간 내에 저장을 완료해야 하며, 제한 시간 내에 저장이 되지 않은 경우에는 실격 처리됩니다.

- 출제된 문제의 용어는 MS Office LTSC Professional Plus 2021 기준으로 작성되어 있습니다.

대 한 상 공 회 의 소

01 학생 신상 정보를 관리할 수 있도록 데이터베이스를 구축하였다. 다음의 지시사항에 따라 각 테이블을 완성하시오. (각 3점)

※〈학생〉 테이블

① '학번' 필드를 기본 키(PK)로 설정하시오.

② '성명' 필드에는 값이 반드시 입력되도록 설정하시오(필드 크기는 10으로 설정할 것).

③ '성별' 필드에는 'M', 'F'만 입력되도록 유효성 검사 규칙을 설정하시오.

④ '전화번호' 필드에 입력 시 '(###)-###-####'와 같은 형태로 표시되도록 입력 마스크를 설정하시오.

    ▶ 기호는 저장되지 않도록 할 것

    ▶ 입력 마스크 정의 문자 중 '#'을 사용할 것

※〈과목〉 테이블

⑤ '입력일' 필드에 새 레코드가 추가되면 기본적으로 현재의 날짜와 시간이 표시되도록 설정하시오.

02 〈성적〉 테이블의 '학번' 필드는 〈학생〉 테이블의 '학번' 필드를, 〈학생〉 테이블의 '학과코드' 필드는 〈학과〉 테이블의 '학과 코드' 필드를 참조하며, 각각 테이블간의 관계는 M:1이다. 세 테이블에 대해 다음과 같이 관계를 설정하시오. (5점)

    ▶ 테이블 간에 항상 참조 무결성을 유지하도록 설정하시오.

    ▶ 〈학생〉 테이블의 '학번'이 변경되면 이를 참조하는 〈성적〉 테이블의 '학번'이 따라 변경되도록 설정하시오.

    ▶ 〈학생〉 테이블에서 참조하고 있는 〈성적〉 테이블의 레코드를 삭제할 수 없도록 하시오.

03 〈성적〉 테이블의 '과목코드' 필드에 대해서 다음과 같이 조회 속성을 설정하시오. (5점)

    ▶ 〈과목〉 테이블의 '과목코드', '과목명'이 콤보 상자 형태로 나타나도록 설정할 것

    ▶ 필드에는 '과목코드'가 저장되도록 설정할 것   ▶ 열 너비는 각각 1.5cm로 설정할 것

01 다음 지시사항에 따라 〈성적정보입력〉 폼을 완성하시오. (각 3점)

① 폼 머리글의 'picture' 컨트롤에 아래 지시대로 그림을 삽입하시오.

    ▶ 불러올 이미지 이름 : 작업.gif

    ▶ 크기 조절 모드 : 전체 확대 / 축소

② 폼 머리글의 'Label제목' 컨트롤에 아래 지시대로 서식을 설정하시오.

    ▶ 글꼴 '궁서', 크기 '20', 글꼴 스타일 '굵게'

    ▶ 텍스트 맞춤 : 가운데 정렬

③ 폼 바닥글 영역의 'txt응시횟수' 컨트롤에는 총 응시횟수가 표시되도록 〈그림〉을 참조하여 컨트롤 원본 속성을 설정하시오.

    ▶ Format, Count 함수 사용

02 〈성적정보입력〉 폼의 본문 영역에 다음과 같이 조건부 서식을 설정하시오. (6점)

▶ 과목코드의 왼쪽의 첫 글자가 "T"이면서 '성적'이 70 이상인 경우 본문 영역의 모든 컨트롤에 배경색을 노랑으로 서식을 설정하시오

▶ LEFT, AND 함수 이용

▶ 단, 하나의 규칙으로 작성하시오.

03 〈학생정보〉 폼을 열면(Open) 다음과 같이 되도록 기능을 구현하시오. (5점)

▶ 새로운 레코드를 입력할 수 있도록 화면을 표시할 것.

▶ 매크로로 구현하고, 'New정보입력'으로 이름을 지정할 것.

문제3 조회 및 출력 기능 구현(20점)

01 다음의 지시사항 및 화면을 참조하여 〈일자별시험성적〉 보고서를 완성하시오. (각 3점)

① '시험날짜' 필드를 기준으로 '분기'로 오름차순 정렬하고, 같을 경우 '과목명' 필드를 기준으로 오름차순으로 정렬하여 표시하되 '과목명' 필드에 대해서는 그룹 바닥글 영역을 만드시오.

② 보고서 바닥글의 전체 컨트롤을 과목명 그룹 바닥글 영역으로 옮기시오.

③ 과목명 바닥글의 'txt응시인원'은 해당 그룹에서 시험에 응시한 인원수를 표시하시오.

④ '시험날짜'와 '과목명' 필드의 값이 이전 레코드와 동일한 경우에는 표시되지 않도록 설정하시오.

⑤ 'txt기준날짜' 컨트롤에는 '과목명'과 '날짜'를 표시 예(1) 같이 설정하고, 페이지 바닥글의 'txt날짜' 컨트롤에는 현재 날짜와 시간을 표시 예(2) 같이 설정하시오.

▶ 표시 예(1) : 대학(9일날 기준), '과목명'의 첫 두 글자, '시험날짜'의 일을 이용할 것

▶ 표시 예(2) : 2025-09-26 (금요일) 13:30:25

02 〈과목별성적조회〉 폼의 '인쇄하기(cmd인쇄)' 버튼을 클릭할 때 다음과 같은 기능을 수행하도록 구현하시오. (5점)

▶ 〈일자별시험성적〉 보고서를 '인쇄 미리 보기'의 형태로 여시오.

▶ 'txt과목명' 필드의 값이 '과목명'에 해당하는 정보만 표시하시오.

01 〈과목〉 테이블의 '과목코드' 오른쪽 끝 글자가 '3'인 경우 '과목명' 끝에 '(휴강)'을 붙이는 업데이트 쿼리를 작성하시오. (7점)

▶ 쿼리의 이름은 〈과목명수정〉으로 하시오.

▶ 변경 전 : OA실무 → 변경 후 : OA실무(휴강)

▶ Right 함수 사용

02 〈과목〉 테이블의 레코드 중 〈성적〉 테이블에 없는 레코드를 검색하는 쿼리를 작성하시오. (7점)

▶ 〈성적〉 테이블에 '과목코드'가 존재하지 않는 과목 레코드

▶ 쿼리의 이름은 〈삭제목록〉으로 할 것

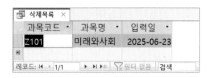

03 〈과별정보〉 쿼리를 이용하여 학과이름, 성별별 인원수를 조회하는 〈학과별성별〉 크로스탭 쿼리를 작성하시오. (7점)

▶ 개수는 '학번' 필드를 이용하시오.

▶ 성별 필드는 'M'이면 '남', 'F'이면 '여'로 표시하시오.

▶ iif 함수 사용

▶ 쿼리 실행 결과 표시되는 필드와 필드명은 〈그림〉과 같이 표시되도록 설정하시오.

04 〈성적〉, 〈학생〉, 〈학과〉 테이블을 이용하여 학과이름을 매개변수로 입력받고, 해당 학과의 성적을 조회하여 새 테이블로 생성하는 〈성적조회〉 쿼리를 작성하고 실행하시오. (7점)

▶ 쿼리 실행 후 생성되는 테이블의 이름은 [학과별성적]으로 설정하시오.

▶ 쿼리 실행 결과 생성되는 테이블의 필드는 그림을 참고하여 수험자가 판단하여 설정하시오.

※ 〈성적조회〉 쿼리의 매개변수 값으로 '정보처리'를 입력하여 실행한 후의 〈학과별성적〉 테이블

05 〈학생〉, 〈성적〉 테이블을 이용하여 성적이 평균 90 이상인 학번의 〈학생〉 테이블의 '비고' 필드의 값을 '★ 성적 우수생 ★'으로 변경하는 〈성적우수생처리〉 업데이트 쿼리를 작성한 후 실행하시오. (7점)

▶ In 연산자와 하위 쿼리 사용

문제1 | **DB구축**

01 〈학생〉, 〈과목〉 테이블

정답

〈학생〉 테이블

번호	필드 이름	속성 및 형식	설정 값
①	학번	기본 키	학생 × / 필드 이름 데이터 형식 / 학번 짧은 텍스트 / 성명 짧은 텍스트
②	성명	필수	예
		필드 크기	10
③	성별	유효성 검사 규칙	In ("M", "F") 또는 "M" Or "F"
④	전화번호	입력 마스크	(###)-###-####;;#

〈과목〉 테이블

번호	필드 이름	속성 및 형식	설정 값
⑤	입력일	기본값	Now()

① 〈학생〉 테이블에서 마우스 오른쪽 버튼을 누르고 [디자인 보기](◩)를 클릭하여 '학번' 필드를 선택한 후 [테이블 디자인]-[도구] 그룹의 [기본 키](🔑)를 클릭한다.

기적의 TIP

'학번' 필드의 바로 가기 메뉴에서 '기본 키'를 선택할 수 있습니다.

② '성명' 필드를 선택하고 필수에 '예', 필드 크기에 10을 설정한다.

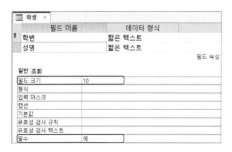

③ '성별' 필드를 선택하고 유효성 검사 규칙에 In ("M","F")를 입력한다.

④ '전화번호' 필드를 선택하고 입력 마스크에 (###)-###-####;;#을 입력한다.

⑤ 변경한 내용은 저장하고, 데이터 규칙도 [예]를 클릭하여 변경한다.

⑥ 〈과목〉 테이블을 디자인 보기로 열어 '입력일' 필드의 기본값에 Now()를 입력한다.

⑦ [디자인 보기] 창을 닫고 변경한 내용은 저장한다.

02 〈성적〉, 〈학생〉, 〈학과〉 테이블 관계 설정

정답

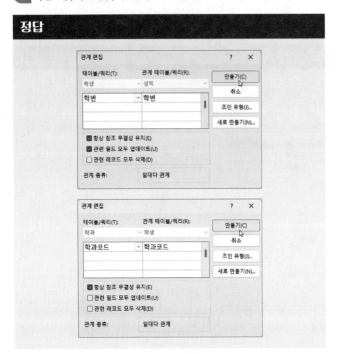

① [데이터베이스 도구]-[관계] 그룹의 [관계](🔲)를 클릭한다.

② 관계 창에서 관계를 맺을 필드(학번)를 드래그 앤 드롭한다.

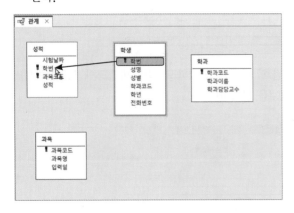

③ 관계 편집 대화상자의 '항상 참조 무결성 유지', '관련 필드 모두 업데이트'에 체크하고 [만들기]를 클릭한다.

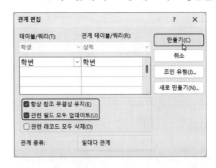

④ 관계를 맺을 필드(학과코드)를 드래그 앤 드롭 한 후 관계 편집 대화상자의 '항상 참조 무결성 유지'에 체크하고 [만들기]를 클릭한다.

⑤ [관계] 창은 닫고, 변경한 내용은 저장한다.

03 〈성적〉 테이블의 '과목코드' 필드에 조회 속성 설정

정답

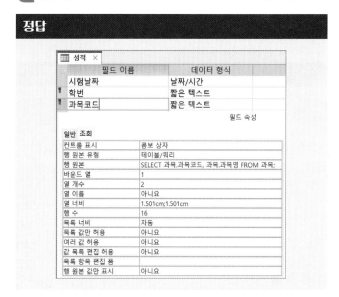

① 〈성적〉 테이블을 [디자인 보기](🔲) 모드로 열고, '과목코드' 필드의 [조회] 속성 탭에서 컨트롤 표시에 '콤보 상자'로 설정하고 행 원본의 [작성기](⋯)를 클릭한다.

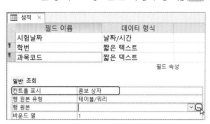

② [테이블 추가]에서 〈과목〉 테이블을 [추가]하고 [닫기] 단추를 클릭한다.

③ '과목코드'와 '과목명'을 더블클릭하여 필드에 추가한다. 쿼리 작성기 창은 닫고 [예]를 클릭하여 행 원본 속성을 업데이트 한다.

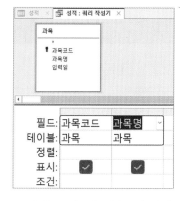

④ 바운드 열, 열 개수, 열 너비 속성을 각각 설정한다.

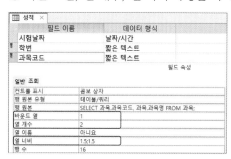

기적의 TIP

SELECT 과목. 과목코드, 과목 .과목명 FROM 과목;
         1번 열   2번 열

⑤ [디자인 보기] 창을 닫고 변경한 내용은 저장한다.

01 〈성적정보입력〉 폼

정답

번호	필드 이름	필드 속성	설정 값
①	picture	그림	작업.gif
		크기 조절 모드	전체 확대/축소
②	Label제목	글꼴 이름	궁서
		글꼴 크기	20
		텍스트 맞춤	가운데
		글꼴 두께	굵게
③	txt응시횟수	컨트롤 원본	=Format(Count(*),"총 응시횟수는 #번")

① 〈성적정보입력〉 폼을 [디자인 보기](◪)로 열고 'picture' 이미지 컨트롤의 '그림' 속성에서 파일 선택 단추를 클릭한 후 '작업.gif' 파일을 선택한 후 [확인]을 클릭한다.

② 크기 조절 모드 속성은 '전체 확대/축소'로 설정한다.

③ 'Label제목' 컨트롤의 글꼴 이름(궁서), 글꼴 크기(20), 글꼴 두께(굵게), 텍스트 맞춤(가운데) 속성을 설정한다.

④ 'txt응시횟수' 컨트롤의 속성 시트에 = Format(Count(*), "총 응시횟수는 #번")를 입력하고 변경한 내용은 저장한다.

02 〈성적정보입력〉 폼의 본문 구역(조건부 서식)

정답

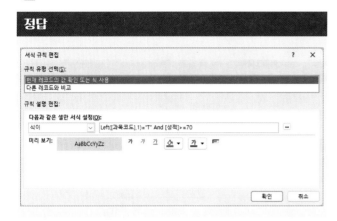

① 〈성적정보입력〉 폼에서 마우스 오른쪽 버튼을 눌러 [디자인 보기]를 클릭한다.
② 본문 구역의 모든 컨트롤을 선택하고 [서식] 탭의 '컨트롤 서식' 중 [조건부 서식]을 클릭한다.

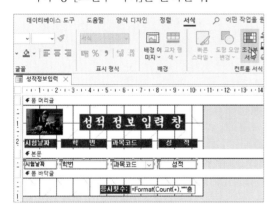

③ [새 규칙]을 클릭하고 '식이'를 선택하고 LEFT([과목코드],1)="T" AND [성적])=70을 입력하고 배경색은 '노랑'을 선택하고 [확인]을 누르고, 다시 [확인]을 누른 후 변경한 내용은 저장한다.

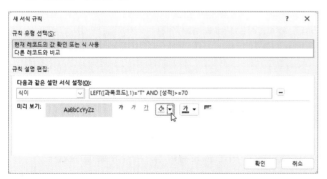

03 〈New정보입력〉 매크로

정답

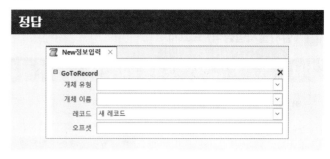

① [만들기]–[매크로 및 코드] 그룹의 [매크로](📒)를 클릭한다.
② GoToRecord 매크로 함수를 지정하고, 레코드 인수에 '새 레코드'를 설정한다. 매크로 창은 닫고 **New정보입력**으로 저장한다.

③ 〈학생정보〉 폼을 [디자인 보기](📐)로 열고 폼의 On Open 이벤트 [속성]에 만들어 둔 'New정보입력' 매크로를 지정하고 변경한 내용은 저장한다.

01 〈일자별시험성적〉 보고서

정답

번호	개체	속성	설정 값
①	시험날짜, 과목명 정렬	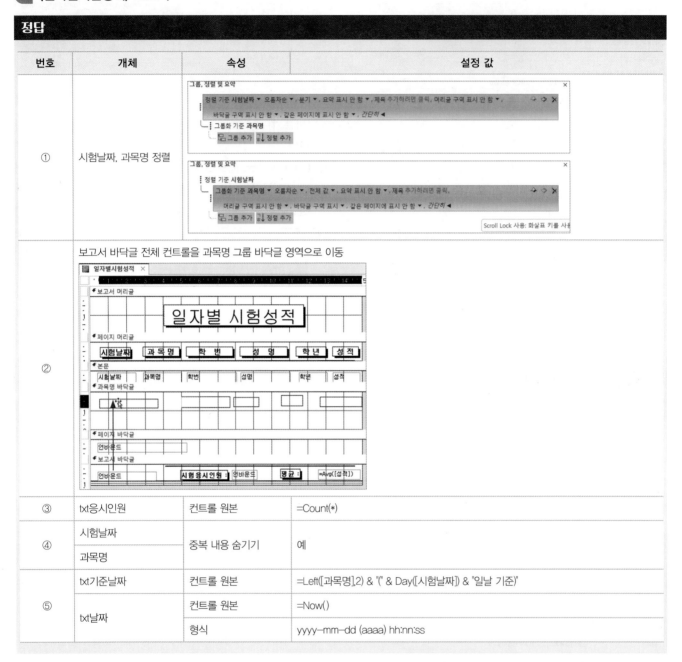	
②		보고서 바닥글 전체 컨트롤을 과목명 그룹 바닥글 영역으로 이동	
③	txt응시인원	컨트롤 원본	=Count(*)
④	시험날짜	중복 내용 숨기기	예
	과목명		
⑤	txt기준날짜	컨트롤 원본	=Left([과목명],2) & "(" & Day([시험날짜]) & "일날 기준)"
	txt날짜	컨트롤 원본	=Now()
		형식	yyyy-mm-dd (aaaa) hh:nn:ss

① 탐색 창의 보고서 개체에서 〈일자별시험성적〉 보고서를 [디자인 보기](📐) 모드로 열고, '그룹, 정렬 및 요약' 창의 [정렬 추가] 단추를 클릭하여 '시험날짜' 필드를 클릭한다.

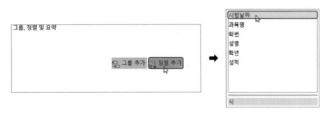

② 자세히▶를 클릭해 '전체 값'을 '분기'로 바꾼 후 하위의 [정렬 추가] 버튼을 클릭하고, '과목명'을 클릭한다.

③ 추가된 과목명 정렬 기준의 자세히▶를 클릭한다.

④ '머리글 구역 표시 안 함', '바닥글 구역 표시'가 되도록 클릭하여 선택한다.

⑤ 보고서 바닥글 구역에 있는 컨트롤을 모두 선택하기 위해서, 구역의 눈금자 화살표 선택기 ➡ 를 위에서 아래로 모든 컨트롤이 포함되도록 드래그 해 준다.

⑥ 모든 컨트롤이 선택된 상태에서 클릭한 채로 드래그 하여 과목명 바닥글 구역으로 올리면 된다.

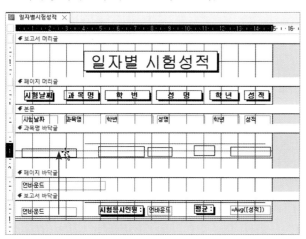

⑦ 페이지 바닥글 구역의 위쪽 부분 경계선에서 아래 위를 향하는 포인터 모양이 될 때 끌어올려 결과적으로 과목명 바닥글의 높이를 줄이도록 한다.

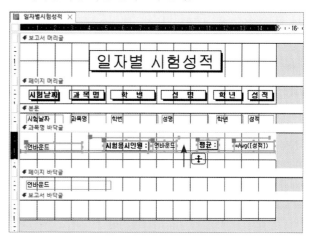

⑧ 'txt응시인원' 컨트롤의 속성 시트에서 컨트롤 원본에 =Count(*)을 설정한다.

⑨ '시험날짜', '과목명' 컨트롤의 속성 시트에서 중복 내용 숨기기 속성에 '예'를 지정한다.

⑩ 'txt기준날짜' 컨트롤의 [속성] 시트에서 컨트롤 원본에 =Left([과목명],2) & "(" & Day([시험날짜]) & "일날 기준)"을 입력한다.

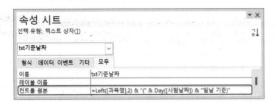

⑪ 'txt날짜' 컨트롤의 [속성] 시트에서 컨트롤 원본에 =Now(), 형식 속성에 yyyy-mm-dd (aaaa) hh:nn:ss를 입력한다.

기적의 TIP

Now함수는 시스템의 현재 날짜와 시간을 반환하는 함수입니다. 날짜/시간에 대한 사용자 정의 형식에서 ddd는 요일을 약어(Mon~Sun)로 표현합니다. dddd는 요일을 원래대로(Monday~Sunday)로 표현합니다. aaa는 ddd의 국가별 설정이라 할 수 있습니다. 즉 aaa는 월~일 형태로 표현하며 aaaa는 월요일~일요일 형태로 표현합니다.

⑫ 보고서 [디자인 보기] 창은 닫고 변경한 내용은 저장한다.

02 〈과목별성적조회〉 폼의 'cmd인쇄' 버튼

정답

```
Private Sub cmd인쇄_Click()
    DoCmd.OpenReport "일자별시험성적", acViewPreview, , "과목
        명 = '" & txt과목명 & "'"
End Sub
```

① 〈과목별성적조회〉 폼을 [디자인 보기](圖)로 열고 'cmd 인쇄'의 [속성] 시트 중 On Click의 [이벤트 프로시저]에서 [작성기](⋯)를 클릭한다.

② 다음과 같이 코딩하고 [디자인 보기] 창을 닫고 변경한 내용은 저장한다.

```
Private Sub cmd인쇄_Click()
    DoCmd.OpenReport "일자별시험성적", acViewPreview, , "과
        목명 = '" & txt과목명 & "'"
End Sub
```

01 〈과목명수정〉 업데이트 쿼리

정답

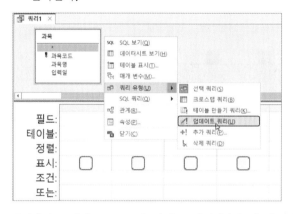

① [만들기]-[쿼리] 그룹의 [쿼리 디자인](▦)을 클릭한다.
② 〈과목〉 테이블을 추가하고 쿼리 유형을 업데이트 쿼리로 선택한다.

③ '과목코드'의 오른쪽 첫 번째 글자가 '3'일 때 과목명 뒤에 '(휴강)'이 붙도록 업데이트, 조건 요소를 설정한 후 [디자인 보기] 창을 닫고 변경한 내용은 〈과목명수정〉 이름으로 저장한다.

필드:	과목명	Expr1: Right([과목코드],1)	── Right([과목코드], 1)
테이블:	과목		
업데이트:	[과목명] & "(휴강)"		── "3"
조건:		"3"	
또는:			── [과목명] & "(휴강)"

02 〈삭제목록〉 쿼리

정답

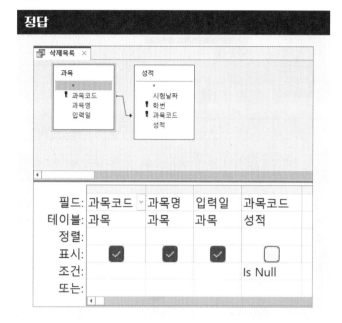

필드:	과목코드 ∨	과목명	입력일	과목코드
테이블:	과목	과목	과목	성적
정렬:				
표시:	☑	☑	☑	☐
조건:				Is Null
또는:				

① [만들기]-[쿼리] 그룹의 [쿼리 마법사](▦)를 클릭한다.
② 한 쪽에 없는 레코드, 즉 일치하지 않는 레코드를 찾기 위해서 '불일치 검색 쿼리 마법사'를 이용한다.

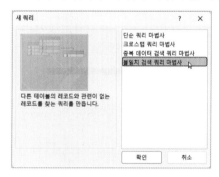

③ 〈과목〉 테이블에서 쿼리 결과를 볼 수 있도록 선택하고 [다음]을 클릭한다.

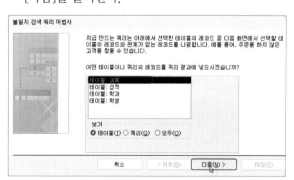

④ 〈성적〉 테이블과 비교하기 위해서 선택한 후 [다음]을 클릭한다.

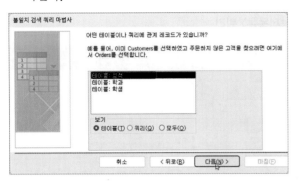

⑤ 두 테이블 사이에 비교 대상이 될 '과목코드' 필드를 선택하고 〈=〉를 클릭한 후 [다음]을 클릭한다.

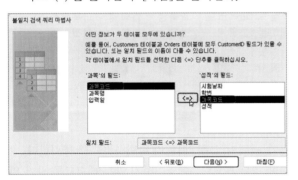

⑥ 결과로 보여줄 필드를 선택한 후 [다음]을 클릭한다.

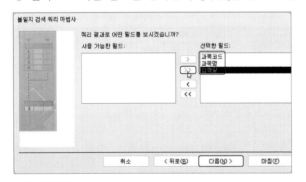

기적의 TIP

이번 경우에는 모든 필드가 대상이 되므로 》 단추를 클릭하면 됩니다.

⑦ 쿼리 이름을 정하고 [마침]을 클릭하면 작업이 완료된다.

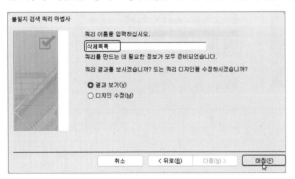

---

03 〈학과별성별〉 쿼리

정답

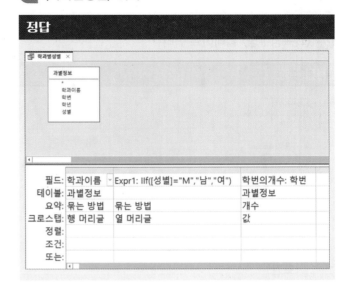

① [만들기]-[쿼리] 그룹의 [쿼리 디자인](▦)을 클릭한다.
② [테이블 추가]의 [쿼리] 탭에서 〈과별정보〉를 추가하고 [닫기]를 클릭한다.
③ 디자인 눈금의 각 필드에 다음과 같이 드래그해서 놓는다.

필드:	학과이름	성별	학번
테이블:	과별정보	과별정보	과별정보
정렬:			
표시:	✓	✓	✓
조건:			
또는:			

④ [쿼리 디자인]-[쿼리 유형] 그룹의 [크로스탭](▦)을 클릭한다.
⑤ 학과이름은 '행 머리글', 성별은 '열 머리글', 학번은 '개수'와 '값'으로 설정한다.

필드:	학과이름	성별	학번
테이블:	과별정보	과별정보	과별정보
요약:	묶는 방법	묶는 방법	개수
크로스탭:	행 머리글	열 머리글	값
정렬:			
조건:			
또는:			

⑥ 열 머리글을 IIf([성별]="M","남","여")로 수정한다.

필드:	학과이름	Expr1: IIf([성별]="M","남","여")	학번의 개수 : 학번
테이블:	과별정보		과별정보
요약:	묶는 방법	묶는 방법	개수
크로스탭:	행 머리글	열 머리글	값
정렬:			
조건:			
또는:			

⑦ Ctrl + S 를 눌러 [다른 이름으로 저장] 대화상자에 **학과별성별**로 입력하고 [확인]을 클릭하여 저장한다.

04 〈성적조회〉 쿼리

정답

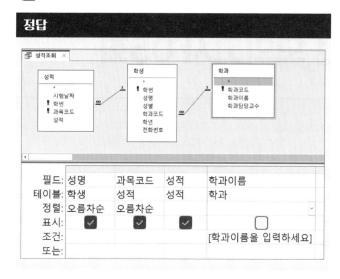

① [만들기]-[쿼리] 그룹의 [쿼리 디자인](▦)을 클릭한다.

② [테이블 추가]의 [테이블] 탭에서 〈성적〉, 〈학생〉, 〈학과〉를 추가하고 [닫기]를 클릭한다.

③ 디자인 눈금의 각 필드에 다음과 같이 드래그해서 놓는다.

④ 학과이름 필드의 체크를 해제하고, 조건에 **[학과이름을 입력하세요]**를 입력하고 정렬을 지정한다.

⑤ [쿼리 디자인]-[쿼리 유형] 그룹의 [테이블 만들기](▦)를 클릭한다.

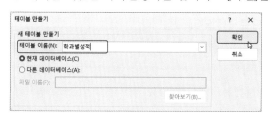

⑥ 테이블 이름은 **학과별성적**을 입력하고 [확인]을 클릭한다.

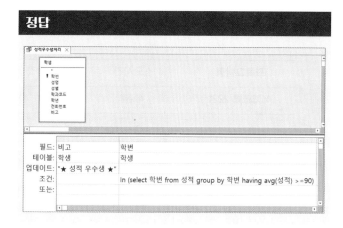

⑦ [쿼리 디자인]-[결과] 그룹의 [실행](!)을 클릭한다.

⑧ Ctrl+S를 눌러 [다른 이름으로 저장] 대화상자에 **성적조회**로 입력하고 [확인]을 클릭한다.

05 〈성적우수생처리〉 업데이트 쿼리

정답

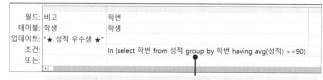

① [만들기]-[쿼리] 그룹의 [쿼리 디자인](▦)을 클릭한다.

② [테이블 추가]의 [테이블] 탭에서 〈학생〉 테이블을 추가한 후 '비고'와 '학번' 필드를 추가한다.

③ [쿼리 디자인] 탭의 [쿼리 유형]-[업데이트](▦)를 클릭한 후 다음과 같이 입력한다.

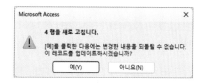

In (select 학번 from 성적 group by 학번 having avg(성적))=90)

④ [저장](💾)을 클릭한 후 쿼리의 이름을 **성적우수생처리**로 입력하고 [확인]을 클릭한다.

⑤ [쿼리 디자인] 탭의 [결과]-[실행](!)을 클릭하여 다음의 메시지가 표시되면 [예]를 클릭한다.

데이터베이스 실전 모의고사 05회

프로그램명	소요시간	합격 점수
ACCESS 2021	45분	70점

수험번호 :

성   명 :

유의사항

■ 인적 사항 누락 및 잘못 작성으로 인한 불이익은 수험자 책임으로 합니다.

■ 화면에 암호 입력창이 나타나면 아래의 암호를 입력하여야 합니다.
  ○ 암호: 6845%3

■ 작성된 답안은 주어진 경로 및 파일명을 변경하지 마시고 그대로 저장해야 합니다. 이를 준수하지 않으면 실격 처리됩니다.
  ○ 답안 파일명의 예: C:₩DB₩수험번호8자리.accdb

■ 외부데이터 위치: C:₩DB₩파일명

■ 별도의 지시사항이 없는 경우, 다음과 같이 처리 시 실격 처리됩니다.
  ○ 제시된 시트 및 개체의 순서나 이름을 임의로 변경한 경우
  ○ 제시된 시트 및 개체를 임의로 추가 또는 삭제한 경우
  ○ 외부데이터를 시험 시작 전에 열어본 경우

■ 답안은 반드시 문제에서 지시 또는 요구한 셀에 입력하여야 하며 다음과 같이 처리 시 채점 대상에서 제외됩니다.
  ○ 제시된 함수가 있을 경우 제시된 함수만을 사용하여야 하며 그 외 함수사용시 채점대상에서 제외
  ○ 수험자가 임의로 지시하지 않은 셀의 이동, 수정, 삭제, 변경 등으로 인해 셀의 위치 및 내용이 변경된 경우 해당 작업에 영향을 미치는 관련문제 모두 채점 대상에서 제외
  ○ 도형 및 차트의 개체가 중첩되어 있거나 동일한 계산결과 시트가 복수로 존재할 경우 해당 개체나 시트는 채점 대상에서 제외

■ 수식 작성 시 제시된 문제 파일의 데이터는 변경 가능한(가변적) 데이터임을 감안하여 문제 풀이를 하시오.

■ 별도의 지시사항이 없는 경우, 주어진 각 시트 및 개체의 설정값 또는 기본 설정값 (Default)으로 처리하시오.

■ 저장 시간은 별도로 주어지지 않으므로 제한된 시간 내에 저장을 완료해야 하며, 제한 시간 내에 저장이 되지 않은 경우에는 실격 처리됩니다.

■ 출제된 문제의 용어는 MS Office LTSC Professional Plus 2021 기준으로 작성되어 있습니다.

대 한 상 공 회 의 소

01 회사별 사원 관리를 위해 다음과 같이 데이터베이스를 구축하였다. 다음 지시사항에 따라 〈사원〉 테이블을 완성하시오. (각 3점)

   ① '구분' 필드 삭제 후, '데이터시트 보기'에서 제일 왼쪽에 '순번' 필드가 위치하도록 추가하고 '일련 번호' 형식을 지정한 후 기본 키로 설정하시오.

   ② '이름' 필드의 IME 모드는 한글로, 빈 문자열은 허용하지 않도록 설정하시오.

   ③ '주번' 필드는 다음 형태로 반드시 입력되도록 입력 마스크 속성을 설정하시오.

      ▶ 720505-0000000

      ▶ 하이픈(-)이 저장되도록 설정할 것

   ④ '생년월일' 필드의 데이터 형식을 '날짜/시간'으로 바꾸고, 1979년 12월 31일 이전 날짜만 입력될 수 있게 유효성 검사 규칙으로 설정하시오.

   ⑤ 마지막에 '멀티' 필드를 추가하고 사진, 이력서 문서 등이 지원되는 모든 파일 형식의 데이터 형식을 첨부할 수 있게 설정하시오.

02 〈사원〉 테이블의 '코드' 필드에 대해서 다음과 같이 조회 속성을 설정하시오. (5점)

   ▶ 〈회사〉 테이블의 '코드'와 '사명'이 콤보 상자 형태로 나타나도록 설정하시오.

   ▶ 필드에는 '코드'가 저장되도록 설정할 것

03 〈사원〉 테이블의 '코드' 필드는 〈회사〉 테이블의 '코드' 필드를 참조하고 테이블 간의 관계는 M:1이다. 두 테이블에 대해 다음과 같이 관계를 설정하시오. (5점)

   ▶ 두 테이블 간에 항상 참조 무결성을 유지하도록 설정하시오.

   ▶ 〈회사〉 테이블의 '코드' 필드가 변경되면 이를 참조하는 〈사원〉 테이블의 '코드' 필드가 따라서 변경되도록 설정하시오.

   ▶ 〈사원〉 테이블에서 참조하고 있는 〈회사〉 테이블의 레코드를 삭제할 수 없도록 설정하시오.

01 〈회사검색〉 폼을 다음의 화면과 지시사항에 따라 완성하시오. (각 3점)

① 그림과 같은 형태로 표시되도록 기본 보기 속성을 설정하시오.
② 본문의 컨트롤에 대해서 다음과 같이 탭 순서를 설정하시오.
▶ txt코드, txt사명, txt광역, txt기초, txtTEL, txtFAX
③ 본문의 모든 컨트롤에 대해 '새김(밑줄)' 특수 효과를 설정하시오.

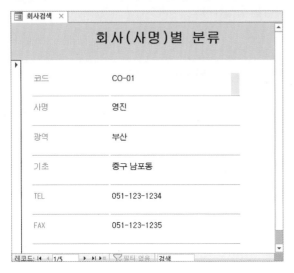

02 〈사원검색〉 폼의 'txt사번' 컨트롤에는 'txt이름'에 표시된 이름명을 〈사원〉 테이블에서 찾아 '사번'을 표시하시오. (6점)

▶ Dlookup 함수를 이용할 것

03 〈사원검색〉 폼의 '폼 열기(cmd폼보기)' 단추를 클릭하면 다음과 같은 기능이 수행되도록 구현하시오. (5점)

▶ 〈회사검색〉 폼을 열고, 'cmb코드'에서 지정한 데이터에 해당하는 정보를 찾아 표시하시오.
▶ 매크로로 작성하고 이름은 '사원검색'으로 지정하시오.

01 다음의 지시사항 및 화면을 참조하여 〈회사별사원〉 보고서를 완성하시오. (각 3점)

① 다음과 같이 레이블을 이용하여 보고서 제목을 설정하시오.
   ▶ 컨트롤 이름은 'L제목', 글꼴은 '궁서', 크기는 20, 텍스트는 가운데 맞춤 할 것
② 'txt순번' 컨트롤에는 그룹별로 일련번호가 표시되도록 설정하시오.
③ '기초'를 기준으로 그룹 설정 후 그림과 같이 표시되도록 설정하시오.
   ▶ 추가되는 컨트롤이 있다면 'txt기초'로 할 것(기초에 바운드)
④ 전화번호가 입력될 텍스트 상자를 생성하고, 컨트롤 이름을 'txtTEL'로 지정한 후 전화번호(TEL)를 바운드 시키시오.
⑤ 'txt주소' 컨트롤에는 '광역'과 '기초' 필드를 합쳐 다음과 같이 표시되도록 설정하시오.
   ▶ 표시 예 : 부산시 중구 남포동

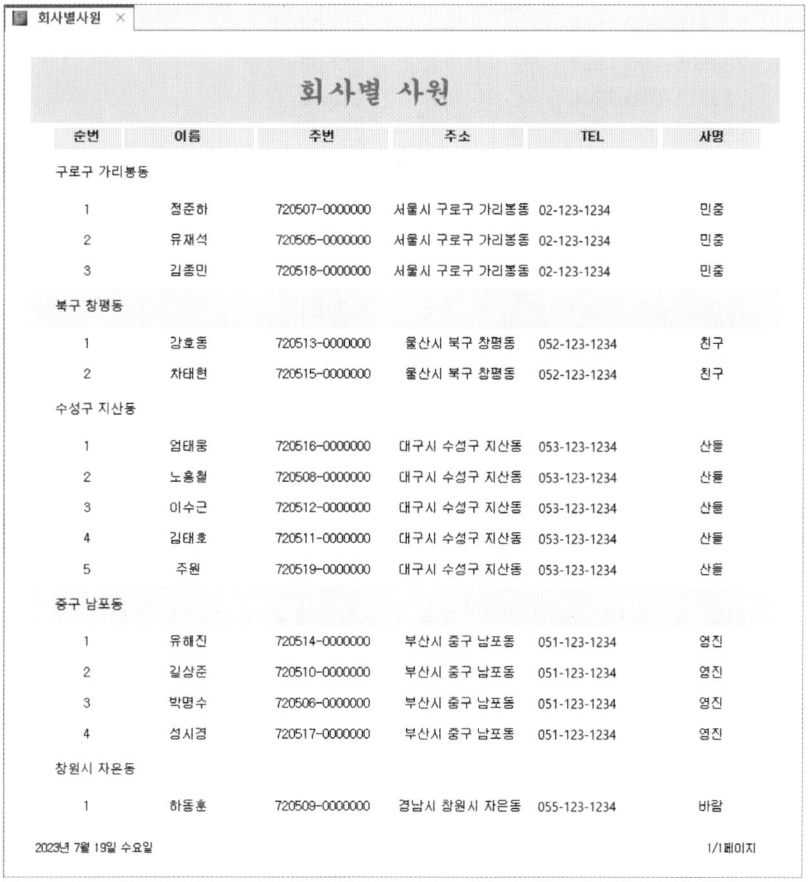

순번	이름	주번	주소	TEL	사명
구로구 가리봉동					
1	정준하	720507-0000000	서울시 구로구 가리봉동	02-123-1234	민중
2	유재석	720505-0000000	서울시 구로구 가리봉동	02-123-1234	민중
3	김종민	720518-0000000	서울시 구로구 가리봉동	02-123-1234	민중
북구 창평동					
1	강호동	720513-0000000	울산시 북구 창평동	052-123-1234	친구
2	차태현	720515-0000000	울산시 북구 창평동	052-123-1234	친구
수성구 지산동					
1	엄태웅	720516-0000000	대구시 수성구 지산동	053-123-1234	산들
2	노홍철	720508-0000000	대구시 수성구 지산동	053-123-1234	산들
3	이수근	720512-0000000	대구시 수성구 지산동	053-123-1234	산들
4	김태호	720511-0000000	대구시 수성구 지산동	053-123-1234	산들
5	주원	720519-0000000	대구시 수성구 지산동	053-123-1234	산들
중구 남포동					
1	유해진	720514-0000000	부산시 중구 남포동	051-123-1234	영진
2	길상준	720510-0000000	부산시 중구 남포동	051-123-1234	영진
3	박명수	720506-0000000	부산시 중구 남포동	051-123-1234	영진
4	성시경	720517-0000000	부산시 중구 남포동	051-123-1234	영진
창원시 자은동					
1	하동훈	720509-0000000	경남시 창원시 자은동	055-123-1234	바람

회사별 사원

2023년 7월 19일 수요일   1/1페이지

02 〈사원검색〉 폼의 'cmb코드' 컨트롤이 업데이트(Afterupdate)되면 다음과 같은 기능이 수행되도록 구현하시오. (5점)

   ▶ 'cmb코드'에서 지정한 사원에 해당하는 정보를 찾아 표시하도록 하시오.
   ▶ 현재 폼의 'RecordSource' 속성을 이용하여 이벤트 프로시저를 작성하시오.

01 태어난 년도를 매개변수로 입력 받아 정보를 표시하는 〈출생년도별사원〉 쿼리를 그림과 같이 작성하시오. (7점)

▶ 〈사원〉 테이블을 이용할 것
▶ 태어난 년도를 입력받아 표시할 것
▶ SWITCH, LEFT 함수를 이용
▶ 직급순으로 정렬하여 표시할 것(직급 : 주임, 계장, 대리, 전무, 사장)
▶ 쿼리 결과 표시되는 필드와 필드명, 필드의 형식은 〈그림〉과 같이 표시되도록 설정하시오.

이름	주번	사번	직급	코드
강호동	720513-000	1242	주임	CO-03
박명수	720506-000	1235	주임	CO-01
엄태웅	720516-000	1245	계장	CO-02
노홍철	720508-000	1237	계장	CO-02
김태호	720511-000	1240	계장	CO-02
성시경	720517-000	1246	계장	CO-01
주원	720519-000	1248	계장	CO-02
유재석	720505-000	1234	계장	CO-05
이수근	720512-000	1241	대리	CO-02
차태현	720515-000	1244	대리	CO-03
유해진	720514-000	1243	대리	CO-01
김종민	720518-000	1247	대리	CO-05
정준하	720507-000	1236	전무	CO-05
길상준	720510-000	1239	전무	CO-01
하동훈	720509-000	1238	사장	CO-04

매개 변수 값 입력
태어난 년도만 입력할 것
1972
확인   취소

레코드: 14 1/15 ▶ ▶I ▶* 필터 없음 검색

02 다음과 같이 회사별, 직급별 인원수를 구하는 '회사별직급별인원수' 크로스탭 쿼리를 작성하시오. (7점)

▶ 〈회사〉, 〈사원〉 테이블을 이용할 것

사명	계장	대리	사장	전무	주임
민중	1	1		1	
바람			1		
산들	4	1			
영진	1	1		1	1
친구		1			1

레코드: 14 1/5 ▶ ▶I ▶ 필터 없음 검색

03 〈사원〉 테이블을 이용하여 사번의 세 번째 글자가 4이면 '재택', 그 외는 '출근'으로 표시하는 〈근무구분〉 쿼리를 작성하시오. (7점)

▶ 순번은 1~7 까지의 데이터만 나타내시오.
▶ 쿼리 실행 결과 표시되는 필드와 필드명은 〈그림〉과 같이 표시되도록 설정하시오.
▶ Like 연산자와 IIF와 MID 함수 사용

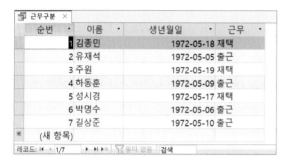

04 〈회사별사원〉 쿼리를 이용하여 광역, 구(시)별 인원수를 구하는 〈광역별인원수〉 쿼리를 작성하시오. (7점)

▶ 개수는 '생년월일' 필드를 이용하시오.
▶ 인원수를 기준으로 내림차순 정렬하여 표시하시오.
▶ Left, Instr 함수 사용을 이용하여 구(시) 필드는 '기초' 필드에서 공백 앞에 있는 텍스트를 표시
▶ 쿼리 실행 결과 표시되는 필드와 필드명은 〈그림〉과 같이 표시되도록 설정하시오.

05 〈사원〉 테이블의 직급이 '계장'이고, 사번의 세 번째 글자가 '4'이고, 〈회사〉 테이블의 광역이 '대구'인 사원의 비고에 '서울발령'으로 작성하는 〈서울발령〉 업데이트 쿼리를 작성하시오. (7점)

▶ In 연산자와 하위 쿼리 사용

순번	이름	주번	생년월일	사번	직급	코드	🔗	비고
1	김종민	720518-000000	1972-05-18	1247	대리	CO-05	🔗(0)	
2	유재석	720505-000000	1972-05-05	1234	계장	CO-05	🔗(0)	
3	주원	720519-000000	1972-05-19	1248	계장	CO-02	🔗(0)	서울 발령
4	하동훈	720509-000000	1972-05-09	1238	사장	CO-04	🔗(0)	
5	성시경	720517-000000	1972-05-17	1246	계장	CO-01	🔗(0)	
6	박명수	720506-000000	1972-05-06	1235	주임	CO-01	🔗(0)	
7	길상준	720510-000000	1972-05-10	1239	전무	CO-01	🔗(0)	
8	김태호	720511-000000	1972-05-11	1240	계장	CO-02	🔗(0)	서울 발령
9	유해진	720514-000000	1972-05-14	1243	대리	CO-01	🔗(0)	
10	정준하	720507-000000	1972-05-07	1236	전무	CO-05	🔗(0)	
11	차태현	720515-000000	1972-05-15	1244	대리	CO-03	🔗(0)	
12	이수근	720512-000000	1972-05-12	1241	대리	CO-02	🔗(0)	
13	노홍철	720508-000000	1972-05-08	1237	계장	CO-02	🔗(0)	
14	엄태웅	720516-000000	1972-05-16	1245	계장	CO-02	🔗(0)	서울 발령
15	강호동	720513-000000	1972-05-13	1242	주임	CO-03	🔗(0)	

문제1 | DB구축

01 〈사원〉 테이블

정답

번호	필드 이름	속성 및 형식	설정 값
①	순번	데이터 형식	일련 번호
		기본 키	
②	이름	IME 모드	한글
		빈 문자열 허용	아니요
③	주번	입력 마스크	000000-0000000;0;
④	생년월일	데이터 형식	날짜/시간
		유효성 검사 규칙	<=#1979-12-31#
⑤	멀티	데이터 형식	첨부 파일

① 〈사원〉 테이블에서 마우스 오른쪽 버튼을 눌러 [디자인 보기](🖩)를 클릭한다.

② 테이블 디자인 보기 상태에서 '구분' 필드를 선택하고 바로 가기 메뉴에서 [행 삭제](🗐×)를 클릭하여 필드를 삭제한다.

기적의 TIP

[테이블 디자인]-[도구] 그룹의 [행 삭제]를 클릭하여 '구분' 필드를 삭제할 수 있습니다.

③ '이름' 필드의 바로 가기 메뉴 중 [행 삽입](🗐◆)을 클릭하고, 삽입 된 행의 필드 이름에 '순번'을 데이터 형식은 '일련 번호'로 지정한 후, '순번' 필드의 바로 가기 메뉴에서 '기본 키'를 클릭한다.

기적의 TIP

[테이블 디자인]-[도구] 그룹의 [행 삽입]을 클릭하여 '순번' 필드를 삽입할 수 있습니다.

④ '이름' 필드를 선택하고 IME 모드는 '한글', 빈 문자열 허
용은 '아니요'로 설정한다.

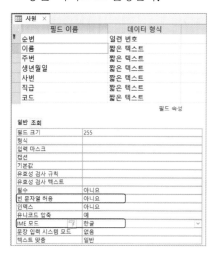

⑤ '주번' 필드의 입력 마스크 속성을 000000-0000000;0;
로 설정한다. 반드시 0~9 사이의 숫자가 입력되도록 입
력 마스크 정의 문자 '0'을 사용했고, 세미콜론(;)으로 구
분된 두 번째 영역에 '0'을 지정하여 하이픈도 저장되도록
설정하였다.

기적의 TIP

입력 마스크 속성 입력란의 바로 가기 메뉴에서 확대/축소를 클릭하
면 좀 더 편하게 입력할 수 있습니다. 물론 입력 마스크 입력란에 직
접 입력해도 됩니다.

⑥ '생년월일' 필드의 데이터 형식을 '날짜/시간'으로 변경하
고, 유효성 검사 규칙을 <=#1979-12-31#으로 설정한다.

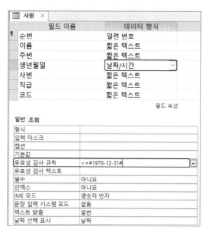

⑦ 마지막 행에 '멀티' 필드를 추가하고 데이터 형식을 '첨부
파일'로 설정한다.

⑧ 작업이 완료되면 변경한 내용은 저장한다.

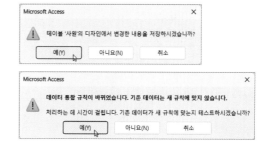

02 〈사원〉 테이블의 '코드' 필드에 조회 속성

정답

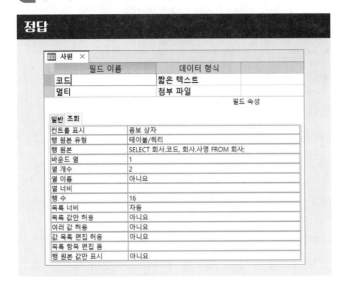

① '코드' 필드를 선택하고 필드 속성의 '조회' 탭을 클릭한 후, 컨트롤 표시에서 '콤보 상자'를 행 원본에서 [작성기] (⋯)를 클릭한다.

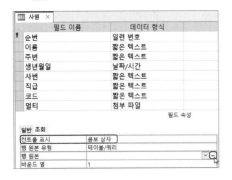

② 〈회사〉 테이블을 [추가]하고 [닫기]를 클릭한다.

③ '코드'와 '사명' 필드를 더블클릭하여 각각 디자인 눈금에 위치시키고 쿼리 작성기 창을 닫는다.

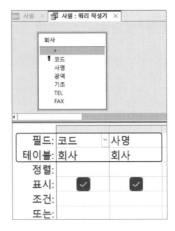

④ 행 원본 속성이 업데이트 된다는 경고창이 나타나면 [예]를 클릭하여 속성을 업데이트 한다.

⑤ 바운드 열은 '1'로('코드'가 저장되도록), 열 개수는 '2'로 수정하여 '코드'와 '사명'이 모두 나타나도록 설정한다.

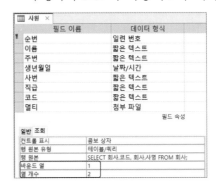

⑥ [디자인 보기] 창은 닫고 변경한 내용은 저장한다.

03 〈사원〉, 〈회사〉 테이블 관계 설정

정답

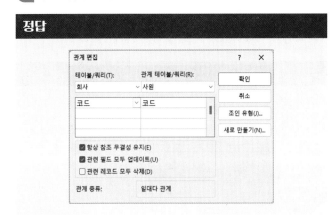

① [데이터베이스 도구]-[관계] 그룹에서 [관계](▦)를 클릭한다.
② [관계] 창의 빈 화면에서 마우스 오른쪽 버튼을 눌러 [테이블 표시](▦)를 클릭한다.

③ 〈사원〉, 〈회사〉 테이블을 [추가]하고 [닫기]를 클릭한다.

④ 〈회사〉 테이블의 '코드' 필드를 선택하고, 〈사원〉 테이블의 '코드' 필드로 드래그 앤 드롭한다.

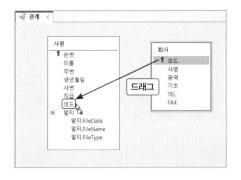

⑤ [관계 편집] 대화상자가 나타나면 '항상 참조 무결성 유지'와 '관련 필드 모두 업데이트'에 체크한 후 [만들기]를 클릭한다.

⑥ [관계] 창은 닫고 변경한 내용은 저장한다.

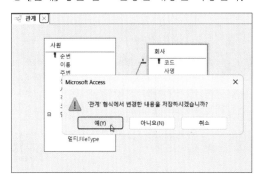

01 〈회사검색〉 폼

정답

번호	개체	속성	설정 값
①	폼	기본 보기	단일 폼
②	폼	탭 순서	
③	본문 모든 컨트롤	특수 효과	새김(밑줄)

① 〈회사검색〉 폼에서 마우스 오른쪽 버튼을 눌러 [디자인 보기](📝)를 클릭한다.

② 폼 선택기의 바로 가기 메뉴에서 [속성]을 클릭한다.

③ 폼의 기본 보기 속성을 '단일 폼'으로 설정한다.

④ 폼 선택기의 바로 가기 메뉴에서 [탭 순서](📋)를 클릭한다.

⑤ 본문 구역의 'txt코드'부터 ➡ 모양일 때 클릭하여 선택한 후 드래그 하여 제일 위로 끌어올려 지시한 순서대로 맞추고, 나머지 컨트롤도 순서를 맞춘 후 [확인]을 클릭한다.

⑥ 본문 구역의 모든 컨트롤이 포함되도록, 본문 구역의 선택 눈금자 ➡를 위에서 아래로 드래그 한다.

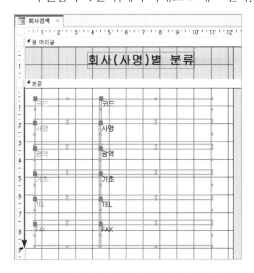

⑦ 선택된 여러 컨트롤의 속성 시트에서 특수 효과 속성을 '새김(밑줄)'로 설정한다.

⑧ [디자인 보기] 창은 닫고 변경한 내용은 [예]를 클릭하여 저장한다.

02 〈사원검색〉 폼의 'txt사번' 컨트롤

정답

① 〈사원검색〉 폼을 [디자인 보기](🖾)로 연다.
② 'txt사번' 컨트롤의 컨트롤 원본 속성에 **=DLookUp("[사번]","사원","[이름]=[txt이름]")**를 설정한다. [디자인 보기] 창은 닫고 변경한 내용은 저장한다.

기적의 TIP

=DLookUp("[사번]","사원","[이름]=[txt이름]")
〈사원〉 테이블에서 '사번'을 반환합니다. 단 'txt이름'에 표시된 것과 '이름'이 같은 경우에 한해서입니다.

03 〈사원검색〉 폼의 'cmd폼보기' 단추

정답

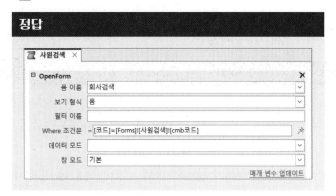

① [만들기]-[매크로 및 코드] 그룹의 [매크로](🗔)를 클릭한다.

② 매크로 함수(OpenForm)를 지정하고 폼 이름 인수에 '회사검색' 폼을 설정한 후, Where 조건문 인수의 [작성기](🔲)를 클릭한다.

③ 식 작성기에 [코드]=를 먼저 입력하고 하위 폴더 구조를 그림처럼 차례로 펼친 후 'cmb코드'를 더블 클릭하고, [확인]을 클릭한다.

기적의 TIP

[코드]=[Forms]![사원검색]![cmb코드]
〈사원검색〉 폼의 'cmb코드'의 값과 '코드' 필드 값이 동일한 경우임을 의미합니다.

④ 매크로 디자인 창을 닫고, 변경한 내용을 〈사원검색〉의 이름으로 저장한다.

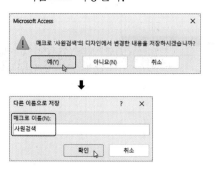

⑤ 〈사원검색〉 폼을 [디자인 보기](🔃)로 열고 'cmd폼보기' 명령 단추 컨트롤의 On Click 이벤트 속성에 '사원검색' 매크로를 지정한다.

⑥ [디자인 보기] 창은 닫고, 변경한 내용은 저장한다.

01 〈회사별사원〉 보고서

정답

번호	필드 이름	필드 속성	설정 값
①	레이블 생성	이름	L제목
		글꼴 이름	궁서
		글꼴 크기	20
		텍스트 맞춤	가운데
②	txt순번	컨트롤 원본	=1
		누적 합계	그룹
③	기초 그룹설정	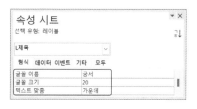	
	txt기초	컨트롤 원본	기초
④	텍스트 상자 생성	이름	txtTEL
		컨트롤 원본	TEL
⑤	txt주소	컨트롤 원본	=[광역] & "시 " & [기초]

① 〈회사별사원〉 보고서를 [디자인 보기](圓)로 열고, [보고서 디자인]-[컨트롤] 그룹의 [레이블](가가)을 클릭한다.
② 레이블이 위치할 곳을 드래그 앤 드롭 하여 정한다.

③ 레이블에 캡션을 입력한다.

④ 속성 시트 창에서 이름(L제목), 글꼴 이름(궁서), 글꼴 크기(20), 텍스트 맞춤(가운데) 속성을 지시사항대로 지정한다.

⑤ 'txt순번' 컨트롤의 컨트롤 원본에 =1, 누적 합계에 '그룹' 속성을 설정한다.

⑥ 그룹, 정렬 및 요약에서 [그룹 추가]를 클릭하여 '기초' 필드를 기준으로 그룹화 한다.

⑦ 그룹 추가로 인하여 생성된 '기초 머리글' 구역에 'txt기초' 컨트롤을 추가하기 위해서 [보고서 디자인]-[컨트롤] 그룹의 [텍스트 상자](🔲)를 클릭하여 적당한 위치에 드래그 앤 드롭 하여 추가한다.

⑧ 텍스트 상자를 추가하면 자동으로 안내 레이블이 함께 생성되는데, 이 부분을 선택한 후 Delete 를 눌러서 삭제하도록 한다.

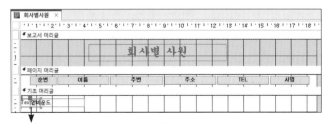

이 부분만 선택 후 Delete 로 삭제

⑨ 생성시킨 컨트롤의 속성 시트에서 이름(txt기초)과 컨트롤 원본(기초) 속성을 설정한다.

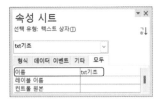

⑩ 'txt기초' 텍스트 상자 컨트롤을 생성한 것처럼 안내 레이블은 삭제하고 본문 구역에 텍스트 상자 컨트롤을 추가시킨다.

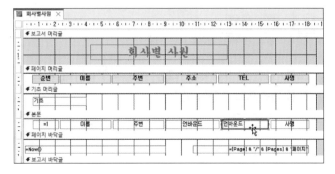

⑪ 추가된 컨트롤의 속성 시트에서 이름(txtTEL)과 컨트롤 원본(TEL)을 설정한다.

⑫ 'txt주소' 컨트롤의 원본 속성에 =[광역] & "시 " & [기초] 를 입력한 후, [디자인 보기] 창은 닫고 변경한 내용은 저장한다.

02 〈사원검색〉 폼의 'cmb코드' 콤보 상자

정답

```
Private Sub cmb코드_AfterUpdate()
    Me.RecordSource = "select * from 사원 where 코드 = '" & cmb
코드 & "'"
End Sub
```

① 〈사원검색〉 폼을 [디자인 보기](🖾)로 열고, 'cmb코드' 컨트롤의 속성 시트 중 'After Update'에서 [이벤트 프로시저]를 선택한 후 [작성기](⋯)를 클릭한다.

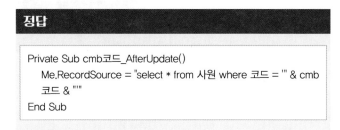

② 다음과 같이 코딩한 후 [디자인 보기] 창을 닫고 변경한 내용은 저장한다.

```
Private Sub cmb코드_AfterUpdate()
    Me.RecordSource = "select * from 사원 where 코드 = '" &
cmb코드 & "'"
End Sub
```

01 〈출생년도별사원〉 매개변수 쿼리

정답

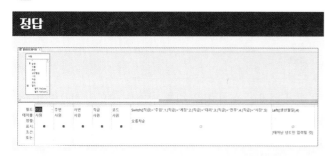

① [만들기]-[쿼리] 그룹의 [쿼리 디자인](▦)을 클릭한다.
② [테이블 추가]에서 〈사원〉 테이블을 추가하고 [닫기]를 클릭한다.

③ 미리보기 그림과 같이 필드를 더블클릭하여 디자인 눈금에 추가한다.

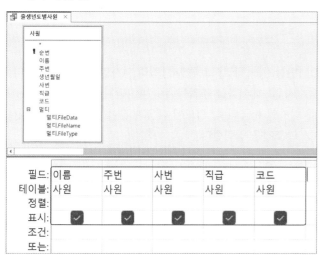

④ '직급'을 기준으로 정렬하여 표시하기 위해 Switch([직급]="주임",1,[직급]="계장",2,[직급]="대리",3,[직급]="전무",4,[직급]="사장",5)으로 직급별 숫자로 반환하고, '오름차순'을 선택하고, 표시 체크는 해제한다. '생년월일'에서 년도만 반환받기 위해 필드에 Left([생년월일],4)를 입력하고, 매개변수 입력창이 나타나게 하기 위해 조건에 대괄호로 묶어서 [태어난 년도만 입력할 것]이라고 입력한다. 표시 체크는 해제한다.

⑤ [쿼리 디자인 보기] 창을 닫고 변경한 내용을 **출생년도별사원**으로 저장한다.

02 〈회사별직급별인원수〉 크로스탭 쿼리

정답

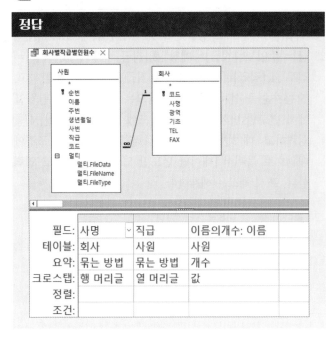

필드:	사명	직급	이름의개수: 이름	
테이블:	회사	사원	사원	
요약:	묶는 방법	묶는 방법	개수	
크로스탭:	행 머리글	열 머리글	값	
정렬:				
조건:				

① [만들기]-[쿼리] 그룹의 [쿼리 디자인](▦)을 클릭한다.
② [테이블 추가]에서 〈회사〉, 〈사원〉을 추가하고 [닫기]를 클릭한다.
③ 바로 가기 메뉴에서 [쿼리 유형]-[크로스탭 쿼리]를 클릭한다.

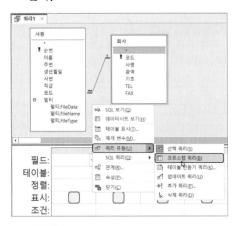

기적의 TIP

리본 메뉴의 [쿼리 디자인]-[쿼리 유형] 탭의 [크로스탭 쿼리] 클릭도 같은 메뉴입니다.

④ 필요한 필드를 디자인 눈금에 추가하고 크로스탭 쿼리를 구성하는 요소인 행 머리글, 열 머리글, 값을 지정한다.

필드:	사명	직급	이름의개수: 이름	
테이블:	회사	사원	사원	
요약:	묶는 방법	묶는 방법	개수	
크로스탭:	행 머리글	열 머리글	값	
정렬:				
조건:				
또는:				

⑤ 쿼리 디자인 보기 창을 닫고 변경한 내용을 **회사별직급별인원수**로 저장한다.

03 〈근무구분〉 쿼리

정답

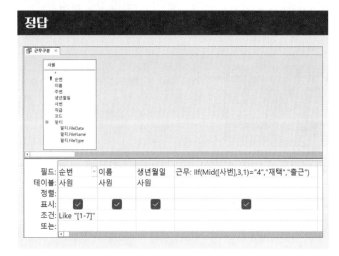

① [만들기]-[쿼리] 그룹에서 [쿼리 디자인](▦)을 클릭한다.
② 〈사원〉 테이블을 추가를 누른 후 [닫기]를 클릭한다.
③ 디자인 눈금의 각 필드에 다음과 같이 드래그해서 배치하고 조건을 입력한다.

필드:	순번	이름	생년월일	근무: IIf(Mid([사번],3,1)="4","재택","출근")	
테이블:	사원	사원	사원		
정렬:					
표시:	☑	☑	☑	☑	
조건:	Like "[1-7]"				
또는:					

근무: IIf(Mid([사번],3,1)="4","재택","출근")
Mid([사번],3,1) : [사번] 필드의 세 번째 한 글자를 추출
IIf(①="4","재택","출근") : ①의 값이 '4'가 같다면 '재택', 그 외는 '출근'으로 표시

④ [저장](▦)을 클릭한 후 **근무구분**을 입력하고 [확인]을 클릭한다.

04 〈광역별인원수〉 쿼리

정답

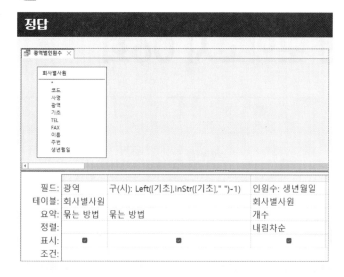

① [만들기]-[쿼리] 그룹의 [쿼리 디자인](📋)을 클릭한다.
② [테이블 추가]의 [쿼리] 탭에서 〈회사별사원〉을 추가하고 [닫기]를 클릭한다.
③ 디자인 눈금의 각 필드에 다음과 같이 드래그해서 놓는다.

필드:	광역	기초	생년월일 ∨
테이블:	회사별사원	회사별사원	회사별사원
정렬:			
표시:	☑	☑	☑
조건:			
또는:			

④ 생년월일 필드를 '내림차순'을 선택하고, [쿼리 도구]-[디자인]-[표시/숨기기] 그룹에서 [요약](∑)을 클릭한 후 '개수'를 선택한다.

필드:	광역	기초	생년월일
테이블:	회사별사원	회사별사원	회사별사원
요약:	묶는 방법	묶는 방법	개수 ∨
정렬:			내림차순
표시:	☑	☑	☑
조건:			

⑤ **인원수:**를 입력하여 별명(Alias)으로 수정한다.

필드:	광역	기초	인원수: 생년월일
테이블:	회사별사원	회사별사원	회사별사원
요약:	묶는 방법	묶는 방법	개수
정렬:			내림차순
표시:	☑	☑	☑
조건:			

⑥ [기초] 필드는 **구(시): Left([기초],InStr([기초]," ")-1)**로 수정한다.

필드:	광역	구(시): Left([기초],InStr([기초]," ")-1)	인원수: 생년월일
테이블:	회사별사원		회사별사원
요약:	묶는 방법	묶는 방법	개수
정렬:			내림차순
표시:	☑	☑	☑
조건:			

⑦ **Ctrl** + **S** 를 눌러 [다른 이름으로 저장] 대화상자에 **광역별인원수**로 입력하고 [확인]을 클릭한다.

05 〈서울발령〉 업데이트 쿼리

정답

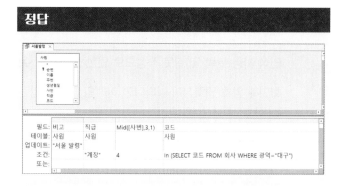

① [만들기]-[쿼리] 그룹의 [쿼리 디자인](📋)을 클릭한다.
② [테이블 추가]의 [테이블] 탭에서 〈사원〉 테이블을 추가한 후 '비고'와 '직급', '사번', '코드' 필드를 Under 추가한다.
③ [쿼리 디자인] 탭의 [쿼리 유형]-[업데이트](📋)를 클릭한 후 다음과 같이 입력한다.

필드:	비고	직급	Mid([사번],3,1)	코드
테이블:	사원	사원		사원
업데이트:	"서울 발령"			
조건:		"계장"	4	In (SELECT 코드 FROM 회사 WHERE 광역="대구")
또는:				

④ [저장](📋)을 클릭한 후 쿼리의 이름을 **서울발령**으로 입력하고 [확인]을 클릭한다.
⑤ [쿼리 디자인] 탭의 [결과]-[실행](❗)을 클릭하여 다음의 메시지가 표시되면 [예]를 클릭한다.

데이터베이스 실전 모의고사 06회

프로그램명	소요시간	합격 점수
ACCESS 2021	45분	70점

수험번호 :

성   명 :

··········· **유의사항** ···········

- 인적 사항 누락 및 잘못 작성으로 인한 불이익은 수험자 책임으로 합니다.

- 화면에 암호 입력창이 나타나면 아래의 암호를 입력하여야 합니다.
  - 암호: 6845%3

- 작성된 답안은 주어진 경로 및 파일명을 변경하지 마시고 그대로 저장해야 합니다. 이를 준수하지 않으면 실격 처리됩니다.
  - 답안 파일명의 예: C:₩DB₩수험번호8자리.accdb

- 외부데이터 위치: C:₩DB₩파일명

- 별도의 지시사항이 없는 경우, 다음과 같이 처리 시 실격 처리됩니다.
  - 제시된 시트 및 개체의 순서나 이름을 임의로 변경한 경우
  - 제시된 시트 및 개체를 임의로 추가 또는 삭제한 경우
  - 외부데이터를 시험 시작 전에 열어본 경우

- 답안은 반드시 문제에서 지시 또는 요구한 셀에 입력하여야 하며 다음과 같이 처리 시 채점 대상에서 제외됩니다.
  - 제시된 함수가 있을 경우 제시된 함수만을 사용하여야 하며 그 외 함수사용시 채점대상에서 제외
  - 수험자가 임의로 지시하지 않은 셀의 이동, 수정, 삭제, 변경 등으로 인해 셀의 위치 및 내용이 변경된 경우 해당 작업에 영향을 미치는 관련문제 모두 채점 대상에서 제외
  - 도형 및 차트의 개체가 중첩되어 있거나 동일한 계산결과 시트가 복수로 존재할 경우 해당 개체나 시트는 채점 대상에서 제외

- 수식 작성 시 제시된 문제 파일의 데이터는 변경 가능한(가변적) 데이터임을 감안하여 문제 풀이를 하시오.

- 별도의 지시사항이 없는 경우, 주어진 각 시트 및 개체의 설정값 또는 기본 설정값 (Default)으로 처리하시오.

- 저장 시간은 별도로 주어지지 않으므로 제한된 시간 내에 저장을 완료해야 하며, 제한 시간 내에 저장이 되지 않은 경우에는 실격 처리됩니다.

- 출제된 문제의 용어는 MS Office LTSC Professional Plus 2021 기준으로 작성되어 있습니다.

대 한 상 공 회 의 소

01 사원 관리를 위하여 데이터베이스를 구축하고자 한다. 다음의 지시사항에 따라 테이블을 완성하시오. (각 3점)

※ 〈사원〉 테이블을 사용하시오.
① 'ID' 필드를 기본 키로 설정하시오.
② '성명' 필드에는 값이 반드시 입력되도록 설정하시오.
③ '전화번호' 필드에는 빈 문자열을 허용하도록 설정하시오.
④ '결근' 필드는 새 레코드가 추가될 때 기본적으로 '0'이 입력되도록 설정하시오.
⑤ 사원들의 사진 관리를 위한 '사진' 필드를 추가하시오.
▶ 테이블에 사진을 저장할 수 있도록 네이터 형식을 설정하시오.

02 〈사원〉 테이블의 '소속' 필드에 대해서 다음과 같이 조회 속성을 설정하시오. (5점)

▶ 〈회사〉 테이블의 '회사명'이 콤보 상자 형태로 나타나도록 설정하시오.
▶ 목록 이외의 값은 입력할 수 없도록 설정하시오.

03 〈관리〉 테이블의 'ID'는 〈사원〉 테이블의 'ID'를 참조하며 두 테이블간의 관계는 1:1이다. 두 테이블에 대해 다음과 같이 관계를 설정하시오. (5점)

▶ 두 테이블 간에 항상 참조 무결성을 유지하도록 설정하시오.
▶ 〈사원〉 테이블의 'ID' 필드가 변경되면 이를 참조하는 〈관리〉 테이블의 'ID' 필드가 따라서 변경되도록 설정하시오.
▶ 〈사원〉 테이블의 'ID' 필드가 삭제되면 〈관리〉 테이블의 'ID' 필드도 삭제되도록 설정하시오.

01 〈관리〉 폼을 다음의 〈화면〉과 지시 사항에 따라 완성하시오. (각 3점)

① 〈화면〉과 같은 형태로 표시되도록 기본 보기 속성을 설정하시오.
② 〈화면〉과 같은 형태로 표시되도록 탐색 단추와 레코드 선택기를 설정하시오.
③ 폼 바닥글의 'txt_연봉평균' 컨트롤에 연봉의 평균값이 표시되도록 설정하시오.

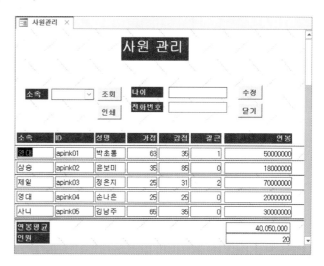

02 〈관리〉 폼의 수정(cmd_수정) 버튼을 클릭하면 다음과 같이 동작하도록 이벤트 프로시저를 작성하시오. (6점)

▶ 'txt_나이'와 'txt_전화번호' 컨트롤에 입력된 값이 〈사원〉 테이블의 '나이'와 '전화번호' 필드에 저장되도록 할 것
▶ Docmd 개체의 RunSQL 메서드를 사용하시오.

03 〈관리〉 폼의 닫기 버튼(cmd_닫기)을 클릭하면 다음과 같이 동작하도록 이벤트 프로시저를 작성하시오. (5점)

▶ 다음과 같은 메시지 박스를 표시하고 저장여부 안 묻고 자동으로 저장하는 이벤트 프로시저를 구현하시오.
▶ IF와 Docmd 사용

문제3   **조회 및 출력 기능 구현(20점)**

01 다음의 지시사항 및 화면을 참조하여 〈소속별사원〉 보고서를 완성하시오. (각 3점)

① '소속', 'ID', '성명', '결근' 필드 순으로 오름차순 정렬하시오.
② 본문 구역의 'txt_평가' 컨트롤에는 '가점'이 '감점'보다 높으면 "우수", 같으면 "보통", 적으면 "미달"을 표시하시오.
③ 소속 바닥글 구역의 'txt_가점평균', 'txt_감점평균', 'txt_연봉평균' 컨트롤에 가점, 감점, 연봉의 평균을 표시하시오.
④ 페이지 바닥글 구역의 'txt_날짜' 컨트롤에 현재 날짜와 요일을 표시하시오.
▶ 시스템의 현재 날짜가 2025년 8월 1일이면 '2025년 8월 1일 수요일'과 같이 표시할 것
⑤ 패이지 바닥글 구역의 'txt_페이지' 컨트롤에 다음과 같이 페이지를 표시하시오.
▶ 전체 5페이지 중 현재 페이지가 2페이지인 경우 : 2 / 5

사원관리

소속		사니					
	ID	성명	결근	가점	감점	연봉	평가
	apink05	김남주	0	65	35	30000000	우수
	apink06	오하영	2	85	19	65000000	우수
	win100	박승리	0	25	95	11000000	미달
평균				58	50	35,333,333	

소속		삼승					
	ID	성명	결근	가점	감점	연봉	평가
	apink02	윤보미	0	35	85	18000000	미달
	gorilra	최동환	1	25	25	55000000	보통
	jump00	나의승	1	38	63	40000000	미달
	mama	최철민	0	95	33	8000000	우수
	members	한슬리	0	70	44	11000000	우수
	shooting	이기자	2	65	25	68000000	우수
	team	김기찬	0	35	25	13000000	우수
평균				52	43	30,428,571	

소속		영대					
	ID	성명	결근	가점	감점	연봉	평가
	apink01	박초롱	1	63	35	50000000	우수
	apink04	손나은	0	25	25	20000000	보통
	iijasd	이현상	2	35	25	60000000	우수
	moonss	김마적	1	54	45	25000000	우수
평균				44	33	38,750,000	

소속		제일					
	ID	성명	결근	가점	감점	연봉	평가
	apink03	정은지	2	25	31	70000000	미달
	iceman	최민승	5	14	54	120000000	미달
	maum	이적	0	95	14	15000000	우수

2023년 7월 20일 목요일   1 / 2

02 〈관리〉 폼의 인쇄(cmd_인쇄) 버튼을 클릭하면 다음과 같이 동작하도록 이벤트 프로시저를 작성하시오. (5점)

▶ 〈소속별사원〉 보고서를 '인쇄 미리 보기'로 열 것
▶ 'cmd_소속' 컨트롤에서 선택한 것과 동일한 레코드를 표시할 것

문제4 처리 기능 구현(35점)

---

01 결근 횟수가 3번 이상인 소속사별 가점과 감점의 합계를 미리보기 그림처럼 표시하는 〈회사별실적〉 쿼리를 작성하시오. (7점)

▶ 〈관리〉, 〈사원〉 테이블을 이용할 것

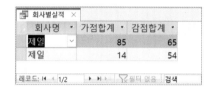

---

02 〈사원〉 테이블의 레코드 중 〈관리〉 테이블에 없는 레코드를 검색하는 쿼리를 작성하시오. (7점)

▶ 〈관리〉 테이블에 존재하지 않는 'ID' 레코드를 검색할 것
▶ Not In과 하위 쿼리 사용
▶ 쿼리의 이름은 〈먹튀명단〉으로 할 것

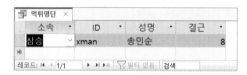

---

03 〈사원〉 테이블의 '성명', '나이' 필드를 이용하여 매개변수 쿼리를 작성하시오. (7점)

▶ '나이' 필드는 첫 번째 매개변수 값 이상이고, 두 번째 매개변수 값 이하에 해당한 값을 검색하여 오름차순 정렬하여 표시하시오.
▶ 쿼리의 이름은 〈연령대검색〉으로 할 것

04 〈사원〉 테이블을 이용하여 검색할 소속의 일부를 매개변수로 입력받아 해당 소속의 정보를 조회하는 〈소속조회〉 매개변수 쿼리를 작성하시오. (7점)

▶ '성명' 필드를 기준으로 내림차순 정렬하여 표시하시오.
▶ 쿼리 결과 표시되는 필드와 필드명, 필드의 형식은 〈그림〉과 같이 표시되도록 설정하시오.

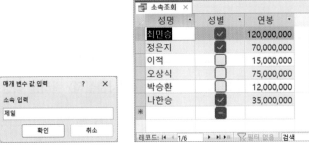

05 다음과 같이 소속사별, 연령대별 인원수를 구하는 〈연령대별인원수〉 크로스탭 쿼리를 작성하시오. (7점)

▶ 〈사원〉 테이블을 이용할 것
▶ iif 함수 사용
▶ 쿼리 결과 표시되는 필드와 필드명, 필드의 형식은 〈그림〉과 같이 표시되도록 설정하시오.

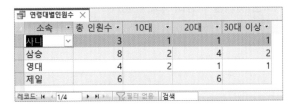

정답 & 해설 | 데이터베이스 실전 모의고사 06회

문제1 | DB구축

01 〈사원〉 테이블

정답

번호	필드 이름	속성 및 형식	설정 값
①	ID	기본 키	
②	성명	필수	예
③	전화번호	빈 문자열 허용	예
④	결근	기본값	0
⑤	사진	데이터 형식 – OLE 개체	※추가 필드

기적의 TIP

원활한 작업을 위해서 [보안 경고] 메시지 표시줄의 [콘텐츠 사용] 버튼을 클릭합니다.

① 〈사원〉 테이블에서 마우스 오른쪽 버튼을 눌러 [디자인 보기](🔲)를 클릭한다.

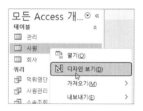

② 'ID' 필드에서 마우스 오른쪽 버튼을 눌러 [기본 키](🔑)를 클릭한다.

③ '성명' 필드를 선택하고 아래쪽 필드 속성 중 '필수' 속성을 '예'로 지정한다.

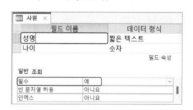

④ '전화번호' 필드를 선택하고 '빈 문자열 허용' 속성을 '예'로 지정한다.

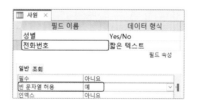

⑤ '결근' 필드를 선택하고 '기본값' 속성에 0을 입력한다.

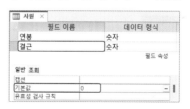

⑥ '결근' 필드 아래 행에 필드 이름으로 **사진**을 입력하고 데이터 형식에 'OLE 개체'를 설정한다.

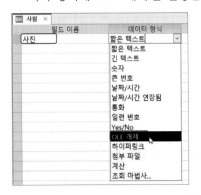

⑦ 빠른 실행 도구 모음의 [저장](🖫)을 클릭하거나, Ctrl + S, 혹은 디자인 창을 닫으면 경고 창이 뜨는데 [예]를 클릭하여 작업한 내용을 저장한다.

02 〈사원〉 테이블의 '소속' 필드에 조회 속성 설정

정답

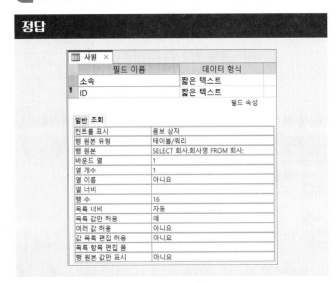

① 〈사원〉 테이블을 [디자인 보기](🗒)로 열어 '소속' 필드를 선택하고 [조회] 탭을 클릭한 후 '컨트롤 표시' 속성을 '콤보 상자'로 변경한다.

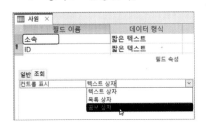

② [조회] 탭 '행 원본' 속성의 [작성기](⋯) 단추를 클릭한다.

③ [테이블 추가]에서 〈회사〉 테이블을 선택하고 [추가] 단추를 클릭한 후 [닫기] 단추를 클릭한다.

④ 쿼리 작성기창의 디자인 눈금에 '회사명' 필드가 추가되도록 '회사명'을 더블클릭한다.

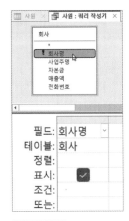

> **기적의 TIP**
>
> '회사명'을 마우스로 끌어 디자인 눈금에 놓아도 됩니다(드래그 앤 드롭).

⑤ [쿼리 디자인]-[닫기] 그룹에서 [닫기](⊠)를 클릭한다.

⑥ 쿼리 작성기창에서 작업한 내용을 저장한다. 이는 [조회] 탭의 '행 원본' 속성에 업데이트 할 것인지 묻는 경고창인데, [예]를 클릭하면 된다.

- DoCmd개체의 RunSQL 메서드를 이용하면 실행 쿼리(추가, 삭제, 업데이트 등)를 직접 실행 시킬 수 있습니다. 형식은 DoCmd.RunSQL "실행 쿼리문"입니다.
- UPDATE 쿼리 문을 작성할 때는 Where 조건 절을 꼭 따져보도록 합니다.
- 'txt_ID' 컨트롤과 'ID' 필드의 내용이 동일한 조건일 때만 'txt_나이' 컨트롤의 내용을 '나이' 필드에, 'txt_전화번호' 컨트롤의 내용을 '전화번호' 필드에 저장하여 〈사원〉 테이블을 업데이트합니다.

③ Alt + Q 를 눌러 에디터 창은 닫고 액세스로 돌아온 후 디자인 창을 닫고 변경한 내용은 [예]를 클릭하여 저장한다.

03 〈관리〉 폼의 닫기(cmd_닫기) 버튼에 클릭 이벤트 프로시저 작성

정답

```
Private Sub cmd_닫기_Click()

a = MsgBox("열려진 폼을 종료할까요?", vbYesNo, "종료")

If a = vbYes Then
    DoCmd.Close , , acSaveYes
End If

End Sub
```

① 〈관리〉 폼을 [디자인 보기](N)로 열고 속성 시트에서 'cmd_닫기' 명령 단추 개체를 선택한 후 [이벤트] 탭의 'On Click' 속성에서 [이벤트 프로시저]를 선택하고 [작성기](...)를 클릭한다.

② Microsoft Visual Basic for Applications 창의 '코드 창'에 다음과 같이 코딩한다.

```
Private Sub cmd_닫기_Click()

a = MsgBox("열려진 폼을 종료할까요?", vbYesNo, "종료")

If a = vbYes Then
    DoCmd.Close , , acSaveYes
End If

End Sub
```

DoCmd 개체의 Close 메서드를 이용하면 지정한 창을 닫거나, 아무 것도 지정하지 않았을 경우에는 현재 창을 닫을 수 있습니다. 개체의 형식이 Form이며, 개체의 이름이 '관리'인 창을 닫습니다. 개체의 형식이나 이름을 지정하지 않아도 상관없습니다.

③ Alt + Q 를 눌러 에디터 창은 닫고 액세스로 돌아온 후 디자인 창을 닫고 변경한 내용은 [예]를 클릭하여 저장한다.

01 〈소속별사원〉 보고서

정답

번호	개체	속성	설정 값
①	그룹화 및 정렬	그룹, 정렬 및 요약 그룹화 기준 소속 └ 정렬 기준 ID └ 정렬 기준 성명 └ 정렬 기준 결근 ▼ 오름차순 ▼, 자세히 ▶	
②	txt_평가	컨트롤 원본	=IIf([가점]>[감점], "우수", IIf([가점]=[감점], "보통", "미달"))
③	txt_가점평균	컨트롤 원본	=Avg([가점])
	txt_감점평균		=Avg([감점])
	txt_연봉평균		=Avg([연봉])
④	txt_날짜	컨트롤 원본	=Date()
		형식	자세한 날짜
⑤	txt_페이지	컨트롤 원본	=[Page] & " / " & [Pages]

① 〈소속별사원〉 보고서에서 마우스 오른쪽 버튼을 눌러 [디자인 보기](🄽)를 클릭한다.

② [그룹, 정렬 및 요약]에서 [정렬 추가]를 클릭한다. '소속' 필드는 이미 오름차순 정렬되어 있음을 알 수 있다.

③ 'ID' 필드를 선택한다. '오름차순'이 기본 값이므로 따로 손 댈 필요는 없다.

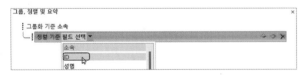

④ 계속해서 동일한 방법으로 [정렬 추가]를 클릭하여 '성명', '결근' 필드도 '오름차순'으로 정렬한다.

⑤ 속성 시트에서 'txt_평가' 텍스트 상자 컨트롤을 선택하고 '컨트롤 원본' 속성에 =IIf([가점]>[감점],"우수",IIf([가점]=[감점],"보통","미달"))을 입력한다.

기적의 TIP

엑셀에서 사용했던 IF함수와 쓰임새가 동일합니다. 형식은 '=IIf(조건, 조건이 참일 때 반환할 값, 조건이 거짓일 때 반환할 값)'이며, 중첩하여 사용할 수 있습니다.

⑥ 속성 시트에서 'txt_가점평균', 'txt_감점평균', 'txt_연봉평균' 텍스트 상자 컨트롤을 선택하고 '컨트롤 원본' 속성에 각 각 =Avg([가점]), =Avg([감점]), =Avg([연봉])을 입력한다.

⑦ 속성 시트의 'txt_날짜' 텍스트 상자 컨트롤에 '컨트롤 원본' 속성으로 =Date()를 입력하고, 형식 속성은 '자세한 날짜'를 지정한다.

기적의 TIP

Now 함수는 현재 시스템의 날짜와 시간을, Date 함수는 현재 시스템의 날짜를 반환합니다.

⑧ 속성 시트에서 'txt_페이지' 텍스트 상자 컨트롤을 선택하고 '컨트롤 원본' 속성에 =[Page] & " / " & [Pages]를 입력한다.

⑨ 디자인 창을 닫고 변경한 내용은 [예]를 클릭하여 저장한다.

02 〈관리〉 폼의 인쇄(cmd_인쇄) 버튼에 클릭 이벤트 프로시저 작성

정답

```
Private Sub cmd_인쇄_Click()
DoCmd.OpenReport "소속별사원", acViewPreview, , "소속 = '" & cmd_소속 & "'"
End Sub
```

① 〈관리〉 폼을 [디자인 보기](📐)로 열고 속성 시트에서 'cmd_인쇄' 명령 단추 개체를 선택한 후 [이벤트] 탭의 'On Click' 속성에서 [이벤트 프로시저]를 선택하고 [작성기](…)를 클릭한다.

② Microsoft Visual Basic for Applications 창의 '코드 창'에 다음과 같이 코딩한다.

```
Private Sub cmd_인쇄_Click()
DoCmd.OpenReport "소속별사원", acViewPreview, , "소속 = '" & cmd_소속 & "'"
End Sub
```

기적의 TIP

DoCmd 개체의 OpenReport 메서드를 이용하면 지정한 보고서를 디자인 보기나 인쇄 미리 보기 모드로 열 수 있고, 조건에 해당하는 레코드만으로 보고서를 제한할 수 있습니다. 즉 '소속별사원' 보고서를 '인쇄 미리 보기(acViewPreview)' 모드로 열 되, 'cmd_소속' 컨트롤에서 선택한 것과 동일한 레코드만으로 보고서를 열도록 제한을 두었습니다.

③ Alt+Q를 눌러 에디터 창은 닫고 액세스로 돌아온 후 디자인 창을 닫고 변경한 내용은 [예]를 클릭하여 저장한다.

01 〈회사별실적〉 쿼리

정답

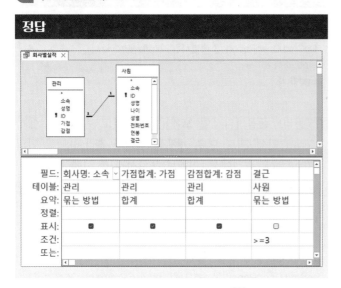

① [만들기]-[쿼리] 그룹의 [쿼리 디자인](▦)을 클릭한다.
② [테이블 추가]에서 〈관리〉, 〈사원〉 테이블을 더블클릭하여 추가한 후 [닫기] 버튼을 클릭한다.

③ 문제에 주어진 미리보기 그림을 참조하여 필요한 필드를 더블 클릭하여 디자인 눈금에 추가한다.

필드:	소속	가점	감점	결근
테이블:	관리	관리	관리	사원
정렬:				
표시:	☑	☑	☑	☑
조건:				
또는:				

④ 문제에 주어진 미리보기 그림을 참조하여 별명(Alias)을 선언한다. 필드명 앞에 별명과 :(콜론)을 입력하면 된다.

필드:	회사원: 소속	가점합계: 가점	감점합계: 감점	결근
테이블:	관리	관리	관리	사원
정렬:				
표시:	☑	☑	☑	☑
조건:				
또는:				

⑤ [쿼리 디자인]-[표시/숨기기] 그룹에서 [요약](∑)을 클릭한다. 요약의 역할은 소속사별(그룹별)로 묶어서 합계를 보여주기 위함이다.

⑥ '가점'과 '감점'의 묶는 방법을 '합계'로 변경한다.

⑦ 문제에서 지시한 결근 횟수가 3번 이상인 조건을 만족시키기 위해 '결근' 필드의 '조건'에 >=3을 입력하고, '표시'의 체크를 해제한다.

필드:	회사원: 소속	가점합계: 가점	감점합계: 감점	결근
테이블:	관리	관리	관리	사원
요약:	묶는 방법	합계	합계	묶는 방법
정렬:				
표시:	☑	☑	☑	☐
조건:				>=3
또는:				

기적의 TIP

문제지에 주어진 미리 보기 그림을 참조하여 표시 할 필드와 표시하지 않을 필드를 선별하면 됩니다.

⑧ 디자인 창을 닫고 [예]를 클릭하여 변경한 내용을 저장한다.
⑨ 쿼리 이름에 **회사별실적**을 입력하고 [확인]을 클릭하여 다른 이름으로 저장한다.

02 〈먹튀명단〉 쿼리

정답

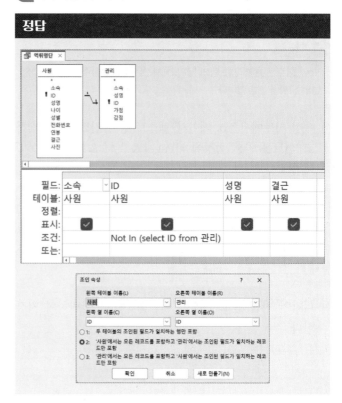

① [만들기]-[쿼리] 그룹에서 [쿼리 디자인](▦)을 클릭한다.
② [테이블 추가]에서 〈사원〉 〈관리〉 테이블을 더블클릭하여 추가한 후 [닫기]를 클릭한다.

③ 'ID' 필드끼리 연결된 조인 선을 더블클릭하거나 바로 가기 메뉴에서 '조인 속성'을 클릭한다.

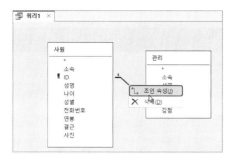

④ 2번 항목을 선택하고 [확인]을 클릭한다.

기적의 TIP

2번 항목은 LEFT JOIN 연산을 수행하며 왼쪽 우선 외부 조인이라고 합니다. 문제에서 지시한 사항대로 정보를 한정하기 위해서 필요한 조치입니다. 즉 〈사원〉 테이블에만 있고 〈관리〉 테이블에는 없는 레코드를 찾기 위해서 이러한 작업 단계를 거치게 됩니다.

⑤ 쿼리 창의 디자인 눈금에 필요한 필드를 더블클릭하여 추가한다.

필드:	소속	ID	성명	결근
테이블:	사원	사원	사원	사원
정렬:				
표시:	☑	☑	☑	☑
조건:				
또는:				

기적의 TIP

• 조건으로 하위 쿼리(Not In (select ID from 관리))를 이용하여 작성할 경우에는 조인 속성 수정 없이 〈사원〉 테이블만 가져와서 작성할 수 있습니다.
• Is Null를 이용할 경우에는 〈사원〉, 〈관리〉 테이블과 조인 속성을 설정하여야 합니다.

⑥ 디자인 눈금의 〈사원〉 테이블 'ID' 필드에 **Not In (select ID from 관리)**를 조건으로 입력한다. 〈관리〉 테이블의 'ID' 필드는 제외시킨다는 의미이다.

필드:	소속	ID	성명	결근
테이블:	사원	사원	사원	사원
정렬:				
표시:	☑	☑	☑	☑
조건:		Not In (select ID from 관리)		
또는:				

⑦ 디자인 창을 닫고 변경한 내용은 **먹튀명단**으로 저장한다.

기적의 TIP

Is Null를 이용하여 다음과 같이 작성하여도 결과는 동일합니다.

필드:	소속	ID	성명	결근	ID
테이블:	사원	사원	사원	사원	관리
정렬:					
표시:	☑	☑	☑	☑	☐
조건:					Is Null
또는:					

03 〈연령대검색〉 매개변수 쿼리

정답

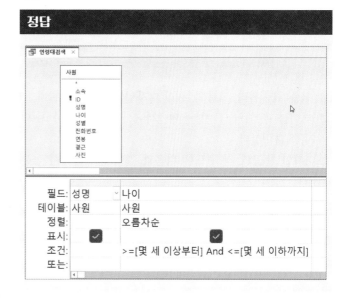

① [만들기]-[쿼리] 그룹에서 [쿼리 디자인](▦)을 클릭한다.
② 〈사원〉 테이블을 더블클릭하여 추가한 후 [닫기]를 클릭한다.
③ 디자인 눈금의 각 필드에 다음과 같이 드래그해서 배치한 후 '나이' 필드에 조건을 입력하고 '오름차순' 정렬을 선택한다.

필드:	성명	나이
테이블:	사원	사원
정렬:		오름차순
표시:	☑	☑
조건:		>=[몇 세 이상부터] And <=[몇 세 이하까지]
또는:		

④ [저장](▦)을 클릭한 후 **연령대검색**을 입력하고 [확인]을 클릭한다.

04 〈소속조회〉 쿼리

정답

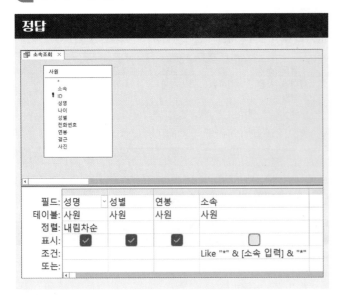

① [만들기]-[쿼리] 그룹의 [쿼리 디자인](▦)을 클릭한다.
② [테이블 추가]의 [테이블] 탭에서 〈사원〉을 추가하고 [닫기]를 클릭한다.
③ 디자인 눈금의 각 필드에 다음과 같이 드래그해서 놓는다.

④ 성명은 '내림차순', '소속'은 표시의 체크를 해제하고 조건에 Like "*" & [소속 입력] & "*"을 입력한다.

⑤ 연봉 필드에 '1000 단위 구분 기호'를 표시하기 위해서 연봉 필드에서 마우스 오른쪽 버튼을 눌러 [속성] 메뉴를 클릭한다.

⑥ [속성 시트]에서 형식은 '표준', 소수 자릿수는 0을 입력한다.

⑦ Ctrl+S를 눌러 [다른 이름으로 저장] 대화상자에 소속조회로 입력하고 [확인]을 클릭하여 저장한다.

05 〈연령대별인원수〉 쿼리

정답

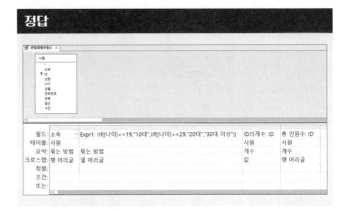

① [만들기]-[쿼리] 그룹의 [쿼리 마법사](▦)를 클릭한다.
② [새 쿼리] 대화상자의 '크로스탭 쿼리 마법사'를 선택하고 [확인]을 클릭한다.

③ '테이블 : 사원'을 선택하고 [다음]을 클릭한다.

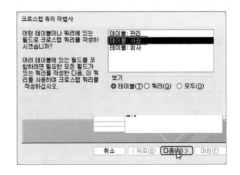

④ 행 머리글로 '소속'을 선택하고 [다음]을 클릭한다.

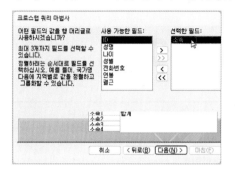

⑤ 열 머리글로 '나이'를 선택하고 [다음]을 클릭한다.

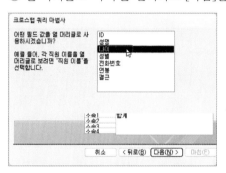

⑥ 값 필드에 'ID'를 선택하고 함수는 '개수'를 선택하고 [다음]을 클릭한다.

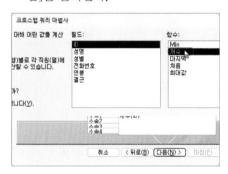

⑦ 쿼리 이름을 **연령대별인원수**를 입력하고 [마침]을 클릭한다.

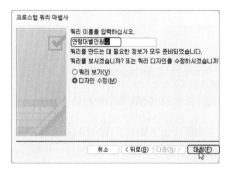

⑧ 열 머리글을 다음과 같이 수정하고, 행 머리글에 '총 인원 수'를 입력한다.

열 머리글 : IIf([나이]<=19,"10대",IIf([나이]<=29,"20대","30대 이상"))

필드:	[소속]	Expr1: IIf([나이]<=19,"10대",IIf([나이]<=29,"20대","30대 이상"))	[ID]	총 인원수: [ID]
테이블:	사원			사원	사원
요약:	묶는 방법	묶는 방법	개수	개수
크로스탭:	행 머리글	열 머리글	값	행 머리글
정렬:				
조건:				
또는:				

데이터베이스 실전 모의고사 **07회**

프로그램명	소요시간	합격 점수
ACCESS 2021	45분	70점

수험번호 :

성 명 :

· · · · · · · · · · **유의사항** · · · · · · · · · ·

■ 인적 사항 누락 및 잘못 작성으로 인한 불이익은 수험자 책임으로 합니다.

■ 화면에 암호 입력창이 나타나면 아래의 암호를 입력하여야 합니다.
  ○ 암호: 6845%3

■ 작성된 답안은 주어진 경로 및 파일명을 변경하지 마시고 그대로 저장해야 합니다. 이를 준수하지 않으면 실격 처리됩니다.
  ○ 답안 파일명의 예: C:₩DB₩수험번호8자리.accdb

■ 외부데이터 위치: C:₩DB₩파일명

■ 별도의 지시사항이 없는 경우, 다음과 같이 처리 시 실격 처리됩니다.
  ○ 제시된 시트 및 개체의 순서나 이름을 임의로 변경한 경우
  ○ 제시된 시트 및 개체를 임의로 추가 또는 삭제한 경우
  ○ 외부데이터를 시험 시작 전에 열어본 경우

■ 답안은 반드시 문제에서 지시 또는 요구한 셀에 입력하여야 하며 다음과 같이 처리 시 채점 대상에서 제외됩니다.
  ○ 제시된 함수가 있을 경우 제시된 함수만을 사용하여야 하며 그 외 함수사용시 채점대상에서 제외
  ○ 수험자가 임의로 지시하지 않은 셀의 이동, 수정, 삭제, 변경 등으로 인해 셀의 위치 및 내용이 변경된 경우 해당 작업에 영향을 미치는 관련문제 모두 채점 대상에서 제외
  ○ 도형 및 차트의 개체가 중첩되어 있거나 동일한 계산결과 시트가 복수로 존재할 경우 해당 개체나 시트는 채점 대상에서 제외

■ 수식 작성 시 제시된 문제 파일의 데이터는 변경 가능한(가변적) 데이터임을 감안하여 문제 풀이를 하시오.

■ 별도의 지시사항이 없는 경우, 주어진 각 시트 및 개체의 설정값 또는 기본 설정값 (Default)으로 처리하시오.

■ 저장 시간은 별도로 주어지지 않으므로 제한된 시간 내에 저장을 완료해야 하며, 제한 시간 내에 저장이 되지 않은 경우에는 실격 처리됩니다.

■ 출제된 문제의 용어는 MS Office LTSC Professional Plus 2021 기준으로 작성되어 있습니다.

대 한 상 공 회 의 소

01 매출 관리를 위한 데이터베이스를 구축하였다. 다음 지시사항에 따라 테이블을 완성하시오. (각 3점)

※ 〈매출〉 테이블을 사용하시오.
① '일련번호', '제품번호', '거래처번호' 필드를 기본 키(Primary Key)로 설정하시오.
② '매출코드' 필드는 값이 반드시 입력되도록 설정하시오.
③ '매출코드' 필드는 4글자만 입력되도록 값을 제한하시오.
④ '제품번호', '거래처번호' 필드에는 새로운 레코드를 만들 때 자동으로 '0'이 입력되도록 설정하시오.
⑤ 필드 이름을 다음과 같은 필드 레이블로 나타나도록 설정하시오.
※ '제품번호' 필드는 '매출제품', '거래처번호' 필드는 '매출거래처'로 필드 레이블을 표시할 것

02 〈매출〉 테이블의 '제품번호', '거래처번호' 필드에 대하여 다음과 같이 조회 속성을 설정하시오. (5점)

▶ '제품번호' 필드 : 〈제품〉 테이블의 '제품번호', '제품명' 필드를 콤보 상자의 형태로 나타나도록 설정할 것. 단 '제품번호' 는 표시되지 않도록 할 것.

▶ '거래처번호' 필드 : 〈거래처〉 테이블의 '거래처번호', '거래처명' 필드를 콤보 상자의 형태로 나타나도록 설정할 것. 단 '거래처번호'는 표시되지 않도록 할 것.

▶ '제품번호' 필드에는 '제품번호'가, '거래처번호' 필드에는 '거래처번호'가 저장되도록 설정하시오.
▶ 목록 이외의 값은 입력할 수 없도록 설정하시오.

03 〈매출〉 테이블의 '제품번호' 필드는 〈제품〉 테이블의 '제품번호' 필드를 참조하며, 〈매출〉 테이블의 '거래처번호' 필드는 〈거래처〉 테이블의 '거래처번호' 필드를 참조한다. 각 테이블 간에 M:1의 관계를 설정하시오. (5점)

▶ 관계되는 테이블 간에 항상 참조 무결성을 유지하도록 설정하시오.
▶ 〈제품〉 테이블의 '제품번호'가 변경되면 이를 참조하는 〈매출〉 테이블의 '제품번호'가 변경되도록 설정하시오.
▶ 〈거래처〉 테이블의 '거래처번호'가 변경되면 이를 참조하는 〈매출〉 테이블의 '거래처번호'가 변경되도록 설정하시오.

01 〈매출〉 폼을 다음의 지시사항에 따라 완성하시오. (각 3점)

① 폼 바닥글 구역의 'txt_판매금액' 컨트롤에 '판매단가'의 합계가 표시되도록 설정하시오.

② 폼 바닥글 구역의 'txt_판매대수' 컨트롤에 전체 레코드의 개수가 표시되도록 설정하시오.

③ 폼 머리글 구역의 컨트롤에 대해서 다음과 같이 탭 순서를 설정하시오.

▶ cmd_제품명, cmd_조회, cmd_인쇄, cmd_수정, cmd_닫기, txt_구입단가, txt_순이익

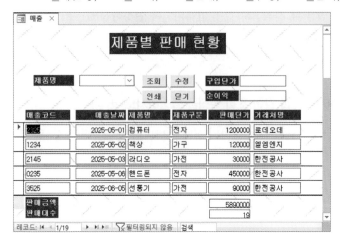

02 〈매출〉 폼의 '수정(cmd_수정)' 버튼을 클릭하면 다음과 같은 기능을 수행하도록 이벤트 프로시저를 구현하시오. (6점)

▶ 필요한 매개변수를 반드시 지정할 것

▶ 〈제품수정〉 폼을 폼 보기 상태로 열 것

▶ 기존 레코드를 편집하고 새로운 레코드를 추가할 수 있도록 열 것

▶ 액세스의 다른 창과 메뉴, 도구 모음을 사용할 수 없도록 열 것

03 〈매출〉 폼의 '닫기(cmd_닫기)' 버튼을 클릭하면 다음과 같은 기능을 수행하도록 이벤트 프로시저를 구현하시오. (5점)

▶ 현재 열려있는 〈매출〉 폼을 닫고, 변경 사항에 대한 저장 여부를 사용자에게 묻도록 매개변수를 지정할 것

01 다음의 지시사항을 참조하여 〈제품별 매출 현황〉 보고서를 완성하시오. (각 3점)

① 다음과 같은 필드 순으로 정렬 및 그룹화 하시오.
   ▶ 제품구분, 매출날짜, 제품명, 거래처명 순으로 오름차순 정렬할 것

② 본문 구역의 'txt_순이익' 컨트롤에 '판매단가'에서 '구입단가'를 뺀 나머지 값이 표시되도록 설정하시오.

③ 제품구분 바닥글 구역의 'txt_판매단가총계' 컨트롤에 '판매단가'의 합계를, 'txt_구입단가총계' 컨트롤에 '구입단가'의 합계를 표시하시오.

④ 페이지 바닥글 구역의 'txt_날짜' 컨트롤에 현재 시스템의 날짜와 시간이 표시되도록 설정하시오.
   ▶ 표시 예 : '2025년 3월 5일'이면 '2025년 3월 5일 월요일 AM 6시 8분 5초'와 같이 표시

제품별 매출 현황

제품구분	가구					
	매출날짜	제품명	거래처명	구입단가	판매단가	순이익
	2025-05-02	책상	엘엘엔지	100000	120000	₩20,000
	2025-06-12	책꽂이	지이에스	150000	180000	₩30,000
	2025-06-20	책상	엘엘엔지	100000	120000	₩20,000
	2025-06-30	책상	로데오데	100000	120000	₩20,000
	2025-07-05	의자	현소자차	50000	60000	₩10,000
총계				500000	600000	
제품구분	가전					
	매출날짜	제품명	거래처명	구입단가	판매단가	순이익
	2025-05-03	라디오	한전공사	20000	30000	₩10,000
	2025-06-05	TV	엘엘엔지	300000	350000	₩50,000
	2025-06-05	선풍기	로데오데	80000	90000	₩10,000
	2025-06-05	선풍기	한전공사	80000	90000	₩10,000
	2025-06-07	라디오	지이에스	20000	30000	₩10,000
	2025-06-18	선풍기	현소중공	80000	90000	₩10,000
	2025-06-25	스탠드	에스지이	50000	60000	₩10,000
	2025-06-30	스탠드	현소중공	50000	60000	₩10,000
	2025-09-05	선풍기	에스지이	80000	90000	₩10,000
총계				760000	890000	
제품구분	전자					
	매출날짜	제품명	거래처명	구입단가	판매단가	순이익
	2025-05-01	컴퓨터	로데오데	1000000	1200000	₩200,000
	2025-05-06	핸드폰	한전공사	400000	450000	₩50,000
	2025-06-09	컴퓨터	현소중공	1000000	1200000	₩200,000
	2025-06-15	모니터	한도공사	300000	350000	₩50,000
	2025-06-21	컴퓨터	현소자차	1000000	1200000	₩200,000
총계				3700000	4400000	

2023년 7월 20일 목요일 AM 9시 44분 19초   현재 페이지 1 / 전체 페이지 1

⑤ 페이지 바닥글 구역의 'txt_페이지' 컨트롤에 전체 페이지에 대한 현재 페이지 정보를 〈화면〉과 같은 형태로 설정하시오.
   ▶ 표시 예 : '현재 페이지 1 / 전체 페이지 2'

02 〈매출〉 폼의 '조회(cmd_조회)' 버튼을 클릭하면 다음과 같은 기능을 수행하도록 이벤트 프로시저를 구현하시오. (5점)

▶ 'cmd_제품명' 컨트롤에서 선택한 값으로 조회되도록 할 것
▶ Docmd 개체의 ApplyFilter 메서드를 이용하여 작성할 것

01 〈매출〉, 〈제품〉 테이블을 이용하여 미리보기 그림처럼 결과를 표시하는 〈떨이목록〉 쿼리를 작성하시오. (7점)

▶ 매출건수가 없는 제품명에 대한 '제품구분'별 건수를 표시할 것

02 〈제품〉 테이블을 이용하여 제품번호가 6 미만에 해당하는 자료를 표시하는 〈제품검색〉 쿼리를 작성하시오. (7점)

▶ Like 연산자를 이용할 것

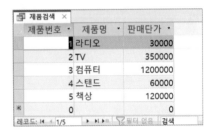

03 〈제품구매기준〉, 〈하반기실적(6월30일포함)〉 쿼리를 미리보기 그림처럼 표시하도록 작성하시오. (7점)

▶ 〈제품구매기준〉 쿼리는 〈제품〉 테이블을 이용하여 작성하고, '제품명'의 일부를 매개변수로 입력받아 결과를 표시하며 '구입단가'가 '650000'원 이상이면 '보류'를, 나머지 경우에 대해서는 '구매'로 표시할 것

▶ iif 함수와 Like 연산자 사용

 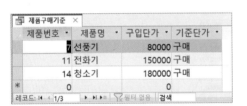

▶ 〈하반기실적(6월30일포함)〉 쿼리는 〈매출〉 테이블을 이용하여 2025년 하반기(단 2025년 6월 30일을 포함할 것)에 해당하는 매출 자료를 표시할 것 ※ DateAdd 함수를 사용하여 풀이할 것

04 〈매출현황〉 쿼리를 이용하여 거래처명, 제품구분별 개수를 조회하는 〈매출분석〉 크로스탭 쿼리를 작성하시오. (7점)

▶ 개수는 '매출코드' 필드를 이용하시오.
▶ 쿼리 실행 결과 표시되는 필드와 필드명은 〈그림〉과 같이 표시되도록 설정하시오.

거래처명	매출	가구	가전	전자
로데오데	3	1	1	1
에스지이	2		2	
엘엠엔지	3	2	1	
지이에스	2	1	1	
한도공사	1			1
한전공사	3		2	1
현소자차	2	1		1
현소중공	3		2	1

레코드: I◄ ◄ 1/8 ► ►I ►* 필터 없음 검색

05 〈제품〉, 〈매출〉 테이블을 이용하여 최근 매출이 없는 제품에 대해 〈제품〉 테이블의 '비고' 필드의 값을 '★ 관리제품'으로 변경하는 〈관리제품처리〉 업데이트 쿼리를 작성한 후 실행하시오. (7점)

▶ 최근 매출이 없는 제품이란 매출일자가 2025년 5월 1일부터 2025년 6월 30일까지 중에서 〈제품〉 테이블에는 '제품번호'가 있으나 〈매출〉 테이블에는 '제품번호'가 없는 제품임
▶ Not In과 하위 쿼리 사용

제품번호	제품명	제품구분	구입단가	판매단가	비고
1	라디오	가전	20000	30000	
2	TV	가전	300000	350000	
3	컴퓨터	전자	1000000	1200000	
4	스탠드	가전	50000	60000	
5	책상	가구	100000	120000	
6	의자	가구	50000	60000	★ 관리제품
7	선풍기	가전	80000	90000	
8	모니터	전자	300000	350000	
9	핸드폰	전자	400000	450000	
10	책꽂이	가구	150000	180000	
11	전화기	가전	150000	190000	★ 관리제품
12	냉장고	가전	650000	730000	★ 관리제품
13	쇼파	가구	230000	300000	★ 관리제품
14	청소기	가전	180000	250000	★ 관리제품
15	프린터	전자	280000	320000	★ 관리제품
0			0	0	

레코드: I◄ ◄ 1/15 ► ►I ►* 필터 없음 검색

문제1 DB구축

01 〈매출〉 테이블

정답

번호	필드 이름	속성 및 형식	설정 값
①	일련번호, 제품번호, 거래처번호	기본 키	<table>매출 필드 이름 / 데이터 형식 일련번호 / 일련 번호 매출코드 / 짧은 텍스트 매출날짜 / 날짜/시간 제품번호 / 숫자 거래처번호 / 숫자</table>
②	매출코드	필수	예
③		유효성 검사 규칙	Len([매출코드])=4
④	제품번호 거래처번호	기본값	0
⑤	제품번호 거래처번호	캡션	매출제품 매출거래처

① 〈매출〉 테이블에서 마우스 오른쪽 버튼을 눌러 [디자인 보기](◩)를 클릭한다.

② Ctrl 을 누른 채로 '일련번호', '제품번호', '거래처번호' 필드를 선택한다.

③ [테이블 디자인]-[도구] 그룹에서 [기본 키](◉)를 클릭한다.

④ '매출코드' 필드를 선택한 후 필드 속성 중 '필수'를 '예'로 설정한다.

⑤ '매출코드' 필드를 선택한 후 필드 속성 중 '유효성 검사 규칙'에 Len([매출코드])=4를 입력한다.

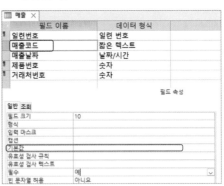

⑥ '제품번호', '거래처번호'의 필드 속성 중 '기본값'에 0을 설
정한다.

매출 ×	
필드 이름	**데이터 형식**
일련번호	일련 번호
매출코드	짧은 텍스트
매출날짜	날짜/시간
제품번호	숫자
거래처번호	숫자

필드 속성

일반 조회	
필드 크기	정수(Long)
형식	
소수 자릿수	자동
입력 마스크	
캡션	
기본값	0
유효성 검사 규칙	

매출 ×	
필드 이름	**데이터 형식**
일련번호	일련 번호
매출코드	짧은 텍스트
매출날짜	날짜/시간
제품번호	숫자
거래처번호	숫자

필드 속성

일반 조회	
필드 크기	정수(Long)
형식	
소수 자릿수	자동
입력 마스크	
캡션	
기본값	0

⑦ '제품번호', '거래처번호' 필드 속성 중 '캡션'에 각 각 '매출
제품', '매출거래처'를 입력한다.

매출 ×	
필드 이름	**데이터 형식**
일련번호	일련 번호
매출코드	짧은 텍스트
매출날짜	날짜/시간
제품번호	숫자
거래처번호	숫자

필드 속성

일반 조회	
필드 크기	정수(Long)
형식	
소수 자릿수	자동
입력 마스크	
캡션	매출제품
기본값	0

매출 ×	
필드 이름	**데이터 형식**
일련번호	일련 번호
매출코드	짧은 텍스트
매출날짜	날짜/시간
제품번호	숫자
거래처번호	숫자

필드 속성

일반 조회	
필드 크기	정수(Long)
형식	
소수 자릿수	자동
입력 마스크	
캡션	매출거래처
기본값	0

⑧ 빠른 실행 도구 모음 중 [저장](🖫)을 클릭한다.
⑨ 데이터 통합 규칙이 바뀌었다는 경고 창이 뜨면 [예]를 클
릭하여 작업한 내용을 저장한다.

02 〈매출〉 테이블의 '제품번호', '거래처번호' 필드에 조회
속성 설정

정답

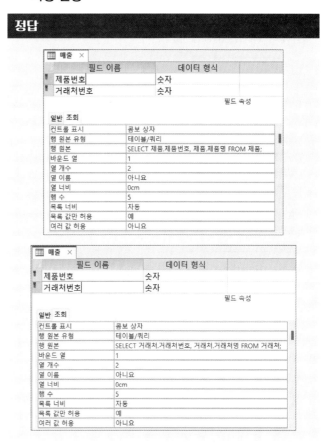

① 〈매출〉 테이블의 [디자인 보기](▨) 모드에서 '제품번호'
필드를 선택하고, 필드 속성 [조회] 탭의 '컨트롤 표시' 속
성 중 '콤보 상자'를 선택한다.

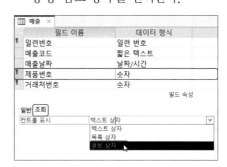

② '행 원본' 속성의 [작성기](⋯)를 클릭한다.

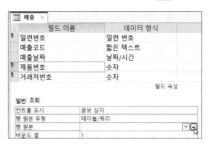

③ [테이블 추가]에서 〈제품〉 테이블을 선택하고 [추가] 버튼을 클릭한 후 [닫기] 버튼을 클릭한다.

④ '제품번호'와 '제품명'을 더블클릭하면 쿼리 작성기 창의 아래쪽 디자인 눈금에 추가된다.

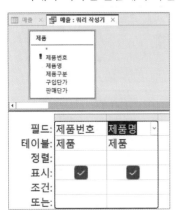

⑤ 이제 쿼리 작성기 창을 닫고 변경한 내용을 저장한다. 경고 메시지는 사용자가 작성한 쿼리 작성기의 내용대로 '행 원본' 속성이 업데이트됨을 알리는 것이므로 [예]를 클릭하면 된다.

⑥ '행 원본' 속성은 업데이트 되었고, 문제 지시사항대로 '바운드 열', '열 개수', '열 너비', '행 수', '목록 값만 허용' 속성 등을 설정한다.

⑦ 같은 방법으로 '거래처번호' 필드에 대해서도 작업해준다. '컨트롤 표시' 속성을 '콤보 상자'로 선택한 후 '행 원본' 속성의 [작성기]([...])를 클릭하고, 〈거래처〉 테이블을 추가한 후 '거래처번호', '거래처명' 필드를 더블클릭하여 디자인 눈금에 추가하고 변경 내용을 업데이트 한다.

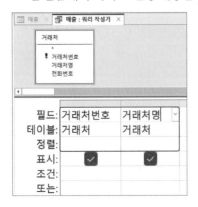

⑧ 지시사항대로 '바운드 열', '열 개수', '열 너비', '행 수', '목록 값만 허용' 등의 속성을 설정한 후 변경한 내용은 모두 저장한다.

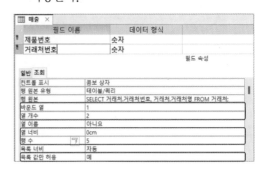

03 〈제품〉 ↔ 〈매출〉 ↔ 〈거래처〉 관계 설정

정답

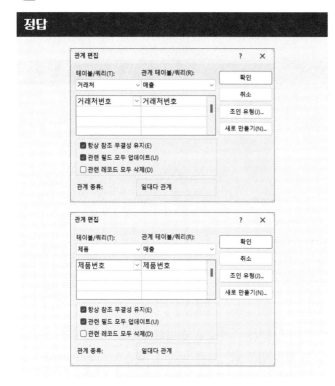

① [데이터베이스 도구]–[관계] 그룹에서 [관계](🖳)를 클릭한다.
② [테이블 추가]를 클릭한다. 관계 창 여백의 바로 가기 메뉴에서 '테이블 표시'를 클릭해도 된다.
③ 관계 작업이 필요한 테이블은 [추가] 버튼을 클릭하여 추가한 뒤, [닫기] 버튼을 클릭한다. 한꺼번에 선택할 때는 Ctrl 이나 Shift 를 이용한다.

④ 우선 '제품번호' 필드끼리 끌어다 놓아 관계를 만든다.

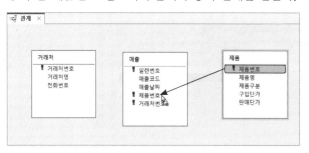

⑤ 지시사항대로 '항상 참조 무결성 유지', '관련 필드 모두 업데이트'에 체크하고 [만들기]를 클릭한다.

⑥ 이번에는 '거래처번호' 필드끼리 관계를 만든다.

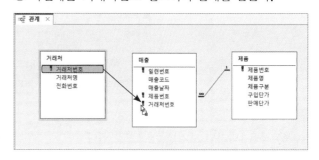

⑦ 역시 '항상 참조 무결성 유지'와 '관련 필드 모두 업데이트'에 체크하고 [만들기]를 클릭한다.

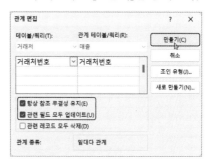

⑧ [관계 디자인]–[관계] 그룹에서 [닫기](🗙)를 클릭하고, 변경한 내용은 저장한다.

01 〈매출〉 폼

정답

번호	개체	속성	설정 값
①	txt_판매금액	컨트롤 원본	=Sum([판매단가])
②	txt_판매대수	컨트롤 원본	=Count(*)
③	탭 순서		

① 〈매출〉 폼을 [디자인 보기](📐) 모드로 연다.

② 속성 시트 중 'txt_판매금액' 컨트롤 개체를 선택하고, '컨트롤 원본' 속성에 **=Sum([판매단가])**를 입력한다.

③ 속성 시트 중 'txt_판매대수' 컨트롤 개체를 선택하고, '컨트롤 원본' 속성에 **=Count(*)**를 입력한다.

④ [폼 선택기](■)의 바로 가기 메뉴에서 [탭 순서](▦)를 클릭한다.

⑤ 구역에서 '폼 머리글'을 선택하고 'cmd_제품명'을 선택한 후 제일 위로 끌어올려 놓는다. 같은 방법으로 지시한 순서대로 위치시키고 [확인]을 클릭한다. 변경한 내용은 저장한다.

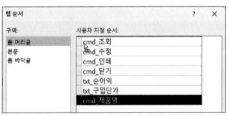

02 〈매출〉 폼의 'cmd_수정' 명령 단추 컨트롤에 클릭 이벤트 프로시저

정답

```
Private Sub cmd_수정_Click()
DoCmd.OpenForm "제품수정", acNormal, , , acFormEdit, acDialog
End Sub
```

① 〈매출〉 폼을 [디자인 보기](圖) 모드로 연다.
② 속성 시트 중 'cmd_수정' 명령 단추를 선택하고 [이벤트] 탭의 'On Click' 속성에서 [이벤트 프로시저]를 선택하고 [작성기](⋯)를 클릭한다.

③ 코드 창에 다음과 같이 코딩한다.

```
Private Sub cmd_수정_Click()
DoCmd.OpenForm "제품수정", acNormal, , , acFormEdit, acDia-
log
End Sub
```

기적의 TIP

〈제품수정〉 폼을 폼 보기(acNormal), 기존 레코드를 편집하고 새로운 레코드를 추가할 수 있게(acFormEdit), 모달 및 팝업 속성이 '예'로 설정되어(acDialog) 폼이 열리도록 DoCmd 개체의 OpenForm 메서드를 이용합니다. 참고로 모달 속성이 '예'로 설정되면 해당 창을 닫아야 다른 개체가 선택되고, 팝업 속성이 '예'로 설정되면 액세스의 메뉴나 도구 모음을 선택할 수 없습니다.

④ 에디터 창을 닫고 변경한 내용은 저장한다.

03 〈매출〉 폼의 'cmd_닫기' 명령 단추 컨트롤에 클릭 이벤트 프로시저

정답

```
Private Sub cmd_닫기_Click()
DoCmd.Close acForm, "매출", acSavePrompt
End Sub
```

① 〈매출〉 폼을 [디자인 보기](圖) 모드로 연다.
② 속성 시트 중 'cmd_닫기' 명령 단추를 선택하고 [이벤트] 탭의 'On Click' 속성에서 [이벤트 프로시저]를 선택하고 [작성기](⋯)를 클릭한다.
③ 코드 창에 다음과 같이 코딩하고 변경한 내용은 저장한다.

```
Private Sub cmd_닫기_Click()
DoCmd.Close acForm, "매출", acSavePrompt
End Sub
```

기적의 TIP

〈매출〉 폼을 닫을 때(Close) 개체 저장 여부를 사용자에게 묻도록 (acSavePrompt) 합니다.

01 〈제품별 매출 현황〉 보고서

정답

번호	개체	속성	설정 값
①	제품구분, 매출날짜, 제품명, 거래처명 순으로 오름차순 정렬		
②	txt_순이익	컨트롤 원본	=[판매단가]-[구입단가]
③	txt_판매단가총계	컨트롤 원본	=Sum([판매단가])
	txt_구입단가총계		=Sum([구입단가])
④	txt_날짜	컨트롤 원본	=Now()
		형식	yyyy년 m월 d일 aaaa AM/PM h시 n분 s초
⑤	txt_페이지	컨트롤 원본	="현재 페이지 " & [Page] & " / " & "전체 페이지 " & [Pages]

① 〈제품별 매출 현황〉 보고서를 [디자인 보기](📐) 모드로 연다.

② [그룹, 정렬 및 요약] 창에서 [정렬 추가] 버튼을 클릭한다.

③ '제품구분' 필드는 이미 '오름차순'으로 정렬되어 있으므로, '매출날짜' 필드를 선택하고 '오름차순' 정렬을 선택한다. 같은 방법으로 [정렬 추가] 버튼을 클릭하여 지시사항대로 필드를 선택하고 정렬을 '오름차순'으로 선택한다.

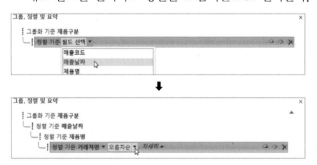

기적의 TIP

[그룹, 정렬 및 요약] 창이 하단에 나타나지 않을 때는 [보고서 디자인] – [그룹화 및 정렬]을 클릭하면 됩니다. 그리고 '오름차순' 정렬은 기본 값(default 값)이므로 굳이 선택하지 않아도 됩니다.

④ 속성 시트에서 'txt_순이익' 텍스트 상자 컨트롤을 선택한 후, '컨트롤 원본'에 =[판매단가]-[구입단가]를 입력한다.

⑤ 'txt_판매단가총계', 'txt_구입단가총계' 텍스트 상자 컨트롤의 '컨트롤 원본' 속성에 각 각 =Sum([판매단가])와 =Sum([구입단가])를 입력한다.

⑥ 'txt_날짜' 텍스트 상자 컨트롤의 '컨트롤 원본'에 =Now() 를, '형식' 속성에 사용자 정의 형식 yyyy년 m월 d일 aaaa AM/PM h시 n분 s초를 입력한다.

⑦ 'txt_페이지' 텍스트 상자 컨트롤의 '컨트롤 원본' 속성 에 ="현재 페이지 " & [Page] & " / " & "전체 페이지 " & [Pages]를 입력한다. 변경한 내용은 모두 저장한다.

02 〈매출〉 폼의 'cmd_조회' 명령 단추 컨트롤에 클릭 이벤트 프로시저

정답

```
Private Sub cmd_조회_Click()
DoCmd.ApplyFilter , "제품명 = '" & cmd_제품명 & "'"
End Sub
```

① 〈매출〉 폼을 [디자인 보기](N) 모드로 연다.
② 속성 시트 중 'cmd_조회' 명령 단추를 선택하고 [이벤트] 탭의 'On Click' 속성에서 [이벤트 프로시저]를 선택하고 [작성기](...)를 클릭한다.
③ 코드 창에 다음과 같이 코딩하고 변경한 내용은 저장한다.

```
Private Sub cmd_조회_Click()
DoCmd.ApplyFilter , "제품명 = '" & cmd_제품명 & "'"
End Sub
```

기적의 TIP

'cmd_제품명'에서 선택한 '제품명' 값으로 폼의 레코드 원본을 제한 하여 보여줍니다. DoCmd 개체의 ApplyFilter 메서드로 폼에 필터를 적용시킬 수 있습니다. 필터는 데이터를 걸러내는 기능을 의미합니다.

01 〈떨이목록〉 쿼리

정답

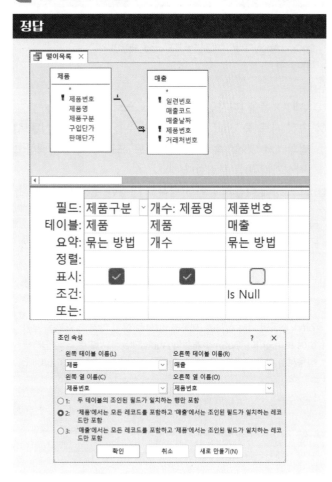

④ [조인 속성] 대화상자에서 왼쪽 우선 외부 조인을 위해 '2:'번 항목을 선택한다.

⑤ 미리보기 화면을 참조하여 필요한 필드를 더블클릭한다. 디자인 눈금에 필드가 추가된다.

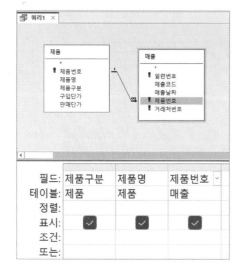

① [만들기]–[쿼리] 그룹에서 [쿼리 디자인](▦)을 클릭한다.

② [테이블 추가]에서 〈제품〉을 더블클릭하고, 〈매출〉을 더블클릭한 후 [닫기] 버튼을 클릭한다.

③ [쿼리1] 디자인 창에서 '제품번호'의 조인 선을 더블클릭한다.

⑥ 제품구분별로 묶어서 개수를 보여주기 위해 [쿼리 디자인]–[표시/숨기기] 그룹의 [요약](Σ)을 클릭한다.

⑦ 디자인 눈금 창을 다음과 같이 설정한다. 우선 '제품명' 필드에는 **개수:**를 입력하여 별명(Alias)을 만들고 묶는 방법을 '개수'로 지정한다. '제품번호' 필드의 조건에는 **Is Null**을 입력하고 표시 체크는 해제한다.

기적의 TIP

'제품번호' 필드에 대한 왼쪽 외부 우선 조인을 통해서 〈제품〉 테이블의 '제품번호' 필드 쪽 레코드는 모두 포함하고, 〈매출〉 테이블의 '제품번호' 필드 쪽 레코드는 일치하는 것만 포함하게 됩니다. 이 때 발생하는 〈매출〉 테이블의 '제품번호' 필드 쪽 레코드의 Null값을 'Is Null'로 표시합니다.

⑧ 변경한 내용은 쿼리 이름을 **떨이목록**으로 입력하고 [확인]을 클릭하여 저장한다.

02 〈제품검색〉 쿼리

정답

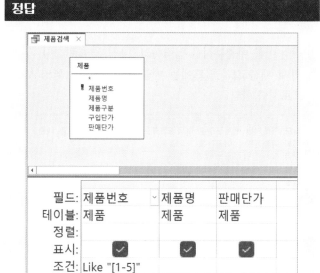

① [만들기]−[쿼리] 그룹에서 [쿼리 디자인](🖥)을 클릭한다.
② 〈제품〉 테이블을 더블클릭하여 추가한 후 [닫기]를 클릭한다.
③ 디자인 눈금의 각 필드에 다음과 같이 드래그해서 배치한 후 '제품번호' 필드에 조건을 입력한다.

④ [저장](🖫)을 클릭한 후 **제품검색**을 입력하고 [확인]을 클릭한다.

03 〈제품구매기준〉, 〈하반기실적(6월30일포함)〉 매개변수 쿼리 작성

정답

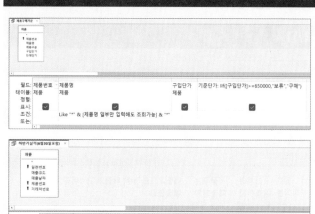

① [만들기]−[쿼리] 그룹에서 [쿼리 디자인](🖥)을 클릭한다.
② [테이블 추가]에서 〈제품〉 테이블을 더블클릭하여 추가한 후 [닫기]를 클릭한다.
③ 디자인 창의 디자인 눈금에 필요한 필드와 별명, 조건을 문제의 지시사항대로 처리한다.

기준단가: IIf([구입단가]>=650000,"보류","구매")

Like "*" & [제품명 일부만 입력해도 조회가능] & "*"

④ 변경한 내용은 **제품구매기준**으로 저장한다.
⑤ 다시 한 번 [만들기]−[쿼리] 그룹에서 [쿼리 디자인](🖥)을 클릭한다.
⑥ 〈매출〉 테이블을 선택하고 [추가] 버튼을 클릭하여 쿼리 디자인 창에 추가한 후 [닫기] 버튼을 클릭한다.
⑦ 문제의 지시사항과 미리보기 화면을 참고하여 필요한 필드를 추가하고, 2025년 6월 30일을 포함하여 2025년 하반기 자료만 제한하여 표시하기 위해 DateAdd 함수를 활용하여 조건을 작성한다.

>DateAdd("d",-1,"2025-06-30") And <DateAdd("d",1,"2025-12-31")

⑧ 작성한 쿼리는 **하반기실적(6월30일포함)** 이름으로 저장한다.

04 〈매출분석〉 쿼리

정답

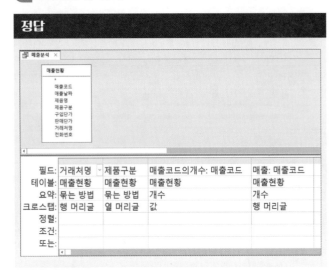

① [만들기]–[쿼리] 그룹의 [쿼리 마법사](📋)를 클릭한다.
② [새 쿼리] 대화상자에서 '크로스탭 쿼리 마법사'를 선택하고 [확인]을 클릭한다.
③ '쿼리:매출현황'을 선택하고 [다음] 버튼을 클릭한다.
④ '거래처명'을 선택하고 '선택한 필드'로 드래그하고 [다음] 버튼을 클릭한다.

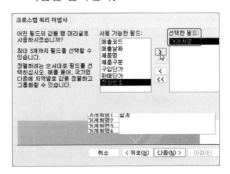

⑤ '제품구분'을 선택하고 [다음] 버튼을 클릭한다.

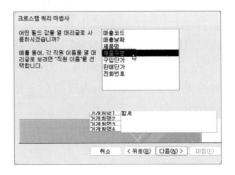

⑥ '매출코드' 필드를 선택하고, 함수는 '개수'를 선택하고 [다음] 버튼을 클릭한다.

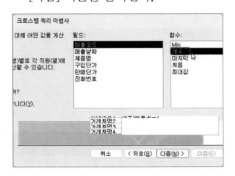

⑦ 쿼리 이름 **매출분석**을 입력하고 [마침]을 클릭한다.
⑧ '합계 매출코드' 필드에는 **매출:**을 입력하여 별명(Alias)으로 수정한다.

필드:	거래처명	제품구분	매출코드의개수: 매출코드	매출:매출코드
테이블:	매출현황	매출현황	매출현황	매출현황
요약:	묶는 방법	묶는 방법	개수	개수
크로스탭:	행 머리글	열 머리글	값	행 머리글
정렬:				
조건:				
또는:				

05 ⟨관리제품처리⟩ 업데이트 쿼리

정답

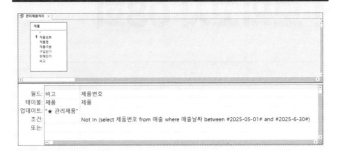

① [만들기]–[쿼리] 그룹의 [쿼리 디자인](📖)을 클릭한다.
② [테이블 추가]의 [테이블] 탭에서 ⟨제품⟩ 테이블을 추가한
   후 '비고'와 '제품번호' 필드를 추가한다.
③ [쿼리 디자인] 탭의 [쿼리 유형]–[업데이트](📖)를 클릭한
   후 다음과 같이 입력한다.

Not In (select 제품번호 from 매출 where 매출날짜
between #2025–05–01# and #2025–6–30#)

④ [저장](📖)을 클릭한 후 쿼리의 이름을 **관리제품처리**로
   입력하고 [확인]을 클릭한다.
⑤ [쿼리 디자인] 탭의 [결과]–[실행](❗)을 클릭하면 다음의
   메시지가 표시되면 [예]를 클릭한다.

데이터베이스 실전 모의고사 **08회**

프로그램명	소요시간	합격 점수
ACCESS 2021	45분	70점

수험번호 :

성   명 :

······················· **유의사항** ·······················

■ 인적 사항 누락 및 잘못 작성으로 인한 불이익은 수험자 책임으로 합니다.

■ 화면에 암호 입력창이 나타나면 아래의 암호를 입력하여야 합니다.
  ○ 암호: 6845%3

■ 작성된 답안은 주어진 경로 및 파일명을 변경하지 마시고 그대로 저장해야 합니다. 이를 준수하지 않으면 실격 처리됩니다.
  ○ 답안 파일명의 예: C:₩DB₩수험번호8자리.accdb

■ 외부데이터 위치: C:₩DB₩파일명

■ 별도의 지시사항이 없는 경우, 다음과 같이 처리 시 실격 처리됩니다.
  ○ 제시된 시트 및 개체의 순서나 이름을 임의로 변경한 경우
  ○ 제시된 시트 및 개체를 임의로 추가 또는 삭제한 경우
  ○ 외부데이터를 시험 시작 전에 열어본 경우

■ 답안은 반드시 문제에서 지시 또는 요구한 셀에 입력하여야 하며 다음과 같이 처리 시 채점 대상에서 제외됩니다.
  ○ 제시된 함수가 있을 경우 제시된 함수만을 사용하여야 하며 그 외 함수사용시 채점대상에서 제외
  ○ 수험자가 임의로 지시하지 않은 셀의 이동, 수정, 삭제, 변경 등으로 인해 셀의 위치 및 내용이 변경된 경우 해당 작업에 영향을 미치는 관련문제 모두 채점 대상에서 제외
  ○ 도형 및 차트의 개체가 중첩되어 있거나 동일한 계산결과 시트가 복수로 존재할 경우 해당 개체나 시트는 채점 대상에서 제외

■ 수식 작성 시 제시된 문제 파일의 데이터는 변경 가능한(가변적) 데이터임을 감안하여 문제 풀이를 하시오.

■ 별도의 지시사항이 없는 경우, 주어진 각 시트 및 개체의 설정값 또는 기본 설정값 (Default)으로 처리하시오.

■ 저장 시간은 별도로 주어지지 않으므로 제한된 시간 내에 저장을 완료해야 하며, 제한 시간 내에 저장이 되지 않은 경우에는 실격 처리됩니다.

■ 출제된 문제의 용어는 MS Office LTSC Professional Plus 2021 기준으로 작성되어 있습니다.

대 한 상 공 회 의 소

01 학원 관리를 위해 데이터베이스를 구축하고자 한다. 다음의 지시 사항에 따라 〈원생〉 테이블을 완성하시오. (각 3점)

　① '번호' 필드에는 중복된 값이 입력될 수 없도록 인덱스를 설정하시오.

　② '원생코드' 필드에는 다음 형식대로 입력 마스크를 설정하시오.

　　▶ 12-BBA(숫자2자리, -, 영문대문자3자리)의 형태로 필수 입력되도록 설정할 것

　　▶ '-'도 테이블에 저장되도록 설정할 것

　③ '성별' 필드에는 2가지 값만 입력되도록 데이터 형식을 설정하시오.

　④ '점수' 필드에 0~100까지의 숫자만 입력되도록 유효성 검사 규칙을 설정하시오.

　⑤ '이름' 필드에 공백 문자가 입력되지 않게 유효성 검사 규칙을 설정하시오.(INSTR 함수 이용)

02 〈학원〉 테이블의 '원생코드' 필드는 〈원생〉 테이블의 '원생코드' 필드를, 〈학원〉 테이블의 'FM코드' 필드는 〈학부모〉 테이블의 'FM코드' 필드를 참조하며, 각 테이블 간은 M:1의 관계다. 다음 지시사항대로 설정하여 관계를 정의하시오. (5점)

　▶ 두 테이블 간에 항상 참조 무결성 원칙이 유지되도록 설정하시오.

　▶ 〈원생〉 테이블의 '원생코드' 필드, 〈학부모〉 테이블의 'FM코드'가 변경되면 이를 참조하고 있는 〈학원〉 테이블의 '원생코드', 'FM코드' 필드도 변경되도록 설정하시오.

　▶ 〈학원〉 테이블에서 참조하고 있는 〈원생〉, 〈학부모〉 테이블의 레코드를 삭제할 수 없도록 설정하시오.

03 '발표회.xlsx' 파일의 '발표회' 시트에 있는 데이터를 테이블 형태로 가져오시오. (5점)

　▶ 첫 번째 행은 열 이름으로 사용할 것

　▶ '가져오기 마법사'의 단계 중 Access에서 제공하는 기본 키를 추가하여 작업할 것

　▶ 테이블의 이름은 〈발표회〉로 명명할 것

01 〈학원관리〉 폼을 다음 지시사항과 미리보기 그림에 따라 완성하시오. (각 3점)

　① 본문 구역의 '알맹이로고' 컨트롤에 다음과 같이 이미지를 넣어 완성하시오.

　　▶ 불러올 그림 : a_logo.png

　　▶ 크기 조절 모드 : 전체 확대/축소

　② 기본 폼과 하위 폼의 연결 필드는 '원생코드'로 지정하시오.

　③ 하위 폼에는 탭이 머물지 않도록 설정하시오.

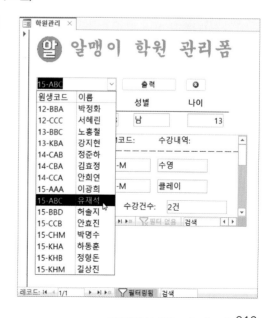

02 〈학원관리〉 폼의 'cmb조회' 컨트롤을 콤보 상자로 변환한 후 다음 지시사항대로 설정하시오(문제2-1번 미리보기 그림 참조). (6점)

- ▶ 〈원생〉 테이블의 '원생코드'와 '이름' 필드를 행 원본으로 설정할 것
- ▶ 해당 필드에 '원생코드'가 저장되도록 설정할 것
- ▶ '열 이름'이 표시되도록 하고, 열 너비는 각 2cm(총 너비 4cm)로 설정할 것
- ▶ 목록 이외의 값은 입력될 수 없도록 설정할 것

03 〈학원관리〉 폼의 본문 영역에 다음 지시사항대로 'cmd닫기' 명령 단추 컨트롤을 생성하시오(문제2-1번 미리보기 그림 참조). (5점)

- ▶ 'cmd닫기' 단추를 클릭하면 폼이 닫히도록 설정할 것
- ▶ 컨트롤 마법사의 '정지' 그림을 사용하고, 캡션은 '폼닫기'로 할 것

문제3 **조회 및 출력 기능 구현(20점)**

01 다음의 지시사항 및 미리보기 그림을 참조하여 〈학원현황〉 보고서를 완성하시오. (각 3점)

① '원생코드 머리글' 구역의 'txt코드' 컨트롤에는 '원생코드'와 '이름'을 다음 지시사항대로 표시하시오.
- ▶ '12-BBA(이름 : 박정화)'와 같이 표시되도록 할 것
- ▶ 미리보기 그림을 참조하여 작업할 것

② 학원 '점수'를 기준으로 내림차순 정렬되도록 정렬을 추가하시오.

③ '원생코드 바닥글' 구역은 원생코드별로 서로 다른 페이지에 출력되도록 설정하시오.

④ '원생코드 바닥글' 구역에 있는 'txt평균' 컨트롤에 원생별 점수 평균이 표시되도록 설정하시오.

⑤ 페이지 바닥글 구역의 'txt페이지'에 미리보기 그림처럼 페이지가 표시되도록 설정하시오.
- ▶ 현재 페이지가 7, 전체 페이지가 14라면 : '현재 7 / 전체 14'와 같이 표시되도록 할 것

02 〈학원관리〉 폼의 '출력(cmd출력)' 버튼을 클릭하면 다음과 같이 동작하도록 매크로를 작성하시오. (5점)

▶ 〈학원현황〉 보고서를 '인쇄 미리 보기' 상태로 열 것
▶ 'cmb조회' 컨트롤에서 선택한 '원생코드'의 데이터로 열리도록 할 것

문제4 처리 기능 구현(35점)

01 이름의 일부를 매개 변수로 입력받아 정보를 검색하는 'Teacher검색' 쿼리를 작성하시오. (7점)

▶ 〈학원〉 테이블을 이용할 것
▶ 1차 '수강내역' 오름차순, 2차 '점수' 기준 내림차순 정렬할 것

02 다음 지시사항대로 〈나이변경〉 쿼리를 작성하시오. (7점)

▶ 〈원생〉 테이블에 있는 '생일' 필드와 시스템의 오늘 날짜를 이용하여 '현재나이' 필드 값을 현재 나이로 업데이트 할 것 (Date, DateDiff 함수 사용)
▶ 〈원생〉 테이블의 '나이' 필드 다음에 '현재나이' 필드를 숫자 데이터 형식으로 추가한 후 업데이트를 실행할 것

03 〈학원〉, 〈원생〉 테이블을 이용하여 상위 5위까지의 점수를 조회하여 〈상위점수학생〉 테이블을 생성하는 〈학생조회〉 쿼리를 작성하고 실행하시오. (7점)

▶ 점수를 기준으로 내림차순 정렬하시오.
▶ 쿼리 실행 결과 표시되는 필드와 필드명은 〈그림〉과 같이 표시되도록 설정하시오.

04 〈학부모〉, 〈학원〉 테이블을 이용하여 직업, 수강내역별 점수의 평균을 조회하는 〈직업별수강과목〉 크로스탭 쿼리를 작성하시오. (7점)

- ▶ 평균은 '점수' 필드를 이용하시오.
- ▶ 쿼리 실행 결과 표시되는 필드와 필드명은 〈그림〉과 같이 표시되도록 설정하시오.

05 〈원생〉, 〈학원〉 테이블을 이용하여 〈원생중이번달생일자〉 쿼리를 작성하시오. (7점)

- ▶ 〈학원〉 테이블에 있는 '원생코드' 중에서 '생일' 필드의 월이 이번 달 생일인 학생을 표시(Month, Date 함수 이용)
- ▶ in과 하위 쿼리와 Month, Date 함수 사용
- ▶ '생일(월)' 값에 월 표시
- ▶ 쿼리 실행 결과 표시되는 필드와 필드명은 〈그림〉과 같이 표시되도록 설정하시오.

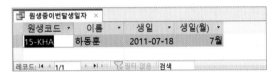

※ 실습하는 월에 따라 결과가 다를 수 있음

문제1 DB구축

01 〈원생〉 테이블

정답

번호	필드 이름	속성 및 형식	설정 값
①	번호	인덱스	예(중복 불가능)
②	원생코드	입력 마스크	00 –〉LLL;0
③	성별	데이터 형식	Yes/No
④	점수	유효성 검사 규칙	Between 0 And 100
⑤	이름	유효성 검사 규칙	InStr([이름]," ")=0

① 〈원생〉 테이블에서 마우스 오른쪽 버튼을 눌러 [디자인 보기](🔳)를 클릭한 후 '번호' 필드를 선택하고 필드 속성 '인덱스'에 '예(중복 불가능)'을 설정한다.

② '원생코드' 필드의 입력 마스크에 00–〉LLL;0을 설정한다.

기적의 TIP

입력 마스크 문자 중 숫자 필수 입력은 '0', 문자 필수 입력은 'L', 대문자로 입력은 '〉', 보이는 대로 '–'도 테이블에 저장하려면 입력 마스크 형식 구역 중 두 번째 구역에 '0'을 입력합니다.

③ '성별' 필드의 데이터 형식을 'Yes/No'로 바꾼다.

④ '점수' 필드의 '유효성 검사 규칙'에 Between 0 And 100을 설정한다. 0 이상 100 이하를 의미한다.

⑤ '이름' 필드의 '유효성 검사 규칙'에 InStr([이름]," ")=0을 설정하고 저장한다.

기적의 TIP

=InStr("abcd","b")의 결과 값은 '2'가 나옵니다. 즉 'b'가 'abcd' 문자열에서 첫 번째로 나타나는 위치인 '2'를 반환하는 함수입니다. 이번에는 =InStr("abcd","x")를 해보면 '0'이 반환됩니다. 즉 'x'가 'abcd' 문자열에 없으면 '0'을 반환합니다. 같은 원리로 'InStr([이름]," ")=0'은 [이름] 필드의 문자열에 " "(공백문자)가 없음을 의미합니다.

⑥ '데이터의 일부가 손실될 수 있습니다' 메시지 상자에 [예], '데이터 통합 규칙이 바뀌었습니다...' 메시지에 [예]를 클릭한다.

02 〈원생〉, 〈학원〉, 〈학부모〉 테이블 관계 설정

정답

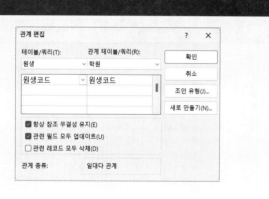

① [데이터베이스 도구]–[관계] 그룹에서 [관계](🖼)를 클릭한다.

② [테이블 추가] 창의 〈학원〉, 〈원생〉, 〈학부모〉 테이블을 [추가]하고 [닫기]를 클릭한다.

③ 〈학원〉과 〈원생〉 테이블은 '원생코드' 필드끼리(④의 작업을 병행하면서), 〈학원〉과 〈학부모〉 테이블은 'FM코드' 필드끼리 끌어다 놓아 관계를 맺는다.

④ [관계 편집] 창을 알맞게 설정하고 [만들기]를 클릭한다. [관계] 창을 닫고 변경된 내용은 저장한다.

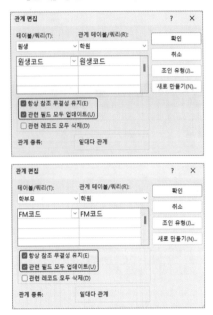

03 '발표회.xlsx' 엑셀 파일 가져오기

정답

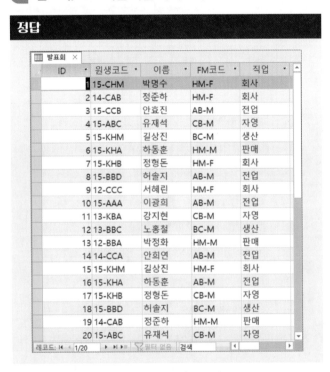

① [외부 데이터]-[가져오기 및 연결] 그룹에서 [새 데이터 원본]-[파일에서]-[Excel]을 클릭한다.

② '데이터의 원본 및 대상 선택' 대화상자에서 '현재 데이터 베이스의 새 테이블로 원본 데이터 가져오기'를 선택한다.

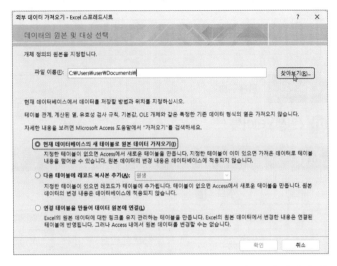

③ [찾아보기]를 클릭하여 '발표회.xlsx' 파일을 찾아 [열기]를 클릭한다.

④ '데이터의 원본 및 대상 선택' 대화상자로 돌아오면 [확인]을 클릭한다.

⑤ '스프레드시트 가져오기 마법사' 대화상자에서 '첫 행에 열 머리글이 있음'을 선택하고 [다음]을 클릭한다.

⑥ 두 번째 단계는 필드 옵션(필드 이름, 데이터 형식, 인덱스, 필드 포함 여부)을 설정하는 단계인데 특별한 지시사항이 없으므로 [다음]을 클릭한다.

⑦ 세 번째 단계에서 'Access에서 기본 키 추가'를 선택하고 [다음]을 클릭한다.

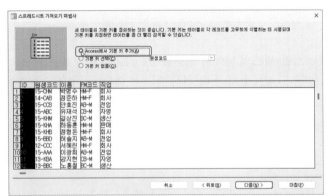

⑧ 네 번째 단계에서 '테이블로 가져오기' 입력란에 **발표회**를 입력하고 [마침]을 클릭한다.

⑨ '가져오기 단계 저장'에 체크하지 말고 [닫기]를 클릭한다.

01 〈학원관리〉 폼

정답

번호	필드 이름	속성 및 형식	설정 값
①	알맹이로고	그림	a_logo.png
		크기 조절 모드	전체 확대/축소
②	하위 폼 필드 연결	기본 필드 연결	원생코드
		하위 필드 연결	원생코드
③	하위 폼	탭 정지	아니요

① 〈학원관리〉 폼에서 마우스 오른쪽 버튼을 눌러 [디자인 보기](▧)를 클릭한 다.

② '알맹이로고' 컨트롤을 선택하고 [속성] 시트의 '그림'에 [작성기](…)를 클릭하여 불러올 그림 'a_logo.png'를 열기하고 '크기 조절 모드'에 '전체 확대/축소'를 설정한다.

③ 〈학원관리하위〉 하위 폼 개체를 선택하고 '기본 필드 연결'의 [작성기](…)를 클릭한다. [하위 폼 필드 연결기] 창의 기본 필드, 하위 필드에 '원생코드'를 지정하고 [확인]을 클릭한다.

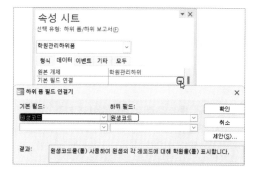

④ 〈학원관리하위〉 하위 폼 개체를 선택하고 '탭 정지'에 '아니요'를 설정한다.

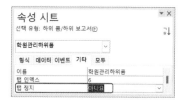

02 〈학원관리〉 폼의 'cmb조회' 컨트롤

정답

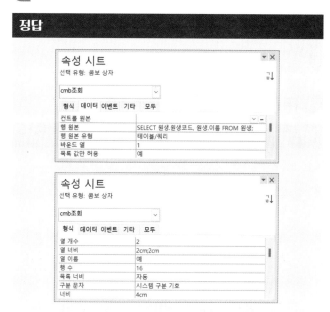

① 〈학원관리〉 폼에서 마우스 오른쪽 버튼을 눌러 [디자인 보기](▧)에서 'cmb조회'를 선택하고, 바로 가기 메뉴 중 [변경]– [콤보 상자](…)를 클릭한다.

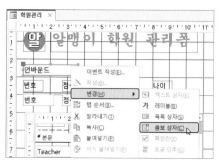

② '행 원본'의 [작성기](…)를 클릭하고 [테이블 추가] 창에서 〈원생〉 테이블을 [추가]하고 [닫기]를 클릭한다.

③ '원생코드'와 '이름'을 더블클릭하여 디자인 눈금 필드에 추가한다.

④ [학원관리 : 쿼리 작성기] 창을 닫고 [예]를 클릭하여 변경 내용과 '행 원본' 속성을 업데이트 한다.

⑤ '바운드 열', '목록 값만 허용', '열 개수', '열 너비', '열 이름', '너비'를 지정한다.

03 〈학원관리〉 폼에 'cmd닫기' 컨트롤 생성

정답

① 〈학원관리〉 폼에서 마우스 오른쪽 버튼을 눌러 [디자인 보기](🔲)를 클릭한 후 [양식디자인]–[컨트롤] 그룹에서 [단추](🔲)와 [컨트롤 마법사 사용]을 클릭한다.

② 미리보기 그림을 참조하여 단추가 들어갈 위치에 드래그 앤 드롭 한다.

③ [명령 단추 마법사] 창의 단계대로 [다음]을 눌러 작업을 진행하며 [마침]을 클릭하여 종료한다.

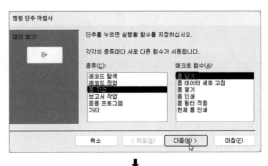

⬇

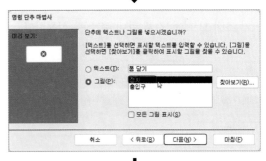

⬇

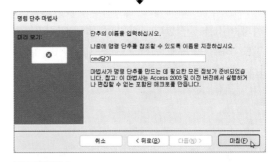

기적의 TIP

높이가 맞지 않을 때는 Shift 를 누른 채로 'cmd출력'과 다중 선택한 후 [정렬]–[크기 및 순서 조정] 그룹의 [크기/공간]을 눌러 [가장 짧은 길이에](🔲) 등을 클릭하여 맞출 수 있습니다.

④ 'cmd닫기'의 속성 시트 '캡션'에 '폼닫기'를 설정하고 변경한 내용은 저장한다.

01 〈학원현황〉 보고서

정답

번호	필드 이름	속성 및 형식	설정 값
①	txt코드	컨트롤 원본	=[원생코드] & "(이름 : " & [이름] & ")"
②	점수 필드	그룹화 및 정렬	
③	원생코드 바닥글	페이지 바꿈	구역 후
④	txt평균	컨트롤 원본	=Avg([학원]![점수])
⑤	txt페이지	컨트롤 원본	="현재 " & [Page] & " / 전체 " & [Pages]

① 〈학원현황〉 보고서에서 마우스 오른쪽 버튼을 눌러 [디자인 보기](🔲)를 클릭한다.

② 'txt코드' 컨트롤을 선택하고 '컨트롤 원본'에 =[원생코드] & "(이름 : " & [이름] & ")"를 설정한다.

③ [그룹화] 대화상자에서 '그룹화 기준 원생코드' 아래쪽의 [정렬 추가]를 클릭하여, 정렬 기준 '필드 선택'을 '학원.점수'로 하고 정렬은 '내림차순'을 지정한다.

④ '원생코드 바닥글' 구역을 선택하고(그룹 바닥글1) [속성] 시트의 '페이지 바꿈'에 '구역 후'를 지정한다.

기적의 TIP

페이지 바꿈의 '구역 후'란 현재 원생코드의 다음 원생코드는 새로운 페이지의 위쪽에 출력됨을 의미합니다. 결과적으로 보자면 원생코드 별로 페이지가 바뀌게 됨을 의미합니다.

⑤ 'txt평균' 컨트롤의 '컨트롤 원본'에 =Avg([학원]![점수])를 설정한다.

기적의 TIP

〈학원〉테이블의 '점수' 필드를 그룹화 기준으로 했기 때문에 평균을 구할 때 경로를 명시해야 합니다. 이 보고서의 컨트롤 원본 〈학원종합〉 쿼리에는 〈원생〉, 〈학원〉 테이블이 모두 들어있고, 두 테이블에는 공통적으로 '점수' 필드가 존재하기 때문입니다.

⑥ 'txt페이지' 컨트롤의 '컨트롤 원본'에 ="현재 " & [Page] & " / 전체 " & [Pages]를 설정하고 저장한다.

02 〈학원관리〉 폼의 'cmd출력'

정답

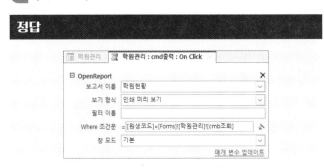

① 〈학원관리〉 폼에서 마우스 오른쪽 버튼을 눌러 [디자인 보기](🔲)로 열고 'cmd출력' 컨트롤을 선택한다.

② [속성] 시트의 'On Click'에서 [작성기](⋯) 단추를 클릭한다.

③ [작성기 선택]에서 '매크로 작성기'를 선택하고 [확인]을 클릭한다.

④ 매크로 함수 및 매크로 함수 인수를 지시사항대로 설정한다.

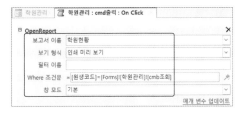

⑤ [매크로 디자인] 탭에서 [닫기]를 클릭하고 [예]를 클릭하여 'On Click'에 [포함된 매크로]로 속성을 업데이트 한다. 변경한 내용은 저장한다.

01 〈Teacher검색〉 쿼리

정답

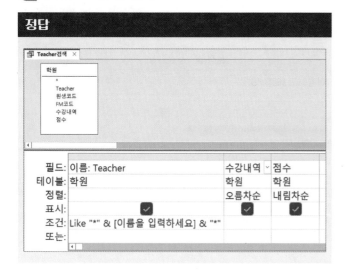

① [만들기]-[쿼리] 그룹에서 [쿼리 디자인](📰)을 클릭한다.
② 〈학원〉 테이블을 더블클릭하여 추가하고 [닫기]를 클릭한다.
③ 필드에 대한 별명, 조건, 정렬을 지시사항대로 이행하고 **Teacher검색**으로 저장한다.

02 〈나이변경〉 업데이트 쿼리

정답

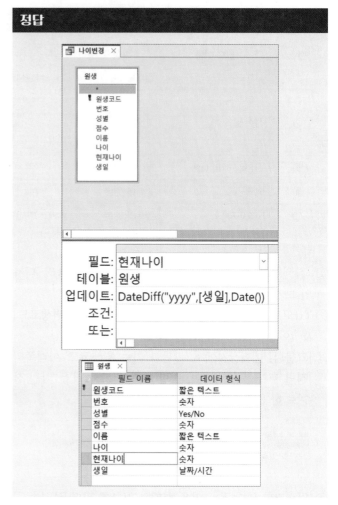

① 〈원생〉 테이블에서 마우스 오른쪽 버튼을 눌러 [디자인 보기](📐)를 클릭한다.
② '생일' 필드를 선택하고, [쿼리 디자인]-[쿼리 설정] 그룹에서 [행 삽입](📑)을 클릭한 후, 다음 필드에 '현재나이', 데이터 형식을 '숫자'로 설정하고 탭을 닫아 변경한 내용을 저장한다.
③ [만들기]-[쿼리] 그룹에서 [쿼리 디자인](📰)을 클릭한다.
④ 〈원생〉 테이블을 [추가]하고 [닫기]를 클릭한다.

⑤ 쿼리 유형을 '업데이트 쿼리'로 하고 지시사항대로 설정한 후 '현재나이' 필드 값을 업데이트 한다. 변경한 내용은 **나이변경**으로 저장한다.

필드:	현재나이
테이블:	원생
업데이트:	DateDiff("yyyy",[생일],Date())
조건:	
또는:	

03 〈학생조회〉 쿼리

정답

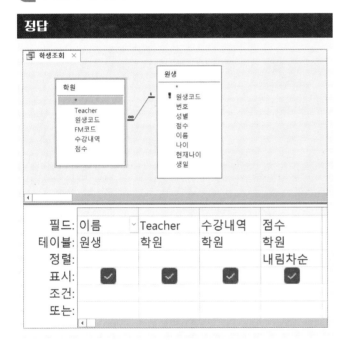

① [만들기]-[쿼리] 그룹에서 [쿼리 디자인](🖿)을 클릭한다.
② 〈학원〉, 〈원생〉 테이블을 더블클릭하여 추가한 후 [닫기]를 클릭한다.
③ 디자인 눈금의 각 필드에 다음과 같이 드래그해서 배치하고 정렬을 지정한다.

④ 마우스 오른쪽 버튼을 눌러 [속성]을 클릭한 후 '상위 값'에 5를 입력한다.

⑤ [쿼리 디자인] 탭의 [테이블 만들기](🖿)를 클릭하여 **상위점수학생**을 입력하고 [확인]을 클릭한다.

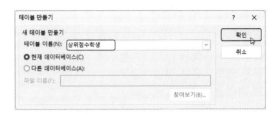

⑥ [쿼리 디자인] 탭의 [실행](❗)을 클릭한 후 메시지 상자에서 [예]를 클릭한다.

⑦ [저장](🖫)을 클릭한 후 **학생조회**를 입력하고 [확인]을 클릭한다.

04 〈직업별수강과목〉 쿼리

정답

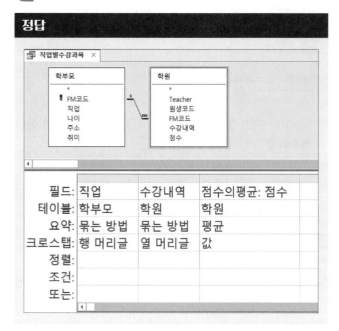

① [만들기]-[쿼리] 그룹의 [쿼리 디자인](▦)을 클릭한다.
② [테이블 추가]의 [테이블] 탭에서 〈학부모〉, 〈학원〉을 추가하고 [닫기]를 클릭한다.
③ 디자인 눈금의 각 필드에 다음과 같이 드래그해서 놓는다.

④ [쿼리 디자인]-[쿼리 유형] 그룹의 [크로스탭](▦)을 클릭한다.
⑤ 직업은 '행 머리글', 수강내역 '열 머리글', 점수는 '평균'과 '값'을 선택하고, 점수 필드에서 마우스 오른쪽 버튼을 눌러 [속성]을 클릭한다.

⑥ [속성 시트]에서 형식은 '표준', 소수 자릿수에 0을 입력한다.

⑦ Ctrl + S 를 눌러 '다른 이름으로 저장' 대화상자에 **직업별수강과목**으로 입력하고 [확인]을 클릭하여 저장한다.

정답

① [만들기]-[쿼리] 그룹의 [쿼리 디자인](🖼)을 클릭한다.
② [테이블 추가]의 [테이블] 탭에서 〈원생〉 테이블을 추가하고 '원생코드', '이름', '생일', '생일' 필드를 드래그한다.
③ [쿼리 디자인] 탭의 [표시/숨기기] 그룹에서 [요약](∑)을 클릭하고 조건을 입력한다.

원생코드 ⇒ In (Select 원생코드 from 학원)
생일(월) : Month([생일]) ⇒ Month(Date())

④ '생일(월)' 필드를 선택한 후 [속성 시트]를 표시한 후 '형식'에 0"월"을 입력한다.

⑤ 쿼리의 이름을 **원생중이번달생일자**로 입력하고 [확인]을 클릭한다.

데이터베이스 실전 모의고사 **09회**

프로그램명	소요시간	합격 점수
ACCESS 2021	45분	70점

수험번호 :

성   명 :

························· **유의사항** ·························

- 인적 사항 누락 및 잘못 작성으로 인한 불이익은 수험자 책임으로 합니다.

- 화면에 암호 입력창이 나타나면 아래의 암호를 입력하여야 합니다.
  ○ 암호: 6845%3

- 작성된 답안은 주어진 경로 및 파일명을 변경하지 마시고 그대로 저장해야 합니다. 이를 준수하지 않으면 실격 처리됩니다.
  ○ 답안 파일명의 예: C:₩DB₩수험번호8자리.accdb

- 외부데이터 위치: C:₩DB₩파일명

- 별도의 지시사항이 없는 경우, 다음과 같이 처리 시 실격 처리됩니다.
  ○ 제시된 시트 및 개체의 순서나 이름을 임의로 변경한 경우
  ○ 제시된 시트 및 개체를 임의로 추가 또는 삭제한 경우
  ○ 외부데이터를 시험 시작 전에 열어본 경우

- 답안은 반드시 문제에서 지시 또는 요구한 셀에 입력하여야 하며 다음과 같이 처리 시 채점 대상에서 제외됩니다.
  ○ 제시된 함수가 있을 경우 제시된 함수만을 사용하여야 하며 그 외 함수사용시 채점대상에서 제외
  ○ 수험자가 임의로 지시하지 않은 셀의 이동, 수정, 삭제, 변경 등으로 인해 셀의 위치 및 내용이 변경된 경우 해당 작업에 영향을 미치는 관련문제 모두 채점 대상에서 제외
  ○ 도형 및 차트의 개체가 중첩되어 있거나 동일한 계산결과 시트가 복수로 존재할 경우 해당 개체나 시트는 채점 대상에서 제외

- 수식 작성 시 제시된 문제 파일의 데이터는 변경 가능한(가변적) 데이터임을 감안하여 문제 풀이를 하시오.

- 별도의 지시사항이 없는 경우, 주어진 각 시트 및 개체의 설정값 또는 기본 설정값 (Default)으로 처리하시오.

- 저장 시간은 별도로 주어지지 않으므로 제한된 시간 내에 저장을 완료해야 하며, 제한 시간 내에 저장이 되지 않은 경우에는 실격 처리됩니다.

- 출제된 문제의 용어는 MS Office LTSC Professional Plus 2021 기준으로 작성되어 있습니다.

대 한 상 공 회 의 소

01 도서별 자료를 관리하기 위해 데이터베이스를 구축하려 한다. 다음의 지시 사항에 따라 〈자료정보〉 테이블을 완성하시오. (각 3점)

① 일련번호가 입력되도록 '자료번호'를 첫 번째 필드로 추가하고 기본 키로 설정하시오.
② '도서코드' 필드에 'N34가783' 형식처럼 데이터가 입력되도록 입력 마스크를 설정하시오.
  ▶ '문자1자리+숫자2자리+문자1자리+숫자3자리' 형식으로 입력
  ▶ 숫자 0~9까지와 문자(한글, 영문)는 반드시 입력되도록 할 것
③ '출판여부' 필드에는 'Y' 또는 'N' 이외의 값은 입력되지 않도록 데이터 형식을 설정하시오.
④ 새 레코드 추가 시 '출간일시' 필드에는 다음 예와 같이 현재 날짜와 시간이 입력되도록 설정하시오.
  ▶ 예 : 2025-06-12 오후 5:12:23
⑤ '제작사' 필드에 '영진', '원샷', '이기적' 데이터만 입력할 수 있게 유효성 검사 규칙을 설정하시오.

02 〈자료대여〉 테이블의 'ISBN' 필드는 〈자료정보〉 테이블의 '도서코드' 필드를 참조하며 두 테이블간의 관계는 M:1이다. 다음과 같이 관계를 설정하시오. (5점)

  ▶ 항상 참조 무결성이 유지되도록 설정할 것(오류 발생 시 수험생이 적절하게 조치할 것)
  ▶ 〈자료정보〉 테이블의 '도서코드' 필드가 변경되면 이를 참조하는 〈자료대여〉 테이블의 'ISBN' 필드도 따라서 변경되도록 설정할 것
  ▶ 〈자료대여〉 테이블에서 참조하고 있는 〈자료정보〉 테이블의 레코드를 삭제할 수 없도록 설정할 것

03 〈자료대여〉 테이블의 'ISBN' 필드에 대해 다음과 같이 조회 속성을 설정하시오. (5점)

  ▶ 〈자료정보〉 테이블의 '도서코드'와 '자료제목' 필드가 콤보 상자의 형태로 나타나도록 할 것
  ▶ 필드에는 '도서코드'가 저장되도록 하고 각각의 너비를 2cm로 설정할 것
  ▶ 목록 너비는 4cm로 설정할 것

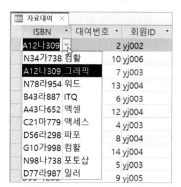

01 〈자료검색〉 폼을 다음 지시사항에 따라 완성하시오. (각 3점)

① 폼의 본문 구역에 미리보기 그림처럼 'Label제목' 레이블을 생성하시오.
   ▶ 글꼴의 크기 : 30, 문자색 : 표준 색 중 '녹색(#22B14C)', 글꼴 : 궁서체
② 기본 폼과 하위 폼을 적절한 필드로 연결하시오.
③ 하위 폼 쪽의 'txt건수' 컨트롤에 다음과 같이 레코드 개수를 표시하시오.
   ▶ '반납일자'가 Null(비어있는)인 경우에는 개수에 포함하지 말 것

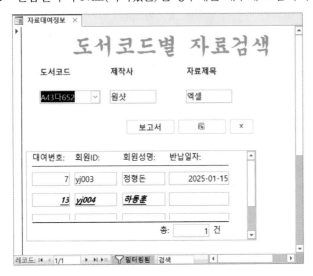

02 〈자료대여정보〉 폼의 본문 구역 컨트롤에 대해 조건부 서식을 설정하시오. (6점)

   ▶ '반납일자'가 Null인 레코드를 글꼴 스타일 '굵게', '기울임꼴', '밑줄'로 할 것

03 〈자료검색〉 폼의 '도서코드(cmb도서코드)' 값이 변경되면 다음과 같이 동작하도록 이벤트 프로시저를 작성하시오. (5점)

   ▶ '도서코드(cmb도서코드)'에서 선택한 도서 정보만 표시할 것
   ▶ 컨트롤의 Change이벤트 및 Filter, FilterOn 속성을 이용할 것

01 다음의 지시사항 및 화면을 참조하여 〈도서자료R〉 보고서를 완성하시오. (각 3점)

① 본문 구역의 'txt대여회원' 컨트롤에 'ISBN/회원ID'로 표시되도록 설정하시오.

② 본문 구역의 'txt순번' 컨트롤에 그룹별 일련번호가 나타나도록 설정하시오.

③ 본문 구역의 'txt제작사' 컨트롤에는 이전 레코드와 같은 데이터는 나타나지 않도록 설정하시오.

④ ISBN 바닥글 영역의 'txt할증건수' 컨트롤에 다음과 같이 건수를 표시하시오.
- ▶ '대여일자'가 2025년 3월 1일 이전 자료의 건수를 표시할 것
- ▶ DCount, Count, Sum, Iif 중 적절한 함수를 이용할 것
- ▶ 해당 자료가 없을 경우 '0'으로 표시할 것

도서자료R			
A12나309/yj002	1	영진	2025-02-11
A12나309/yj006	2	원샷	2025-03-10
A12나309/yj006	3	이기적	2025-03-10
A12나309/yj006	4		2025-03-10
A12나309/yj006	5	원샷	2025-03-10
A12나309/yj006	6	이기적	2025-03-10
A12나309/yj006	7	영진	2025-03-10
A12나309/yj006	8		2025-03-10
A12나309/yj006	9		2025-03-10
A12나309/yj002	10	이기적	2025-02-11
A12나309/yj006	11		2025-03-10
A12나309/yj002	12	원샷	2025-02-11
A12나309/yj002	13	이기적	2025-02-11
A12나309/yj002	14		2025-02-11
A12나309/yj002	15	원샷	2025-02-11
A12나309/yj002	16	이기적	2025-02-11
A12나309/yj002	17	영진	2025-02-11
A12나309/yj002	18		2025-02-11
A12나309/yj002	19		2025-02-11
A12나309/yj006	20		2025-03-10
할증건수 :			10

⑤ 페이지 바닥글 구역의 'txt페이지' 컨트롤에 다음과 같이 페이지를 표시하시오.
- ▶ 전체 5페이지 중 현재 페이지가 1페이지 인 경우 : 1 / 5

02 〈자료검색〉 폼의 '(cmd닫기)' 버튼을 클릭하면 미리보기 그림처럼 메시지 상자를 표시하도록 이벤트 프로시저를 작성하시오. (5점)

- ▶ 〈예〉 버튼 클릭 시 해당 폼이 종료 됨

폼 닫기	×
폼을 닫겠습니까?	
예(Y)	아니오(N)

01 '회원성명'의 일부를 매개 변수로 입력받아 미리보기 그림처럼 결과를 표시하는 〈회원별대여〉 쿼리를 작성하시오. (7점)

▶ 〈자료대여〉, 〈회원정보〉 테이블을 이용할 것
▶ 〈자료대여〉의 '대여번호'와 〈회원정보〉의 '대여번호'가 일치하는 행만 포함하도록 조인 속성을 설정할 것
▶ '회원ID'를 기준으로 오름차순 정렬하고, '대여번호'로 내림차순 정렬할 것

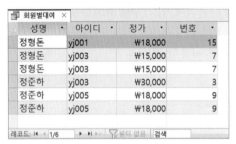

02 도서코드별 도서정가의 합계를 〈도서별합계〉 쿼리로 작성하시오. (7점)

▶ 〈자료정보〉, 〈자료대여〉 테이블을 이용할 것
▶ '출간일시' 필드를 기준으로 내림차순 정렬하여 표시할 것

03 〈자료대여〉, 〈자료정보〉 테이블을 이용하여 매개변수를 통해 입력받은 대여일자 이후 반납일자 이전의 데이터를 조회하는 〈도서대여날짜조회〉 쿼리를 작성하시오. (7점)

▶ 회원성명을 기준으로 오름차순 정렬하고, 자료 제목을 기준으로 내림차순 정렬하시오.
▶ 쿼리 실행 결과 표시되는 필드와 필드명은 〈그림〉과 같이 표시되도록 설정하시오.

04 〈자료종합〉 쿼리를 이용하여 제작사, 대여일자 월별 대여권수를 조회하는 〈월별대여〉 크로스탭 쿼리를 작성하시오. (7점)

▶ 개수는 '회원ID' 필드를 이용하시오.

▶ Month 함수와 & 연산자 이용

▶ 쿼리 실행 결과 표시되는 필드와 필드명은 〈그림〉과 같이 표시되도록 설정하시오.

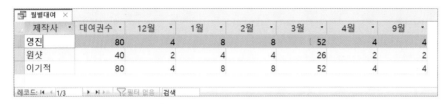

05 〈자료대여〉, 〈자료정보〉 테이블을 이용하여 〈컴활가격인상처리〉 업데이트 쿼리를 작성하시오. (7점)

▶ 〈자료정보〉 테이블에 있는 '자료제목' 필드의 값이 '컴활'인 '도서코드'와 〈자료대여〉 테이블에 있는 'ISBN'의 값이 같으면 '비고' 필드에 "★가격인상★" 표시

▶ in 과 하위 쿼리 사용

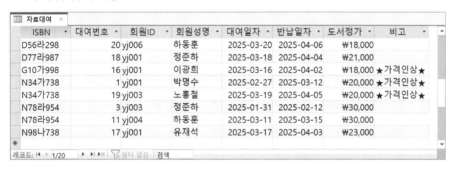

01 〈자료정보〉 테이블

정답

번호	필드 이름	속성 및 형식	설정 값
①	자료번호 필드 추가	데이터 형식	일련 번호
		기본 키	![자료정보 테이블 디자인 뷰: 필드 이름 / 데이터 형식 — 자료번호 / 일련 번호, 도서코드 / 짧은 텍스트]
②	도서코드	입력 마스크	L00L000
③	출판여부	데이터 형식	Yes/No
④	출간일시	형식	기본 날짜
		기본값	Now( )
⑤	제작사	유효성 검사 규칙	In ("영진","원샷","이기적")

① 〈자료정보〉 테이블에서 마우스 오른쪽 버튼을 눌러 [디자인 보기](📐)를 클릭한 후 '도서코드' 필드를 선택하고, [테이블 디자인]–[도구] 그룹의 [행 삽입](📑)을 클릭한다.

기적의 TIP

[행 삽입]을 클릭하면 선택한 필드의 위쪽에 행이 삽입됩니다. 이는 테이블의 데이터시트 보기 모드에서 선택한 필드의 왼쪽에 열이 삽입되는 것입니다.

② '도서코드' 위에 행이 삽입되면 필드 이름에 **자료번호**를 입력하고, 데이터 형식은 '일련 번호'를 선택한다.

③ '자료번호' 필드를 선택하고 [테이블 디자인] 그룹의 [기본 키](🔑)를 클릭한다.

④ '도서코드' 필드의 입력 마스크에 L00L000을 설정한다.

⑤ '출판여부' 필드의 데이터 형식을 'Yes/No'로 설정한다.

⑥ '출간일시' 필드의 '기본값'에 Now()를, '형식'은 '기본 날짜'로 설정한다.

⑦ '제작사' 필드의 유효성 검사 규칙에 In ("영진", "원샷", "이기적")을 설정하고 저장한다.

02 〈자료대여〉, 〈자료정보〉 테이블 관계 설정

정답

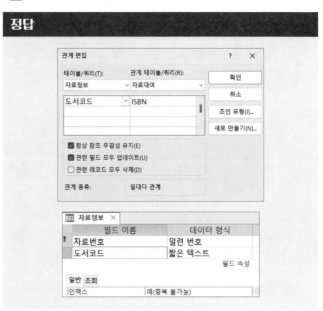

① [데이터베이스 도구]-[관계] 그룹에서 [관계](🔲)를 클릭한다.

② [테이블 추가] 창의 〈자료대여〉, 〈자료정보〉 테이블을 [추가]한 후 [닫기]를 클릭한다.

③ 관계를 설정할 필드끼리 드래그 앤 드롭하면('도서코드'를 끌어서 'ISBN'에 놓으면) [관계 편집] 대화상자가 나타난다.

④ 지시사항대로 체크하고 [만들기]를 클릭한다.

⑤ 참조 무결성의 원칙에 어긋나 기본 테이블 쪽에 고유 인덱스가 없다는 오류를 만나게 된다. [확인]을 클릭한다.

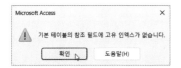

> **기적의 TIP**
>
> 참조 무결성이란 기본 테이블(자료정보)의 기본 키 필드에 없는 값은 관련된 테이블(자료대여)의 외래 키 필드에 입력할 수 없는 원칙을 말합니다. 이러한 참조 무결성을 보장받으려면, 일(1) 대 다(M)의 관계에서 일(1) 쪽이 기본 테이블이고 기본 테이블 쪽의 관계 필드는 기본 키이거나 고유 인덱스를 가지고 있어야 합니다. 즉 〈자료정보〉 테이블의 '도서코드' 필드가 기본 키이거나 고유 인덱스를 가지고 있어야 한다는 말입니다.

⑥ [관계] 창의 〈자료정보〉 테이블에서 마우스 오른쪽 버튼을 눌러 [테이블 디자인]을 클릭한다.

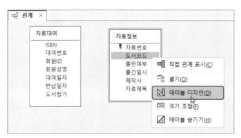

⑦ '도서코드' 필드를 선택하고 '인덱스'를 '예(중복 불가능)'으로 설정한다. 중복된 값을 입력할 수 없게 되어 고유 인덱스가 된다. 변경한 내용은 저장한다.

⑧ 다시 한 번 지시사항대로 관계를 설정하고 변경한 내용은 저장한다.

03 〈자료대여〉 테이블의 'ISBN' 필드에 조회 속성

정답

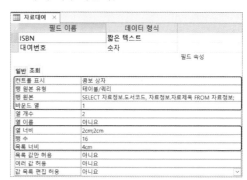

① 〈자료대여〉 테이블에서 마우스 오른쪽 버튼을 눌러 [디자인 보기](🔲)를 클릭한 후 'ISBN' 필드를 선택한다.

② 필드 속성의 [조회] 탭을 클릭한다.

③ '컨트롤 표시'를 '콤보 상자'로 설정한다.

④ '행 원본'의 [작성기](⋯)를 클릭한다.

⑤ [테이블 추가] 창에서 〈자료정보〉 테이블을 [추가]하고 [닫기]를 클릭한다.

⑥ '도서코드'와 '자료제목' 필드를 더블 클릭하여 필드에 추가하고 [자료대여 : 쿼리 작성기] 창을 닫는다.

⑦ [예]를 클릭하여 작업한 쿼리를 저장하고 '행 원본' 속성을 업데이트 한다.

⑧ 바운드 열, 열 너비, 열 개수, 목록 너비 속성을 각각 설정하여 마무리한다.

01 〈자료검색〉 폼

정답

번호	개체	속성	설정 값
①	Label제목 생성	글꼴 크기	30
		글꼴 이름	궁서체
		문자색	녹색(#22B14C)
②	하위 폼 필드 연결	기본 필드 연결	도서코드
		하위 필드 연결	ISBN
③	txt건수	컨트롤 원본	=Count([반납일자])

① 〈자료검색〉 폼에서 마우스 오른쪽 버튼을 눌러 [디자인 보기](🔲)를 클릭한 다.

② [양식 디자인]-[컨트롤] 그룹의 컨트롤 중 [레이블](가가)을 클릭한다.

③ 미리보기 그림을 참조하여 레이블 컨트롤을 배치하고 **도서코드별 자료검색**을 입력한다.

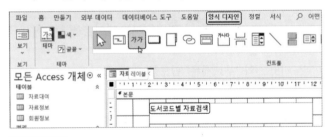

기적의 TIP

레이블 컨트롤을 생성한 후 '캡션'을 안쪽에 미리 입력해야 합니다. 그렇지 않으면 컨트롤이 사라지니 유의하세요.

④ 글꼴 크기, 문자색, 글꼴 이름을 지시사항대로 설정한다. 문자색은 [작성기](⋯)를 클릭하여 정하면 되고, 선택 후 #22B14C로 바뀔 수 있다.

⑤ 하위 폼을 선택하고 속성 시트에서 '기본 필드 연결'에 '도서코드'를, '하위 필드 연결'에 'ISBN'을 설정한다.

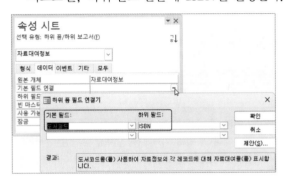

⑥ 하위 폼 선택기 단추를 클릭한 후 'txt건수' 컨트롤을 선택하고 [속성] 시트의 '컨트롤 원본'에 **=Count([반납일자])**를 설정한다.

기적의 TIP

Count(*) : Null 필드 레코드까지 포함하여 총 레코드 수를 계산
Count([필드]) : Null 필드 레코드 포함하지 않고 레코드 수를 계산

02 〈자료대여정보〉 폼의 본문 구역(조건부 서식)

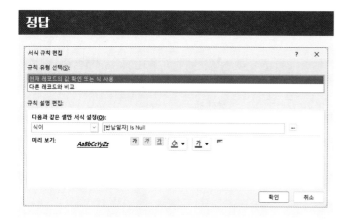

① 〈자료대여정보〉 폼에서 마우스 오른쪽 버튼을 눌러 [디자인 보기](圖)를 클릭한다.
② 본문 구역의 모든 컨트롤을 선택하고 [서식] 탭의 '컨트롤 서식' 중 [조건부 서식](圖)을 클릭한다.

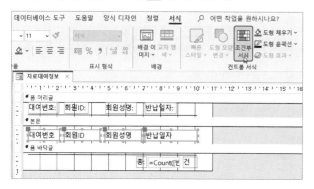

③ [새 규칙]을 클릭하고 **[반납일자] is Null**로 설정 후 [확인]을 누르고, 다시 [확인]을 누른 후 변경한 내용은 저장한다.

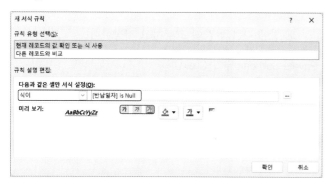

기적의 TIP

Is와 Null 예약어(Access에서 특별한 의미를 부여한 단어나 기호)로 식을 꾸밀 수 있습니다. Is Null은 필드에 값이 없는 레코드를, Is Not Null 필드에 값이 있는 레코드를 반환합니다.

03 〈자료검색〉 폼의 'cmb도서코드' 컨트롤

```
Private Sub cmb도서코드_Change()
  Me.Filter = "도서코드 = '" & cmb도서코드 & "'"
  Me.FilterOn = True
End Sub
```

① 〈자료검색〉 폼의 [디자인 보기](圖)에서 'cmb도서코드'를 선택한다.
② 속성 시트의 'On Change'에서 [이벤트 프로시저]를 선택하고 [작성기](⋯)를 클릭한다.
③ VBE 창에 다음과 같이 코딩하고 저장한다.

```
Private Sub cmb도서코드_Change()
  Me.Filter = "도서코드 = '" & cmb도서코드 & "'"
  Me.FilterOn = True
End Sub
```

01 〈도서자료R〉 보고서

정답

번호	필드 이름	속성 및 형식	설정 값
①	txt대여회원	컨트롤 원본	=[ISBN] & "/" & [회원ID]
②	txt순번	컨트롤 원본	=1
		누적 합계	그룹
③	txt제작사	중복 내용 숨기기	예
④	txt할증건수	컨트롤 원본	=Sum(IIf([대여일자]<=#2025-03-01#,1,0))
⑤	txt페이지	컨트롤 원본	=[Page] & " / " & [Pages]

① 〈도서자료R〉 보고서에서 마우스 오른쪽 버튼을 눌러 [디자인 보기](▧)를 클릭한 후 'txt대여회원' 컨트롤을 선택하고, 속성 시트의 '컨트롤 원본'에 =[ISBN] & "/" & [회원ID]를 입력한다.

기적의 TIP

Access에서 폼이나 보고서의 컨트롤에 식을 사용하려면 '=' 연산자로 시작합니다. 식에서 필드는 식별자이므로 [](대괄호)연산자로 묶어서 표현하면 됩니다. 식에 텍스트를 사용하려면 ""(큰따옴표)로 묶어서 나타내며 문자열로 연결하기 위해서 연결 연산자 '&'를 사용하게 됩니다. 원론적인 이야기이므로 참고만 하세요.

② 'txt순번' 컨트롤을 선택하고 '컨트롤 원본'에 =1, '누적 합계'에 '그룹'을 설정한다.

③ 'txt제작사' 컨트롤을 선택하고 '중복 내용 숨기기'를 '예'로 설정한다.

④ 'txt할증건수' 컨트롤을 선택하고 '컨트롤 원본'에 =Sum (IIf([대여일자]<=#2025-03-01#,1, 0)) 또는 =Count(IIf ([대여일자]<=#2025-03-01#,"*"))로 설정한다.

기적의 TIP

DCount 함수는 조건에 맞는 전체 테이블의 레코드 수를 계산하여 전체 건수를 반환하므로 적절하지 않습니다. 식에서 날짜 데이터 형식은 #으로 둘러싸 표현합니다.

⑤ 'txt페이지' 컨트롤의 '컨트롤 원본'에 =[Page] & " / " & [Pages]를 설정하고 저장한다.

02 〈자료검색〉 폼의 'cmd닫기' 컨트롤

정답

```
Private Sub cmd닫기_Click()
jin = MsgBox("폼을 닫겠습니까?", vbYesNo, "폼 닫기")
If jin = vbYes Then
 DoCmd.Close
End If
End Sub
```

① 〈자료검색〉 폼에서 마우스 오른쪽 버튼을 눌러 [디자인 보기](▧)로 열어 'cmd닫기' 컨트롤을 선택한다.

② [속성] 시트 'On Click'에서 [이벤트 프로시저]의 [작성기] (▦) 단추를 클릭한다.

③ VBE 창에 다음과 같이 코딩하고 저장한다.

```
Private Sub cmd닫기_Click()
jin = MsgBox("폼을 닫겠습니까?", vbYesNo, "폼 닫기")
If jin = vbYes Then
 DoCmd.Close
End If
End Sub
```

기적의 TIP

메시지 상자에서 사용자의 선택(예 or 아니요)에 따른 결과 값이 반환될 경우, 이를 담아둘 변수(jin)가 필요합니다.

01 〈회원별대여〉 쿼리

정답

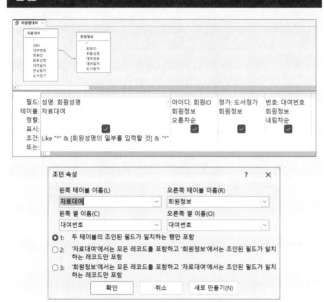

① [만들기]–[쿼리] 그룹에서 [쿼리 디자인](▦)을 클릭한다.
② [테이블 추가] 창에서 〈자료대여〉, 〈회원정보〉 테이블을 더블클릭하여 추가하고 [닫기]를 클릭한다.
③ '대여번호' 필드끼리 끌어다 놓기 하여 관계를 맺고 조인 선을 더블클릭하여, 테이블의 조인 속성을 내부조인(첫 번째 조인)으로 설정한다.

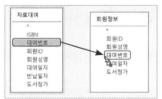 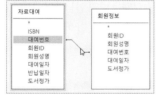

④ 디자인 눈금에 필드를 추가하고 정렬 설정을 한다. 별명 을 붙이고 조건에 Like "*" & [회원성명의 일부를 입력할 것] & "*"를 입력한다.

⑤ [실행]을 클릭하여 미리보기 그림과 비교 확인 후 **회원별 대여**로 저장한다.

02 〈도서별합계〉 쿼리

정답

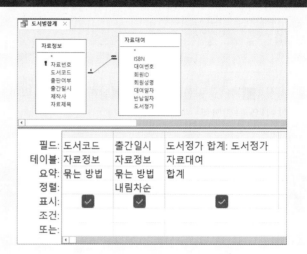

① [만들기]–[쿼리] 그룹에서 [쿼리 디자인](▦)을 클릭하고 〈자료정보〉, 〈자료대여〉 테이블을 추가한다.
② 디자인 눈금에 필드를 추가하고 [요약](∑)을 클릭하여 묶어준 후(GROUP BY) '출간일시'를 '내림차순'으로 정렬 한다.

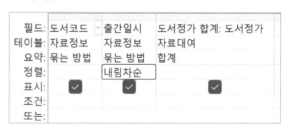

③ 변경한 내용은 **도서별합계**로 저장한다.

03 〈도서대여날짜조회〉 쿼리

정답

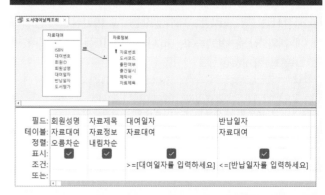

① [만들기]–[쿼리] 그룹에서 [쿼리 디자인](▦)을 클릭한다.

② 〈자료대여〉, 〈자료정보〉 테이블을 더블클릭하여 추가한 후 [닫기]를 클릭한다.

③ 디자인 눈금의 각 필드에 다음과 같이 드래그해서 배치하고 정렬과 조건을 입력한다.

필드:	회원성명	자료제목	대여일자	반납일자
테이블:	자료대여	자료정보	자료대여	자료대여
정렬:	오름차순	내림차순		
표시:	☑	☑	☑	☑
조건:			>=[대여일자를 입력하세요]	<=[반납일자를 입력하세요]
또는:				

④ [저장](🖫)을 클릭한 후 **도서대여날짜조회**를 입력하고 [확인]을 클릭한다.

04 〈월별대여〉 쿼리

정답

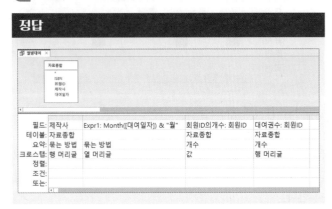

필드:	제작사	Expr1: Month([대여일자]) & "월"	회원ID의개수: 회원ID	대여권수: 회원ID
테이블:	자료종합		자료종합	자료종합
요약:	묶는 방법	묶는 방법	개수	개수
크로스탭:	행 머리글	열 머리글	값	행 머리글
정렬:				
조건:				
또는:				

① [만들기]-[쿼리] 그룹의 [쿼리 디자인](🖳)을 클릭한다.

② [테이블 추가]의 [쿼리] 탭에서 〈자료종합〉을 추가하고 [닫기]를 클릭한다.

③ 디자인 눈금의 각 필드에 다음과 같이 드래그해서 놓는다.

필드:	제작사	대여일자	회원ID	회원ID	⌄
테이블:	자료종합	자료종합	자료종합	자료종합	
정렬:					
표시:	☑	☑	☑	☑	
조건:					

④ [쿼리 디자인]-[쿼리 유형] 그룹의 [크로스탭](🖳)을 클릭한다.

⑤ 제작사는 '행 머리글', 대여일자는 '열 머리글', 회원ID는 '개수'와 '값'을 선택하고, 또 다른 회원ID는 '개수', '행 머리글'로 지정한다.

필드:	제작사	대여일자	회원ID	회원ID
테이블:	자료종합	자료종합	자료종합	자료종합
요약:	묶는 방법	묶는 방법	개수	개수
크로스탭:	행 머리글	열 머리글	값	행 머리글
정렬:				
조건:				

⑥ 열 머리글을 Month([대여일자]) & "월"로 수정하고, 행 머리글 '회원ID'는 **대여권수:**를 입력하여 별명(Alias)으로 수정한다.

필드:	제작사	Expr1: Month([대여일자]) & "월"	회원ID의 개수: 회원ID	대여권수: 회원ID
테이블:	자료종합		자료종합	자료종합
요약:	묶는 방법	묶는 방법	개수	개수
크로스탭:	행 머리글	열 머리글	값	행 머리글

⑦ [Ctrl]+[S]를 눌러 '다른 이름으로 저장' 대화상자에 **월별대여**로 입력하고 [확인]을 클릭하여 저장한다.

05 〈컴활가격인상처리〉 쿼리

정답

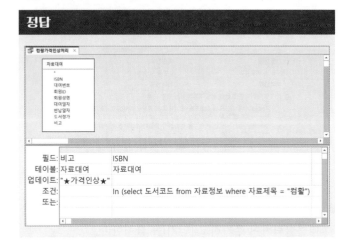

필드:	비고	ISBN
테이블:	자료대여	자료대여
업데이트:	"★가격인상★"	
조건:		In (select 도서코드 from 자료정보 where 자료제목 = "컴활")
또는:		

① [만들기]-[쿼리] 그룹의 [쿼리 디자인](🖳)을 클릭한다.

② [테이블 표시] 대화상자의 [테이블] 탭에서 〈자료대여〉 테이블을 추가하고 '비고', 'ISBN' 필드를 드래그한다.

③ [쿼리 디자인] 탭의 [쿼리 유형]-[업데이트](🖳)를 클릭한 후 다음과 같이 입력한다.

필드:	비고	ISBN
테이블:	자료대여	자료대여
업데이트:	"★가격인상★"	
조건:		In (select 도서코드 from 자료정보 where 자료제목 = "컴활")
또는:		

④ 쿼리의 이름을 **컴활가격인상처리**로 입력하고 [확인]을 클릭한다.

⑤ [쿼리 디자인] 탭의 [결과]-[실행](❗)을 클릭하여 메시지가 표시되면 [예]를 클릭한다.

데이터베이스 실전 모의고사 10회

프로그램명	소요시간	합격 점수
ACCESS 2021	45분	70점

수험번호 :

성   명 :

.... **유의사항** ....

- 인적 사항 누락 및 잘못 작성으로 인한 불이익은 수험자 책임으로 합니다.

- 화면에 암호 입력창이 나타나면 아래의 암호를 입력하여야 합니다.
  - 암호: 6845%3

- 작성된 답안은 주어진 경로 및 파일명을 변경하지 마시고 그대로 저장해야 합니다. 이를 준수하지 않으면 실격 처리됩니다.
  - 답안 파일명의 예: C:\DB\수험번호8자리.accdb

- 외부데이터 위치: C:\DB\파일명

- 별도의 지시사항이 없는 경우, 다음과 같이 처리 시 실격 처리됩니다.
  - 제시된 시트 및 개체의 순서나 이름을 임의로 변경한 경우
  - 제시된 시트 및 개체를 임의로 추가 또는 삭제한 경우
  - 외부데이터를 시험 시작 전에 열어본 경우

- 답안은 반드시 문제에서 지시 또는 요구한 셀에 입력하여야 하며 다음과 같이 처리 시 채점 대상에서 제외됩니다.
  - 제시된 함수가 있을 경우 제시된 함수만을 사용하여야 하며 그 외 함수사용시 채점대상에서 제외
  - 수험자가 임의로 지시하지 않은 셀의 이동, 수정, 삭제, 변경 등으로 인해 셀의 위치 및 내용이 변경된 경우 해당 작업에 영향을 미치는 관련문제 모두 채점 대상에서 제외
  - 도형 및 차트의 개체가 중첩되어 있거나 동일한 계산결과 시트가 복수로 존재할 경우 해당 개체나 시트는 채점 대상에서 제외

- 수식 작성 시 제시된 문제 파일의 데이터는 변경 가능한(가변적) 데이터임을 감안하여 문제 풀이를 하시오.

- 별도의 지시사항이 없는 경우, 주어진 각 시트 및 개체의 설정값 또는 기본 설정값 (Default)으로 처리하시오.

- 저장 시간은 별도로 주어지지 않으므로 제한된 시간 내에 저장을 완료해야 하며, 제한 시간 내에 저장이 되지 않은 경우에는 실격 처리됩니다.

- 출제된 문제의 용어는 MS Office LTSC Professional Plus 2021 기준으로 작성되어 있습니다.

대 한 상 공 회 의 소

01 제품 관리를 위해 데이터베이스를 구축하고자 한다. 다음의 지시 사항에 따라 테이블을 완성하시오. (각 3점)

※ 〈제품〉 테이블을 이용하시오.
① '번호' 필드를 기본 키로 설정하시오.
② '재고' 필드는 기본적으로 '1'이 입력되도록 설정하시오.
③ '넘버' 필드에는 'A12-345'와 같은 형식으로 데이터가 입력되도록 설정하시오.
   ▶ 문자1자리, 숫자2자리, -, 숫자3자리 순서 형태로 필수 조건에 숫자는 숫자만 입력할 수 있도록 설정할 것
   ▶ 테이블에 '-'도 저장되도록 설정할 것
   ▶ 데이터가 입력될 때 '#'으로 입력 예비 문자를 표시할 것

※ 〈관리〉 테이블을 이용하시오.
④ '품명' 필드에 중복 데이터 입력이 가능하도록 인덱스를 설정하시오.
⑤ '점수' 필드에 '10'보다 큰 값이 입력되도록 설정하시오.

02 〈관리〉 테이블의 '번호' 필드는 〈제품〉 테이블의 '번호' 필드를 참조하며 두 테이블 간의 관계는 M:1이다. 다음과 같이 관계를 설정하시오. (5점)

   ▶ 항상 참조 무결성이 유지되도록 설정하시오.
   ▶ 〈제품〉 테이블의 '번호' 필드가 변경되면 이를 참조하는 〈관리〉 테이블의 '번호' 필드도 따라서 변경되도록 설정하시오.
   ▶ 〈제품〉 테이블의 '번호' 필드가 삭제되면 이를 참조하는 관련 레코드가 모두 삭제되도록 설정하시오.

03 〈제품〉 테이블의 '관리인' 필드에 대해 다음과 같이 조회 속성을 설정하시오. (5점)

   ▶ 〈관리〉 테이블의 '관리인'과 '품번' 필드가 콤보 상자의 형태로 나타나되 '관리인' 필드는 표시되지 않도록 설정할 것
   ▶ 필드에는 '관리인' 필드가 저장되도록 설정할 것
   ▶ 목록 이외의 값은 입력할 수 없도록 설정할 것
   ▶ 목록 너비는 '2cm'로 설정할 것

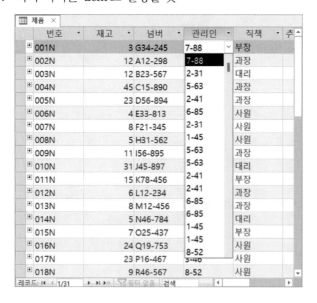

01 〈재고관리〉 폼을 다음 지시사항에 따라 완성하시오. (각 3점)

① 미리보기 그림처럼 나타나도록 기본 폼의 기본 보기 속성을 설정하시오.

② 본문에 있는 모든 텍스트 상자에 다음과 같이 속성을 설정하시오.

▶ 두께 : 가는 선, 특수 효과 : 오목, 테두리 스타일 : 투명

③ 'txt넘버' 컨트롤에는 포커스가 이동하지 않도록 설정하시오.

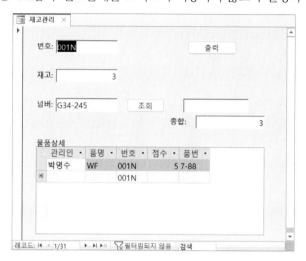

02 〈컨트롤〉 폼의 't품번' 컨트롤에 대해 다음의 조건부 서식을 설정하시오. (6점)

▶ '품번(t품번)'이 '6'으로 끝나는 레코드 데이터에 대해 글꼴을 '기울임꼴'로 지정할 것

▶ Right() 함수를 사용할 것

03 〈컨트롤〉 폼의 '닫기(cmd닫기)' 단추를 클릭하면 다음과 같이 동작하도록 이벤트 프로시저를 작성하시오. (5점)

▶ 〈컨트롤〉 폼이 반드시 저장되고 닫히도록 처리할 것

01 다음의 지시사항 및 미리보기 화면을 참조하여 〈재고R〉 보고서를 완성하시오. (각 3점)

① '관리인' 그룹 머리글 구역의 데이터가 다음 페이지로 넘어가더라도, 그 내용이 계속 표시되도록 설정하시오.

② 본문의 'txt순번' 컨트롤에는 그룹별로 일련번호가 표시되도록 설정하시오.

③ 본문의 'txt직책' 컨트롤의 데이터가 이전 레코드와 동일한 경우 숨기도록 설정하시오.

④ '관리인' 그룹 바닥글 구역의 'txt재고합계' 컨트롤에 '재고'의 합계가 표시되도록 설정하시오.

⑤ 페이지 바닥글의 'txt페이지'에 다음과 같이 페이지가 표시되도록 설정하시오.

   ▶ 현재 페이지가 1이면 '현재페이지 : 1페이지'로 나타나도록 할 것

재고물품관리보고서

관리인	순번	직책	재고
허술지	1	대리	5
허술지	2	부장	6
허술지	3		4
허술지	4	사원	8
허술지	5	대리	2
허술지	6		22
허술지	7		18
허술지	8	과장	33
허술지	9	대리	19
허술지	10	사원	13
허술지	11		16
허술지	12		27
허술지	13		9
허술지	14		23
허술지	15	대리	5
허술지	16	사원	5
허술지	17	부장	8
허술지	18	과장	12
허술지	19	대리	12
허술지	20	과장	45
허술지	21		23
허술지	22	사원	24
허술지	23		8
허술지	24	부장	7

현재페이지 : 56페이지

02 〈재고관리〉 폼의 'txt조회'에 '넘버'를 입력하고 '조회(cmd조회)' 버튼을 클릭하면 다음과 같이 동작하도록 이벤트 프로시저를 작성하시오. (5점)

▶ 'txt조회' 컨트롤에 입력된 '넘버'를 포함하는 레코드가 조회되도록 할 것

▶ 입력된 넘버가 본문에 일부 포함하는 경우 해당 정보를 표시하고, 일치하는 정보가 없을 경우 다음과 같은 메시지 박스를 표시하시오.

▶ 폼의 Filter 및 FilterOn 속성과 IF ~ Else 사용할 것

자료 없음   ×

조회하는 자료가 없습니다

확인

01 번호별 점수의 합계를 쿼리하는 〈번호별점수〉 쿼리를 작성하시오. (7점)

- ▶ 〈관리〉 테이블을 이용할 것
- ▶ Left 함수 이용
- ▶ 번호별 필드는 '번호' 필드의 왼쪽 3글자를 이용할 것

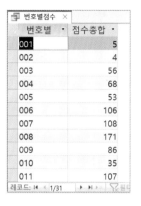

02 관리인을 매개 변수로 입력받아 다음과 같은 정보를 표시하는 〈관리인검색〉 쿼리를 작성하시오. (7점)

- ▶ 〈제품〉, 〈관리〉 테이블을 이용할 것
- ▶ 품명을 기준으로 오름차순

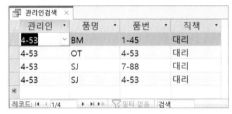

03 〈제품〉, 〈관리〉 테이블을 이용하여 사원과 대리의 관리 품명의 개수를 구하는 〈사원대리관리품명〉 크로스탭 쿼리를 작성하시오. (7점)

- ▶ 개수는 '번호' 필드를 이용하시오.
- ▶ 쿼리 실행 결과 표시되는 필드와 필드명은 〈그림〉과 같이 표시되도록 설정하시오.

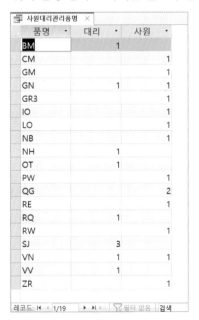

04 〈종합〉 쿼리를 이용하여 관리인을 매개 변수로 입력받고, 해당 관리인의 재고현황을 조회하여 새 테이블로 생성하는 〈재고현황생성〉 쿼리를 작성하시오. (7점)

▶ 쿼리 실행 후 생성되는 테이블의 이름은 [재고현황]으로 설정하시오.
▶ 쿼리 실행 결과 생성되는 테이블의 필드는 그림을 참고하여 수험자가 판단하여 설정하시오.

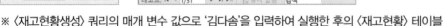

※ 〈재고현황생성〉 쿼리의 매개 변수 값으로 '김다솜'을 입력하여 실행한 후의 〈재고현황〉 테이블

05 〈제품〉, 〈관리〉 테이블을 이용하여 재고의 합계가 10 이하인 관리인의 '비고' 필드의 값을 '★'으로 변경하는 〈우수관리인처리〉 업데이트 쿼리를 작성한 후 실행하시오. (7점)

▶ In 연산자와 하위 쿼리 사용

정답 & 해설 데이터베이스 실전 모의고사 10회

문제1 DB구축

01 〈제품〉, 〈관리〉 테이블

정답

〈제품〉 테이블

번호	필드 이름	속성 및 형식	설정 값
①	번호	기본 키	<table><tr><td colspan="2">📋 제품 ×</td></tr><tr><td>필드 이름</td><td>데이터 형식</td></tr><tr><td>번호</td><td>짧은 텍스트</td></tr><tr><td>재고</td><td>숫자</td></tr></table>
②	재고	기본값	1
③	넘버	입력 마스크	L00-000;0;#

〈관리〉 테이블

번호	필드 이름	속성 및 형식	설정 값
④	품명	인덱스	예(중복 가능)
⑤	점수	유효성 검사 규칙	>10

① 〈제품〉 테이블에서 마우스 오른쪽 버튼을 눌러 [디자인 보기](🔳)를 클릭한 후 '번호' 필드를 선택하고, [테이블 디자인] 탭의 [기본 키](🔑)를 클릭한다.

② '재고' 필드를 선택하고 필드 속성의 '기본값'에 1을 입력한다.

기적의 TIP

디자인 보기 상태에서 [속성 시트] 창이 보이지 않을 경우 [테이블 디자인] 탭의 [속성 시트]를 클릭하거나 Alt + Enter 를 누르세요.

③ '넘버' 필드의 '입력 마스크'에 L00-000;0;#을 입력하고 저장한다.

④ 〈관리〉 테이블에서 마우스 오른쪽 버튼을 눌러 [디자인 보기](🔳)를 클릭한 후 '품명' 필드를 선택하고 필드 속성 중 '인덱스'에 '예(중복 가능)'을 선택한다.

⑤ '점수' 필드에 입력 값을 제한하는 '유효성 검사 규칙'에 >10을 입력하고 저장한다.

02 〈관리〉, 〈제품〉 테이블 관계 설정

정답

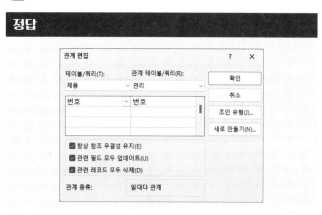

① [데이터베이스 도구]-[관계] 그룹에서 [관계](🔳)를 클릭한다.

② [테이블 추가] 창의 〈관리〉, 〈제품〉 테이블을 [추가]한 후 [닫기]를 클릭한다.

③ 관계를 설정할 필드(번호)끼리 드래그 앤 드롭하면 [관계 편집] 대화상자가 나타난다.

④ 다음과 같이 체크하고 [만들기]를 클릭한 후 [관계] 창은 닫고 변경한 내용은 [예]를 클릭하여 저장한다.

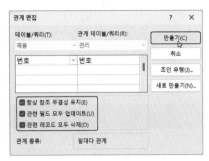

03 〈제품〉 테이블의 '관리인' 필드에 조회 속성

정답

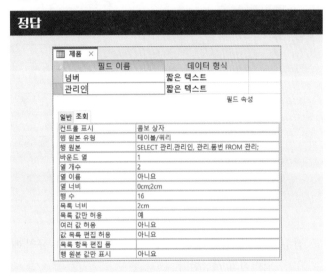

① 〈제품〉 테이블에서 마우스 오른쪽 버튼을 눌러 [디자인 보기](N)를 클릭한 후 '관리인' 필드를 선택한다.

② 필드 속성의 [조회] 탭을 클릭한다.

③ '컨트롤 표시'를 '콤보 상자'로 설정한다.

④ '행 원본'의 [작성기](⋯)를 클릭한다.

⑤ [테이블 추가] 창에서 〈관리〉 테이블을 [추가]하고 [닫기]를 클릭한다.

⑥ '관리인'과 '품번' 필드를 더블 클릭하여 필드에 추가하고 [제품 : 쿼리 작성기] 창을 닫는다.

⑦ [예]를 클릭하여 작업한 쿼리를 저장하고 '행 원본' 속성을 업데이트 한다.

⑧ 바운드 열, 열 너비, 열 개수, 목록 너비 속성을 각각 설정하여 마무리한다.

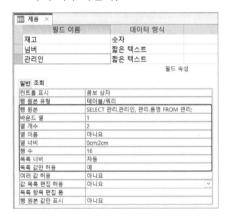

01 〈재고관리〉 폼

정답

번호	필드 이름	속성 및 형식	설정 값
①	폼	기본 보기	단일 폼
②	본문 구역 모든 텍스트 상자	테두리 두께	가는 선
		특수 효과	오목
		테두리 스타일	투명
③	txt넘버	탭 정지	아니요

① 〈재고관리〉 폼에서 마우스 오른쪽 버튼을 눌러 [디자인 보기]()를 클릭한다.

② 폼 선택기를 클릭하고 [속성] 시트의 '기본 보기'를 '단일 폼'으로 선택한다.

③ Shift를 누른 채 본문의 모든 텍스트 상자 컨트롤을 선택하고 속성 시트의 '테두리 두께', '특수 효과', '테두리 스타일'을 설정한다.

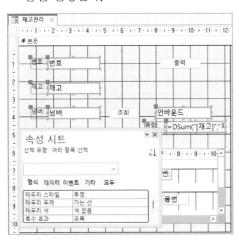

④ 'txt넘버' 컨트롤 [속성] 시트의 '탭 정지'를 '아니요'로 설정한다.

02 〈컨트롤〉 폼의 't품번' 컨트롤(조건부 서식)

정답

① 〈컨트롤〉 폼에서 마우스 오른쪽 버튼을 눌러 [디자인 보기]()를 클릭한 후 't품번' 컨트롤을 선택한다.

② [서식] 탭에서 [조건부 서식](囲)을 클릭하고, [새 규칙]에 다음과 같이 지정 후 [확인]을 클릭하고 다시 [확인]을 클릭한다.

기적의 TIP

Right([t품번],1)="6"
't품번' 필드의 오른쪽 첫 문자가 '6'인 경우를 의미합니다.

03 〈컨트롤〉 폼의 'cmd닫기' 컨트롤

정답

```
Private Sub cmd닫기_Click()
DoCmd.Close acForm, "컨트롤", acSaveYes
End Sub
```

① 'cmd닫기' 컨트롤을 선택하고, [속성] 시트 'On Click'에
서 '[이벤트 프로시저]'의 [작성기]( )를 클릭한다.

② VBE 창에 다음과 같이 코딩하고 저장한다.

```
Private Sub cmd닫기_Click()
 DoCmd.Close acForm, "컨트롤", acSaveYes
End Sub
```

01 〈재고R〉 보고서

정답

번호	필드 이름	속성 및 형식	설정 값
①	관리인 그룹 머리글	반복 실행 구역	예
②	txt순번	컨트롤 원본	=1
		누적 합계	그룹
③	txt직책	중복 내용 숨기기	예
④	txt재고합계	컨트롤 원본	=Sum([재고])
⑤	txt페이지	컨트롤 원본	="현재페이지 : " & [Page] & "페이지"

① 〈재고R〉 보고서에서 마우스 오른쪽 버튼을 눌러 [디자인 보기](📵)를 클릭한다.

② '관리.관리인 머리글' 구역을 선택하고 [속성] 시트의 '반복 실행 구역'을 '예'로 설정한다.

③ 'txt순번' 컨트롤의 '컨트롤 원본'에 **=1**, '누적 합계'에 '그룹'을 설정한다. 그룹 안에서 '1'씩 누적되므로 결과적으로 일련번호 형태로 표시된다.

④ 'txt직책' 컨트롤의 '중복 내용 숨기기'를 '예'로 설정한다.

⑤ 'txt재고합계' 컨트롤의 '컨트롤 원본'에 **=Sum([재고])**를 설정한다.

⑥ 'txt페이지' 컨트롤의 '컨트롤 원본'에 **="현재페이지 : " & [Page] & "페이지"**를 설정한다.

02 〈재고관리〉 폼의 'cmd조회' 컨트롤

정답

```
Private Sub cmd조회_Click()
Me.Filter = "넘버 like '*" & txt조회 & "*'"
Me.FilterOn = True
If IsNull(넘버) = False Then
  Else
    MsgBox "조회하는 자료가 없습니다", vbOKOnly, "자료 없음"
End If
End Sub
```

① 〈재고관리〉 폼에서 마우스 오른쪽 버튼을 눌러 [디자인 보기](📵)를 클릭한 후 'cmd조회'를 선택한다.

② [속성] 시트 'On Click'에서 [이벤트 프로시저]의 [작성기](▤) 단추를 클릭한다.

③ VBE 창에 다음과 같이 코딩한 후 저장한다.

```
Private Sub cmd조회_Click()
Me.Filter = "넘버 like '*" & txt조회 & "*'"
Me.FilterOn = True
If IsNull(넘버) = False Then
  Else
    MsgBox "조회하는 자료가 없습니다", vbOKOnly, "자료 없음"
End If
End Sub
```

01 〈번호별점수〉 쿼리

정답

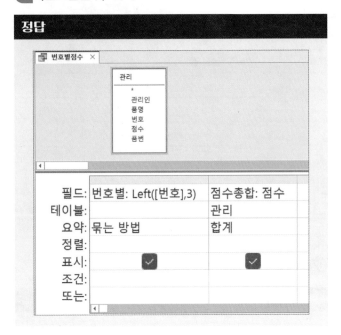

① [만들기]-[쿼리] 그룹에서 [쿼리 디자인](📖)을 클릭한다.
② [테이블 추가] 창에서 〈관리〉 테이블을 더블클릭하여 추가하고 [닫기]를 클릭한다.
③ 미리보기 그림을 참조하여 [쿼리 디자인] 탭의 [요약](∑)을 클릭한 후(GROUP BY), 다음과 같이 디자인하고 저장한다.

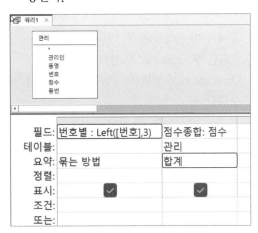

02 〈관리인검색〉 쿼리

정답

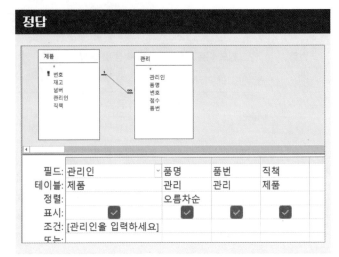

① [만들기]-[쿼리] 그룹에서 [쿼리 디자인](📖)을 클릭한다.
② [테이블 추가] 창에서 〈제품〉, 〈관리〉 테이블을 추가하고 [닫기]를 클릭한다.
③ 미리보기 그림을 참조하여 다음과 같이 디자인하고 저장한다.

필드:	관리인	품명	품번	직책	
테이블:	제품	관리	관리	제품	
정렬:		오름차순			
표시:	✓		✓	✓	
조건:	[관리인을 입력하세요]				
또는:					

03 〈사원대리관리품명〉 쿼리

정답

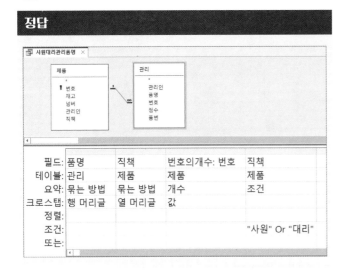

① [만들기]-[쿼리] 그룹에서 [쿼리 디자인](▦)을 클릭한다.
② 〈제품〉, 〈관리〉 테이블을 더블클릭하여 추가한 후 [닫기]를 클릭한다.
③ [쿼리 디자인] 탭에서 [크로스탭](▦)을 클릭한다.
④ 디자인 눈금의 각 필드에 다음과 같이 드래그해서 배치하고 조건을 입력한다.

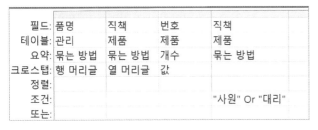

⑤ [저장](▦)을 클릭한 후 **사원대리관리품명**을 입력하고 [확인]을 클릭한다.

04 〈재고현황생성〉 쿼리

정답

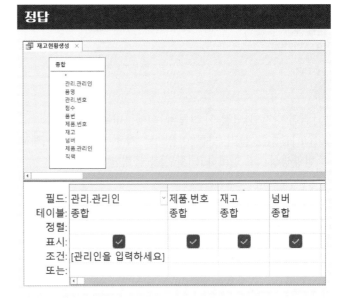

① [만들기]-[쿼리] 그룹의 [쿼리 디자인](▦)을 클릭한다.
② [테이블 추가]의 [쿼리] 탭에서 〈종합〉을 추가하고 [닫기]를 클릭한다.
③ 디자인 눈금의 각 필드에 다음과 같이 드래그해서 놓는다.

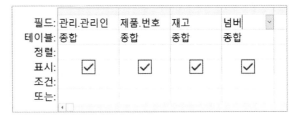

④ 관리인 필드의 조건에 **[관리인을 입력하세요]**를 입력한다.

⑤ [쿼리 디자인]-[쿼리 유형] 그룹의 [테이블 만들기](▦)를 클릭한다.

⑥ 테이블 이름은 **재고현황**을 입력하고 [확인]을 클릭한다.

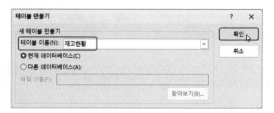

⑦ [쿼리 디자인]-[결과] 그룹의 [실행](🔲)을 클릭한다.
⑧ Ctrl + S 를 눌러 '다른 이름으로 저장' 대화상자에 **재고현황생성**으로 입력하고 [확인]을 클릭한다.

05 〈우수관리인처리〉 쿼리

정답

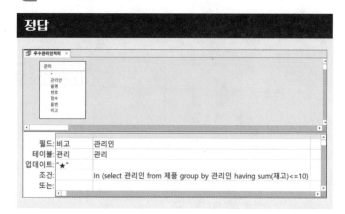

① [만들기]-[쿼리] 그룹의 [쿼리 디자인](🔲)을 클릭한다.
② [테이블 추가]의 [테이블] 탭에서 〈관리〉 테이블을 추가하고 '비고'와 '관리인' 필드를 드래그한다.
③ [쿼리 디자인] 탭의 [쿼리 유형]-[업데이트](🔲)를 클릭한 후 다음과 같이 입력한다.

필드:	비고	관리인
테이블:	관리	관리
업데이트:	"★"	
조건:		In (select 관리인 from 제품 group by 관리인 having sum(재고)<=10)
또는:		

④ 쿼리의 이름을 **우수관리인처리**로 입력하고 [확인]을 클릭한다.
⑤ [쿼리 디자인] 탭의 [결과]-[실행](🔲)을 클릭하면 다음의 메시지가 표시되면 [예]를 클릭한다.

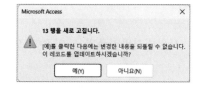